DESCARTES.

OBJECTER ET RÉPONDRE

DESCARTES.

OBJECTER ET RÉPONDRE

Actes du colloque « Objecter et répondre »
organisé par le Centre d'études cartésiennes à la Sorbonne
et à l'Ecole normale supérieure du 3 au 6 octobre 1992,
à l'occasion du 350e anniversaire
de la seconde édition des *Meditationes*

Textes réunis et édités par
Jean-Marie Beyssade et Jean-Luc Marion
avec la collaboration de Lia Levy

PRESSES UNIVERSITAIRES DE FRANCE

A la mémoire d'Henri Gouhier

ISBN 2 13 046223 5

Dépôt légal — 1re édition : 1994, juin

LES AUTEURS

LILLI ALANEN
Académie de Finlande

ROGER ARIEW
Virginia Technology and State University
Blacksburg - Virginie

JEAN-MARIE BEYSSADE
Université de Paris IV
Centre d'études cartésiennes

MICHELLE BEYSSADE
Université de Paris I

ANNIE BITBOL-HESPÉRIÈS
Paris

HÉLÈNE BOUCHILLOUX
Université de Nancy

VERE CHAPPELL
Université de Amherst - Massachusetts

JEAN-LOUIS CHÉDIN
Université de Paris IV

KONRAD CRAMER
Université de Göttingen

EDWIN CURLEY
Université de Ann Harbor - Michigan

WILLIS DONEY
Darmouth College

MICHEL FICHANT
Université de Paris I

RAUL LANDIM FILHO
Université de Rio de Janeiro

DANIEL GARBER
Université de Chicago

ANDRÉ GOMBAY
Université de Toronto

MARJORIE GRENE
Virginia Technology and State University
Blacksburg - Virginie

ROBERT A. IMLAY
Université de Toronto

DENIS KAMBOUCHNER
Université Blaise Pascal - Clermont-Ferrand

JEAN-LUC MARION
Université de Paris X

MICHEL MEYER
Université libre de Bruxelles

JORDI RAMIREZ
Barcelone

ANDRÉ ROBINET
Université libre de Bruxelles

JORDI SALES
Université de Barcelone

MARC SCHMITTER
Compiègne

EMANUELA SCRIBANO
Université de Venise

STEPHEN VOSS
Université Bogazici - Istamboul

Avant-propos

La raison partagée

JEAN-MARIE BEYSSADE

L'état de la recherche, sur le cartésianisme en général et Descartes en particulier, a changé au cours des vingt dernières années. Ce changement est plus profond sans doute dans les conditions mêmes du travail effectué que dans la conscience de ceux qui y participent, ou que dans les résultats obtenus. Pour le dire brutalement, le rapport au temps et à l'espace n'est plus le même.

Un lecteur français dispose, pour le demi-siècle écoulé, de deux grandes références : les rencontres que suscita, en 1937, le tricentenaire du *Discours de la méthode*; et la controverse des années cinquante autour de l' « ordre des raisons » et des six *Méditations métaphysiques.* Il relèvera dans l'un et l'autre cas une relative insularité : insularité des pays ou des cultures nationales, insularité des stratégies interprétatives, ou, pour réunir les deux en détournant une formule du grand commentateur F. Alquié, *solitude de la raison.* Certes, il faut pour être équitable, voire simplement exact, nuancer. Dès 1937, l'apport des grands érudits, anglais ou italiens notamment, était considérable : pourtant les discussions entre spécialistes français tendaient injustement à le réduire à une fonction subordonnée, comme en témoignent l'histoire des idées et plus tard la récupération existentielle ou structuraliste des débats cartésiens. Dès 1953, la bataille entre les interprètes concentrait l'attention moins sur un schéma de lecture que sur une antinomie interprétative, comme la philosophie antique en avait depuis longtemps soulevé, comme les entretiens de

Davos en avaient imposé une sur le sens du kantisme : pourtant la rudesse même de l'affrontement et la figure durcie de l'antinomie ne laissaient pas beaucoup de place à la communauté partagée d'une recherche collective et à la patience modeste de ses progrès. Cet ethnocentrisme relatif et sans doute multiple, les fidélités solitaires à un effort de pensée opiniâtre, bref cette double fermeture ont produit beaucoup de grandes œuvres magistrales. Editions de référence, commentaires monumentaux, problèmes devenus par eux traditionnels ont peu à peu créé un nouvel équilibre et comme une nouvelle manière d'aborder des textes et des thèmes qu'on aurait pu imaginer épuisés.

Les actes du colloque ici rassemblés montrent combien le dialogue s'est démultiplié, dédramatisé et, dans tous les sens du verbe, *normalisé.* Le Centre d'études cartésiennes a essayé d'y contribuer depuis sa fondation à l'Université de Paris-Sorbonne par Geneviève Rodis-Lewis. D'abord les nouveaux foyers de recherche se sont multipliés, en Europe et hors d'Europe : si la liste des contributions est bien loin d'en épuiser l'ensemble, on remarquera la place éminente d'une véritable « école américaine » qui joint, à l'habitude analytique d'une discussion rationnelle minutieuse sur les énoncés philosophiques, le goût moins ancien d'une approche historique et contextuelle. Ensuite et surtout, le rythme régulier des échanges en a modifié la nature. Au lieu de grands affrontements entre perspectives inconciliables, une patiente mise au point cerne peu à peu les zones d'ombre, elle affine la compréhension des formules les plus célèbres grâce aux passages parallèles de Descartes ou de ses contemporains. Sur telle ou telle question, comme la portée du dualisme, la théorie de l'idée, l'architecture des preuves de l'existence de Dieu, l'union substantielle de l'âme et du corps, les échanges souvent vifs d'un colloque ne sont plus que des moments détachés un peu abstraitement d'un tissu continu : les longues chaînes de raisons, d'articles ou de communications, de plus en plus élaborés et raffinés au fil des années. Meilleurs ? C'est à voir. En histoire de la philosophie sinon en philosophie se constitue, sur le modèle de la cité scientifique, une communauté industrieuse et technicienne. Elle se substitue au combat des héros. Avec ce que cette institutionnalisation implique de profits et de pertes, de petitesses souvent, de progrès cumulatif parfois, et toujours de règles ou de procédures collectivement acceptées. Pour les chercheurs français, le colloque d'octobre 1992 prenait la suite du colloque organisé en janvier 1985 pour le 350e anniversaire du *Discours de la méthode,* dont les actes ont été publiés sous la direction de N. Grimaldi et J.-L. Marion ; et il semblait tout naturel qu'il soit bientôt suivi d'un colloque sur les *Principes de la philosophie* organisé entre France et Italie sous l'autorité de Giulia Belgioiaro et de J.-R. Armogathe. Pour la communauté des chercheurs qui, à travers le monde, a discuté deux ou trois ans sur le maître livre qui domine la métaphysique moderne, ce colloque se reliait à beaucoup d'autres, il succédait en particulier à celui que J. Cottingham avait organisé à Reading en Angleterre autour des *Méditations*[1], et à celui qui avait été consacré en Virginie aux *Objections*[2].

Et pour le vrai public, qui s'intéresse à Descartes et juge les spécialistes à leurs résultats ?

L'ouvrage de 1640, les *Méditations,* se prête plus qu'aucun autre à un travail en commun. Car Descartes a pris une initiative singulière. Il a ouvert le texte le plus serré qui soit, la méditation métaphysique rigoureusement restreinte à l'ordre des raisons, à un échange exceptionnellement large d'objections et de réponses, soumis aux règles codifiées de la *disputatio.* Une publication systématique aurait dû combiner deux entrées : l'une par l'objet du débat, les six méditations issues d'une recherche solitaire et proposées à l'épreuve publique ; et l'autre par les acteurs du débat, les actes successifs que constituent les diverses séries d'objections et de réponses. Selon la première entrée, le livre idéal aurait eu à recenser, voire conduire à la figure accomplie d'une table ou index, les énoncés constitutifs des *Méditations* pour rattacher à chacun tous les lieux qui y correspondent dans les *Objections* et les *Réponses.* Au prix d'un sacrifice, le renoncement à ce qui individua-

1. En cours de publication : J. Cottingham (ed.), *Reason, Will and Sensation : Studies in Cartesian metaphysics,* Oxford, Clarendon Press, 1994.
2. Récemment paru : M. Grene and R. Ariew (ed.), *Descartes and his contemporaries : Objections and Replies,* Chicago, 1994.

lise chaque interlocuteur et sa joute avec Descartes, cette table aurait comme photographié les développements, inégaux en tous sens, des thèses initiales. Elle aurait permis aussi de repérer les ouvertures liées à l'échange, les thèmes qui étaient absents au départ et qui furent introduits soit par les objecteurs, soit, plus rarement, dans les réponses de Descartes. L'autre entrée, par les acteurs, reconstituerait un paysage intellectuel des années 1640. Le Colloque de Blacksburg s'inscrivait directement dans cette perspective, puisqu'il laissait enfin les objecteurs sortir de leur rôle traditionnel de faire-valoir pour s'installer au premier plan. Il aurait fallu ajouter aux six séries publiées en 1641, aux sept séries publiées en 1642 d'autres échanges encore, dont la correspondance garde la trace. Et cette seconde entrée imposerait comme contrepartie inévitable de renoncer à l'unité démonstrative des *Méditations*.

Au lieu de reconstituer ce livre idéal, qui aurait exigé encore beaucoup de temps et d'efforts, nous livrons ici le travail réellement effectué, ce qui a été dit et discuté et dont le livre idéal reste l'horizon. Nous avons conservé l'articulation selon les thèmes successifs des *Méditations,* leurs journées : car cet ordre, qui avait été celui du colloque, est aussi le plus commode pour un lecteur ordinaire, accoutumé à l'itinéraire métaphysique de Descartes. Nous avons seulement remanié, dans les deux premières sections, les interventions consacrées plus directement à la forme dialogique de l'échange, en y adjoignant la version française de la communication prononcée en anglais par J.-L. Marion à Blacksburg. Cette mise en perspective de la démarche métaphysique dans le champ de l'argumentation rejoint à la fois le regain actuel d'intérêt pour la rhétorique et l'orientation du rationalisme contemporain. Le Descartes ici proposé peut se faire entendre d'un philosophe d'aujourd'hui, qui se méfie souvent autant des illusions dogmatiques que des chimères irrationalistes. Est-il toujours le vrai Descartes, celui dont nous avons gardé les textes ? Certes, le chemin suivi semble d'abord inverse de celui qu'indiquaient les *Regulae* : au lieu d'enlever la dialectique à la philosophie pour la restituer à la rhétorique, il restitue la démonstration métaphysique au domaine plus large de l'argumentation. Pourtant, comme on le verra, ce n'est nullement affaiblir la rigueur des *Méditations* que d'y trouver une figure limite de la rhétorique, prise en son acception la plus fondamentale. C'est continuer une œuvre commencée par les cartésiens, à en croire Baillet, dès le XVIIe siècle : chercher où se trouve la *Logique* absente de M. Descartes. Certains l'avaient cherchée dans le *Discours de la méthode,* d'autres dans la *Géométrie,* d'autres encore dans le *Regulae* ou dans les *Méditations.* Il n'est pas absolument sûr qu'ils l'y aient trouvée.

Nul à notre connaissance n'avait cherché cette *Logique* dans les *Objections et réponses.* Cette tentative pourtant n'est peut-être pas absurde. Et elle se situe incontestablement dans le droit fil des interrogations cartésiennes les mieux partagées.

I

Ouverture

Note bibliographique

Sauf exception, les références sont données, pour Descartes, à l'édition Adam-Tannery, *Œuvres de Descartes* (nouvelle présentation par P. Costabel et B. Rochot, Paris, Vrin, 1964-1974) abrégée en AT, suivant le tome, la page et, parfois, la ligne. La pagination de Adam-Tannery est reproduite, en marge, par l'édition de Ferdinand Alquié, des *Œuvres philosophiques* (3 t., Paris, Garnier, 1963-1973).

Le statut originairement responsorial des *Meditationes*

JEAN-LUC MARION

Une question s'impose à la simple considération du corpus des *Meditationes de prima Philosophia* : si l'on ne peut pas ne pas admettre les six méditations pour le corps de l'ouvrage, doit-on y ajouter les *Responsiones* comme des pièces rapportées (des *integumenta,* aurait dit Descartes), ou bien y reconnaître encore des membres indissociables du corps central ? Bref, avec le volume de 1641, s'agit-il d'un court ouvrage alourdi d'un appareil confus, parfois lassant et souvent inutile de discussions scolaires et peu méthodiques, ou d'un ensemble organique, où les *Responsiones* jouent un rôle essentiel, bien que secondaire, par rapport aux six *Meditationes* ?

Cette question détermine, pour une large part, toute l'interprétation des *Meditationes.* Et d'abord pour une raison évidente : certaines doctrines décisives n'apparaissent que dans les *Responsiones,* alors que les *Meditationes* les ignorent — ainsi la *causa sui,* la détermination de l'essence divine comme puissance incompréhensible, l'explication physique de l'eucharistie, l'indifférence positive de Dieu, etc. Il va de soi que ces doctrines changeraient de statut du tout au tout selon que les *Responsiones* sont tenues pour une annexe facultative ou une suite essentielle des *Meditationes.*

La réponse à cette question doit partir d'un fait massif : dès le projet de publier sa philosophie première, Descartes envisage d'adjoindre, indissolublement, des objections et des réponses au corps même de sa démonstration. Pourtant ce fait même reste encore problématique : il reste à comprendre pourquoi Descartes envisage cette publication dédoublée.

La structure responsoriale des « Meditationes » envers le « Discours de la méthode »

La première indication explicite sur le rôle des objections se trouve dans la *Praefatio ad lectorem,* qui, mentionnant le *Discours,* précise avoir déjà demandé dans ce premier texte qu'on n'hésite pas à lui présenter toutes les objections possibles :

> « Cum autem ibi *[Discours de la méthode]* rogassem omnes quibus aliquid in meis scripturis reprehensione dignum occurreret, ut ejus me monere dignarentur, nulla in ea quae de his quaestionibus attigeram notatu digna objecta sunt, praeter duo, ad quae hîc paucis, priusquam earumdem accuratiorem explicationem aggrediar, respondebo — Or, ayant prié dans ce *Discours de la méthode* tous ceux qui auraient trouvé dans mes écrits quelque chose digne de censure de me faire la faveur de m'en avertir, on ne m'a rien objecté de remarquable que deux choses sur ce que j'avais dit touchant ces deux questions, auxquelles je veux répondre ici en peu de mots, avant que d'entreprendre une explication plus exacte. »[1]

Cette déclaration appelle deux commentaires : *a*/Il y a donc deux objections — l'une sur le fait que l'esprit tourné vers soi ne perçoit que la *res cogitans,* l'autre sur le fait que de l'idée d'une chose plus parfaite que moi peut se déduire l'existence — qui précèdent les *Meditationes*; d'ailleurs elles reçoivent toutes deux dès cette *Praefatio* une brève réponse. La première : « Cui objectioni respondeo... — à cette objection je réponds... » que je ne me connais une chose pensante que selon l'ordre de la perception *(ordo ad meam perceptionem),* sans prétendre atteindre l'ordre qui suit la vérité de la chose *(ordo ad ipsam rei veritatem).* La seconde : « Sed respondeo — mais je réponds » que l'idée doit se prendre objectivement, et non matériellement. En un mot, les *Meditationes* ne sont pas suivies, mais bel et bien précédées par des objections et des réponses. *b*/Ces objections

1. AT VII, 7, 14-19 et traduction Clerselier, d'après F. Alquié (éd.), *Descartes. Œuvres philosophiques,* t. 2, Paris, 1967, p. 390.

(et réponses) proviennent d'une demande faite dès le *Discours* (« ... ibi rogassem... ») ; en d'autres termes, les objections qui précèdent les *Meditationes* procèdent aussi directement du *Discours,* comme le confirme sa conclusion :

> « En quoi je ne saurais dire si j'ai réussi et je ne veux point prévenir les jugements de personne, en parlant moi-même de mes écrits ; mais je serai bien aise qu'on les examine, et afin qu'on en ait d'autant plus d'occasion, je supplie tous ceux qui auront quelques *objections* à y faire de prendre la peine de les envoyer à mon libraire, par lequel étant averti, je tâcherai d'y joindre ma *réponse* en même temps ; et par ce moyen les lecteurs, voyant ensemble l'un et l'autre, jugeront d'autant plus aisément de la vérité. Car je ne promets pas d'y faire jamais de longues *réponses,* mais seulement d'avouer mes fautes fort franchement, si je les connais, ou bien, si je ne les puis apercevoir, de dire simplement ce que je croirai être requis pour la défense des choses que j'y ai écrites, sans y ajouter l'explication d'aucune nouvelle matière, afin de ne me pas engager sans fin de l'une en l'autre. »[1]

Cette déclaration solennelle vaut d'ailleurs, dans l'esprit de Descartes, comme un engagement pour lui et pour ses éventuels objecteurs d'échanger des raisons, et uniquement des raisons, bref d'argumenter rationnellement et uniquement d'argumenter.

Aussi s'y réfère-t-il dans une *Lettre à Mersenne* où il s'adresse, en fait, au recteur du Collège de Clermont, le P. Hayneuve, au sujet des attaques du P. Pierre Bourdin :

> « ... tam expresse enim in *Dissertatione de Methodo* rogavi omnes, ut me errorum, quos in meis scriptis invenirent, monere dignarentur, tamque paratum ad illos emendandos me esse testatus sum, ut non crediderim quemquam fore, qui vitam religiosam profiteretur, qui me mallet absentem apud alios erroris condemnare, quam mihimet ipsi errores ostendere, de cujus saltem charitate, erga proximum non mihi liceat dubitare — J'ai, en effet, si expressément demandé dans le *Discours de la méthode* que tous ceux qui trouveraient dans mes écrits des erreurs daignent m'en avertir, j'ai tellement assuré que j'étais prêt à les corriger, que je n'ai pas cru qu'il se trouverait quelqu'un, surtout quelqu'un faisant profession de vie reli-

1. AT VI, 75, 19-76, 5.

gieuse, qui préfère me condamner devant d'autres en mon absence plutôt que de me montrer à moi-même mes erreurs, et dont on ne puisse certes mettre en doute la charité à l'égard de son prochain. »[1]

Or, par une coïncidence tout à fait remarquable, c'est précisément le même passage de cette lettre, qui cite une nouvelle fois la déclaration du *Discours,* que Descartes cite à son tour lorsque, en clôture du volume des *Meditationes,* dans une lettre au P. Jacques Dinet, provincial de France, il se plaint encore des menées du même P. Bourdin :

> « Quorum ubi fui admonitus, dedi statim litteras ad R.P. Rectorem ejus Collegii [*sc* J. Hayneuve], quibus rogabam "ut quandoquidem opiniones meae dignae visae fuerant quae ibi publice refutarentur, me quoque non indignum judicaret, ad quem refutationes istas mitteret, quique inter vestros discipulos censeri possem. [...] quodque tam expresse in *Dissertatione de Methodo* pag. 75 rogarim omnes, ut me errorum, quos in meis scriptis invenirent, monere dignarentur..." — De quoi étant averti, j'écrivis aussitôt au R.P. Recteur, et le priai que, "puisque mes opinions avaient été jugées dignes d'être examinées chez eux en public, il ne me jugeât pas aussi indigne, moi qui pouvais encore être censé au nombre de ses disciples, de voir les arguments qu'on avait employés pour les réfuter. [...] et de plus, que j'avais prié en termes si exprès, dans mon *Discours de la méthode,* tous ceux qui liront mes écrits, de prendre la peine de m'avertir des erreurs qu'ils verraient s'y être glissées...". »[2]

1. *A Mersenne,* 30 août 1640, AT III, 169, 22-30 (nous traduisons). Cette lettre latine à Mersenne était évidemment destinée à être lue par les jésuites du Collège de Clermont. Elle reprend d'ailleurs l'argument d'une précédente lettre, directement destinée au P. J. Hayneuve, en date (sans doute) du 22 juillet 1640 : « Praeterea profiteor me ab omni pertinacia quam maxime esse alienum, nec minus paratum ad discendum quam ullus alius possit esse ad docendum; quod jam ante etiam professus sum in *Dissertatione de Methodo,* quae meorum *Speciminum* praefatio est; ibique expresse (p. 75) rogavi omnes qui aliquid contra ea quae proponebam dicendum haberent, ne suas ad me objectiones mittere graverentur — En outre je professe être quant à moi absolument étranger à toute obstination, et pas moins disposé à m'instruire qu'aucun autre à donner des leçons ; c'est que j'ai d'ailleurs déjà professé dans le *Discours de la méthode,* qui sert de préface à mes *Essais*; car j'y ai expressément demandé à tous ceux qui auraient quelque chose à dire contre ce que je proposais de ne pas se retenir de m'envoyer leurs objections » (AT III, 99, 9-16, nous traduisons).

2. *Epistola ad P. Dinet,* AT VII, 567, 20-26, et 568, 4-7. Trad. franç. de Clerselier d'après V. Cousin ; *Œuvres* de Descartes, t. 9, Paris, 1825, p. 9-10 (les Editions Alquié, *loc. cit.,* et J.-M. Beyssade, *Descartes. Méditations métaphysiques,* Paris, 1979, raccourcissent la *Lettre à Dinet* de son début, par un étrange mimétisme).

En sorte que, par une citation de citation, la déclaration du *Discours,* qui appelle des objections pour pouvoir y répondre rationnellement, finit l'ensemble des *Meditationes* dans l'*Epistola ad R.P. Dinet.* Mais cette même citation intervenait déjà, nous l'avons vu, en ouverture dans l'*Epistola ad lectorem.* Il faut donc conclure que toute la parution de 1641 se trouve encadrée par l'appel aux objections possibles et la promesse de réponses argumentées qui clôturait déjà le *Discours de la méthode.*

Ce fait textuel appelle plusieurs remarques. — D'abord que Descartes n'envisage pas de publier ses propres thèses sans que ne surgisse un débat contradictoire qui les confirme (ou, éventuellement, les infirme). Dans son esprit, la discussion publique résulte nécessairement de la publication — et c'est sans doute pourquoi il préféra garder un demi-anonymat en 1637. Mais, en 1641, les *Meditationes* radicalisent cette exigence en adjoignant le dossier du débat à la première publication des thèses, ce que le *Discours* ne faisait pas encore ; c'est donc par cette inclusion en elles des *Objectiones* et des *Responsiones* que *Meditationes* accomplissent consciemment ce qui, en 1637, restait encore à l'état de simple intention. Ensuite et contrairement à une légende répandue, Descartes n'a ici (ni ailleurs) rien d'un penseur solitaire, soliloquant, voire autiste, à la manière peut-être de Spinoza ; au contraire, chacune de ses œuvres tend à convaincre les lecteurs de résultats démontrés ; car la démonstration y garde toujours la double fonction de l'évidence : rendre la chose manifeste et en donner une preuve (« évidence ») à autrui. La raison cartésienne est communicationnelle, précisément parce que la vérité se manifeste par une mise en évidence, où c'est indissolublement à elle-même et à la communauté des regards qu'apparaît la chose. L'objectivité s'accomplit toujours comme une interobjectivité, à la manière, peut-être, de Husserl.

Il apparaît enfin clairement que Descartes procède ainsi, pour chaque œuvre, suivant un schéma que l'on peut donc résumer en trois termes : l'intrigue se joue en un texte, puis des objections et enfin des réponses. Nous nommerons, par commodité, cette intrigue le schéma responsorial. Remarquons que ce schéma ne se borne pas aux écrits de 1641 et 1637 ; il gouverne déjà en partie les *Regulae,* qui, même si elles ne sont pas publiées, constituent de part en part des objections à l'aristotélisme ; il est peut-être aussi porté paradoxalement à son achèvement par les *Principia Philosophiae,* qui intègrent le style des objecteurs, leur vocabulaire et leurs concepts dans l'exposé même du texte, qui, du coup, ne fait plus qu'un avec les réponses ; il en va sans doute de même avec les *Passions de l'âme,* où les objections et réponses précèdent, sous forme de trois correspondances, le texte, qui prend ainsi l'allure d'une réponse globale. Restent les deux cas de 1637 et de 1641. C'est en 1641 que le schéma se vérifie de la plus claire façon en trois termes bien distincts et chronologiquement ordonnés ; mais c'est pourtant en 1637 que le schéma se déclare pour la première fois comme tel, même si les objections et réponses ne s'intègrent alors pas encore au texte et demeurent des pièces rajoutées dans la correspondance.

Les étapes de notre démarche s'imposent désormais tout naturellement. Il conviendra d'examiner d'abord si et jusqu'où le *Discours* a reçu des objections — et lesquelles —, puis si et jusqu'où il leur a donné des réponses correctes. C'est alors que nous pourrons envisager une dernière question : quel est le lien entre le schéma responsorial du *Discours* et celui des *Meditationes* ? S'agit-il seulement d'une répétition (même radicalisée), ou d'un lien plus étroit avec le schéma responsorial du *Discours* ?

« Objections et réponses » pour le « Discours de la méthode »

Il n'est, bien sûr, pas contestable que les *Essais* de 1637 aient reçu maintes objections. Descartes en fait lui-même un catalogue provisoire en 1638 :

> « Pour les étrangers, Fromondus, de Louvain, m'a fait diverses objections assez amples ; et un autre nommé Plempius, qui est professeur en médecine, m'en a envoyé *[sic]* touchant le mouvement du cœur, qui, je crois, contiennent tout ce qu'on me pouvait objecter sur cette matière. De plus, un autre, aussi de Louvain, qui n'a point voulu mettre son nom, mais qui, entre nous, est jésuite [Ciermans] m'en a envoyé tou-

chant les couleurs de l'Arc-en-Ciel. Enfin quelque autre de La Haye m'en a envoyé touchant diverses matières : c'est tout ce que j'ai reçu jusqu'à présent. »[1]

Il faut ajouter à ces objections d' « étrangers » celles venues de France : principalement de Fermat, Roberval et Baugrand touchant la *Géométrie* comme celles du jésuite Bourdin, concernant la *Dioptrique,* etc.[2]. A toutes ces objections, Descartes a répondu, ne laissant pas un instant soupçonner ni le moindre remords, ni la moindre hésitation. De son point de vue au moins, il garde la complète conviction d'avoir, dans chaque débat, vaincu l'adversaire. Il s'agit donc du schéma de discussion le plus simple : thèses, objections et réponses.

Mais il n'en va plus de même pour les objections qui concernent la métaphysique du *Discours.* Il est plus difficile de les examiner, puisque nous ne disposons plus du texte de celles envoyées par Silhon, Gibieuf, Vatier, etc. Mais, par une rare fortune, nous avons accès à celles que présenta Pierre Petit à Descartes[3]. Elles offrent un intérêt d'autant plus grand que, portant essentiellement sur la métaphysique (la quatrième partie du *Discours*), elles suscitent une réaction ambiguë de Descartes. Ambiguë — d'abord parce que, malgré deux condamnations claires et nettes transmises à Mersenne, Descartes ne répondit jamais formellement à Petit (qui d'ailleurs s'en plaint à Mersenne). Ambiguë aussi parce que Descartes y hésite entre deux modes de défense. En un premier temps, il prétend écarter les objections de Petit comme ne consistant qu'en « ... quelques lieux communs

1. *A Mersenne,* 29 juin 1638, AT II, 192, 9-19.

2. Sur ces objections et réponses voir, entre autres, les travaux récents de J.-R. Armogathe, L'arc-en-ciel dans les *Météores, in* N. Grimaldi et J.-L. Marion (éd.), *Le discours et sa méthode,* Paris, 1987 ; P. Costabel, La controverse Descartes-Roberval au sujet du centre d'oscillation, in *Démarches originales de Descartes savant,* Paris, 1982 ; P. Dibon, La réception du *Discours de la méthode* dans les Provinces Unies, *in* G. Belgioioso *et al.* (éd.), *Descartes : il metodo e i saggi,* Instituto della Enciclopedia Italiana, 1990 ; et G. Rodis-Lewis, L'accueil fait aux *Météores, in* H. Mechoulan (éd.), *Problématique et réception du « Discours » et des « Essais »,* Paris, 1988.

3. Voir l'édition et le commentaire de ces objections par C. de Waard, Les objections de Pierre Petit contre le *Discours* et les *Essais* de Descartes, *Revue de métaphysique et de morale,* 1927, p. 53-89.

empruntés des athées pour la plupart, qu'il entasse sans jugement, s'arrêtant principalement à ce que j'ai écrit de Dieu et de l'âme, dont il n'a pas compris un seul mot »[1]. Ici l'adversaire semblerait s'opposer aux thèses de Descartes (d'ailleurs mal comprises) en soutenant le point de vue des athées; sa nocivité tient donc à son athéisme d'emprunt, sinon explicite, face à la métaphysique cartésienne qui défendrait la cause de Dieu. Cette critique de Descartes, peut-on reconstituer, vise deux objections de Petit. La première conteste que nous disposions d'une idée de Dieu ; s'appuyant sur l'hypothèse du « père d'un athée ou le contraire », Petit refuse l'innéité de cette idée (intransmissible) ; invoquant aussi « les relations que les religieux mêmes ont fait des Canadois », il discute que toutes les « pensées des perfections » puissent et doivent se concentrer en « un seul sujet », et ne puissent se disperser en plusieurs « dieux » ; enfin, il attribue la présence en nous d'une telle idée de Dieu à l'éducation qui « nous fait joindre les deux mains, [...] nous met à genoux, [...] nous fait battre la poitrine, en un mot [...] nous grave et [...] nous imprime si avant une divinité dans l'esprit que ce serait se dépouiller de sa propre nature ou quitter son tempérament que d'en perdre l'idée »[2]. Ces arguments peuvent en effet paraître à Descartes « empruntés des athées », puisqu'ils anticipent sur les objections à venir contre l'innéité de l'idée d'infini, auxquelles il répondra dans la *Meditatio III.*

Quelques mois plus tard, la tactique de Descartes a complètement changé : Petit ne développerait plus des raisons « empruntées des athées », mais « une [raison] qu'il a empruntée de moi » ; l'emprunt s'est inversé, il provient non plus des adversaires, les athées, mais bien de Descartes lui-même. Mais alors comment expliquer que Petit reste encore un adversaire ? Bien que ne lui ayant jamais répondu, Descartes précise à Mersenne que « les raisons qu'il donne pour prouver l'existence de Dieu sont si badines qu'il semble s'être voulu moquer de Dieu en les écrivant ; et bien qu'il en ait une qu'il a empruntée de moi, il lui a toutefois ôté toute sa force en la mettant comme il l'a

1. *A Mersenne,* 27 mai 1638, AT II, 144, 16-21.
2. Petit, *in* C. de Waard, *op. cit.,* p. 70-71.

mise »[1]. La faute de Petit tient, cette fois-ci, à un pastiche infidèle et caricatural des propres « raisons » de la métaphysique cartésienne concernant l'existence de Dieu. On peut sans doute reconstituer la double argumentation que vise ainsi Descartes. Pour la raison « empruntée de moi », il s'agit vraisemblablement de celle de Petit qui « compare la certitude de l'existence de Dieu avec les démonstrations géométriques », c'est-à-dire de l'argument de la *Meditatio V,* dit à tort « ontologique » ; et Petit, selon Descartes, « ... lui a toutefois ôté toute sa force » en déclarant d'emblée que « ... il ne faut pas dire que *l'existence de Dieu est pour le moins aussi certaine qu'une démonstration de Géométrie,* puisqu'elle l'est incomparablement davantage. *Ego sum qui sum :* il n'y a que lui qui proprement existe »[2]. Mais, ajoute Descartes, cet emprunt reste mal compris ; pourquoi ? On peut s'étonner d'un tel reproche, puisqu'il est ici remarquable que Petit maintienne à la lettre une position cartésienne, puisqu'il cite — sans la connaître — une formule de 1630 : « ... démontrer les vérités métaphysiques d'une façon qui est *plus évidente* que les démonstrations de Géométrie. » A moins que Petit n'oppose en quelque manière cette thèse cartésienne de 1630 à la thèse de 1637, où le *Discours* redevient plus modeste et ambigu : « ... il est *au moins aussi certain,* que Dieu, qui est cet Etre parfait, est ou existe, qu'aucune démonstration de Géométrie ne saurait être. »[3] Quant aux raisons « badines », il s'agit sans doute des preuves physiques et cosmologiques avancées par Petit — ainsi par l' « illumination de toute la Terre », les qualités de la mer, la finitude des éléments du monde, etc.[4].

1. *A Mersenne,* 11 octobre 1938, AT II, 391, 20-24.
2. Petit, *loc. cit.,* p. 72.
3. Respectivement *A Mersenne,* 15 avril 1630, AT I, 144, 15-17, et *DM,* AT VI, 36, 29-31. On peut ici trouver confirmation de la différence de statut entre la preuve par l'infini (où Dieu est démontré plus certainement que les vérités mathématiques) et la preuve dite « ontologique » (où Dieu voit son existence démontrée ni plus ni moins certainement que les propriétés d'un triangle ne résultent de sa définition essentielle). Voir nos démonstrations The essentiel incoherence of Descartes' definition of divinity, *in* A. O. Rorty (ed.), *Essays on Descartes Meditations,* California UP, 1986, et *Sur le prisme métaphysique de Descartes,* chap. V, Paris, 1986.
4. Petit, *loc. cit.,* p. 75-79.

Il est donc ainsi possible de traiter les objections de Petit tantôt comme des positions strictement adverses, tantôt comme des déformations de la doctrine cartésienne, bref tantôt comme « empruntées des athées », tantôt comme « empruntée[s] de moi ». Cette ambivalence tient-elle seulement et d'abord à une inintelligence de Petit ? On en doutera pour le motif d'abord que l'on peut mettre en relations des textes cartésiens avec les deux séries d'objections, comme si le texte définitif (imprimé) les avait reproduites pour, ensuite, y mieux répondre. On en doutera aussi en soupçonnant que c'est la métaphysique même du *Discours* qui s'expose à des usages contradictoires. Nous avons montré ailleurs que la métaphysique de 1637 restait encore insuffisante, particulièrement à propos de l'existence de Dieu, où elle ignore l'usage de la causalité[1]. On peut soupçonner aussi que les objections de Petit jouent dans les failles de la démonstration cartésienne, dont elles deviendraient un symptôme. Ces trois hypothèses sont encore à discuter. Seule une étude conceptuellement sérieuse pourrait fixer l'importance métaphysique que l'on doit reconnaître aux objections adressées par Petit.

Cependant, dans tous les cas et sans attendre d'autres confirmations, c'est un fait patent que Descartes a reconnu plusieurs fois ne pas pouvoir répondre définitivement et sur-le-champ aux objections faites à sa métaphysique du *Discours de la méthode*. *a* /En mars 1637, il avoue à Mersenne que

> « ... pour votre seconde objection, à savoir que je n'ai pas expliqué assez au long, d'où je connais que l'âme est une substance distincte du corps, et dont la nature n'est que de penser, qui est la seule chose qui rend obscure la démonstration touchant l'existence de Dieu, j'avoue que ce que vous en écrivez est très vrai, et aussi que cela rend ma démonstration de l'existence de Dieu mal aisée à entendre. »

b /En mars 1637 encore, il admet la même faiblesse à Silhon : « J'avoue qu'il y a un grand défaut dans l'écrit que vous avez vu, ainsi

1. Sur ce point voir notre analyse sur « Quelle est la métaphysique de la méthode ? La situation métaphysique du *Discours de la méthode* », in *Questions cartésiennes,* chap. II, Paris, 1991.

que vous le remarquez, et que je n'y ai pas assez étendu les raisons par lesquelles je pense prouver qu'il n'y a rien au monde qui soit de soi plus évident et plus certain que l'existence de Dieu et de l'âme humaine, pour les rendre faciles à tout le monde. » *c* /Enfin, en février 1638, il convient au P. Vatier qu' « ... il est vrai que j'ai été trop obscur en ce que j'ai écrit de l'existence de Dieu dans ce *Traité de la méthode,* et bien que ce soit la pièce la plus importante, j'avoue que c'est la moins élaborée de tout l'ouvrage »[1]. Ainsi les objections (même à contresens) de Pierre Petit ne manquaient pas d'une certaine justesse : elles naissaient, à tort sans doute mais non sans raison, d'une insuffisance de la métaphysique exposée dans la quatrième partie du *Discours de la méthode* : l'abstraction de l'esprit hors de la matière n'y est pas suffisante (défaut de doute hyperbolique) pour que l'idée de Dieu (idée de l'infini) puisse se percevoir clairement et distinctement. C'est d'ailleurs bien pourquoi, dans la période qui suit 1637, Descartes ne cesse de souligner la difficulté particulière de la métaphysique, « ... qui est une science que presque personne n'entend », en sorte qu' « ... il y a peu de personnes qui soient capables d'entendre la métaphysique », puisque « ... la partie de l'esprit qui aide le plus aux mathématiques, à savoir l'imagination, nuit plus qu'elle ne sert pour les spéculations métaphysiques »[2].

De ce multiple aveu, une conclusion s'ensuit assez clairement : alors que le texte des *Essais* répondait aux objections qui lui furent adressées, le texte du *Discours* et particulièrement de sa quatrième partie — la métaphysique — reçut des objections auxquelles, de l'aveu répété de Descartes lui-même, il fut impossible de répondre. Le schéma responsorial s'accomplit donc complètement dans les *Essais* scientifiques, mais il reste incomplet, en attente de réponses dans l'essai métaphysique. Autrement dit, la demande de discussion rationnelle et argumentative a permis, en 1637, de faire valider les résultats scien-

1. Respectivement *A Mersenne,* mars 1637, AT I, 349, 29-350, 5; *A Silhon,* mars 1637, AT I, 352, 2-3; et *A Vatier,* 22 février 1638, AT I, 560, 7-11.

2. *A Mersenne,* respectivement 27 août 1639, AT II, 570, 18-20; 16 octobre 1639, AT II, 496, 22-23; 13 novembre 1639, AT II, 622, 13-16.

tifiques, mais non les conclusions métaphysiques. La question devient donc la suivante : Descartes a-t-il jamais répondu aux objections laissées sans réponse en 1637 ?

La fonction essentiellement responsoriale des « Meditationes »

Nous proposons l'hypothèse suivante : globalement les *Meditationes* constituent, avec plusieurs années de retard, des réponses aux objections faites au « quelque chose de métaphysique »[1] inséré dans le *Discours de la méthode.* En d'autres termes, il ne faudrait pas seulement parler d'objections faites après les *Meditationes,* dans les *Objectiones* et les *Responsiones,* mais considérer les *Meditationes* elles-mêmes comme d'abord et essentiellement des réponses données en 1641 à des objections formulées en 1637. Cette hypothèse confirmerait d'ailleurs que les *Meditationes* consistent en une répétition, avec des moyens plus puissants et des concepts plus radicaux, de la quatrième partie du *Discours,* qui ne reste qu'une simple esquisse.

Un premier argument provient d'une *Lettre à Mersenne* de novembre 1639 ; considérant les mathématiciens incapables de penser par pur entendement et de se libérer de l'imagination, « ... qui nuit plus qu'elle ne sert pour les spéculations métaphysiques », Descartes annonce : « J'ai maintenant entre les mains un Discours, où je tâche d'éclaircir ce que j'ai écrit ci-devant sur ce sujet ; il ne sera que de cinq ou six feuilles d'impression ; mais j'espère qu'il contiendra une bonne partie de la métaphysique. »[2] Quel est ce « Discours » ? Il a pour fonction d' « éclaircir » ce qui a été écrit « ci-devant » sur « ce sujet », à savoir la métaphysique : on reconnaît la métaphysique du *Discours de la méthode,* dont Descartes avait admis — à Vatier — qu'elle restait « mal aisée à comprendre » parce que trop « obscure »[3]. En revanche, il ne peut s'agir du « commencement de

1. *A Mersenne,* mars 1637, AT I, 349, 26.
2. *A Mersenne,* 13 novembre 1639, AT II, 622, 13-20.
3. *A Mersenne,* mars 1637, AT I, 350, 5 ; *A Vatier,* 22 février 1638, AT II, 560, 7.

métaphysique » de 1629, puisqu'il s'agit précisément de répondre aux difficultés de l'écrit de 1637 ; ou alors l'écrit de 1629 ne pourrait avoir été réemployé qu'au prix de modifications sans doute radicales et qui nous restent, de toute façon, inconnues. Il s'agit donc ici très vraisemblablement de la première ébauche des *Meditationes* de 1641, comprises comme une répétition et un approfondissement de l'abstraction hors des sens, permettant de rendre absolument convaincantes les deux démonstrations recherchées : celle de la spiritualité de l'âme et celle de l'existence de Dieu. C'est l'échec du *Discours* devant les objections faites à sa métaphysique qui suscite, comme une réponse à ces objections, les *Meditationes.*

Il y a plus : dès le projet de rédaction des *Meditationes,* Descartes prévoit de les soumettre à objections, c'est-à-dire qu'il les inscrit une seconde fois dans un schéma responsorial. Les réponses faites en 1641 aux objections de 1637 (premier schéma responsorial) devaient, pour atteindre cette fois à la pleine certitude et convaincre sans reste, s'exposer à des objections (deuxième schéma responsorial). En effet, la même lettre poursuit :

> « Et afin de le mieux faire [*sc* éclaircir], mon dessein est de n'en faire imprimer que vingt ou trente exemplaires, pour les envoyer aux vingt ou trente plus savants théologiens dont je pourrai avoir connaissance, afin d'en avoir leur jugement, et apprendre d'eux ce qu'il sera bon d'y changer, corriger ou ajouter, avant que de le rendre au public. »[1]

Ainsi, le rapport des *Meditationes* à leurs objections et réponses ne fait que redoubler en l'inversant le rapport antérieur des *Meditationes,* réponses aux objections faites à la métaphysique du *Discours* et jusqu'alors laissées pendantes.

Un second argument en faveur de cette thèse provient d'une *Lettre à Huygens* de juillet 1640. Celui-ci avait eu connaissance, par ouï-dire, du nouvel écrit métaphysique projeté par Descartes. Qui lui répond par une dénégation — « ... je n'ai encore rien mis entre les mains de mon libraire, ni n'ai même rien préparé, qui soit si peu qu'il ne vaut

1. *A Mersenne,* 13 novembre 1639, AT II, 622, 20-26.

pas d'en parler » —, avant, bien entendu, de confirmer ce « quelque chose de métaphysique ». Et c'est alors qu'il retrouve les deux déterminations que nous avons déjà rencontrées : il s'agit d'une réponse aux objections faites au *Discours* et d'une demande d'examen par d'autres objecteurs :

> « ... et enfin on ne peut vous en avoir rien rapporté qui soit vrai, si ce n'est ce que je me souviens vous avoir dit dès l'hiver passé, à savoir que je me proposais d'éclaircir ce que j'ai écrit dans la quatrième partie de la *Méthode,* et de ne point le publier, mais d'en faire seulement imprimer douze ou quinze exemplaires, pour les envoyer à douze ou quinze des principaux de nos théologiens et d'en attendre leur jugement. »

Ici encore, plus de six mois après une semblable déclaration à Mersenne, Descartes promet d'abord d' « éclaircir » ce qu'a de « trop obscur » la quatrième partie du *Discours,* ce qui revient à fournir enfin la réponse longtemps retardée aux objections de 1637. Ici encore, Descartes annonce qu'il va soumettre sa réponse (de 1641) aux objections (de 1637) à une nouvelle salve d'objections, celles de « douze ou quinze théologiens » (et non plus vingt ou trente). Le schéma responsorial se redouble donc, puisque les *Meditationes* y jouent d'abord la fonction de réponses aux objections faites au *Discours,* pour ensuite tenir le rôle du texte auquel des objections doivent être faites. Mais il y a plus : les exemplaires du nouveau traité de métaphysique envoyés pour examen aux objecteurs éventuels ne seront pas vendus, ni diffusés dans le public — « ... ne point le publier, mais en faire seulement imprimer douze ou quinze exemplaires »[1]. Il faut comprendre que l'exposition de la réponse aux objections de 1637, à savoir les *Meditationes* elles-mêmes, entretient d'emblée un rapport si essentiel aux objections futures, que leur impression reste limitée par une diffusion restreinte, exactement comme si elles ne devaient être accessibles, ni ne pouvaient être

1. *A Huygens,* juillet 1640, AT III, 102, 5-16. Sur ce qui s'est « dit l'hiver passé », nous n'avons aucune trace, précise AT.

comprises sans le dialogue à venir par objections et réponses. L'impression limitée par une diffusion restreinte permettrait même d'y voir une simple impression *pro manuscripto* ni définitive, ni publique. L'impression au sens strict n'interviendrait qu'une fois les objections recueillies et réfutées par des réponses en forme. Bref, pour faire ce que le *Discours* avait laissé pendant (répondre aux objections sur la métaphysique), les *Meditationes* vont jusqu'à inclure tout le dispositif responsorial dans leur texte primitif.

Un troisième argument est fourni par une *Lettre à Regius* du 24 mai 1640. Elle porte témoignage d'une lecture et d'objections adressées aux *Meditationes* dès avant leur parution (et sans doute leur impression)[1]. Descartes confirme cette lecture en en remerciant ses correspondants : « Multum me vobis devinxistis, tu et Cl. D. Aemilius, scriptum quod ad vos miseram examinando et emendando — vous vous êtes gagné beaucoup de ma reconnaissance, vous et M. Emile, en examinant et corrigeant l'écrit que je vous ai soumis. » Non seulement ils n'ont pas dédaigné de « interpunctiones et orthographiae vitia corrigere — corriger la ponctuation et l'orthographe », mais ils ont présenté des « objectiones ». Il est important d'étudier la première d'entre elles : nous disposons en nous de quelque chose de la sagesse, de la puissance, de la bonté, de la quantité, etc., à partir de quoi nous pouvons former l'idée d'une sagesse infinie ou du moins indéfinie, etc. Descartes répond, évidemment, que cette formation par passage à l'infini de qualités en nous finies resterait impossible si nous ne disposions pas, d'emblée et innée, de l'idée d'infini et de l'infini en acte. Mais il est remarquable qu'il s'agisse, presque dans les mêmes termes, de l'objection émise en 1637 par Pierre Petit et qui sera bientôt reprise par Gassendi. On peut même supposer qu'un développement de la *Meditatio III* (AT VII, 46, 29 - 48, 2) a été directement ins-

1. « En avril 1640, Descartes avait terminé la rédaction des *Meditationes* » (F. Alquié, *Descartes, Œuvres philosophiques,* t. 2, *op. cit.,* p. 171). La rédaction certes, mais non pas encore le texte définitif, qui intégrera maintes remarques et améliorations suggérées par des lecteurs à la fois bienveillants et objecteurs.

piré par le souci de répondre à ces deux objections (Petit en 1637 et Regius/Emilius en 1641)[1].

Considérons donc comme acquis que la rédaction des *Meditationes* se trouve commandée par deux types d'objections : celles adressées à la quatrième partie du *Discours de la méthode* et, de l'aveu même de Descartes, laissées sans réponses ; celles ensuite des lecteurs du manuscrit (ou d'une impression provisoire à tirage limité). Il faudrait dans les deux cas repérer quelles modifications du texte initial ont provoqué les objections. L'entreprise sera plus facile pour les lectures du manuscrit des *Meditationes* avant son impression définitive. Il n'est que de penser aux très nombreuses corrections du texte imprimé en 1641 apportées par Descartes sur la suggestion de Mersenne ou en discussion avec lui[2]. Quant aux réponses aux objections provoquées par le *Discours,* elles ne peuvent guère se repérer dans le texte des *Meditationes* que par un examen comparé de leurs situations strictement conceptuelles ; notons d'ailleurs que cette démarche donnerait aux divergences — à nos yeux indiscutables — entre les métaphysiques de 1637 et de 1641 un nouveau statut et un nouvel intérêt : il ne s'agirait plus

1. *A Regius,* 24 mai 1640, AT III, 63, 2-64, 20. — Baillet donne la version suivante de cet échange : « Cependant il avait fait voir son manuscrit à quelques amis d'Utrecht qui l'en avaient instamment sollicité et particulièrement à MM. Regius et Emilius, qui en furent charmés jusqu'à l'extase, (...) ils lui proposèrent deux difficultés touchant l'idée que nous avons de l'Etre infini et infiniment parfait, et lui demandèrent un plus ample éclaircissement à ce qu'il avait écrit dans son *Traité.* M. Descartes leur accorda cette satisfaction avec plaisir » (*Vie de Monsieur Descartes,* VI, 13, Paris, 1692, t. 2, p. 103). En fait, on corrigera trois points : (i) il s'agit bien ici d'un manuscrit rendu public avant impression, donc susceptible d'intégrer encore des corrections suggérées par les objections ; (ii) c'est plutôt Descartes qui a envoyé (*miseram,* III, 63, 3) le manuscrit que les correspondants qui l'ont « instamment sollicité » ; (iii) la seconde objection porte moins sur Dieu que sur le statut de l'évidence aussi longtemps que Dieu reste inconnu.

2. Même après l'envoi du manuscrit à Mersenne, c'est-à-dire durant l'impression, Descartes modifie encore son texte. Il ne s'agit parfois, certes, que de style : *A Mersenne,* 24 décembre 1640, AT III, 267, 22-268, 8. Mais il y va, plus souvent, du fond de l'argumentation : *A Mersenne,* 31 décembre 1640, AT III, 271, 9-274, 24, et 18 mars 1641, AT III, 334, 10-335, 10 ; il s'agit parfois de corriger les *Responsiones* elles-mêmes : *A Mersenne,* 4 mars 1641, AT III, 329, 7-331, 9, et 18 mars 1641, AT III, 335, 11-338, 5.

de craindre des contradictions ou des incohérences entre deux textes également cartésiens, mais bien de reconstituer un approfondissement de l'un à l'autre par intégration dans le second exposé de la métaphysique de réponses aux objections faites au premier exposé et laissées par lui sans réplique. Dans cette hypothèse, le corpus étroit des six *Meditationes*[1] devrait se lire, indissolublement, comme un ensemble de réponses aux objections éparses faites au *Discours de la méthode* et comme un texte lui aussi d'emblée destiné (avant même son impression publique) à subir des objections et à y répondre. Non seulement il serait illégitime de lire les *Meditationes*, abstraction faite des *Objectiones* et *Responsiones,* avec lesquelles elles forment intentionnellement un tout organique, mais il serait tout aussi illégitime de les lire elles-mêmes autrement que comme des *Responsiones* aux objections suscitées par le *Discours de la méthode.* Loin de tout soliloque ou solipsisme, la pensée cartésienne, en tant qu'elle obéit à une logique de l'argumentation, s'inscrit dans l'espace originairement responsorial du dialogue.

1. Il faut remarquer que c'est dès la fin de la rédaction des *Meditationes* et *Responsiones* que, fidèle à sa démarche argumentative (thèses/objections/réponses), Descartes forme le projet de ce qui deviendra les *Principia Philosophiae* — « ... une comparaison de ces deux Philosophies » (*A Mersenne,* 11 novembre 1640, AT III, 233, 14-15), « ... en telle sorte qu'on verra facilement la comparaison de l'une avec l'autre, et que ceux qui n'ont point encore appris la philosophie de l'Ecole l'apprendront beaucoup plus aisément de ce livre que de leurs maîtres, à cause qu'ils apprendront par même moyen à la mépriser » (*A Mersenne,* décembre 1640, 259, 27-260, 4). Ce n'est que dans une *lettre au P. Charlet, s.j.* de décembre 1640, que Descartes biaise en attribuant à « ... un de mes amis » le projet d' « ... une ample comparaison de la philosophie qui s'enseigne en vos écoles avec celle que j'ai publiée, afin qu'en montrant ce qu'il pense être mauvais en l'une, il fasse d'autant mieux voir ce qu'il juge meilleur en l'autre » (AT III, 270, 4-9).

Méditer, objecter, répondre

JEAN-MARIE BEYSSADE

Je voudrais, dans cette séance d'ouverture, consacrer mon intervention à la structure tripartite de l'ouvrage qui nous réunit : *Méditations, Objections* et *Réponses.* Car l'articulation de ces trois verbes — méditer, objecter et répondre — détermine le lieu propre de la métaphysique ou philosophie première, et la voie privilégiée pour en traiter, la voie analytique.

Il s'agit de situer les six *Méditations* par rapport à ce qui les suit, *Objections* et *Réponses* : et deux questions ici s'entrecroisent, une question historique, une question systématique.

La question historique concerne l'élaboration progressive de l'ouvrage publié en 1641 et 1642. Il contient, selon Descartes, la version intégrale ou déployée de sa métaphysique. Ce qui suivra, notamment la première partie des *Principia,* publiée en 1644 mais rédigée dès l'hiver 1640-1641, sera présenté comme un résumé. Mais quel est donc le rapport de cette version intégrale avec le travail métaphysique qui avait précédé ? On sait que Descartes avait commencé à rédiger un premier traité à son arrivée en Frise, en 1628-1629. La quatrième partie du *Discours de la méthode,* publiée en 1637, se donne comme un compte rendu de ces « premières méditations », « si métaphysiques et si peu communes ». D'où la question historique : les *Méditations* achevées en 1640 ont-elles un rapport assignable avec ce travail antérieur ?

Deux hypothèses extrêmes encadrent le champ des possibles.

On peut penser avec Charles Adam que les six *Méditations* de 1640 coïncident avec l'acquis de 1628-1629, qu'elles sont ce « commencement de métaphysique » lui-même. De ce commencement, Descartes disait le 15 avril 1630 : « C'est la matière que j'ai le plus étudiée de toutes et en laquelle, grâces à Dieu, je me suis aucunement satisfait ; au moins pensé-je avoir trouvé comment on peut démontrer les vérités métaphysiques, d'une façon qui est plus évidente que les démonstrations de géométrie ; je dis ceci selon mon jugement, car je ne sais pas si je le pourrai persuader aux autres. Les neuf premiers mois que j'ai été en ce pays, je n'ai travaillé à autre chose. »[1] Si j'ai relu ces lignes, c'est pour souligner un point essentiel à mon propos. L'élaboration des méditations (avec ou sans majuscule) y apparaît *antérieure* au rapport avec autrui, à la tentative de « persuader les autres ». Ainsi, selon cette hypothèse extrême, le premier jugement fut personnel et solitaire. Il a abouti, dès 1629, à l'autosatisfaction de Descartes et abouti à un texte rédigé. La relation avec autrui pour le persuader aurait été seconde, postérieure, presque extrinsèque.

L'autre hypothèse extrême a été récemment proposée par Jean-Luc Marion au Colloque de Blacksburg (ce printemps), colloque dont le nôtre prend la suite. Ce que nous lisons aujourd'hui sous le titre de *Méditations,* avant les séries d'*Objections* et de *Réponses* (*Premières Objections* et *Premières Réponses, Secondes Objections* et *Secondes Réponses,* et ainsi de suite), serait *déjà* des Réponses à des Objections. Nos six *Méditations* de 1640 seraient, si j'ose dire, les *Réponses zéro,* les réponses aux objections qui avaient été adressées à la métaphysique du *Discours de la méthode,* à la métaphysique de 1637. De fait, la préface de l'auteur au lecteur ouvre la publication de 1641 en rappelant ce passé tout proche de débats en cours : « J'ai déjà touché ces deux questions de Dieu et de l'âme humaine dans le Discours français que je mis en lumière, en l'année 1637, touchant la méthode pour bien conduire sa raison et chercher la vérité dans les sciences ; non pas à dessein d'en traiter alors

1. *Lettre à Mersenne,* 15 avril 1630 (AT I, 144, 11-20).

à fond, mais seulement comme en passant, afin d'apprendre par le jugement qu'on en ferait *(ex lectorum judiciis)* de quelle sorte j'en devrais traiter par après. »[1] L'antériorité ici se renverse. Ce sont les jugements des lecteurs, les objections qu'ils ont légitimement adressées à la métaphysique encore inchoative du *Discours,* qui auraient précédé et déterminé le cheminement de Descartes, sa marche en avant à partir des premiers commencements. Les *Objections* auraient précédé les *Méditations* qui seraient elles-mêmes des *Réponses.*

Voilà la question historique sous sa forme la plus aiguë.

La question systématique concerne l'ouvrage publié dans sa structure tripartite, avec la pluralité des *voix* qui s'y font entendre. Car Descartes, comme nous le savons tous et comme nous l'oublions toujours, n'est pas l'auteur de la publication métaphysique de 1641 ou 1642. Il est seulement l'un de ses auteurs. Certes il est l'auteur premier et principal de cette publication collective, comme aussi son « éditeur » (au sens anglo-saxon du mot). Il s'y taille la part du lion, en ayant à la fois le premier mot et le dernier mot : le premier mot par les six *Méditations* (pour ne rien dire des textes d'ouverture) ; le dernier mot par les *Réponses.* Comme « éditeur » ou maître d'œuvre des trois parties, il s'est accordé deux privilèges. Le privilège de placer les *Objections* en seconde position, *après* la chaîne ininterrompue des *Méditations.* Et le privilège de mettre fin à l'échange par ses *Réponses aux Objections.* Reste qu'il a, volontairement, donné la parole aux objections et aux objecteurs, à une diversité de voix extérieures auxquelles les premières méditations, si métaphysiques et si peu communes, sont comme livrées. Une phrase d'avril 1641 attire l'attention sur cette originalité des objections : « Pour les objections qui pourront encore venir contre ma *Métaphysique*, je tâcherai d'y répondre ainsi qu'aux précédentes, et le meilleur sera de les faire imprimer telles qu'elles seront, et au même ordre qu'elles auront été faites, pour conserver la vérité de l'histoire. »[2] A nouveau, nous pouvons comprendre cette phrase de

1. AT VII, 7, 1-6 ; trad. dans FA II, p. 370.
2. *Lettre à Mersenne,* 21 avril 1641 (AT III, 363, 12-17).

plusieurs manières, qui s'échelonnent entre deux interprétations extrêmes.

Pour les uns, tel Martial Gueroult, la *Métaphysique* de Descartes est restreinte, en deçà des objections et des réponses qui en altéreraient l'ordre, aux seules six *Méditations*. Le fameux texte qui oppose l'ordre des raisons et l'ordre des matières introduit, de fait, une disjonction explicite des trois composantes. Je le cite :

> « Ainsi je ne juge pas qu'il soit aucunement à propos, ni même possible, d'insérer dans mes *Méditations* la réponse aux objections qu'on peut y faire ; car cela en interromprait toute la suite, et même ôterait la force de mes raisons, qui dépend principalement de ce qu'on se doit détourner la pensée des choses sensibles, desquelles la plupart des objections seraient tirées. Mai j'ai mis celles de Caterus à la fin, pour montrer le lieu où pourront aussi être les autres, s'il en vient. »[1]

Les objections et partant, *a fortiori,* les réponses aux objections viennent après, elles viennent à la fin, elles sont externes.

Pourtant, la même préface de l'auteur au lecteur que nous commentions tout à l'heure nous oblige à revenir sur le dogme de M. Gueroult. Car pour satisfaire les lecteurs, Descartes s'impose un double travail. Certes et d'abord, *primo quidem,* exposer dans ces *Méditations* « les mêmes pensées par lesquelles je me persuade d'être parvenu à une certaine et évidente connaissance de la vérité, afin de voir si, par les mêmes raisons qui m'ont persuadé, je pourrai aussi en persuader d'autres »[2]. Mais cela ne suffit pas, comme déjà le *quidem* le donnait à entendre. « Mais après cela, *postea vero,* je répondrai aux objections qui m'ont été faites par des personnes d'esprit et de doctrine. »[3] Le jugement doit être suspendu jusqu'à ce qu'on se soit « donné la peine de lire toutes ces objections et les réponses que j'y ai faites »[4]. La vérité de la métaphysique cartésienne est par là suspendue à l'ordre du dialogue effectif. D'où une hypothèse inverse de l'hypothèse gueroultiste : la vérité de l'histoire sauvegarde la voix de l'objec-

1. *Lettre à Mersenne,* 24 décembre 1640 (AT III, 267, 1-10).
2. AT VII, 10, 9-23; FA II, p. 393.
3. *Ibid.*
4. *Ibid.*

teur et son extériorité, elle empêche de disjoindre absolument ordre des raisons et ordre des matières, elle subordonne l'ordre des raisons à un dialogue qui l'outrepasse. Si la question systématique ne se confond pas avec la question historique, elle la prolonge et la redouble.

Je chercherai, pour les éclairer l'une et l'autre, ce que Descartes métaphysicien a pu attendre des objections qu'il a sollicitées, et si son attente a été satisfaite ou déçue. Il me semble qu'en saisissant le moment intermédiaire de l'*objecter,* on comprendra mieux pourquoi le *répondre* n'est pas un *résoudre* ou un *dissoudre,* et on comprendra mieux ce que signifiait dès le début le *méditer* si caractéristique de la métaphysique.

Mon premier point portera sur ce qui a précédé, dans l'imaginaire cartésien des textes à faire, l'ouvrage effectif dans sa forme tripartite. Deux projets non aboutis, l'un du printemps 1630, l'autre de l'hiver 1640-1641, me semblent jeter une grande lumière sur l'œuvre que nous étudions.

En 1630, dans la même lettre du 15 avril où apparaissent pour la première fois le terme et certaines thèses métaphysiques, intégrée et non juxtaposée à la discussion sur la difficulté de persuader aux autres les vérités métaphysiques démontrées, une tout autre affaire surgit. Un « méchant livre », dont nous savons seulement qu'il traitait certaines matières métaphysiques de façon aussi dangereuse que fausse, suscite un désir surprenant : « y répondre sur-le-champ ». Il s'agit, arrachant l'erreur dangereuse à sa semi-clandestinité, de publier avec permission officielle une seconde impression. On y trouverait, à la fois, le poison et son remède. La réponse ici serait réfutation. Descartes « ajouterait, après chaque période ou chaque chapitre, des raisons qui prouvassent tout le contraire des siennes et qui en découvrissent les faussetés »[1]. Ce projet conjoint une stratégie éditoriale *et* un pari argumentatif. Si le méchant livre

1. *Lettre à Mersenne,* 15 avril 1630 (AT I, 144-145) et 6 mai 1630 (AT I, 148-149).

> « se vendait ainsi tout entier avec sa réponse, on ne daignerait pas le vendre en cachette sans réponse, et ainsi personne n'en apprendrait la fausse doctrine, qui n'en fût désabusé au même temps ; au lieu que les réponses séparées que l'on fait à semblables livres sont d'ordinaire de peu de fruit, parce que chacun ne lisant que les livres qui plaisent à son humeur, ce ne sont pas les mêmes qui lisent les mauvais livres, qui s'amusent à examiner les réponses »[1].

La stratégie éditoriale repose sur une triple identité : les mêmes lecteurs liront en même temps dans le même livre, chapitre après chapitre, période après période, la fausse doctrine et sa réfutation. Cette stratégie repose sur une confiance, le pari que Descartes « eusse pu répondre aux raisons de cet auteur »[2]. Confiance que Descartes affiche, et qui contraste curieusement avec l'absence de confiance affichée quelques lignes plus haut : il n'espérait guère persuader aux autres que sa métaphysique est plus évidente que la géométrie, il ne doute pas que sa métaphysique apparaîtra plus évidente que celle de l'adversaire. « Ayant plusieurs raisons qui me persuadent et qui m'assurent le contraire de ce que vous m'avez mandé être en ce livre, j'osais aussi penser qu'elles le pourraient persuader à quelques autres, et que la vérité, expliquée par un esprit médiocre, devait être plus forte que le mensonge, fût-il maintenu par les plus habiles gens qui fussent au monde. »[3]

Ainsi se profile une œuvre bipartite. La vérité ne s'y expose pas d'abord seule, toute nue : elle vient en seconde position, comme réponse. Réponse publique qui, apparemment, coïncide entièrement avec la vérité initiale, privée, du cartésianisme et qui ne garde rien du méchant livre réfuté. Tel un adversaire vaincu et enchaîné, la fausse doctrine proclamerait publiquement le triomphe de la vérité.

Voilà pour le premier projet, et qui n'aboutit pas.

La lettre du 11 novembre 1640 expose un projet comparable, mais élargi.

1. *Lettre à Mersenne,* 6 mai 1630 (AT I, 148-149).
2. *Ibid.*
3. *Ibid.*

« Mon dessein est d'écrire par ordre tout un cours de ma Philosophie en forme de thèses, où, sans aucune superfluité de discours, je mettrait seulement mes conclusions, avec les vraies raisons d'où je les tire, ce que je crois pouvoir faire en fort peu de mots ; et au même livre, de faire imprimer un cours de la Philosophie ordinaire, tel que peut être celui du frère Eustache, avec mes notes à la fin de chaque question, où j'ajouterai les diverses opinions des autres, et ce qu'on doit croire de toutes, et peut-être à la fin je ferai une comparaison de ces deux Philosophies. »[1]

Il ne s'agit plus de quelques questions métaphysiques dans un méchant livre à réfuter, mais de tout un système de Philosophie (qui deviendra les *Principia* de 1644), et de situer ce nouveau système par rapport à tous les autres, rassemblés sous la rubrique « la Philosophie de l'Ecole ». On lit dans la même lettre : « Pour la philosophie de l'Ecole, je ne la tiens nullement difficile à réfuter, à cause des diversités de leurs opinions ; car on peut aisément renverser tous les fondements desquels ils sont d'accord entre eux ; et cela fait, toutes leurs disputes particulières paraissent ineptes. »[2] La perspective reste, comme dans le projet de 1630, de réfutation ; mais la perspective envisagée est désormais tripartite — au moins tripartite.

Il s'agit d'abord d'exposer la vérité cartésienne sous la forme d'un abrégé, contenant en forme de thèses toutes les conclusions avec leurs vraies raisons : « sans aucune superfluité de discours », certes, mais sous la forme discursive de conclusions tirées de leurs prémisses.

Ce premier exposé sera suivi par un second, qui sera lui aussi un abrégé : « le faire imprimer avec un abrégé de la Philosophie de l'Ecole, tel que celui du frère Eustache ». Pourquoi celui-là plutôt qu'un autre ? La lettre du 11 novembre 1640 s'en explique : « J'ai acheté la Philosophie du frère Eustache de Saint-Paul, qui me semble le meilleur livre qui ait jamais été fait en cette matière. »[3] Et elle continue : « Je verrai aussi le cours de philosophie de M. Draconis, qui, je crois, se trouvera ici : car s'il était plus court que l'autre, et autant

1. *Lettre à Mersenne,* 11 novembre 1640 (AT III, 231-233).
2. *Ibid.*
3. *Ibid.*

reçu, je l'aimerais mieux. »[1] On voit les trois qualités requises de l'interlocuteur convoqué sans l'avoir demandé : le meilleur, le plus bref, le plus reçu. *Le meilleur,* parce que la règle du jeu intellectuel exige qu'on mesure ses forces contre l'adversaire le plus fort et non point le plus faible. Ce choix est un hommage, vu l'intention « de considérer celui que je choisirai comme le meilleur de tous ceux qui ont écrit de la philosophie, et de ne le reprendre point plus que tous les autres »[2]. *Le plus court,* par ce qu'il s'agit d'entrechoquer sur l'essentiel les raisons fondamentales, sans s'égarer dans le détail et lasser l'attention du lecteur. *Autant reçu* enfin qu'un autre, car c'est ici la réception qui compte, l'autorité reconnue en général à l'adversaire choisi : alors seulement l'épreuve aura pour le public valeur de preuve. On remarque que cette seconde partie acquiert, par sa position *après* l'abrégé du cartésianisme, valeur d'objection — mais que son contenu ne l'y destinait nullement, puisqu'il s'agit de rééditer un texte *antérieur* au cartésianisme, sans rien changer à l'ordre de ses raisons.

Descartes envisage enfin d'y adjoindre une ou peut-être deux parties : « avec mes notes à la fin de chaque question... et *peut-être* à la fin je ferai une comparaison de ces deux philosophies » ; « sur lequel j'ajouterai mes notes à la fin de chaque question, où j'ajouterai les diverses opinions des auteurs, ce qu'on doit en croire de toutes, et leur utilité ; ce que je crois pouvoir faire en telle sorte qu'on verra facilement la comparaison de l'une avec l'autre »[3]. Il s'agit, dans ces *Notes,* de réponses aux objections, comme celles qui précéderont dans les *Septièmes Réponses,* sous le même terme de *Notae,* « Notes », l'épître au P. Dinet. On voit ainsi comment le genre traditionnel du parallèle, à la Plutarque, qui conclut deux exposés symétriques par une comparaison, s'infléchit sous l'effet de l'objectif polémique. Et, puisque ce projet inabouti est strictement contemporain de la rédaction des *Responsiones* effectives, je terminerai en soulignant un dernier point.

1. *Ibid.* (AT III, 234, 7-10)
2. *Ibid.* (AT III, 234, 13-16).
3. Le « peut-être » que nous avons souligné dans la première lettre du 11 novembre 1640 (AT III, 233, 11-15) nous semble expliqué par la seconde *Lettre à Mersenne,* de décembre 1640 (AT III, 259, 24-29).

En inscrivant sans le modifier un texte étranger et généralement reçu entre deux textes de lui, Descartes n'entend rien concéder à l'interlocuteur. Il veut simplement affirmer sa propre maîtrise. Je lis la phrase clé dans la lettre de décembre 1640 : « Ceux qui n'ont point encore appris la philosophie de l'Ecole l'apprendront beaucoup plus aisément de ce livre que de leurs maîtres, à cause qu'ils apprendront par même moyen à la mépriser, et tous les moindres maîtres seront capables d'enseigner la mienne par ce seul livre. »[1] Mépriser, maîtriser — mais non pas annuler. Il s'agit, d'un même mouvement et dans un même livre, de s'élever à un point de vue supérieur, et de maîtriser le point de vue inférieur en le mettant à sa place, qui est subordonnée. Recycler les maîtres en place, si j'ose dire, former directement les élèves à la nouvelle philosophie, et même le cas échéant former les uns et les autres à exceller dans la philosophie dépassée. Trois effets pour un seul et même livre. Mais ce livre n'a jamais été écrit...

Passons maintenant au livre que Descartes composait effectivement. Qu'attendait-il des objections qu'il sollicitait ? Et qu'aura-t-il gagné au terme de cet échange ?

On pourrait risquer une boutade : il n'attendait rien, il a obtenu moins encore. Les textes argumentent aisément cette boutade. Dès 1637, on trouve dans la sixième partie du *Discours* : « Encore que je me reconnaisse extrêmement sujet à faillir, et que je ne me fie jamais aux premières pensées qui me viennent, toutefois l'expérience que j'ai des objections qu'on me peut faire m'empêche d'en espérer aucun profit. »[2] Aucun profit ; on ne saurait être plus parcimonieux dans l'espérance.

> « Car j'ai déjà souvent éprouvé les jugements, tant de ceux que j'ai tenus pour mes amis, que de quelques autres à qui je pensais être indifférent, et même aussi de quelques-uns dont je savais que la malignité et l'envie

1. *Ibid.* (AT III, 259-260).
2. *Discours de la méthode,* VI (AT VI, 68-69).

tâcheraient assez à découvrir ce que l'affection cacherait à mes amis ; mais il m'est rarement arrivé qu'on m'ait objecté quelque chose que je n'eusse point du tout prévue, si ce n'est qu'elle fût fort éloignée de mon sujet ; en sorte que je n'ai quasi jamais rencontré aucun censeur de mes opinions, qui ne me semblât ou moins rigoureux, ou moins équitable que moi-même. »[1]

L'expérience des *Méditations* ne semble pas avoir démenti la prévision. Le 29 juillet 1641, Descartes explique à son ami Huygens pourquoi les *Principia* vont se dispenser avantageusement de paraître escortés du discours adverse et de sa réfutation : « L'épreuve que j'ai fait *[sic]* jusques ici des jugements et des objections qu'on me peut faire me donne espoir que je n'aurai pas beaucoup de peine à maintenir mes opinions lorsque je les aurai publiées, et cela ne me détournera point du dessein que j'ai de continuer à chercher ce que j'ignore. »[2] L'échange n'a finalement rien apporté, on peut donc dire que l'entreprise a échoué, et c'est ce que Descartes finit par avouer à Mersenne, en septembre 1641, en jetant l'éponge : « Que si mon dessein n'a pas réussi, et qu'il y ait trop peu de gens au monde qui soient capables d'entendre mes raisons, ce n'est pas ma faute, et elles n'en sont pas moins vraies pour cela ; mais il y aurait de ma faute, si je m'en fâchais, ou que j'employasse davantage de temps à répondre aux impertinentes objections de vos gens. »[3] Descartes n'espérait pas grand-chose ; il n'a rien obtenu ; et pour parler comme Michel Meyer, nous voilà renvoyés à l'intériorité rhétorique du sujet, à sa clôture sur lui-même. « Je n'ai quasi jamais rencontré aucun censeur de mes opinions qui ne me semblât ou moins rigoureux ou moins équitable que moi-même. » Oui, en un sens. Mais en un sens seulement, et qui laisse échapper quelques aspects importants.

D'abord, et ce sera mon second point, précisons ce que Descartes attendait quand il a sollicité des objections. Il faut distinguer l'épreuve

1. *Ibid.*
2. *Lettre à Huygens,* 29 juillet 1641 (AT III, 773, 436-437).
3. *Lettre à Mersenne,* septembre 1641 (AT III, 436-437).

intellectuelle (raisons contre raisons, philosophie contre philosophie) et l'assistance extra-intellectuelle (l'autorité au secours de la raison, la théologie faisant rempart à la saine philosophie). Les deux soucis s'entrecroisent. Ils sont spécifiquement distincts.

A Mersenne, le théologien ami, Descartes annonce le 13 novembre 1639 un Discours qui contiendra une bonne partie de la métaphysique. Et il ajoute : « Afin de le mieux faire, mon dessein est de n'en faire imprimer que vingt ou trente exemplaires, pour les envoyer aux vingt ou trente plus savants théologiens dont je pourrai avoir connaissance, afin d'en avoir leur jugement, et apprendre d'eux ce qui sera bon d'y changer, corriger ou ajouter, avant que de le rendre public. »[1] Il ne parle ici que de théologiens, non de philosophes. Et il ne s'agit nullement de publier côte à côte le texte de Descartes, leur jugement, et des réponses. Au contraire. Il s'agit de tenir compte de leur jugement pour publier un autre texte, unique mais amélioré, « afin de le *mieux* faire » « *avant* de le rendre au public ». La compétence de ces juges les autorisera à obtenir trois sortes de modifications : *changer, corriger, ajouter.* Ces modifications, invisibles pour les lecteurs du texte publié, le rendront digne d'une approbation publique — celle que Descartes a demandée à la Sorbonne et dont J.-R. Armogathe nous dira s'il l'a ou non obtenue. Car c'est de protection que Descartes a besoin. Pourquoi ? « Pour empêcher les cavillations des ignorants qui ont envie de me contredire », à moins que « l'autorité de plusieurs gens doctes ne les retienne ». Ainsi l'objectif est de s'assurer l'appui d'une autorité externe « puisque la vérité est si peu estimée étant seule »[2]. Mais cet appui passe par la double compétence, théologique et philosophique, des docteurs de Sorbonne

1. *Lettre à Mersenne,* 13 novembre 1639 (AT II, 622, 20-26).

2. *Lettre à Mersenne,* 30 septembre 1640 (AT III, 184) : « Je ne crains pas qu'il y ait rien qui puisse désagréer aux théologiens ; mais j'eusse seulement désiré avoir l'approbation de plusieurs, pour empêcher les cavillations des ignorants qui ont envie de me contredire, et qui pourront être d'autant plus éloquents en cette matière qu'ils l'entendront moins, et qu'ils croiront qu'elle peut être moins entendue par le peuple, si ce n'est que l'autorité de plusieurs gens doctes les retienne... Car je vous dirai que les cavillations du Père Bourdin m'ont fait résoudre à me munir dorénavant, le plus que je pourrai, de l'autorité d'autrui, puisque la vérité est si peu estimée étant seule. »

sollicités. Seuls ils sauront, par leur capacité philosophique, indiquer à Descartes les améliorations à apporter à son brouillon ; seuls ils pourront, par leur autorité, en imposer aux ignorants qui voudraient les contredire sans raison.

Avec Huygens, l'ami non théologien, les choses changent légèrement, le 31 juillet 1640. Il s'agit toujours d'envoyer douze ou quinze exemplaires à douze ou quinze de nos principaux théologiens et d'en attendre leur jugement. Il s'agit toujours d'étayer des conclusions démontrées mais complexes, sujettes à critique ou cavillation « si je ne rencontre des personnes bien capables et de grande réputation pour la métaphysique, qui prennent la peine d'examiner curieusement mes raisons, et qui en disent franchement ce qu'ils en pensent, donnant par ce moyen le branle aux autres pour en juger selon eux, ou du moins avoir honte de leur contredire sans raison »[1]. Ces personnes peuvent être certes des *théologiens,* tel Caterus dont les objections, les premières, fournissent le modèle envoyé par Descartes de Hollande à Paris ; mais il peut après tout se rencontrer aussi des *philosophes,* et non des théologiens, qui soient « bien capables et de grande réputation pour la métaphysique ». Insensiblement la curiosité de l'examen et la franchise du verdict déplaceront les perspectives. On va passer de l'Epître dédicatoire, qui demande l'assistance d'une autorité théologique[2], à la préface de l'auteur au lecteur, qui annonce des confrontations entre des objections et des réponses[3]. Certes, dans les deux cas, il s'agit d'orienter les jugements des lecteurs moins compétents, de les inciter *(donner le branle),* à juger en fonction d'un jugement déjà rendu *(selon eux).* Mais dans un cas il s'agissait d'effacer tout écart entre le théologien et Descartes philosophe, pour ajouter à la conclusion cartésienne le poids d'une autorité théologique. Dans le second cas, avec Hobbes ou avec Gassendi par exemple (les *Troisièmes* et les *Cinquièmes Objections* et *Réponses*), il s'agira de fixer l'écart entre philosophie cartésienne et phi-

1. *Lettre à Huygens,* 31 juillet 1640 (AT III, 103, 5-11).
2. *Authoritas* (AT VII, 6, 7) ; *Votre autorité* (AT IX, 1, 8).
3. *Objecta* (AT VII, 10, 17-20 ; *Un si grand nombre* [d'objections] *et de si différentes* (FA II, p. 393).

losophies non cartésiennes, pour marquer l'inégalité des raisons. Car la rationalité rigoureuse de la conclusion démontrée est, dans l'un et l'autre cas, inentamée.

La diversité des objecteurs sollicités — « plusieurs théologiens et philosophes », comme disent les *Secondes* et les *Sixièmes Objections* — correspond aux deux attentes de Descartes. L'attente intellectuelle d'une joute, avec la volonté de mesurer la force des raisons en les éprouvant les unes contre les autres. L'attente extra-intellectuelle d'une alliance, avec la volonté d'adjoindre l'autorité théologique à la raison philosophique.

Descartes a-t-il tiré quelque bénéfice de cet échange ? Tel sera mon troisième et dernier point. Je m'en tiendrai naturellement à l'aspect rationnel de la joute, et je reprends les trois verbes rencontrés : changer, corriger, ajouter. Contrairement à ce que laisse entendre le jugement final et désabusé de septembre 1641 — « mon dessein n'a pas réussi » —, un lecteur attentif relèvera, entre les *Méditations* (la première partie du texte tripartite) et les *Réponses* (sa troisième partie), bon nombre de changements, de corrections, d'adjonctions. Nous avions pensé en dresser un inventaire et le distribuer au début de ce colloque. Nous ne l'avons pas fait. Il faudra peut-être envisager de le faire en conclusion de ce colloque. Ces modifications sont autant d'acquis à mettre au crédit des objecteurs. C'est eux qui ont arraché à l'opiniâtreté cartésienne ces déplacements significatifs. Et c'est par où l'œuvre effective diffère — que cela plaise à Descartes ou que cela ne lui plaise pas — des deux modèles rêvés : le méchant livre avec sa réfutation, l'exposé de la vraie philosophie avec l'exposé de la fausse et sa réfutation. La vérité de l'histoire l'a emporté sur l'ordre rêvé.

Donnons quelques exemples, à titre d'indices.

Ajouter, corriger, changer.

Ajouter, souvent. Morceaux de théologie, comme les pages sur l'Eucharistie dans les *Quatrièmes Réponses.* Morceaux de philosophie comme les développements sur la liberté de Dieu et la création des vérités éternelles dans les *Sixièmes Réponses* notamment, adjonction par rapport aux six *Méditations* qui n'en parlent pas mais simple résurgence d'une doctrine déjà acquise dans les lettres de 1630. Je vais dans les *Premières Réponses* à Caterus, pour y relever, à propos de la *causa sui,* notre verbe ajouter. Je cite : « Voire même j'ajouterai ici de plus, *quinimo etiam hic addam* (ce que néanmoins je n'ai point écrit ailleurs), qu'on ne peut pas aller jusqu'à une seconde cause, parce que celle qui a tant de puissance que de conserver une chose qui est hors de soi se conserve à plus forte raison soi-même par sa propre puissance, et ainsi elle est *par soi.* »[1] Les adjonctions sont donc fréquentes.

Corriger, cela est plus rare. Il est pourtant un cas au moins où l'on n'hésitera pas à parler de correction. Concernant justement cette *causa sui* qui n'est pas une *cause efficiente de soi-même* mais une *cause formelle de soi-même,* cause formelle qui est simplement *analogue* à une cause efficiente. La correction s'opère ici de Réponses en Réponses, des *Premières Réponses* aux *Quatrièmes Réponses* : car si le droit de suite ne s'est guère exercé pour chaque objecteur pris individuellement[2], il a été expressément reconnu à l'ensemble des objecteurs pris collectivement — chaque objecteur nouveau devant tenir compte des échanges antérieurs[3]. Arnauld a donc critiqué certaines formulations des *Premières Réponses,* à

1. *Premières Réponses* (AT VII, 111, 14-19; IX, 1, 88).

2. « Pour ceux qui ont fait les premières [objections, publiées sous le titre de *Secondes Objections*], ils m'ont obligé; et s'il leur plaît de repartir *[répartir]* à mes Réponses, je dupliquerai aussi fort volontiers » (*Lettre à Mersenne,* 4 mars 1641; AT III, 328, 21-24). Les *Sixièmes Objections et Réponses* sont la réalisation de cet engagement. Le cas de Gassendi est différent, puisque ses *Instances* ne seront pas publiées par Descartes, qui souhaitera au contraire exclure les *Cinquièmes Objections* de la traduction française. Si l'Hyperaspistes n'était autre que Gassendi lui-même, il serait assez étrange que cet échange semble le dernier auquel Descartes se soit intéressé (cf. *Lettre à Mersenne,* septembre 1641; AT III, 436, 14-17 : « Et pour ma Métaphysique, je cessai entièrement d'y penser, dès le jour que je vous envoyai ma réponse *ad Hyperaspisten,* en sorte que même je ne l'ai pas eue depuis ce temps-là entre mes mains ») et qu'il ait envisagé de le joindre à la seconde édition latine (cf. *Lettre à Mersenne,* 17 novembre 1641; AT III, 449, 12-16; « J'ai seulement à vous demander si vous ne jugez pas à propos que j'y fasse ajouter... l'Hyperaspistes avec ma réponse »).

3. « Parce que ces réponses se font pour être imprimées, et ainsi que je dois considérer l'intérêt du lecteur, lequel s'ennuierait de voir ces redites, ou des choses qui sont hors du sujet, obligez-moi, s'il vous plaît, de le prier auparavant de ma part, de revoir ses objections, pour en retrancher ce à quoi j'ai déjà répondu ailleurs » (*Lettre à Mersenne,* 22 juillet 1641; AT III, 417, 6-12).

Caterus (qui étaient elles-mêmes autant d'adjonctions par rapport aux six *Méditations*). Or une lettre du 4 mars 1641 à Mersenne nous parle de deux corrections successives, et nous fait assister au glissement signalé tout à l'heure, d'un échange privé (précédant la justification du texte corrigé sans mention de la correction) jusqu'à une controverse en forme (où les deux positions opposées seraient l'une et l'autre publiées, comme le mouvement de l'une à l'autre). Descartes y demande à Mersenne d'y corriger un texte des *Premières Réponses,* dont il nous apprend qu'il avait déjà été corrigé une fois par lui Descartes sur la copie initiale. Il indique le texte à supprimer et le texte corrigé à lui substituer. Et il ajoute : « Je vous prie de les corriger tellement, en toutes les copies, qu'on n'y puisse aucunement lire ni déchiffrer les mots » (raturés)... « Car plusieurs sont plus curieux de lire et d'examiner les mots qui sont effacés que les autres, afin de voir en quoi l'auteur a cru s'être mépris, et d'en tirer quelque sujet d'objections, en l'attaquant ainsi par l'endroit qu'il a jugé lui-même être le plus faible. »[1] Descartes applique la remarque aux objections d'Arnauld contre la *causa sui* positive.

> « Je me souviens, dit-il, que, de la façon que je j'avais écrit la première fois, il était trop rude ; mais je l'avais tellement corrigé par après et adouci que, s'il n'eût lu que les corrections, sans s'arrêter aussi à lire les mots effacés, il n'y eût peut-être rien du tout trouvé à dire ; comme, en effet, je crois qu'il n'y a rien qui ne soit bien, et vous-même, quand vous le lûtes la première fois, vous me mandâtes que vous le trouviez rude ; et à la fin de la même lettre, vous m'écriviez qu'après l'avoir relu, vous n'y trouviez rien de mal ; ce que j'attribue à ce que vous aviez pris garde, la première fois, aux mots qui ne sont que légèrement effacés, au lieu qu'à la deuxième fois vous ne considériez que les corrections. »[2]

Si Descartes demande qu'on relise plusieurs fois son texte, il reste qu'il l'a parfois *corrigé* d'un état à l'autre, et corrigé sous la pression des objecteurs. Seules un petit nombre de corrections ont été signalées *dans* le texte publié, « enfermés entre ces signes [...] afin qu'on voie qu'ils ont été ajoutés »[3]. D'autres ont été comme dissimulées au public

1. *Lettre à Mersenne,* 4 mars 1641 (AT III, 330, 3-14).
2. *Ibid.* (AT III, 330-331).
3. *Lettre à Mersenne,* 18 mars 1641 (AT III, 335, 5-6).

et nous les entrevoyons parfois au hasard d'une lettre. « Car pendant que mon écrit n'est pas imprimé, je pense avoir droit d'y changer ce que je jugerai à propos. »[1]

Changer, voilà le verbe le plus large. Et Descartes en effet a changé. Quel changement plus considérable, par exemple, que la substitution, esquissée à la fin des *Secondes Réponses* et à la demande de ses interlocuteurs, *d'*un exposé synthétique *à* la méditation analytique ? Mais revenons aux *Réponses* canoniques, les premières. Caterus s'était interrogé sur la preuve cartésienne de Dieu, et Descartes lui fournit en réponse une preuve ontologique dont nous allons nous demander, avec Willis Doney et Konrad Cramer, si c'est la même ou si c'est une autre. Or voici comment Descartes s'explique : « Toutes lesquelles choses sont manifestes à celui qui y pense sérieusement, et ne diffèrent point *[nec differunt]* de celles que j'avais ci-devant écrites, si ce n'est seulement en la façon dont elles sont ici expliquées *[in modo explicationis],* laquelle j'ai expressément changée *[de industria mutavi],* pour m'accommoder à la diversité des esprits »[2].

Changer, corriger, ajouter. La troisième partie de l'œuvre publiée ne coïncide pas avec la première. Tel est l'acquis des *Objections.* Et s'il reste à le mesurer avec exactitude (nous sommes ici pour cela), il est déjà assuré qu'il n'est pas nul. Descartes au reste le savait, et c'est pourquoi il avait décidé d'appeler sa troisième partie *Responsiones* (réponses) et non pas *Solutiones* (solutions). A Mersenne, le 18 mars 1641, il écrivait :

> « Je vous laisse le soin de tous les titres de ma *Métaphysique* ; car vous en serez, s'il vous plaît, le parrain. Et pour les *Objections,* il est fort bon de les nommer *1ae Objectiones, 2ae Objectiones,* etc., et après, de mettre *Responsio ad Objectiones,* plutôt que *Solutiones Objectionum,* afin de laisser au lecteur si mes Réponses en contiennent les solutions ou non. Car il faut laisser mettre *Solutiones* à ceux qui n'en donnent que de fausses ; ainsi que ce sont ordinairement ceux qui ne sont pas nobles, qui se vantent le plus de l'être. »[3]

1. *Ibid.* (AT III, 337, 1-3).
2. *Premières Réponses* (AT VII, 119-120 ; IX-1, 94).
3. *Lettre à Mersenne,* 18 mars 1641 (AT III, 340, 7-16).

On relèvera, sans en tirer de conclusions hâtives, que la préface latine de l'auteur au lecteur se terminait par l'expression présomptueuse, *objectiones istas earumque solutiones omnes*[1], et que Clerselier a corrigé dans son édition française de 1661 en « toutes ces objections et les réponses que j'y ai faites »[2].

La véritable noblesse de Descartes, sa générosité intellectuelle, s'affirme dans cette dépossession acceptée : non point soumettre l'adversaire à la maîtrise de celui qui le réfute et donne la solution ; mais soumettre l'un et l'autre discours, l'objection et la réponse, à la juridiction du lecteur. Alors les lecteurs pourront, en un sens inverse de celui que nous rencontrions tout à l'heure, juger « selon eux », c'est-à-dire par eux-mêmes. Apprécier le pour et le contre. Bref, mener à leur propre compte cette entreprise qui n'est jamais solitaire, méditer. *Serio mecum meditari* ; « Ceux qui voudront avec moi méditer sérieusement. »[3] Dans l'œuvre tripartite, l'écart entre les *Méditations* et les *Réponses*, écart marqué et rendu possible par les *Objections*, donne son sérieux au méditer avec, *mecum meditari*.

On ne médite pas avec soi ou avec soi-même. Il nous invite à méditer avec lui, ou plutôt avec eux.

Il serait malséant de prétendre conclure en trois phrases sur les difficiles questions que je posais au début. Mais il ne sera pas déplacé d'y revenir, pour suggérer trois axes de recherche.

Quant à la question historique, l'élaboration progressive des six *Méditations*, de 1637 à 1640, leur statut de réponses à des objections suscitées par la métaphysique du *Discours* ne doit pas faire oublier l'antériorité incontestable du texte de 1628-1629. Ce texte a existé. Descartes l'avait entre les mains. Il a envisagé de le publier en guise de réponse aux objections de 1637, parce qu'il allait plus loin que le *Discours*[4]. Certes il était inachevé. Il appelait encore en 1629 deux ou trois années de travail[5]

1. AT VII, 10, 22-23.
2. FA II, p. 393.
3. *Préface de l'auteur au lecteur* (AT VII, 9, 25 ; FA II, p. 393).
4. *Lettre à Mersenne,* 27 février 1637 (AT I, 350, 19-22).
5. *Lettre à Gibieuf,* 18 juillet 1629 (AT I, 17, 12).

(et il s'est écoulé aussi deux ou trois ans entre 1637 et 1640). Il serait absurde de nier les transformations postérieures à 1637, sur lesquelles Ferdinand Alquié insistait tant. Mais quand il faudra les apprécier, au cas par cas, rappelons-nous que le texte de 1640 s'est coulé, et jusque dans sa terminologie, à l'intérieur d'un projet qui n'était pas seulement rêvé, mais déjà partiellement réalisé en 1629.

Quant à la question systématique, l'autonomie de l'ordre des raisons ne doit pas faire oublier la complexité interne, la multiplicité d'abord discordante du « méditateur » lui-même (si vous me pardonnez l'anglicisme). L'extériorité de l'objecteur et du répondant n'est pas fondamentalement étrangère au sujet méditant : il trouve *en lui,* parce qu'il a été enfant avant que d'être homme, la diversité initiale des appétits et des précepteurs. L'ironie peut conduire au seuil de l'insolence Descartes et Gassendi, que l'un appelle *caro,* la chair, parce que l'autre l'a appelé *anima,* puis *mens,* âme, esprit. Mais tous masques finalement levés, Descartes pourra d'autant plus reconnaître en Gassendi un vrai philosophe qu'il ne nie pas en lui-même Descartes la présence d'une chair, *caro,* c'est-à-dire l'union substantielle. La méditation de l'âme avec elle-même peut être convertie en un dialogue fictif entre trois personnages : d'où *La recherche de la vérité par la lumière naturelle.* Réciproquement, le dialogue réel des voix affrontées peut être pour tout lecteur, comme sans doute déjà et d'abord pour Descartes, *réapproprié* comme débat de soi avec soi-même. Et telle est l'essence du *méditer,* caractéristique de la métaphysique.

Et pour finir, c'est sans doute pourquoi la métaphysique ne peut pas faire l'économie de la voie analytique, celle qui sauvegarde la pluralité des voix et l'appropriation inventive du vrai. Alors que la mathématique ou même la physique supportent avantageusement sa relève par un exposé synthétique. Pour le dire autrement, la métaphysique cartésienne contient la preuve de l'existence d'autrui. Sa cinquième *Méditation cartésienne* à lui, ce n'est pas une de ses six *Méditations* : c'est la série des *Objections et Réponses.* Et là où Husserl a déduit la nécessité d'un *alter ego,* Descartes a effectivement rencontré de très effectifs interlocuteurs : il a même rencontré un public, son public ou ses publics.

II

Voie analytique
et pluralité des voix

Y a-t-il une structure argumentative propre aux *Méditations* ?

Le *Cogito,* ses présupposés, sa nature et sa fonction

MICHEL MEYER

La démarche rhétorique des « Méditations »

Il peut sembler paradoxal de parler de rhétorique chez Descartes, quand on sait à quel point il avait en horreur tout ce qui de près ou de loin pouvait se rapprocher des arguties de la scolastique ou de la pensée, trop souple à ses yeux, d'Aristote.

Il n'empêche que le cheminement suivi par Descartes dans les *Méditations* met en œuvre des stratégies argumentatives bien précises, qu'il ne saurait être question de dénier sous prétexte que l'idéal cartésien serait celui des mathématiques. On comprend bien la raison d'une telle dénégation de la rhétorique : elle résulte en fait de la volonté de fonder l'apodicticité comme norme de la raison. Le problème est que cette volonté n'est pas elle-même apodictique : elle incarne un idéal, une exigence dont on fait l'essence de la rationalité même, telle qu'elle s'incarne d'ailleurs dans les sciences en général, et dans les mathématiques en particulier. La quête d'un absolu qui soit hors question ne peut donc se manifester qu'en extériorité par rapport au discours, pourtant affirmé radical, de la philosophie. Cette extériorité, pour paradoxale qu'elle soit, a sa « logique » propre, et c'est sur elle que repose le cheminement de Descartes dans les *Méditations.* L'apodicticité étant la norme, ces *Méditations* sont ou bien hors norme, ce que Descartes ne peut bien évidemment admettre, ou elles la mettent en œuvre alors même qu'elles doivent y conduire en la fondant. Le statut du discours méditatif se trouve ainsi mis à l'avant-plan, en ce qu'il semble osciller entre deux contraintes tout aussi inadmissibles : la circularité d'une apodicticité qui se déploierait à partir d'elle-même, et la contradiction d'avoir encore à la chercher en dehors de la seule discursivité possible. C'est comme si, dans ce dernier cas, la raison était comme antérieure à elle-même et se dédoublait. On retrouve là l'opposition de la *ratio cognoscendi* et de la *ratio essendi,* qui ne forment qu'une seule et même rationalité, celle que gouverneraient l'apodicticité et l'indubitable. Le *Dubito* n'est pas le point de départ réel de la démarche cartésienne, mais son accessoire, car elle ne commence qu'avec la nécessité du *Cogito* qui vient comme abolir tout ce qui précède et l'engendre. Quel est le statut du discours qui mène au seul discours vrai, celui qui consacre l'apodicticité, s'il ne la possède pas encore, puisqu'il est destiné à l'établir ? Là gît la contradiction suprême — après le cercle de la fondation qui se déploierait de soi-même —, là se retrouve la discursivité qui devrait se précéder elle-même sans le pouvoir, tout en le devant. Le projet ne se détruit-il pas du même coup ? La logique philosophique ne saurait être spécifique, mais si elle ne l'est pas, il n'y a plus de philosophie qui ne se résorbe dans les résultats qu'elle est supposée fonder *et* ne pas présupposer d'entrée de jeu. Ne pouvant éviter cet écueil, Descartes doit bien recourir à une rhétorique dont il doit dénier la spécificité aussitôt, puisque l'apodicticité est non seulement ce qu'il convient de fonder mais *ce faisant,* de mettre en œuvre du même coup.

Comment Descartes va-t-il s'y prendre pour aller au fondement de la nécessité et la mettre en œuvre dans la quête même qui y mène ? La réponse, on la connaît, est dans l'apodicticité immédiate du *Cogito.*

L'argumentation du « Cogito »

Le doute radical, expression de l'incertitude et de la volonté d'en sortir, constitue le véritable point de départ de la méditation cartésienne vers les fondements de la philosophie et du savoir en général.

Mais pourquoi douter ? Certes, le doute est contraire à l'apodicticité, il exprime l'alternative que celle-ci a pour vocation de supprimer. On part donc de ce que l'on veut expressément éradiquer afin d'y parvenir et on l'indique tel : *Dubito.*

La raison fondamentale pour douter est la Raison même. Le reproche fondamental qu'il adresse à la tradition ontologique, issue d'Aristote, est, on ne le répétera jamais assez, son indécidabilité[1].

L'ontologie perpétue le doute sous couvert de réponses toujours favorables. Par là, il faut entendre la thèse selon laquelle l'être est une unité apparente et factice puisqu'il se dit de multiples façons au travers de dix catégories. Malgré cette multiplicité, il est affirmé comme « quelque chose » dont l'unité sous-jacente est posée comme indiscutable. L'être est : voilà une proposition qui consacre son unité, mais l'être est multiple également, ce qui annule l'unité proclamée à l'instant.

Aristote, on le sait, se sort de la difficulté en soutenant que l'être est un comme sujet et multiple au travers de la prédication. La proposition est née et, avec elle, le propositionnalisme qui est la forme même de l'ontologie. L'apodicticité en sera l'idéal, un idéal fondé et mis en œuvre dans le principe de non-contradiction, dans lequel Aristote voit le principe suprême du *logos.* La manière dont Aristote définit ce principe est capitale pour notre propos, puisqu'il en fait la source et la preuve que, sans apodicticité, il n'y a pas de *logos* possible. *A* ou *non-A nécessairement.*

Il *faut* choisir, autrement l'alternative serait possible, et avec elle, le retour inévitable à l'impossibilité socratique de sortir d'une interrogativité indéfinie. C'est donc cette interrogativité qu'il *importe* d'éradiquer. Paradoxalement, ce sera là le problème fondamental du propositionnalisme : empêcher l'interrogativité et ses alternatives, voire ses doutes, de resurgir et de régner sur la pensée. Elle est le contraire du savoir : si *A,* donc *nécessairement non-A* se trouve proscrite. Curieux acte de naissance que cette question dont la solution se doit d'être l'élimination du questionnement. Par là, c'est le statut de ce qui l'abolit qui fait problème. A-t-on affaire à des idées, à des propositions, à

1. Sur ce point, je ne puis que renvoyer le lecteur à *De la problématologie,* Bruxelles, Mardaga, 1986, p. 167 sq., et à *Science et métaphysique chez Kant,* Paris, PUF, 1988, p. 66 sq.

de l'être qui nécessairement est ce qu'il est, l'Etre? En fait, ce qui compte est que la réponse, quelle qu'elle soit, n'apparaisse pas comme telle, car tout répondre indique un questionnement, celui-là même qu'il convient d'éradiquer. On ne concevra donc pas le répondre comme tel, et c'est bien cela qui est à la base de l'institution du propositionnalisme. Une réponse sera en réalité, et *de jure,* une proposition, ce qui suggère l'autosuffisance de ses critères (ontologiques) de vérité et de signification. La nécessité apparaît alors comme l'impossibilité d'une solution contraire, c'est-à-dire ici, comme celle d'une *proposition* contradictoire ou, tout simplement, d'une contradiction. Cela ne nous dit évidemment pas laquelle, de *A* ou de *non-A,* il faut choisir, et c'est bien là l'essentiel du reproche adressé à l'ontologie, à Aristote et ensuite à la scolastique. *A* ou *non-A nécessairement,* mais la démonstration syllogistique est muette quant au bon choix si on ne le connaît pas au préalable. Descartes précise bien qu'il « convient de remarquer que les dialecticiens ne peuvent construire selon les règles un seul syllogisme dont la conclusion soit vraie, s'ils n'en possèdent pas déjà la matière, en d'autres termes s'ils ne connaissent pas à l'avance cette même vérité qu'ils déduisent »[1]). Le principe de non-contradiction affirme qu'il faut supprimer toute problématicité, tout doute comme dit Descartes, puisqu'une seule proposition *peut* et *doit* pouvoir émerger, mais la nécessité de celle qui émerge comme la bonne n'en est pas assurée pour autant. Si *A* est vraie, alors *nécessairement non-A* ne l'est pas, mais cela ne prouve pas que *A* soit nécessairement vraie pour autant. Pourtant, si l'on s'en tient aux principes de base de l'ontologie, l'être est et ne peut pas ne pas être, tout ce qui est est forcément cela même qu'il est, mais là encore, il faut ajouter que si ce qui est est forcément tel qu'il est, il n'est pas nécessairement ce qu'il est, car il aurait pu être autre tout en étant, tout en continuant d'être. Pour résoudre l'aporie de l'ontologie, Aristote a mis tout le poids sur la proposition : Socrate est nécessairement Socrate, et il ne pourrait pas ne pas être lui-même, mais ce qu'il est est infiniment multiple. Pourtant, Socrate n'est-il pas ceci et cela, c'est-à-dire un ensemble de prédicats

1. *Regulae,* X (AT X, 406).

purement contingents ? Comment, dans ces conditions, peut-il être *nécessairement* lui-même ? Que signifie au juste cette identité nécessaire, si elle ne recouvre en réalité aucun attribut nécessaire qui particularise Socrate en propre ? Loin d'être une solution aux apories de l'être, le propositionnalisme les reconduit. Socrate *est* grec, *est* mort en 399 a.C., etc., et tout cela n'a rien d'apodictique, bien que ce soit *cela,* Socrate.

On comprend donc bien que Descartes rejette l'ontologie, indécidable, et qu'il la dissocie de l'idéal propositionnaliste. Le *Cogito* aura pour fonction de transférer son propre caractère nécessaire, la nécessité de la proposition qui affirme sa propre nécessité, sur toutes les autres propositions vraies, du fait qu'elles sont vraies en ce qu'elles s'originent en lui par la forme ou le fond. Le *Cogito,* c'est la nécessité du discours, du *logos* au-delà ou par-delà l'ontologie : l'être n'intéresse pas Descartes, car il ne saurait fonder le *logos,* c'est-à-dire lui assurer l'apodicticité dont les sciences se nourrissent, comme c'est d'ailleurs le cas pour toutes les autres certitudes. Heidegger aura beau, plus tard, lui reprocher de ne pas s'interroger sur le *sum* du *Cogito ergo sum* et sur le rapport à l'être qui se trouverait enfoui soi-disant dans sa démarche, car c'est précisément d'une telle notion que Descartes prétend expurger la véritable philosophie. L'être est un concept flou et contradictoire, et loin d'enraciner la pensée dans le savoir, il le rend intrinsèquement impossible. Voilà donc un angle d'approche à abandonner, d'où la recherche d'un nouveau point de départ par rapport aux Anciens.

Le doute est, du point de vue du temps en tout cas, premier dans l'ordre à suivre par la raison. Si je doute de tout, j'affirme du même coup que je doute. Comme douter et affirmer sont deux modes de pensée, en affirmant que je doute, non seulement je pense mais je me pense en train de penser, et ce faisant, je m'affirme pensant. *Je suis* un être pensant, donc *je suis. Cogito, ergo sum.* Nous disposons de la sorte de la première proposition possible qui soit certaine après avoir douté de tout. Pourquoi, finalement, énoncer ce qui a pu sembler à d'aucuns, qui existent aussi sans se dire tout cela, comme une banalité ? En fait, ce que Descartes vise à montrer est bien plutôt qu'il s'agit là de la première de toutes les propositions possibles quand on doute de tout : une telle proposition a un sujet, d'où le *je* ou le *je suis,* le *sum,* et un prédicat qui lui est essentiel, la pensée. Ici, la pensée s'affirme elle-même en tant que nécessité d'affirmer la nécessité comme fondement de tout discours ; elle affirme sa propre nécessité comme norme fondatrice se fondant d'elle-même, tout en étant aussi le fruit d'un cheminement. Le *Cogito* est ainsi autant intuition nécessaire, ou nécessité de l'intuition simple et immédiate, que raisonnement. Le modèle propositionnel s'impose avec nécessité, et selon l'ordre de la nécessité, puisque celle-ci le détermine dès le départ. La certitude du *Cogito* est apodictique, car si on en doute, on la confirme, ce qui fait bien de l'apodicticité la norme évidente du *logos.* Point de syllogisme ou de vaine rhétorique là dedans : le raisonnement, si c'en est un plutôt qu'une intuition, possède une conclusion nécessaire, nécessairement vraie, comme Descartes le cherchait d'entrée de jeu. Car il y a bien une quête, une quête de certitude absolue, d'un point de départ apodictique. Mais cette quête est-elle apodictique ? Ne présuppose-t-elle pas un idéal de vérité que le doute radical ne devrait pas épargner ? N'y a-t-il pas d'ailleurs, dans cette recherche de fondement apodictique, la présupposition même de ce qu'un tel fondement doit être ? Dans ces conditions, on comprend bien que ce n'est ni l'enracinement dans le douteux, ni même sa prise de conscience, qui inaugurent la démarche philosophique, mais l'affirmation originaire de l'originaire comme position de l'apodicticité. Par là, il faut entendre que le véritable point de départ, la question instauratrice de la métaphysique occidentale, est l'élimination de tout ce qui est problématique.

Ainsi on s'en rend bien compte, on se trouve comme renvoyé à la question de savoir pourquoi douter. Car, en répondant à cette question *pourquoi,* on met déjà en œuvre une raison consciente de certaines imperfections naturelles, comme instaurée avant que de l'être, alors même qu'elle n'a pas à être postulée. Bien plus, l'empire du doute, de la passion, donc du corps qui agit sur l'âme, exclut une telle prise de conscience du douteux puisque celui-ci nous aveugle et nous piège par l'illusion de vérité.

Dès lors, ne nous étonnons pas qu'il y ait une *rhétorique du doute radical* mise en œuvre dès la *Première Méditation.*

Comment savoir qu'il faut douter et de quoi faut-il douter ?

Faute de pouvoir justifier le doute sans présupposer la raison qui doit en résulter, le cheminement cartésien ne peut être présenté que comme le fruit d'une réflexion intime, personnelle, qui vise à rejeter tout ce que la tradition et les sens offrent de contradictoire. Descartes décide donc de tout mettre en doute. Certes, s'il y a déjà, comme on l'a dit, l'idée d'une recherche de certitude absolue qui se glisse dans le projet, on y trouve davantage encore. En effet, si le doute était simplement radical, il n'y aurait plus rien à dire si ce n'est, comme il le précise bien dans la *Seconde Méditation* (AT IX-1, 19), qu'il n'y a rien de certain. Une telle conclusion devrait conduire au silence et au scepticisme. Pourtant, il n'en est rien. Descartes ne conçoit pas le doute comme une mise en question radicale mais comme une affirmation : douter, c'est *affirmer* que l'on doute, et cela n'est déjà plus questionner mais répondre. Quand je doute, je suis forcément *certain* que je doute, donc que je pense, donc que je suis. Le doute colle à son affirmation, à son expression, mais alors elle ne peut prétendre le supprimer : exprimer son doute n'est pas affirmer une proposition, mais se livrer à une mise en question pure et simple qui ne *dit* rien d'autre qu'elle-même. Cela rendrait justice à une certaine interprétation défendue par Hintikka[1], qui fait de l'acte de douter un *speech-act* de la demande. Mais il y a là cependant une véritable affirmation comme n'importe quelle autre, qui fait d'ailleurs de l'assertabilité le modèle de la raison, puisqu'elle émerge du doute radical comme ce qui, paradoxalement, doit lui échapper bien qu'elle le pose. Descartes, en fait, joue sur les deux tableaux : son doute est à la fois interrogatif, et en tant que proposition inaugurale, elle le résout. Cette résolution de la question par le fait de la poser est ce qui, à mon sens, caractérise en propre le philosophique, ce que Descartes ne peut véritablement saisir, obnubilé qu'il est par le propositionnalisme, qui voit dans la seule réponse la source de toute vérité.

1. Voir M. Meyer, The Problematic Nature of the *Cogito, Language, Knowledge and Intentionality, Perspectives on the Philosohy of Jaakko Hintikka,* Helsinki, 1990, p. 331-369.

Bref, si le doute radical restait à l'état indifférencié, on ne saurait pas, une fois qu'il est aboli dans son expression, ce qui est pensée apodictique et ce qu'il faut encore résoudre. Ceci explique qu'il détaille les objets du doute pourtant universel. Normalement, cela ne serait pas nécessaire, puisque : 1 /on doute de tout, peu importe de quoi en particulier ; 2 /si on doute de tout, *rien* n'est certain. Or, 2 /étant réfutée comme proposition fausse, il convient de préciser ce que l'apodicticité affirmée comme norme permet de trancher. *« Tout »* serait une réponse absurde puisque tout reste douteux hormis la pensée.

La rhétorique cartésienne consiste alors à mélanger les raisons et les objets de son doute, à savoir : 1 /que « Dieu pourrait nous tromper », 2 /comme les sens, qui parfois nous abusent ; mais il faut aussi douter, faute de critère, 3 /de notre jugement et des sciences en général, et enfin 4 /du monde extérieur, des corps, de mon corps.

Une telle argumentation ne s'imposait pas, dès lors que le doute englobait tout. En réalité, ce que Descartes vise à produire est un ensemble de quatre *Méditations,* après le *Cogito,* qui concluent sur Dieu, sur la vérité du jugement, la science, sur le monde sensible et le rapport aux corps, dont notre nature participe par l'union avec l'âme.

Le « Cogito » est-il réellement indubitable ?

Le raisonnement cartésien, je l'ai déjà signalé, procède comme si le doute et l'affirmation du doute ne faisaient qu'un, bien qu'au même moment Descartes les dissocie, ne fût-ce que selon l'ordre du temps. En effet, douter est bien un acte de mise en question, et sur ce point, on ne peut que rejoindre Hintikka. Mais si Descartes se limitait à cela, il serait forcé de conclure qu'en doutant de tout il ne pourrait rien dire, pas même qu'il doute, car le langage même qui exprime ce doute en serait justiciable. Or, ce n'est pas ainsi que Descartes raisonne : l'astuce rhétorique à laquelle il a recours consiste à faire du doute, donc du *Cogito* qu'il renferme, un jugement, une proposition, qui, dit-il, « est nécessairement vraie toutes les fois que je la prononce, ou que je la conçois en mon esprit » (AT IX-1, 19). Car douter consiste bien à affirmer une proposition : ce n'est plus questionner, c'est déjà répondre. En clair, quand on dit : « Je doute, donc je pense, et si je pense comme être pensant, donc je suis », on ne dit rien d'autre que ceci, en fin de compte : quand je mets tout en question, en réalité, je réponds déjà. Mais est-ce que je questionne encore ? Le doute radical, loin d'être un « je questionne » est ainsi l'affirmation qui supprime le questionnement. « Je doute de tout » consacre la proposition qui abolit le doute qu'elle est censée exprimer. Douter est ainsi déjà ne plus douter, car c'est affirmer une certitude indubitable. Faute de pouvoir instituer une différence entre l'ordre de la question et celui de la réponse, le doute, distinct de son expression assertorique, s'y ramène en fait, de telle sorte qu'en disant que l'on met tout en question, on affirme la réponse qui supprime celle-ci. La propositionnalité du doute avale celui-ci dans celle-là, et cela en son nom. Douter revient à poser comme hors de doute ce qui est doute, et partant à abolir ce dernier dans une résolution qui consiste à éradiquer l'interrogativité *alors même qu'on la pose* et que l'on est censé la mettre en œuvre. Paradoxe suprême qui fait de l'éradication du questionnement la juste réponse, première, sans bien voir qu'une *réponse* qui comme élimination de ce qui la fait être réponse la supprime aussi comme telle. La propositionnalité de la raison en devient la suppression de la différence question-réponse ; affirmer le doute, c'est le supprimer. Tel est bien le paradoxe de la réponse fondationnaliste qui se définit comme solution au problème de l'éradication de tout questionnement, ce qui est encore, quoi qu'en disent nos penseurs, répondre malgré tout, même si un tel répondre est paradoxal et a bien besoin de la rhétorique pour se faire accréditer.

Pourtant, Descartes doit pouvoir distinguer le doute de sa suppression, la question de la réponse. Affirmer son doute devient alors simplement et authentiquement douter, ne pas savoir, ne pas pouvoir affirmer, et l'affirmation du doute, loin de le résoudre, l'exprimera alors tout bonnement. On est proche ici de ce que l'on appellera plus tard la « vision performative » qui fait du doute un acte de douter et non sa suppression propositionnelle. C'est dire combien Descartes est ambivalent : en doutant de tout, il ne pourra fonder la propositionnalité apodictique qu'il recherche, il doit donc faire du doute à la fois l'expression d'une vraie recherche de la vérité, *et* la propositionnalisation qui la résout et abolit cette recherche comme errance. Le doute renvoie ainsi et à la question et à la réponse. Pour douter, il faut déjà avoir de bonnes raisons pour ne plus se laisser tromper, et donc *savoir* qu'on a été trompé. D'autre part, le doute ne saurait renvoyer à un tel savoir, qui le rend utile puisqu'il exprime un état d'ignorance qu'il veut dépasser. Or l'attitude naturelle, le témoignage des sens, la tradition comme l'éducation aveuglent l'individu au point qu'il se doute rarement qu'il devrait douter.

Pourquoi douter si l'on ne sait pas déjà qu'on est dans l'erreur ? Et comment le saura-t-on si on recherche encore les critères du juste savoir ? On nage en plein cercle, en plein paradoxe, comme si le paradoxe du doute comme questionnement radical et suppression de ce questionnement se déplaçait à un stade antérieur, là où doit naître et pouvoir s'expliquer le doute lui-même.

La rhétorique du doute comme paradoxe des passions

Ainsi, pour douter du témoignage sensible, il faut déjà que je sache que les sens me trompent, mais comment pourrais-je le savoir s'ils me trompent au point de me donner l'illusion de la vérité ? C'est ici que vient se loger le concept de passion[1].

Une passion est une idée qui résulte de l'union de l'âme et du corps, et qui s'origine en l'esprit par le biais du sensible. Elle aveugle l'esprit au point de lui faire croire que c'est de lui qu'elle émane[2]. Mais la passion, précisément, n'a pas l'apodicticité des idées innées, des vérités éternelles, elle a la contingence du sensible. La passion est certes naturelle comme le corps, mais une juste critique permet d'en démasquer l'origine, les sens, et donc de se détourner des « résultats » qu'elle peut faire

1. Voir M. Meyer, Descartes selon l'ordre des passions, préface aux *Passions de l'âme* de Descartes, Paris, Le Livre de Poche, 1990.

2. *Passions de l'âme,* § 17 et 25 (AT XI, 342 et 347-348).

prendre. La prise de conscience de la passion est un effet de la raison qui engendre le doute, puisque, par elle, on connaît la nature de la passion, donc sa cause et son origine. La *cogitatio* passionnelle est alors reconnue pour ce qu'elle est, ce qui suppose que la raison a pu s'instituer et s'identifier, en différenciant ce qui vient d'elle et ce qui n'en provient pas.

Le paradoxe de la passion est alors le suivant : si une passion s'empare de moi, non seulement elle va m'aveugler et me faire prendre pour vérité ce qui est douteux, mais elle va m'aveugler au point que je vais l'ignorer comme telle. D'où la confusion et l'illusion qu'engendre la passion. En effet, si je savais que je suis victime d'une passion, son charme serait rompu, son pouvoir aussi ; elle en serait du même coup démystifiée, et c'est à ce travail de mise à nu par la raison que nous convie Descartes dans les *Passions de l'âme.* Soit. Il n'empêche qu'il est contradictoire d'affirmer que la passion est l'obstacle que doit vaincre la raison pour naître, puisque, si c'est un obstacle, j'ignore jusqu'à l'existence de cette passion, qui m'aveugle, et si je la connais, il n'y a plus rien à démasquer. La passion est alors reconnue pour ce qu'elle est, et non pour une certitude indubitable comme c'est le cas quand son charme opère sur l'esprit. En d'autres termes, si je connais ma passion, elle n'est plus à vaincre puisqu'elle ne m'illusionne plus, et si je l'ignore, je ne me doute même pas qu'il y a un problème à résoudre. Bref, ou bien la raison est impossible, ou bien, comme dans l'autre hypothèse, elle est inutile, en ce qu'elle a déjà opéré son œuvre démystificatrice. Au fond, la passion est une notion contradictoire : elle est simultanément ce qui empêche la raison et ce contre quoi elle doit lutter. Mais si elle l'empêche, la raison est impossible. Par contre, si elle est sue comme obstacle, où sont encore le danger et le piège que la raison a pour fonction de démonter et de vaincre ? La passion interdit, parce qu'elle aveugle, et elle rend possible, parce qu'elle est sue comme obstacle. Mais aveugle-t-elle encore, si elle est démasquée ? Et si la passion me fait ignorer jusqu'à sa propre présence, comment aurais-je même l'idée de chercher au-delà la raison qui me débarrassera de mes illusions, puisque je ne sais même pas qu'elles sont des illusions ? Par contre, si je sais que le sensible m'aveugle, en serai-je encore dupe ? La raison n'en devient-elle pas inutile du même coup ?

Pour sortir du paradoxe, une seule solution : par la passion, que j'ignore, je suis victime du sensible, je crois avoir la vérité alors qu'il n'est pas *la vérité,* mais je *sais* aussi que j'ai une passion, donc je *sais* que je suis dans un état de faux-savoir. Certes, une telle position est paradoxale, mais si l'on y regarde de près, c'est exactement cette situation que capture le *doute* cartésien : je suis victime du sensible, et je sais que je le suis. Les *Méditations* commencent en fait là où le traité des *Passions de l'âme* finit, même si, logiquement, c'est l'inverse. La passion est démasquée par la raison, laquelle, du même fait, s'affirme déjà comme ce qui cherche à vaincre le douteux. N'est-il pas déjà vaincu, de par le simple fait qu'il est identifié pour ce qu'il est ? Dès lors, la raison est présupposée par les *Méditations,* et il ne faut pas s'étonner de la circularité de la démarche fondationnelle de la raison. La raison s'affirme dans le doute et dès le doute comme une proposition qui le dépasse et le résout. Et à la fois, c'est un doute, donc un problème qui se pose, comme dans l'affirmation de la passion. C'est d'ailleurs en raison de celle-ci que les sens nous piègent au niveau de l'esprit. Toute la question est de savoir comment on passe de la passion, aveuglante et trompeuse, à la prise de conscience de l'illusion ou, à tout le moins, que ce que nous croyions vrai n'est finalement que passion, voire une pure erreur. Le mystère de la raison, de son instauration, semble rester intact. Et la rhétorique des *Méditations,* son habileté stylistique, consiste à nous faire partir d'une prise de conscience du doute et du douteux par une raison déjà présente et à l'œuvre, comme étant évidente, alors qu'elle est encore à instaurer. Mais grâce à cette rhétorique, Descartes peut faire du doute et une ignorance et un savoir, qui le résout, un peu comme la passion est ignorée de ceux qu'elle piège tout en étant sue comme une mystification à combattre. S'il y a doute, c'est qu'il y a passion, s'il y a passion, c'est qu'il y a raison : la raison est le doute qui se sait, l'illusion qui se combat, mais c'est aussi la certitude qui s'affirme. Le paradoxe de la raison, impossible ou inutile, n'est alors rien d'autre que le paradoxe de la passion, elle aussi ignorance et savoir à la fois. Pour douter, il faut savoir et surtout savoir ce qu'est savoir afin de savoir qu'on ne sait pas. Mais douter, c'est tout autant exprimer purement et simplement un non-savoir.

L'analyse et la synthèse ou les chemins de la méthode

La méthode, ou plutôt le concept de méthode, s'est vu singularisé par Descartes pour rendre compte de la démarche à suivre dans la recherche de la vérité. Cette recherche, étant par définition antérieure à la vérité, en serait-elle dépourvue ? Ou la met-elle déjà en œuvre, alors qu'elle doit y conduire ? Mais comment fonder la méthode, si ce n'est par la métaphysique ? On comprend bien l'évolution qui conduit du *Discours de la méthode* aux *Passions de l'âme* en passant par les *Méditations* : c'est comme si Descartes remontait chaque fois en deçà du point de vue adopté dans son livre précédent. La méthode exige un fondement comme le doute métaphysique exige une explication.

Il n'empêche que le problème de la méthode se repose dans les *Méditations* au travers de la question du statut de la démarche même que suit Descartes. La recherche de la vérité, en étant antérieure à elle, doit forcément en être dénuée. Ce qui précède la vérité à obtenir tombe en dehors d'elle. Mais comment la quête du fondement pourrait-elle, sans contradiction, relever de quelque chose de plus premier encore ? D'une part, il faut bien qu'on ignore le fondement pour qu'il soit utile de le chercher ; d'autre part, si c'est véritablement le principe absolu, on ne peut que le présupposer et le connaître *a priori*. Comment chercher ce que l'on ignore, mais à quoi bon le faire si on le connaît déjà ? Vieux problème, exposé dans le *Ménon* de Platon, qui illustre bien l'aporie du commencement en philosophie, comme si l'on devait déjà savoir ce que l'on ignore, et *vice versa*. Descartes suivra Platon sur ce point, et fera de la vérité éternelle un oubli dont la juste méthode assure la réminiscence. L'analyse est une anamnèse, qui conduit, au bout du compte, au seul vrai principe, Dieu, principe qui n'apparaît tel quel que dans l'ordre inverse, celui de l'ordre des choses et non plus celui de l'ordre du savoir. *Ratio essendi* et *ratio cognoscendi* s'opposent comme la synthèse et l'analyse, car il faut bien ignorer ce que l'on cherche pour que ce soit utile de le faire, mais il faut également savoir ce que l'on cherche pour avoir une chance de le trouver. Cet ordre synthétique, ontologique, où Dieu est premier et la conscience humaine seconde, est l'ordre inverse de l'ordre des raisons, analytique, où l'homme part de ce que sa propre conscience lui révèle directement et apodictiquement sur toute pensée possible, y compris celle qui mène à Dieu, le seul véritable fondement absolu.

Et c'est bien là toute la difficulté quant à la différenciation de l'ordre synthétique issu de l'entendement divin. En effet, Dieu se déduit analytiquement du *Cogito,* par l'argument de l'imperfection et de la cause de la perfection, ce qui implique une circularité indéniable dans la démonstration. Le « cercle cartésien », comme on l'appelle, n'est levé qu'à condition de dissocier l'analyse de la synthèse, l'ordre des raisons et l'ordre des choses, ainsi que l'a si bien soutenu Martial Gueroult. Malheureusement, la synthèse est contenue analytiquement dans l'analyse, qu'elle duplique en étant simplement un autre ordre d'exposition des mêmes vérités. L'ordre inverse que la synthèse représente par rapport à l'analyse est en réalité affirmé analytiquement comme *devant* être inverse. Sorte de preuve ontologique dont tout le *logos* serait comme entaché.

Il faut que ces deux ordres soient distincts, pour que la recherche soit utile, pour que la méthode soit nécessaire pour conduire à une vérité, synthétique, que l'on ne possède pas au moment où l'esprit se met en marche. Il faut que la *ratio cognoscendi* parte de ce qui est le plus connu pour la conscience, c'est-à-dire elle-même, avant d'arriver à ce qui est principe en soi, Dieu. L'analyse est invention et découverte, dit Descartes, et certainement pas rhétorique. Et pourtant, si l'on comprend bien qu'il faille dissocier l'analyse de la synthèse, la recherche de la vérité, de son exposition ontologique, *il faut aussi que les deux ordres coïncident, si l'on veut que l'ordre de la connaissance « colle » au réel et à l'ordre des choses mêmes.* Descartes, tout naturellement, nous rappelle dans les *Secondes Réponses* qu'il aurait pu suivre, indifféremment, la méthode analytique ou la méthode synthétique, car il faut bien que les deux coïncident si l'on prétend découvrir la vérité *des choses par analyse.*

L'interrogation qui se résout au fur et à mesure qu'elle progresse dans ses réponses est donc à distinguer d'un ordre des réponses qui serait autonomisé en chaîne hypothético-déductive, à l'instar de la géométrie et des mathématiques. Pour répondre, il faut douter au préalable, d'où la différence des deux ordres, mais comme le doute se réduit à l'affirmation qui le résout, la mise en œuvre analytique de la découverte se retrouve être équivalente à du synthétique. On trouve *la* vérité au fur et à mesure qu'on la recherche, car vouloir rechercher, c'est déjà posséder la raison, la vérité, donc c'est déjà posséder la réponse et la reconnaître.

S'il faut donc que la *ratio cognoscendi* diffère de la *ratio essendi* — c'est là, on s'en souvient, le point de vue défendu par Martial Gueroult —, il faut également que ces deux *ratio* ne forment plus qu'une seule chose, *la* Raison. La recherche de la vérité est déjà manifestation de celle-ci, déploiement et redécouverte de vérités éternelles, enfouies de manière innée dans l'âme qui ainsi redécouvre l'œuvre de Dieu à son égard. On ne questionne pas vraiment en doutant de tout, car ce faisant, on ne fait que retrouver Dieu qui apparaîtra ainsi, à l'inverse du *Cogito,* comme le seul et ultime fondement. La différence de l'analyse et de la synthèse devient inutile, voire impossible, dès lors que la mise en question est en fait un répondre, faisant de la démarche analytique une *réponse* circulaire, qui ne prouve que ce qu'elle présuppose. Il fallait donc les distinguer — pour que l'acquisition du savoir fût possible — comme également les faire coïncider dans la même indifférenciation du problématique et du résolu, ce qui abolit d'entrée de jeu celui-là.

Dès lors, la question qui se pose est de savoir s'il n'y a pas, malgré tout, dans la démarche métaphysique de Descartes une validité du métaphysique qui relèverait d'un type de différence que Descartes ne pouvait reconnaître, bien qu'il l'eût pratiquée.

Le « Cogito » : acte de langage performatif ou raisonnement déductif, intuition ou déduction ?

Le problème que pose le *Cogito* est clair : le raisonnement qui conduit à la vérité ne peut la présupposer tout en devant la mettre en œuvre. Qu'est-ce qu'une vérité antérieure à elle-même, sinon une impossibilité logique et conceptuelle ?

En réalité, Descartes pourrait fort bien soutenir qu'il y a une vérité et un langage qui expriment l'interrogativité de l'esprit et que l'on retrouve dans la rhétorique qui lie les questions entre elles, au fur et à mesure qu'elles s'engendrent les unes les autres. Tout comme il y a une logique et une science des réponses dont le modèle est mathématique. Il y a ainsi ce que j'ai appelé le langage problématologique et le discours apocritique (de *apokrisis,* qui signifie 'réponse', en grec). Cette distinction recouvre non seulement la différence à préserver entre les questions et les réponses, pour éviter le cercle, le *question-begging,* mais aussi pour pouvoir parler et traiter *comme tels* du problématique et du non-problématique. C'est la seule façon de ne pas mettre la réponse dans la problématisation, de ne pas rendre la question rhétorique par rapport à une *réponse* préalable, qui demeurerait hors question dans le processus de questionnement, pourtant radical. La circularité découle de l'amalgame : on présuppose une réponse au stade même de la mise en question, laquelle est ainsi un répondre déguisé. Le but du répondre n'est pas d'exprimer le problématique, mais au contraire de le résoudre, ce qui a pour effet d'instaurer une différence absolue.

Mais, en philosophie, les choses se présentent différemment. On ne peut rien présupposer, et partant, c'est de l'interrogation radicale qu'il faut partir. Celle-ci en devient du même coup l'objet même de la philosophie. Le but du répondre est le questionnement, et ce n'est seulement qu'en affirmant d'une façon ou d'une autre la différence des deux qu'on évitera la confusion entre l'apocritique et le problématologique. Le questionnement radical, s'il est radical, n'a pas d'autre réponse que l'affirmation du questionnement même comme inaugural et instaurateur.

La philosophie, pourtant, a toujours *pratiqué* le questionnement, mais ne l'a pas thématisé en propre. Son modèle était précisément celui de la certitude scientifique et logique, de l'apodicticité et de l'éradication des alternatives. Du même coup, le répondre ne peut pas plus se réfléchir que le questionnement, et c'est la proposition neutre et asexuée qui s'impose comme modèle de raison.

Chez Descartes, c'est très clair, le doute comme interrogativité radicale possède en lui-même sa résolution : du doute jaillit la réponse. En ce sens, sa déduction *Cogito ergo sum* est véritablement philosophique, mais comme elle est destinée à penser et à reproduire la norme propositionnaliste à laquelle elle pense appartenir, le statut de l'inférence cartésienne en devient une véritable énigme, un mystère, voire même un échec puisqu'elle présuppose l'apodicticité à démontrer en raison du coup de force opéré sur le doute comme assertion. Car, faute de distinction entre l'ordre de la question et celui de la réponse, le mouvement qui pose la différence, l'inférence comme passage d'une question à une réponse à partir de celle-là même, n'est pas perçu comme tel. Il échappe au regard. On est alors d'emblée dans le propositionnel et dans sa seule logique, l'inférence déductive, alors qu'il s'agit, dans le *Cogito,* dans le *Dubito ergo sum,* d'autre chose que d'une relation propositionnelle, qui est comme telle circulaire en ce qu'elle affirme ce qu'elle est supposée chercher. Partant, elle échoue à prouver et à se prouver ce qu'elle cherche.

En fait, Descartes, soucieux de fonder l'apodicticité, ne connaît pas d'autre logique, d'autre savoir — en dépit du statut spécifique et privilégié des *Méditations* — que celui ou celle qui, au lieu de penser l'interrogativité en propre, l'abolit. C'est ce qui explique la rhétorique cartésienne, où le questionnement réellement présent, et mis en œuvre, se trouve nié et propositionnalisé dans un répondre qui ne peut s'expliquer comme tel qu'en se présupposant. Le propre du philosophique s'abolit dans la scientificité généralisée, avec sa norme d'apodicticité, alors que la philosophie se distingue de toute science par le fait qu'elle répond à partir de la thématisation même de son questionnement. C'est la réflexion même de ce dernier qui est source du répondre, et du même coup maintient l'interrogation vivante au fil de l'Histoire, là où la science va chercher ailleurs, dans l'expérience notamment, ce qui va faire disparaître les questions, celles-ci une fois résolues. Descartes ne peut réfléchir le questionnement qu'il met en œuvre, puisqu'il s'agit pour lui de trouver un fondement — propositionnel — au propositionnalisme. L'éradication du douteux à partir du doute constitue bien une inférence philosophique, en ce que la réponse découle du fait même de s'interroger, mais le but de cette démarche est, lui, d'instaurer un ordre de pensée qui aligne l'inférence philosophique sur ce qui en dénature la spécificité. Autant dire, dans ces conditions, que le succès est impossible et que la spécificité du raisonnement cartésien ne va cesser de poser problème : il s'agit bien d'une « intuition » qui résulte comme réponse du fait même d'interroger, mais c'est aussi une inférence, puisqu'il y a passage de la question à la réponse, une rationalisation du doute et sur le doute. Ce que Descartes ne peut percevoir est le propre de l'inférence philosophique, distincte de la déductibilité propositionnelle. Le méditatif, en philosophie, est d'un autre ordre : il est interrogation et réponse issue du fait même d'interroger.

Tout le paradoxe du *Cogito* est que, s'il est vrai, cela tient à ce qu'il révèle une interrogativité qui se résout à partir d'elle-même, rendant le propositionnalisme infondable comme éradication du problématique. Dès lors, si l'on accepte le *Cogito* dans son principe et dans son raisonnement, il cesse du même fait d'être le fondement qu'il prétend être. Et si, par contre, on veut voir dans le *Cogito* le fondement qu'il s'affirme être, alors il faut le rejeter comme non valide. Si le *Cogito* est affirmé valide, il ne démontre en rien la nécessité de la nécessité qu'il prétend avoir, car l'affirmation est circulaire, et si le *Cogito* est considéré comme vrai, alors il ne peut que cesser de renvoyer à l'ordre propositionnel qu'il démentirait de par sa validité même, laquelle renvoie à l'interrogativité qu'il présuppose et qui en détruit du même coup la valeur fondationnelle, le rôle de principe au sein d'un ordre apodictique de raisons. La vérité du *Cogito* est dans son échec, comme sa réussite tient à une erreur. Au fond, le *Cogito* est erroné en tant qu'il vise à empêcher l'interrogativité qu'il renferme de se réfléchir comme telle, de par l'apodicticité affirmée qu'il exprimerait. En ceci, il est circulaire et partant il ne tient pas. Mais en accueillant l'interrogativité du *Dubito* initial, le *Cogito* perd sa fonction instauratrice (apodictique), à l'égard de l'ordre propositionnel. Descartes ne peut admettre cette interrogativité telle qu'elle se manifeste dans le doute inaugural, parce que ce serait la fonction même du *Cogito* qui serait remise en question. La validité ou la fonction, on gagne l'une, on perd l'autre.

Bref, le *Cogito* est propositionnellement circulaire, comme le rapport à Dieu, et il ne se sauve qu'en cessant d'être vu comme fondement au propositionnalisme, pour n'être plus que le rapport de la conscience à ses états internes. Et c'est bien ainsi que nous le percevons aujourd'hui.

La rhétorique du Moi

Le vrai sujet est le *Cogito,* et les affirmations dérivées du *Cogito,* dont l'idée de sujet en général comme base de la nécessité du jugement vrai, en ce que lui seul se réaffirme dans sa propre négation et se maintient au travers de toute tromperie, comme de toute opposabilité. Le sujet comme principe, et de surcroît comme principe de nature anthropologique, à situer dans l'énonciation même de sa propre réalité de sujet, est né avec Descartes. Mais ce que l'on voit peut-être mieux aujourd'hui est la clôture rhétorique qui s'opère avec ce déplacement qui fait désormais de l'homme un fondement, place qu'il partage avec Dieu, tout au moins dans un premier temps. Par cette clôture, l'ordre propositionnel exclut rhétoriquement la rhétorique ; et dire cela n'est pas se livrer à l'un de ces paradoxes faciles dont la modernité a pu être si friande. Il y a lieu d'entendre cette formule pour ce qu'elle affirme. Le *Cogito* est une réalité rhétorique qui ferme l'ordre propositionnel sur lui-même en faisant en sorte que, quelle que soit la question posée, y compris sur le *Cogito* lui-même que l'on remettrait ainsi en question, on retombe sur le *Cogito,* inébranlable dans son autoconfirmation, dans son autosuffisance (de substance). Il est ce qui résiste à toute affirmation contradictoire, en ce que l'affirmation supposera toujours un *Je* qui affirme. Quelle que soit donc la question qui puisse se poser, elle ne peut que mener au *Cogito.* Est-ce à dire que toute réponse n'a d'autre solution que lui, et qu'une question nouvelle est impossible ? Il est indéniable qu'il est l'agent du répondre, et que l'on voit mal une réponse qui ne soit sous-tendue par la conscience que j'ai de répondre. N'en soyons pas surpris, car en répondant par éradication de toute interrogativité, le *Cogito* ne peut que fonctionner comme opérateur rhétorique, comme réducteur propositionnel.

Quand on dit que le *Cogito* est la première réponse, qui vient clôturer et supprimer le doute grâce à la certitude qu'implique sa formulation, une difficulté demeure. Celle de savoir en quoi exactement le *Cogito* s'avère la première réponse de tout répondre possible. S'agit-il de celle qui les contient toutes ? La conscience de soi serait alors l'affirmation innée de l'innéisme radical, qui fait qu'avec le *Cogito,* donc Dieu, on a toutes les vérités possibles qui se trouvent engendrées. La conscience de soi possède, par nature, depuis qu'elle est jointe au corps, les vérités essentielles qu'il est possible d'apprendre. Le *Cogito* est la première réponse selon la forme et selon la matière, parce que c'est lui qui permet de trouver les autres, puisqu'elle est la première de toutes et qu'elle commande le reste. Le *Cogito* est la source de toute réponse, parce qu'il est la vérité et la norme qui se retrouvent dans tout jugement. Cette conscience, qui contiendrait ainsi toutes les vérités, ne peut le faire que de façon innée, dès que nous avons une âme : « C'est pourquoi, dit Descartes, je ne doute point que l'esprit, aussitôt qu'il est infus dans le corps d'un enfant, ne commence à penser, et que dès lors il ne sache qu'il pense. »[1] Ce qui fait qu'on peut « tenir pour certain que rien ne peut être en moi dont je n'aie quelque connaissance »[2]. La thèse de l'innéisme radical est évidemment absurde, ne fût-ce que parce qu'on ne doit pas tout réfléchir, ni même réfléchir à soi, lorsqu'on pense ou fait quelque chose de particulier, qui nous absorbe. Descartes est donc amené à nuancer son innéisme et à le modérer : « Lorsque je dis que quelque idée est née avec nous, ou qu'elle est naturellement empreinte en nos âmes, je n'entends pas qu'elle se présente toujours à notre pensée, car, ainsi, il n'y en aurait aucune ; mais seulement que nous avons en nous-mêmes la faculté de les produire. »[3] Le *Cogito* donne la forme de toute réponse, mais non le contenu, lequel venant d'ailleurs ne peut résulter que de l'expérience. La porte est ainsi ouverte à l'empirisme, et l'on sait que Locke l'ouvrira allégrement, au nom même d'un cartésianisme cohérent, qui

1. *Quatrièmes Réponses* (AT IX-1, 190.
2. *Premières Réponses* (AT IX-1, 85).
3. *Troisièmes Réponses* (AT IX-1, 147.

se voit *ab initio.* On comprend aussi pourquoi Descartes, ne pouvant admettre d'autre vérité qu'apodictique, a cherché une échappatoire au dilemme de l'innéisme radical, intenable jusqu'au bout, et l'innéisme formel, modéré, qui se réduit à une conscience qui ne donne que la forme de toute résolution possible, mais non le contenu. La passion, comme je l'ai montré dans *Le philosophe et les passions,* est venue à point nommé pour affronter et évacuer le dilemme, puisqu'une passion, pour Descartes, n'est rien d'autre qu'une conscience irréfléchie, si l'on peut dire, qui se remplit des fluctuations sensibles par l'entremise du corps auquel elle est jointe, sans les réfléchir *a priori,* de façon innée : c'est en fait la conscience sensible qui s'étonne de découvrir ce qu'elle n'a pas toujours su (l'étonnement, l'admiration) et qui ainsi se réfléchit encore, pour se rendre compte du décalage entre son « intentionnalité » tournée vers l'extérieur et sa réflexivité pure, précisément. Par la conscience des contenus innés, on saurait tout dès le départ. Il faut donc bien laisser la place à la découverte du monde.

Ce qu'il faut bien voir, dans toute cette discussion, est la nature de la conscience dans le *Cogito,* par-delà l'ambivalence de sa priorité dans la chaîne des solutions[1]. La conscience cartésienne exclut toute alternative en possédant, de façon innée, les réponses à toute question possible. Elle rend celle-ci rhétorique, puisque la solution existe au préalable, qu'elle fait ainsi resurgir. Elle empêche la rhétorique, donc l'opposition, en étant *a priori* source de la réponse, mais il n'y a bien sûr ici pas de *vraie* question.

Il n'est pas de répondre qui ne soit calqué sur la réponse initiale du *Cogito.* Mais ce qui anime Descartes est une certaine pratique implicite de la problématisation, laquelle se trouve fermée par rhétorisation, par rabattement automatique et *a priori* sur l'affirmation du sujet, modèle de toute affirmation possible, donc de la Raison même. Point de problématisation qui puisse se réfléchir comme telle malgré le *dubito* ini-

1. Se trouve-t-elle à la base de toutes, ou n'est-elle seulement que la forme de toute solution possible, par l'apodicticité qu'elle établit apodictiquement ? C'est là le dilemme de l'innéisme radical et de l'innéisme modéré, avec, pour celui-là, la conscience réflexive innée ou au contraire, pour celui-ci, une conscience réflexive vide, nourrie matériellement par l'expérience.

tial, puisque les questions ont par avance leur réponse ultime dans l'auto-affirmation du sujet, comme si elles étaient résolues par avance, ou à tout le moins comme si le répondre était prédéterminé *a priori* dans ce qui le caractérise comme répondre. Une question est alors nécessairement rhétorique en ce qu'elle n'est plus que la *forme* dérivée de l'asserter fondamental qui la rend vaine et redondante. Et pourtant le questionnement est bien là, dans l'engendrement même du *Cogito,* comme l'expression même d'une vérité plus profonde et plus ultime qui réalise l'essence de la philosophie.

Mais il est vrai aussi que le *Cogito* rhétorise toute question possible en la ramenant à du jugement dont la forme dérive *a priori* de sa propre énonciation principielle. Il élimine toute opposition, en guise de réponse, par la réduction automatique au substrat anthropologique incontournable. Mais si le *Cogito* est cette instance rhétorique qui clôt l'ordre du jugement sur l'évidence soutenant qu'il ne peut reposer que sur l'évidence, la sienne, c'est dans le but d'affranchir cet ordre de la rhétorique même, symbolisée par les débats sans fin de la scolastique médiévale. Le paradoxe de la pensée issue de Descartes consiste à faire jouer à la conscience le rôle de verrou rhétorique pour empêcher toute rhétorique. Ce qui suppose une certaine inconscience de la conscience, une nécessité impériale, monopolistique, accompagnée d'un refoulement des motivations qui président à cet envahissement du champ mental et intellectuel, et qui s'opposeraient à cette toute-puissance si elles pouvaient se dire. En réalité, l'ordre propositionnel n'est fondé que rhétoriquement, illusoirement : c'est dire qu'il ne l'est pas à proprement parler. Afin d'évacuer toute possibilité de rhétorique, de problématisation réelle, la conscience réduit celle-ci par le biais de l'auto-affirmation de son pouvoir *a priori* de résolution universelle, pouvoir qui est bien sûr illusoire et qui ne s'appuie que sur la transformation de toute vraie question, en de l'affirmation déguisée, modelée et sous-tendue par la conscience de soi, laquelle unifie ainsi le divers et l'opposition des thèses en répétition immuable de la conscience réflexive, quelles que puissent être d'ailleurs les thèses en présence. La conscience, en se refoulant dans son rôle rhétorique, ne laisse apparaître qu'un ordre propositionnel soumis aux exigences de l'apodicticité, critère de vérité et de science. Elle refoule du même coup son propre refoulement comme opération de rhétorisation de toute rhétorique, opération qui consiste à ramener toute question réelle à l'évidence qu'il y a une unicité de réponse qui doit lui préexister pour que la question fasse sens. Mais peut-on décemment s'abandonner à la supposition que toute question se décide *a priori* sur base du postulat de la conscience généralisée ? N'est-ce pas là une fonction rhétorique, une fermeture automatique, que l'instauration du primat de la conscience vise précisément à éliminer de l'ordre qu'elle définit ? La rhétorisation qu'assure la conscience fonctionne comme un répondre qui n'est tel qu'en supprimant *a priori* tout questionnement réel. Par conséquent, la conscience répond en rendant impossibles les questions externes comme source de savoir, ce qui situe forcément la conscience dans les solutions, sans pouvoir les penser. Si les questions ne peuvent être appréhendées comme telles, le répondre également est impossible, et aucun coup de force ne changera cela, même si la *forme* du répondre est bien souvent le discours de l'assertion.

La conscience, depuis Descartes, est l'agent rhétorique par lequel toute question se réduit par avance à des réponses qui ne posent plus problème. C'est le principe même de la déduction, qui contient d'une certaine façon ses conclusions dans ses prémisses. Rendre *tout* déductif, n'est-ce pas là l'ambition même du mécanisme qui envahit l'âge classique ? La rhétorisation procède par autonégation du répondre, du renvoi au questionnement que ce concept de répondre contient par définition de lui-même. Elle est donc bien le mode *a priori* du résolutoire qui fait de toute question autre chose. Ce qui fait qu'une question n'est pas authentiquement ce qu'elle est. La conscience, en tout cas, progresse, sans pouvoir se l'avouer, par une problématisation impensable à proprement parler. L'obsession du résultat, comme celle de la déduction, se laisse comprendre comme le fruit de l'obnubilation propositionnelle qui conduit à nier ce qui lui échappe et qui, à la fois, rend possible la proposition. Car, même nié, le questionnement est là, comme principe agissant.

Le sujet, qui s'identifie à la conscience, va refouler cette fonction de rhétorisation de la conscience, et refouler le fait même qu'il y a refoulement, si la conscience doit pouvoir jouer ce rôle totalitaire de critère *a priori,* nécessaire et universel du résolutoire. Il faut non seulement que la conscience rende rhétorique toute question possible, si elle doit pouvoir toutes les résoudre, en tout cas, assurer la forme de toute résolution possible, indépendamment du contenu même de la question qui se pose ; mais il faut encore qu'elle occulte cette fonction de renvoi à l'interrogativité, même niée. Elle doit l'assumer inconsciemment et nier cette inconscience, si le sujet doit pouvoir rejeter la rhétorisation, l'idéologie, tout cela avec bonne conscience.

Avec l'écroulement du sujet cartésien, avec Marx, Nietzsche et Freud, c'est au fond cette fermeture rhétorique sur le rhétorique qui va éclater, pour laisser la rhétorique du sujet entrer en lui comme dimension incontournable de sa réalité propre. Mais, du même coup, le primat d'une conscience transparente à soi va s'en trouver ébranlé. La problématicité qu'elle pensait éradiquer dans une faculté de répondre *a priori* qui la supprime va resurgir, et c'est le savoir d'un tel répondre, mais surtout des problèmes, qui va alors marquer les faits de conscience.

Originalité des *Réponses* : lumière naturelle et dialectiques

ANDRÉ ROBINET

Les *Réponses aux objections* offrent *une première caractéristique* que nous retiendrons : le champ lexicographique du syntagme binaire ‘lumière naturelle’ s’y trouve plus étoffé que dans les diverses autres œuvres de Descartes. Pour 90 occurrences au total de ce syntagme plein, on en décompte 13 dans les *Méditations* et 17 dans le corpus des *Premières* aux *Quatrièmes Réponses*. Les *Regulae* sont donc loin d’être oubliées, et les *Principes* y reviendront. Les interconnexions se multiplient avec le jeu rédactionnel sur la constellation lexicographique environnante et les termes vicariants investis, qui affectent *‘lux’* aussi bien que *‘lumen’* et *‘illuminatio’*, *‘naturalis’* autant que *‘natura’*. De plein exercice y gravitent des signifiants nominaux comme ‘notion’, ‘nature’, ‘raison’, ‘concept’, ‘idée’, des formes verbales en provenance de *‘dictare’*, *‘ostendere’*, *‘attendere’*, *‘percipere’*, *‘experiri’*, des adjectifs qui valent relais du syntagme plein, *‘manifestum’*, *‘notus’*, *‘clarus’*, *‘evidens’*, etc. Plus remarquablement, car c’est là le démon lexical des ramistes, les *Regulae* faisaient largement place à ces comparatifs et ces superlatifs qui témoignent de l’intervention de la « tabula » de l’invention et des dispositions réglées de la méthode : *‘notio-notissimus’*, *‘simplicior-simplicissimus’*, *‘manifeste-manifestissime’*, etc., dont témoignent fortement les *Méditations* aussi bien que les *Réponses*. Mais aucune des *Objections*. Il faudrait avoir le temps de procéder à une distanciation en règle pour vagabonder parmi ces multiples structures-relais de ‘lumière naturelle’, et pour apprécier quantitativement leur pesée dans l'ensemble et les compartiments du discours cartésien. La pratique de l'histoire de la philosophie armée serait à ce prix.

Il n'est pas même, pour l'heure, envisageable d'honorer les 17 occurrences plénières de 'lumière naturelle' dans les *Réponses.* J'évincerai donc celles, plus éparses, mais aussi intéressantes, qui confirment le positionnement rétrospectif du *cogito-sum* sous le concept de « lumière naturelle », celles qui rappellent la dualité cognitive des deux attributs principaux d'une *'res'* déterminée comme *'substantia',* de même qu'on était passé dans les *Regulae* de *'res'* à *'notio'* et à *'natura'* ; celles enfin qui distinguent 'lumière naturelle' d''inclination naturelle' ou de 'lumière surnaturelle', témoignant ainsi de la connaissance qu'a Descartes des discussions dialectiques sur ce concept controversé et souvent enrichi dans les analyses de l'époque.

Restent, et ce n'est pas mince, les trois rafales de 'lumière naturelle', qui définissent dans les *Premières, Secondes* et *Quatrièmes Réponses,* les plages occurrentielles 0^{1-3}, 0^{5-7} et 0^{13-17}. C'est-à-dire 11 manifestations du syntagme plein dans ces portions du discours, dont l'intervention est à la fois répétée et entrecroisée.

En aucun cas, et c'est à cet égard que l'on peut parler d'une caractéristique des *Réponses,* ni Caterus, ni Mersenne, ni Arnauld n'avaient recouru, de près ou de loin, au syntagme de 'lumière naturelle'. Or ces fragments des *Réponses* s'enroulent originalement et délibérément dans le cercle de ce champ sémiotique, déterminant les arguments qui apportent réponse aux *Objections.* De plus, lors de ces trois rafales, Descartes souligne expressément qu'il introduit là des éclaircissements apportés aux *Méditations,* qui n'envisageaient pas de telles solutions, ou pas ainsi. Enfin, ces trois rafales renvoient de l'une à l'autre, amorçant ainsi sur ces trois plages textuelles la construction d'un appendice architectonique d'autoréférence. De diverses parts, on a certes apprécié l'originalité des *Réponses* par rapport aux *Méditations* sur des concepts métaphysico-théologiques centraux, mais la relation à 'lumière naturelle' est restée dans le vague. Cependant, elle reste aussi surprenante qu'elle le fut avec l'investissement des neuf occurrences de 'lumière naturelle' dans le champ démonstratif de la *Troisième Médi-*

tation. Si l'injection de 'lumière naturelle' provoquait une rupture dans « l'ordre des raisons », n'est-ce pas parce qu'il y avait des raisons de l'ordre ?

J'élimine de nouveau toute référence à des polémiques anciennes, aussi bien que toute tentative pour déterminer la manière dont se sont soulevés les reliefs propres à cet appendice architectonique. Je postule, en plein milieu cartésien, la connaissance de ce contexte pour m'intéresser à la méthodologie qui provoque son excroissance : et il est probable que je me trouve là au plein cœur d'un déficit culturel des études sur Descartes, sur lequel il faudra bien finir par s'interroger. Ces innovations des *Réponses,* leur résultat conceptuel et argumentatif global, ce lien explicite au syntagme 'lumière naturelle' dénotent un travail précis et critique sur la table cartésienne de l'invention et sur son rapport à la méthode, dont la fin des *Secondes Réponses* définissait la *'via'*. Le *'vera via'* attire autour d'elle tous les indices vicariants de 'lumière naturelle' (AT VII, 155, 23 sq.) : *'methodice', 'a priori inventa', 'invenisset', 'attendere', 'attentum', 'vera et optima via', 'primae notiones', 'primis notionibus clare et distincte percipiendis', 'ex natura sua', 'notae vel etiam notiores', 'meditari'*. Cette détermination de la méthode comme préférentiellement analytique et *a priori* dans la région métaphysique, qui entre ainsi sous le contrôle intégral de la *'vis cogitandi'* et de sa référence à 'lumière naturelle', n'est pas quelconque. C'est un drapeau hissé en ces trois passages des *Réponses* pour tous ceux qui adhèrent à la dialectique de la raison naturelle, de la voie analytique, de la lumière naturelle.

Ces trois rafales concernent *thématiquement* la consolidation du concept de cause efficiente en fonction du concept de puissance infinie, dans ses diverses acceptions cartésiennes et selon la pluralité de ses effets. Les plus puissants commentateurs de Descartes sont venus buter sur ce mur de la puissance éternelle. Il y avait là de l'insolite, de l'inclassable, de l'original. Regrets ou pas, on voyait là Descartes échapper à la scolastique aristotélicienne ou thomiste. Par contre, on s'est accommodé, ou on s'est écarté du concept de lumière naturelle, qui est anthropologiquement infiniment plus redoutable que celui de toute-puissance, puisque c'est la toute-puissance partagée par la « vis cogitandi ».

Ce que je retiens pour cet exposé, c'est le travail constructif, d'innovation doctrinale, entrepris par Descartes pour édifier *dialectiquement* le situs de la cause efficiente dans le champ des raisons de l'invention. La problématique centrale en est celle de *cette dialectique qui commande* les *Regulae,* distinguant entre vraie et fausse dialectique, des méthodes ou de la méthode unique, du sens et de la régulation de l'ordre dans les techniques de l'invention savante. Si Descartes se positionne en fonction de la vraie et de la fausse dialectique, de l'invention par notions simples et non par *'illatio',* du raisonnement syllogistique opposé à la 'lumière naturelle', c'est parce que ces questions constituent l'interrogation culturelle majeure des 20 000 ouvrages qui portent alors le titre « dialectica ». Expressément référé aux dialecticiens qui, depuis le *Quid sit unica methodus* de 1553, refusent de jouer de noms sans concepts, qui considèrent comme oiseuses les recherches sur l'être en général (et en conséquence la métaphysique), ses universaux et ses catégories, qui condamnent les logiques consacrées au syllogisme pour regaillardir la pensée par une *'intuitio mentis'* de chaque instant, bref, qui, à la suite de La Ramée et de Melanchthon, resserrent toute invention valable de l'*'ingenium'* à l'exercice pleinement lumineux de 'dialectique naturelle', de ses 'natures simples' et de sa 'lumière naturelle', fondatrice de la *'mathesis universalis'* et de la *'metamathesis'* ramusiennes.

Ce qu'il faudrait rappeler, à propos des *Méditations,* avant d'en venir à l'originalité des *Réponses,* c'est que ces méditations ne se contentent plus de se voir « dialectiques », elles se veulent « métaphysiques », ce qui était outrepasser les droits de la logique, ce que ne manquera pas d'objecter Jungius. La « scientia mentis », en bon ramisme, disqualifiait toute « scientia entis ». Une « scientia entis » qui recouvrerait son domaine propre sans tourner le dos à cette « scientia mentis » ne pourra pas revenir sur la critique de l'être considéré comme général, accompagné de ses universaux, de ses prédicaments et de ses catégories, étiré dans les démarches syllogistiques d'une analytique d'un autre âge. Si cet être est ressaisi, il ne pourra l'être qu'à partir des concepts clés de l'invention opposés aux catégories propres à la notion de substance, celui de « cause » et celui de « sujet ». Les « tabulae » ramistes commencent par là : expulser l'approche nominale de l'être en s'adressant à l'expérience de la causalité. Or l'expérience de la causalité est métaphysiquement présente aussi bien dans la suspension du jugement que dans l'affirmation des prolations du *« cogito »*. On vient ici buter, d'un tout autre point de vue, sur cette irréductibilité des dialectiques qui récusent le droit de discuter validement de l'être : l'introduction du *topos* primordial de la cause permet d'édifier une table des arguments qui peuvent permettre la réintroduction d'une métaphysique, pour peu qu'elle soit de la puissance et non de l'être. Les *Réponses* se donnent ici *une seconde caractéristique* : elles rompent avec tout espoir de rejoindre l'être par des idées générales qui ne soient pas étroitement tributaires des « notions simples », « natures » qui forment l'ossature inventrice de la « vis cogitandi ». En se sachant clarté, la « mens » se saisit comme « vis ». L'aventure métaphysique réouverte, entrevue dès les *Regulae* qui attendaient les effets de la dialectique bien au-delà de la simple logique, il restait à instruire dialectiquement comment cette ouverture pouvait être pratiquée, et comment la poursuivre. Comme il émerge sur le butoir de la puissance hors des logiques scolastiques aristotéliciennes et thomistes, il ressaisit, grâce à la notion simple de cause/effet, le destin des dialectiques de « lumière naturelle ». Les dialectiques ramistes et philippo-ramistes postulent la toute-puissance : elles n'instruisent pas, à partir des dialectiques qu'elles constituent, la portée métaphysique de leurs notions simples premières.

Eliminons d'abord toute fausse conception de la lumière naturelle. Si on totalise les 90 occurrences de *'lumen naturale'* dans l'ensemble de l'œuvre, on y retrouve les conduits de sens que les dialecticiens se sont évertués à distinguer. Il ne s'agira ni de la « lumen supernaturale » qui relève des finalités de la gloire, ni de la lumière « per revelationem » qui mettrait en batterie les diverses procédures de l'herméneutique, ni de la « lumen per fidem » qui opère sous la dépendance de la grâce. La « lumen naturale », dans les courants dialectiques qui s'en inspirent, est accompagnée de l'arsenal lexico-conceptuel que nous esquissions en commençant. Elle peut être différemment accentuées selon la localisation philosophico-religieuse qui l'instruit, très optimisante dans les commentaires ramistes du *Philèbe* au travers du mythe héroïque de Prométhée et de sa transposition dans l'Urim et le Thumim moïsiaque, plus réservée selon la rigueur réformée qui en fait à son tour la « vis intelligendi et agendi in homine post lapsum reliqua », plus causaliste qu'illuministe dans la tradition évangélique mélanchtonienne qui dégage le terrain, plutôt des tables de présence et d'absence de la cause/effet que du rattachement de toute cause à une lumière originelle partagée universellement. Les interprétations lullistes et ramistes dans les années 1620 sont arrivées à ce point de leur réception sur le thème de 'lumière naturelle', tel que les *Regulae* l'enregistrent comme allant de soi, qu'on peut aisément leur superposer les grilles conceptuelles de cette portée optimisante dans le domaine du savoir naturel sur la nature par natures.

On retrouve précisément dans les *Réponses* que faire de la lumière naturelle « insitum » une « vis » sans « lux », ce serait la soumettre aux déterminations des inclinations et à quelque gestation baconienne des *topoi* à partir de l'expérience. Croire à quelque chose « subjective » n'est pas pour autant être assuré de sa vérité : ce qui n'advient que par la lumière naturelle, toute autre prétendue lumière relevant d'un autre conduit de sens. L'avenir du mécanisme est même à ce prix que, loin de refléter par osmose une soi-disant nature, il la construit à partir des données naturelles mentales.

En faire une « lux » sans « vis », à la manière des interprètes platoniciens qui transforment l'illumination en émanation, c'est se référer « objective » ou à la présence en nous d'une capacité donatrice de cette lumière, ou à des idées efficaces qui contredisent à l'armature intellectuelle humaine des notions simples. La *Dialectique* de 1555 condamnait, aussi bien en français que dans ses reprises latines, tout recours à une réminiscence qui serait le contraire même de l'instauration de la science.

La « mens », qui n'a plus rien à voir, depuis la systématisation des deux « res » de référence et de leur attribut principal, dans la *Seconde Méditation,* avec les trilogies de l'âme forme du corps, est un monde pour soi, en évitant le « a se » aussi bien que le « per se », à partir duquel se mettent à graviter les puissances du verbe, ces notions simples qui relèvent autant du cri que du concept, mais sûrement pas de l'idée, si l'on entend par là un état statique de la représentation. La référence de ces notions simples « sua natura », à une « intuitio mentis » sans « illatio », loin de les diluer dans une insécurité instantanéiste, les consolide comme étant la charpente lumineuse de la « vis cogitandi », plus « parlantes » qu'une donnée de nature pulsive, très différentes de la complexité réductible des idées, à cheval entre l'objectif et le formel, entre le représenté et sa cause. Les notions simples ne valent ni par leur contenu objectif, ni par leur éventuelle référence formelle : elles agissent (« vis ») entre les deux, et cet acte *est* lumière. Elles se manifestent cognitivement pour la « mens humana », et même si elles ne sont que survivance anté-lapsaire, l'homme y apparaît pour soi dans sa non-bestialité, dans sa quasi-divinité de « metamathesis » de La Ramée ou de la « mathesis universalis » lulliste ou cartésienne. Car la liaison reste assurée par la puissance même de la pensée, surtout quand on la démontre, pour son essence, pour son existence, pour sa conservation, pour son exercice, l'attribut tributaire de l'attribut par excellence de la toute-puissance. La notion simple est créatrice puisqu'elle donne au concept représentatif sa portée existentielle, possible ou réelle, en intervenant comme « via » de l' « objective » vers le « formale ». C'est de la notion simple de *cogito-sum,* don de la lumière naturelle, non du raisonnement syllogistique, que l' « ego » tient cette épaisseur originelle qui lui permet de dire « je » malgré l'exclusion dévorante de ses plus favorites représentations, qui s'explicite brutalement à la fin de la *Première Méditation* pour opposer à la toute-puissance prêtée au malin génie la non moins toute-puissance de la liberté-volonté de l'homme suspendant tout jugement et recouvrant son état « ante lapsum ». Quant aux supports anté-propositionnels du savoir, ils se ramassent dans cette conjonction du verbe et du concept que l'on oublie régulièrement de commenter : « quoties a me profertur vel mente concipitur ». Ce *'vel'* n'a rien d'alternatif au niveau des dialectiques de la lumière naturelle qui diffuse les notions simples et les premières vérités : cette technique de la double affirmation autorise le nom à paraître comme chargé du sens que porte la pensée pensante des dialectiques, et non la pensée pensée et dépensée des logiques : *troisième caractéristique* des *Réponses.*

L'invocation dialectique de la lumière naturelle, si elle se veut la récupération du pensant enseveli sous les logiques, n'a rien d'une mystique vers laquelle s'engagent d'autres conduits de sens que celui de « lumière naturelle ». Les doctrines dialectiques de l'invention, pratiquées dans la « conjonctio » des divers types de discours, et théorisées depuis cent ans au moment des *Regulae* et des *Réponses,* ouvrent leurs tables, l'être et ses suppôts évincés, à partir de la notion simple de cause. Ni les classifications avancées par les *Regulae,* ni un *Discours* muet sur la cause efficiente, ni la *Troisième Méditation* qui en développait l'emploi métaphysique prévisible dès les *Regulae,* ne décidaient de la position *prioritaire et unique* de la cause efficiente dans la « tabula » cartésienne de l'invention. Cette troisième caractéristique des *Réponses,* qui donne toute sa portée à cette « cauda » architectonique, tient à ce que Descartes s'y fraie une voie qui déborde et La Ramée et Melanchthon.

La Ramée s'y était piégé lui-même. Alors que la *Dialectique* de 1555 énonçait les raisons de l'invention en commençant par la cause finale et en continuant par les causes formelle, efficiente et matérielle, la *Dialectica* de 1566, ses rééditions et la réédition française de 1677 imposeront définitivement pour la tradition ramiste cette orientation de tête de la table de l'invention. La question à poser est d'abord de la cause efficiente, puis... La Ramée justifie cette inversion par la qualité de la notion simplicissime qu'est celle de cause efficiente dans la considération du rapport cause/effet ; elle est aussi la plus générale puisqu'il n'est aucune autre cause applicable s'il n'y a pas d'abord l'efficience. L'invention doit donc d'abord passer par l'interrogation sur la cause efficiente de l'effet considéré. La Ramée appuiera sur la cause efficiente la distinction et les développements de ses trois « lois » dialectiques. Plus emporté vers la théorie des notions simples qui commandent à l'invention, il en négligera les règles d'application.

Vraisemblablement parce que Melanchthon les avait longuement dégagées, et notamment celle qui intéresse au plus haut point le remodelage cartésien de la preuve par les effets, amorcé dans la *Troisième Méditation,* achevé dans les *Premières* et les *Quatrièmes Réponses.* Les 13 « Regulae de causis » de sa propre *Dialectica* retiennent en Règle I : « nihil fit sine causa ». La Règle IX énonce : « In causis essentialiter originatis, impossibile est progredi in infinitum, quia si essent infinitae, ordo earum turbaretur : igitur necesse est pervenire ad unam primam, quae habet potentiam infinitam. » Quant à la Règle XI, elle indique : « Impossibile est causam efficientem totam genere deteriorem esse effectu. Ideo necesse est primam causam rerum esse naturam intelligentiam. » S'il en existait, je renverrais pour le commentaire à un cours sur les dialectiques de la Renaissance et du XVIIe siècle ! Contentons-nous de préciser que, dans les années 1620-1640, les syllabus de la tradition, qui alors associe le primitivisme de La Ramée avec le régularisme de Melanchthon, sont consonnants sur un syllabus minimum des Règles de l'invention dialectique : « Nihil est sine causa. Ordine naturae causa praecedit effectum. Impossibile est causam efficientem totalem genere deteriorem esse effectu ; in causis essentialiter ordinatis impossibile est progredi in infinitum. » On s'arrête volontiers à la discussion « an causa et causatum sunt simul ? ». Et on a tendance à appliquer le principe de l'équipollence entre cause et effet aussi bien à la causalité efficiente qu'à la causalité formelle. Mais d'ordinaire les règles cause/effet concernent la consécution des faits naturels réels, non remodelés entre la dichotomie objectif/formel.

Cette montée en puissance du concept de cause efficiente est balisée dès les trois premières occurrences de 'lumière naturelle' dans les *Premières Réponses.* Caterus se retranchait derrière l'ordre ou la succession réalistiques des causes efficientes pour opposer Thomas d'Aquin à la *Troisième Méditation.* La *Réponse* est directement dépendante de 0^1 (AT VII, 107, 12). Or, on trouve là une approche de la vérité énoncée dans le *Discours* aussi bien que dans les *Méditations,* mais par un tout autre canal. Si Descartes avait préféré appuyer sa preuve sur l'existence de soi, c'est parce que le *cogito-sum* ne dépend d'aucune suite de causes, et non plus seulement parce qu'il est la plus immédiate des notions simples. S'il ne dépend plus que de la cause qui actuellement le conserve, c'est parce que le *cogito-sum* permet de ne considérer que la *res cogitans,* et c'est pour ces raisons, et non pas pour le témoignage d'une expérience, ou plutôt c'est par cette seule expérience cognitive que le *cogito-sum* est confirmé dans son rôle de première vérité. C'est dire que, par la lumière naturelle, nous nous saisissons, non seulement comme *cogito-sum,* ce qui pourrait relever d'une inclination naturelle, mais comme indépendants de la série des causes à laquelle toute implication intramondaine pourrait nous enchaîner. Le *cogito-sum,* cette prolation-concept, gagne sa pleine indépendance de ce qu'il se trouve référé à un nom-concept immédiat de la cause sans commencement ni suite, lié à l'instant présent et à l'essence pensante de son existence. C'est ce qui permet de dire, dialectiquement, que l'existence de moi-même est « tam nota » qu'il n'y a « nihil notius ».

Mais les dichotomies dialectiques insèrent aussitôt sous le concept de cause efficiente, « efficiente procréante » /« efficiente conservante ». Si la question de la cause de mon être prend un sens, c'est en raison de la cause qui actuellement me conserve en tant que chose qui pense. Remarquons que la cause conservante devient l'objet d'un même traitement qui la soustrait à l'infinité des relations intramondaines ou interconceptuelles, en la déclarant cause de soi. Car si le « sum cogitans » est soustrait à la série des causes finies, il n'est pas pour autant cause de soi, en raison des arguments déjà avancés dans la *Troisième Méditation.* « Cause de soi » devient un concept de plein droit de la « tabula » cartésienne : la cause efficiente par soi prend un sens absolu qu'elle n'a pas dans le cadre logique des dialectiques. Cette troisième originalité des *Réponses* vient de ce que Descartes fait nettement glisser la structure argumentative *objective/formale* de l'idée vers la raison tirée des notions simples dialectiques efficient par autrui /efficient par soi. La cause efficiente ne mérite son nom et ne prend son acception de pleine nature que quand elle produit son effet « quamdiu produxit » (0^{2+3}, AT VII, 108, 14 et 19). Ce qui est porter à la limite aussi bien la dichotomie ramiste des notions simples par soi /par autrui, que la Règle X de Melanchthon : « essentialiter ordinatis, necesse est simul poni ».

L'accent mis sur la cause conservante évince toute précession dans le temps de la cause sur l'effet, et le report de relation causale sur l'instant. Ce qui veut dire, de manière récurrente, qu'il n'existe aucun espace de causalité, pas plus que d' « illatio », entre « cogito » et « sum », et surtout pas un écart tel, précisent les *Réponses,* qu'il permettrait à cette première vérité de se disposer syllogistiquement. La « deductio » n'a rien à faire au cœur même du réseau des notions simples. Il n'y a pas plus d'écart temporel que cognitif dans cette première vérité qu'il n'y en a entre la cause conservante et l'existence du conservé. L'effort philosophique se tourne vers la réalité formelle et actuelle qui confère sa vérité au principe dialectique de pointe, selon lequel la cause efficiente doit être égale ou supérieure à son effet.

Mais l'application des règles philippo-ramistes, pour effective qu'elle soit au sujet des réalités naturelles ou de leur concept objectif, pour débordantes qu'elles deviennent dans le champ du formel, n'ont pas, dans les écrits dépouillés, pratiqué cette relation d'équipollence entre la cause et l'effet que Descartes met en place avec répercussion métaphysique, que Jungius instruira au même moment dans l'étude de la causalité logique avant que Leibniz ne s'en empare pour dépasser le cartésianisme en l'appliquant à la physique à la fin du séjour parisien.

Car un autre impact entre les dialectiques et la terminologie du contenu objectif/formel de l'idée, telle que la pratique la *Troisième Méditation* et les *Réponses,* pourrait faire l'objet de maintes remarques constructives. Les dichotomies qui affectent 'concept' d'innombrables qualificatifs ne retiennent 'concept' objectif/formel qu'au travers de grilles fluides et contradictoires entre elles. Tantôt l'objectif est du côté de *'res',* tantôt du côté de l'intelligence passive, tantôt du côté de l'intellect actif. Tantôt le formel est du côté d'une intuition possible de la *« res »,* tantôt du côté du contenu mental face à la réalité appréhendée, tantôt dans une idée dont les degrés d'éminence sont à discuter pour chaque dialectique. Cette disponibilité à la carte de l'analyse portant sur objectif/formel laisse Descartes libre de construire à son tour sa propre dichotomie, en fonction des autres dichotomies environnantes de sa grille d'invention. La réalité objective est d'ordinaire réservée à la *« res »* qui s'oppose au concept. Le concept objectif n'est que l'effet de cette réalité objective, il n'est pas considéré comme ayant lui-même une réalité objective parce que ce serait faire d'un *'ens rationis'* un *'ens reale'*. En positionnant la dichotomie objectif/formel au sein du concept lui-même, en parlant de réalité objective ou de réalité formelle de l'idée, Descartes, pour éviter les transcendantaux, dédouble un nouveau champ, celui du transcendantal. Le concept doit être validé, et plus encore l'idée, dans son contenu représentatif variable « objective », « representative », mais cette objectivité représentative, en raison de la règle d'équipollence, doit être référée à sa cause, qui réside dans son contenu formel si on en considère la nécessaire supériorité ou au minimum égalité dans l'intention interne au concept, contenu formel qui devient éminent si on considère la causalité dans son exercice de donation au moins éminent par le plus éminent. Les règles de la dialectique ramiste et mélanchthonienne se déplacent alors *entre* le champ du concept objectif et celui du concept formel, alors qu'il restait étiré *dans* l'un ou l'autre champ selon l'indice réalistique ou idéalistique des dialectiques considérées. Ainsi deux des préoccupations principales des dialecticiens convergent dans une intériorité conceptuelle décapée et bien définie. L'originalité de Descartes, au vu de ce vecteur dialectique qui le porte des *Regulae* aux *Principes,* ne réside plus dans le recours au principe d'équipollence, énoncé et débattu depuis cent ans, ni dans l'appel à la différence entre la réalité objective et formelle du concept, qui fait l'objet de toute interrogation sur la transition, possible ou pas, du dialectique au métaphysique, mais dans l'audace d'une double innovation : le transfert du principe d'équipollence du champ de la création au champ de la conservation, qui fonde la métaphysique et la physique ; l'application de ce transfert à la connexion entre l'objectif et le formel conçus comme un double éclairage de l'intériorité du concept, et par l'ouverture en conséquence d'une interrogation du « an sit » à partir du « quid sit », le « quid sit » étant entièrement déterminable et vectorialisable. Cette *quatrième caractéristique* ouvre les *Réponses vers une analytique transcendantale* : le contenu objectif représentatif de l'idée ne devient concept que par sa concaténation avec les « notions simples » qui en découvrent la cause « non deteriora ». Cette équipollence justificatrice provoque un plus d'intention dans le concept, qui pourra être opposé au contenu fini de la représentation qu'a la « mens », y compris à celle qu'elle a d'elle-même et d'un être en général.

On peut resserrer dès lors l'analyse des occurrences 5 + 6 + 7 des *Réponses* à Mersenne, qui abordent expressément le problème d'une révision de la table de l'invention dans cette direction : « Prima notio est... » (AT VII, 135, 12) « ... Prima etiam notio est... » (AT VII, 135, 19), précision qui n'avait été entreprise ni dans les *Regulae* ni dans la *Troisième Méditation.* S'ensuivra *une cinquième caractéristique,* centrale, puisqu'elle porte sur le sommet de la grille de l'invention *pratiquée par les Réponses.*

Plutôt que par *une* première notion, le premier paragraphe pourrait autoriser la traduction par *la* première notion. Car cette notion bénéficie aussitôt d'une appréciation qui la situe au sommet de la hiérarchie interne aux notions simples : « qua nulla clarior habetur » (AT VII, 135, 13). Il y a donc un ordre cognitif interne aux « premières » notions : elles ne sont pas toutes premières au point de vue de leur clarté. Ce jeu sur les comparatifs et les superlatifs du « natura prius », banal pour les dialectiques de la lumière naturelle, sort renforcé de ce que le précédent rappel, « evidentius » et « prius », énonçait sur la cognoscibilité des notions premières en général : de plus celle-ci se sait « clarior ».

La lettre de cette notion première trouve ici l'une de ses plus expressives concentrations dans toute la tradition philippo-ramiste : « Qu'il n'y a rien dans un effet qui n'eût été d'une semblable ou d'une plus excellente façon dans sa cause. » Rien que de banal en cela. Surtout parce que, de plus, cette notion première sur laquelle reposent les règles de la causalité en dialectique de lumière naturelle est reliée immédiatement à la proposition qui reste partout la Règle I de l'invention : « ex nihilo nihil fit ».

Descartes précise. La formule de l'équipollence, « haecque vulgaris [...] ab eo (ex nihilo nihil fit) non differt ». C'est là travailler à l'intérieur des règles classiques de ces dialectiques, puisque l'énoncé en est toujours présenté comme renvoyant à une même intuition différemment exprimée par les règles consécutives. Le texte latin repose sur la similitude. Le texte français, à supposer qu'on l'ait traduit dans cette intentionnalité, dit que la Règle I concernant l'absence de causalité à partir du néant « comprend en soi » le développement de la règle d'équipollence. Si on prend cette traduction au sérieux, force est de reconnaître qu'il y a plus qu'une similitude (« non differt ») et qu'on est en pleine ressemblance, avec en plus l'affirmation que le concept de la Règle I serait la clé de la compréhension de la règle d'équipollence, et entraînerait la dépendance de sa « compréhension » logique. L'établissement d'une telle ressemblance-compréhension est justifié par une argumentation habituelle qui fait entrer sous la Règle I le contenu conceptuel de la règle de l'équipollence : « Si quelque chose était dans l'effet qui ne fut pas dans la cause, il y aurait quelque chose qui proviendrait du néant. » Cette origine absolue des dialectiques de la lumière naturelle dans l'*aliquid/nihil* que Jungius pousse au même moment vers leurs virtualités logiques avant que Leibniz n'en fasse ses délices après Clauberg, charpentera l'exposé synthétique de la fin des *Secondes Réponses*.

Nous sommes bien dans l'étude du champ intuitif de la cause efficiente, dont dépend le repérage des vraies causes, par lesquelles édifier des savoirs. Le principe de la cause commande le principe de la cognition vraie, non parce qu'il est emprunté de l'expérience, mais parce qu'il organise l'expérience. Cet « etiam » (AT VII, 135, 19) redouble l'énoncé *in effectu/in causa* par l'énoncé *objective/formaliter* : « etiam » veut certes dire « aussi », puisque telle est la traduction. Mais que veut dire « etiam-aussi » ? « Prima etiam notio est... », « C'est aussi une première notion... ». Cet « etiam » au niveau de la première notion est un « aussi » d'insistance, de mise en relief, qui veut dire « attention » ! La tradition dialectique que ces textes suivent au plus près, non en tant que textes, mais en tant que savoir interne actif, et partagé, réclame très précisément ces règles conjointes « a nihilo nihil fit » et *in effectu/in causa*.

Mais « etiam », attention, elles ne comportent pas ce qui va être énoncé, ce qui va devenir « manifeste », « clarum fiet iis qui satis attendent (attention), et diu mecum meditabuntur ». C'est là une application de la règle dialectique première à un énoncé qui concerne le rapport entre concept objectif et concept formel, dans le champ transcendantal rénové, alors que la règle ne valait dialectiquement pour tous que dans le champ de l'objectif, et plus rarement sur le terrain formel : mais jusqu'ici reste aussi peu repérable dans cette tradition que dans d'autres traditions déjà profondément labourées le détournement du champ causal entre l'objectif et le formel du concept. L'originalité cartésienne en serait donc redoublée si l'on ne peut, ni par le biais aristotélo-scolastique, ni par le biais philippo-ramiste, parvenir à découvrir une telle innovation.

L'objectif du concept renvoyant par cette notion première et axiomatique (comme dit alors Jungius) au formel de sa cause, force est d'interpréter la causalité naturelle des idées qui frappent l'esprit par le canal des sens en fonction d'une autre cause qui possède en soi toute la réalité formelle et éminente de la réalité objective de l'idée, y compris quand cette idée sera celle du parfait absolu. Ce que l'esprit conçoit « objective », ce qu'il se représente de la « res » n'a pas cette chose pour cause, ce qui inverserait le principe en rendant la « res extra mentem » cause d'une « res intra mentem ». La vraie cause efficiente ne peut venir que d'une justification par une cause éminente et formelle dont nous avons la notion en nous, et dont l'idée en nous renvoie, ce qui fait le but de la preuve par les effets, à une réalité absolue. Suivre la genèse de l'idée objective par le canal du sens serait réintroduire la temporalité dans l'acte cause/effet. L'effet immédiat d'une cause absolue est sans « intermedium ». Ce passage est l'un des plus proches qui soit des conclusions occasionnalistes, puisque dans le champ des idées il n'y aura plus que la seule et unique cause divine, quitte à discuter sur le « formale » dissipé sous l'effet d'un « eminenter » auquel la raison humaine se confond. On sera alors vraiment dans les doctrines de la lumière, où le naturel au surnaturel se joint. Et c'est ce qu'annonce ce passage jalonné par les occurrences 6 et 7 de 'lumière naturelle'.

L'accent mis « en premier lieu », en premier *topos,* sur la relation cause-effet confère sa portée à ce passage et donne tout son sens à la preuve par les effets tirée du transit par notion simple première de la représentation objective de l'idée à la nécessité de son contenant formel, dans une conception instantanéiste de la nécessité. Mais ce qui n'était pas encore systématiquement conçu, pas plus par les dialectiques ambiantes que par l'œuvre précédente de Descartes, c'est cette *sixième originalité* des *Réponses* : il ne s'agit plus seulement d'affirmer la priorité de la cause efficiente dans l'arbre des *topoi* de l'invention sur les autres causes et sur les autres arguments, mais de *déclarer caduques les trois autres types de causes* dont les dialectiques continuent à développer les présences dans la table de l'invention, selon des classifications variées.

L'approche « a mente ad rem » disqualifie au départ toute cause matérielle au profit des notions simples « insitae » qui instruisent la construction des « vincula » dans le champ intelligible de l'essence étendue. Quant à la cause finale, déjà fort malmenée, les *Principes* I, § 29, lui apporteront publiquement le coup de grâce.

Or l'intérêt des trois rafales de 'lumière naturelle' dans les *Réponses* tient à ce que Descartes s'assure que l'extension analogique de la cause efficiente au champ de la cause formelle conduit à la subordination, sinon à l'éviction de cette dernière. Le travail d'affinement apporté à la grille de l'invention par les occurrences 13-17 porte expressément sur un élément démonstratif, délibérément omis des *Méditations,* « tanquam per se notum ». Cette *Réponse* à Arnauld confirme de nouveau que la notion simple de cause efficiente est « le premier et le principal », « primum et praecipuum », des moyens de démontrer l'existence de Dieu par les effets. Mais le texte latin ajoute ce qui va dans le sens exact de l'analyse précédente : « ne dicam unicum » (AT VII, 238, 12), ce que la traduction redouble en « seul et unique » (AT IX, 184, 20), comme pour bien insister sur cette précellence topique.

Cette approche est neuve. On avait observé jusqu'ici une relative indépendance des preuves entre elles, en conséquence du passage que cette notion simple de cause/effet autorisait du plan objectif de la représentation au plan existentiel du représenté. S'il y a un *topos* unique de la « tabula » de l'invention, contrairement à toutes les traditions dialectiques, la subordination de la preuve par l'essence à la preuve par les effets doit s'ensuivre. Mais elle va s'ensuivre dans un tout autre langage que celui qui conduisait du contenu représentatif de l'idée à sa réalité formelle. Cette réduction est opérée par ce qui sera le dernier mot, que les *Principes* confirmeront, de la « tabula » dialectique de l'invention cartésienne. L'enjeu vient de ce que si le *topos* de cause reste premier comme dans tout le ramisme et dans le philippo-ramisme, il devient le seul, « ne dicam unicum », les trois autres causes subissant l'éclipse qui permet au mécanisme d'atteindre sa maturité. L'accolade qui, dans les « tabulae » ambiantes, liait les quatre causes sous la même première raison ou argument, fortement ébranlée depuis La Ramée quant à l'ordre entre ces causes et depuis Melanchthon quant à l'ordre des règles qui gèrent les rapports de ces causes, devient sans objet s'il n'y a plus qu'une seule cause, l'efficiente.

Or, selon le langage dialectique de la culture dialectique ambiante, on ne peut justifier la manière dont on obtient cette réduction qu'en pesant sur les autres notions simples de la dichotomie de l'invention.

Une première opération consiste à opérer sur la dichotomie cause par soi / cause par autrui, afin d'assimiler la cause formelle à la cause efficiente, « tanquam... tanquam... » énonce LN[13] (AT VII, 238, 26-27). Ceux qui se laissent conduire par la lumière naturelle « sponte sibi formant », « hoc in loco », que je traduirais volontiers par « en ce qui concerne ce *topos* », se forment spontanément un concept « communem », « intermedium », auquel on confère l'appellation innovante d'« essence positive de la chose ».

La conception répondant à cette dénomination n'est plus celle de cause « proprie dictam », puisqu'elle ne connaît pas de précession temporelle, étant donné qu'essentiellement le nom et la nature de la cause efficiente ne peuvent être dits de pleine vérité « que lorsque l'effet se produit », ce que mettent en évidence les dialectiques qui discutent « de causa et causato ». On peut parler d'une cause positive « par analogie », « tanquam » avec la cause efficiente. Car « être par soi » ne signifie en aucun cas « être sans cause », ce qui ruinerait toute explicitation de la preuve par les effets. L'innovation de cet « être par soi » procède du déplacement qui affecte tout être qui serait considéré « formaliter » ou « eminenter ».

Or au niveau des occurrences 15-17, la lumière naturelle fait apparaître qu'il y a un être qui est compatible avec une essence n'ayant pas besoin de cause efficiente pour exister, parce qu'il a actuellement toutes les perfections contenues dans son idée : chose dont l'essence est si immense qu'elle reçoit éminemment d'elle-même toutes les perfections concevables et qu'elle les possède de toute éternité. Ainsi Dieu reçoit cette perfection d'être par soi, tout en restant indemne de quelque imperfection d'effet que ce soit. Ces trois rafales de 'lumière naturelle' ouvrent sur l'affirmation terminale de la *Troisième Méditation* en fondant l' « aisthèsis » cartésienne : « immensi hujus luminis pulchritudinem » (occurrences 10 + 11 des *Méditations,* AT VII, 52, 12). Dans les *Premières Réponses,* 0^3 parlait de l'inépuisabilité de cette puissance, « tanta et tam inexhausta » (AT VII, 109, 4). Cette immensité d'essence d'une immensité de puissance, cause et raison pour laquelle un être infini est sans cause et sans raison, impose délibérément et définitivement ce caractère propre aux *Réponses.* Cette *cauda* architectonique de l'essence pénétrée de toute-puissance, qui rend tout recours à d'autres causes caduc, confère aux architectoniques du XVIIe siècle leur facteur *P* le plus accentué, qu'il suffira à Spinoza d'aménager, selon d'autres prémisses, dans l'*Ethica,* I, XXXIV : « Dei potentia est ipsa ipsius essentia. »

Du coup Descartes s'attribue d'autant plus volontiers « les vestiges d'Aristote » que ses interprètes avaient usé de « cause formelle » pour rendre *aitian to ti ên einai.* Cette référence à la cause formelle assimilée à l'essence entière de la chose fut discutée en bien des sens à propos des *Analytiques postérieurs,* II, 11. Nul n'ignore, parmi les dialecticiens ambiants, que les *Animadversiones Aristotelicae* de La Ramée, si prisées de Gassendi en 1626, connurent 12 éditions, dont les trois fameuses éditions en separata des Livres X-XI. Ces textes critiques du philosophe parisien aboutissaient à la définition de la cause formelle par la *Dialectique* française de 1555 : « La cause avec laquelle la chose est ce qu'elle est et est différente de toute autre chose. » Avec renvoi à ce passage d'Aristote : « Cette sorte de cause et son effet deviennent simultanément quand ils sont en train de devenir, et ils existent simultanément quand ils existent ; et s'ils sont passés, et s'ils sont futurs, il en ira de même » ; puis La Ramée commente : « Seule la forme est homogone à son effet, c'est-à-dire née ensemblement et partant, que si la forme est, aussi sera chose formée et au contraire. » Ce point de l'apodictique ramiste de l'homogone et de l'homochrone est corollaire de la contemporanéité de la cause/effet dans le cas de la création conservante : ce qui renforce l'accent mis sur la cause efficiente dans la *Dialectica* de 1556, qui devient la première des causes. En conséquence, la cause formelle ne peut être, demeurer, devenir, que si l'efficience en constitue l'essence.

Cette extension du concept de cause efficiente à l'intériorité de la cause formelle conduit au déplacement de la preuve par l'idée d'être souverainement parfait en preuve par l'idée d'être souverainement puissant. La puissance réalise l'essence positive sur soi, dans la simultanéité et dans l'homochronie. C'est une *septième caractéristique* des *Réponses* que de provoquer cette dérive sommitale *vers une preuve ontologique par la notion de puissance,* préférentiellement à la notion d'être, ce qui sera exprimé pour Caterus en LN[4] (AT VII, 119, 16) : « est enim lumine naturali notissimum, id, quod propria sua vi potest existere, semper existere... ». Et ainsi, continue ce passage, nous reconnaîtrons que l'existence nécessaire est contenue dans l'idée d'un être souverainement puissant, « non par aucune fiction de l'entendement, mais pour ce qu'il appartient à la vraie et immuable nature d'un tel être d'exister ». Un tel argument, qui frise le sophisme, Descartes estime qu'il pouvait hésiter à l'utiliser dans le discours de la *Troisième Méditation* : mais la *Réponse* rassure puisque la preuve par les effets des *Méditations* reste compatible avec celle qui est instruite pour Caterus, l'essence positive conciliant, dans l'intériorité même de l'essence, les deux voies par lesquelles démontrer l'existence de Dieu, ou par « illatio », ou par « intuitus ». Mais il s'agit maintenant d'une « illatio » immanente à l'essence, d'une théologie de l'acte *ad extra.*

Reste à préciser comment la « tabula » de l'invention, qui manifeste sa présence et son opérativité dans ces textes, permet de délimiter la portée de ce que Descartes recherchait sous l'intitulé de « vraie dialectique », Jungius n'ayant eu de cesse de dénoncer cette insolite dérivation de la dialectique ramiste vers la métaphysique. D'où *cette double et huitième caractéristique* des *Réponses.*

a / Une *limite théologique* est tirée par les *Réponses* à Arnauld : les théologiens, et c'était aussi le cas de Caterus, ne risquent-ils pas de s'offenser d'une telle proposition, savoir que Dieu est positivement par soi ou comme par une cause ? Cette « façon de parler » (« iste loquendi modus », AT VII, 237, 20) conduit Descartes à suspendre toute analogie avec l'efficace *ad intra* de l'être souverainement puissant, pour n'appliquer la projection du *topos* efficient/formel qu'à ce qu'il y a de positif dans l'essence, et qui en devient repérable dans le cas de l'acte *ad extra.* Appliquer le nom de cause (« nomen causae ») à la Procession trinitaire des Personnes ferait apparaître le Fils comme principié et moindre que le Père principiant.

Par contre, il ne s'agit là *que de* l'essence de Dieu. Une autre ligne de partage entre les dialectiques vient en effet de savoir si l'on instruit le « quid sit » avant le « an sit », si l'on met en avant la démonstration de preuves de l'existence de Dieu, ou si l'on doit s'en passer en admettant son existence avant toute preuve. Les dialectiques de la lumière naturelle ont ce commun cachet ou de subordonner la question « an sit » à la question « quid sit », ou plus communément dans les dialectiques réformées de rejeter la réponse à « an sit » à la lumière « de fide ». La révision cartésienne du concept de cause et son extension au cœur de la cause formelle reposent sur le constat qu'on ne va pas imaginer qu'à la cause de soi-même corresponde un effet de soi-même. La règle des dialectiques est de faire interférer les principes d'identité et de non-contradiction des « tabulae » pour éviter que l'identique soit à la fois le même et le non-même, et qu'en conséquence, la différence se réinstalle là où l'on a détruit toute temporalité de la relation cause/effet. La coupure est reportée, à la lumière de ces règles dialectiques, non plus entre la cause première et les causes secondes, mais entre la cause par soi qui reste en analogie avec la cause formelle essentielle, et le champ du surnaturel où s'appliquent ces notions extra-dialectiques que sont la Procession et le principiant/principié. Ce qui laisse entendre, en direction des dialecticiens jansénistes (qui retiendront la leçon dans la *Logique de Port-Royal*) que la résolution des problèmes de la foi, de la grâce et du miracle, ne relève pas de la problématique saisissable de l'efficience de surabondance, mais qu'elle se situe dans le champ réservé du processionnel principiant/principié, tenu au secret de l'insondabilité de la toute-puissance stricte, pas même essentielle, devenue toute-puissance nue, existentielle brute.

La contre-preuve en sera fournie par ces autres *Objections* d'Arnauld à Malebranche ou à Leibniz, lesquels tentent de surmonter l'opacité insondable du Dieu caché en argumentant les détails du problème de la cognition de la grâce et de son gouvernement à partir de la Procession trinitaire, en fonction du dédoublement du Verbe éternel et du Verbe incarné. Il faudra pour cela absolutiser la grille cartésienne de l'invention, en exercice dans les *Réponses,* par le *topos* unique d'efficience résultant de la suppression de toute causalité par autrui : mais, la Sagesse diffusant sa lumière sur la région des vérités éternelles du savoir et de la foi, la lumière naturelle se confond avec la lumière divine.

b / Quant à *la limite de l'art dialectique au regard des sciences constituées,* les occurrences 13-17 sont zébrées de trois appels à une contre-analogie qui justifie l'extension de la cause efficiente à l'essence positive de la chose. Ces « modi loquendi » sont autant de relais pour les *topoi* qui s'organisent autour de la cause efficiente et sont très nécessaires « pour conduire tellement la lumière naturelle (0^{17}) que nous concevions tellement ces choses ». La modélisation archimédienne du savoir permet de s'expliquer « eodem plane modo » (AT VII, 239, 19 ; AT VII, 241, 19), « per analogiam ad... » (AT VII, 245, 5). L'extension de l'efficient au formel n'est rien de plus que l'assimilation de courbes ou de sphères à des polygones rectilignes. Dans les deux cas ce passage à la limite permet la naissance d'un nouveau concept : l'infinitisation des côtés rectilignes, l'essence positive de la chose. Mais on n'observe pas chez Descartes cet au-delà de l'analogie expresse, qui dévoilera l'application des processus mathématiques d'infinitisation à la théologie des figures enchaînées de la Procession.

Comment ne pas rappeler ce qui ne peut apparaître que comme une première analogie de même portée, quand la Règle XII va entreprendre de définir les sept caractères des « simplicium rerum notiones », *alias* « naturae » ? Il faut admettre, écrivait Descartes, certaines choses qui ne sont pas au gré de tout le monde : mais peu importe qu'on ne croie pas ces « res » plus vraies que ces cercles imaginables, plus qu'imaginaires, grâce auxquels les Astronomes décrivent leurs phénomènes, pourvu qu'avec leur aide on arrive à distinguer en quelque matière que ce soit quelle connaissance est vraie ou fausse ? Cette analogie des trajectoires imaginées par les astronomes avec les dichotomies construites par les auteurs de « tabulae » dialectiques, bousculent la grille du savoir et constituent « le principal secret de la méthode » : ranger les choses en séries divisibles et évidentes, et non pas « in quantum ad aliquod genus entis referuntur, sicut illas Philosophi in categorias suas diviserunt » (AT VII, 381, 12). Le « in quantum ad » se déplace des catégories de l'être vers les degrés formels de l'efficience. Ce qui fait du même coup apparaître la « tabula » de l'invention cartésienne comme un profil épistémologique opératoire et fugitif, opéré dans l'instant homogone et homochrone de la force-lumière qui relie les deux extases de la réalité idéelle, objective et formelle.

Ce travail sur les limites, les articulations et le système ordonné de la table de l'invention met en évidence *la neuvième caractéristique* des *Réponses*. C'est ce que nous avons de plus poussé pour appuyer cette dialectique sur une rhétorique conjointe d'où la métaphore de 'lumière naturelle' prend un rang conceptuel.

La modélisation ramiste du signe par son « usus », puisée dans la « conjunctio » que pratique la Pléiade entre dialectique, rhétorique et discours particuliers, permettait de retenir que toute notion simple « simul enunciatum et intellectum est » (*Dialectica,* 1556) (« quoties a me profertur vel mente concipitur » !). La Ramée précisait : « Quae suapte natura clarae sunt, et evidentes, sine doctrina, imo sine illa sensus animadversione vel experimentiis ». On comprend à cette citation pourquoi les « naturae simplices » de Bacon seront en complète divergence dialectique contre Ramus : mais on comprend aussi pourquoi le retour cartésien au « modus loquendi » sort le nom de l'idole par le concept clair qu'il connote de sa propre nature, et non d'une acquisition par un intermédiaire fabriqué. Le nom n'est plus exhibé à partir d'une tradition surencombrée. Il se précise dialectiquement dans la plage laissée libre *entre* la limite théologique valide de l'essence du par soi et la limite géométrique archimédienne. Décapé sous la lumière-force instantanée de la notion simple, le concept, qui n'a rien de l'idée représentative, prend son sens dans les heurts dichotomiques qui le rendent à la formalité. « Conduire la lumière naturelle », c'est se donner des noms qui aient un sens topique, qui dans les lieux argumentaires prennent un rôle vectoriel, de manière, comme l'espéraient les *Regulae,* à édifier tout discours sur les signes aptes et brefs réclamés par la dialectique de lumière naturelle. Le nom renaît de l'exercice primordial de la cause-lumière qui ne reconnaît aucun langage donné qui ne soit recréé. Toute langue est à faire, de sa phonation à sa prolation et à sa conception, où se discerne l'effet de cause efficiente comme « vis », « vis cogitandi », et dans sa liaison avec les raisons de l'invention inscrites dans les structures naturelles de la « mens », de l' « ingenium » en bonne dialectique. Ce travail par la cause efficiente porte sur l'épuration du nom métaphysique à la lumière de la grille dialectique de l'invention. Le *cogito-sum* tombait sous ce conditionnement. Il reste fondamentalement erroné que le signe soit signe d'idée, puisque ce qui *fait* signe c'est la notion simple dont l'idée dérive représentativement et formellement, inspirée par l'inépuisabilité de la puissance-essence qui anime l' « ingenium ».

La conclusion est qu'il faudrait une bonne fois, surtout en milieu d'études cartésiennes, entreprendre cette enquête sur le situs culturel de l'œuvre de Descartes parmi les Dialectiques qui l'environnent. Car le problème débattu depuis les percées de Melanchthon et de La Ramée consistait à savoir quel était le rapport entre l'invention et le jugement, entre l'ordre et la disposition. Ce qui devient clair pour les occurrences déclarées des *Réponses,* c'est qu'elles brandissent le drapeau de la lumière naturelle, non pas par référence à une tradition, mais pour la poursuite de la quête du savoir. On voit au terme de cette analyse que la hiérarchie expresse esquissée entre les notions premières ne les laisse pas toutes premières sur la même ligne. Il y a donc une hiérarchie, un ordre entre elles, d'autant plus que l'attirance de la cause efficiente, fondatrice du mécanisme, estompe les autres causes et se subordonne les dichotomies qui la jouxtent. La « via » que La Ramée réservait délibérément dans son œuvre mûre à la méthode entraînait le concept d'ordre à n'être que l'attention portée entre une notion première et la concaténation illative qui en partait, du plus simple au plus complexe, du plus clair au plus confus... A l'intérieur de la « tabula » de l'invention, il s'agit plutôt d'un orient que d'un ordre. Les raisons ramistes sont certes à utiliser selon leur position dans la table de l'invention : mais elles ne communiquent qu'accidentellement entre elles. Certes la *Dialectique* parisienne de 1555 enseignait pour la première fois en français, avec mobilisation de toute la Pléiade pour l' « usus », qu'il y avait autant d'invention dans le jugement que de jugement dans l'invention. Mais cette remarque, qui atténue la rigueur de la division entre invention et jugement, n'en est pas moins porteuse d'une évolution dont vont discuter les courants dialectiques. Qu'est-ce qui doit être premier de l'invention et du jugement, l'ordre ne ressortit-il qu'au jugement et pas à l'invention ? Quelle est la portée de l'ordre dans le champ de l'invention, c'est-à-dire entre les notions simples mêmes, et pas seulement entre les notions simples et leurs conséquences. Qu'il y ait un ordre des raisons vise plus ce qui découle des notions simples que ce qui en règle la hiérarchie. On le voit bien avec les incursions de 'lumière naturelle' dans le décours déductif des *Méditations* : on le voit encore mieux grâce aux évidences primesautières des *Réponses,* plus libres d'exposer quelles sont les raisons de l'ordre et ce qui fait qu'*entre* notions simples il faudra instaurer une hiérarchie qui soit à son tour une disposition du plus simple du simple au moins premier du premier. C'est dire que la méthode se met à pénétrer le champ réservé de l'invention, que l'ordre peut jouer sur l' « intuitus » et pas seulement sur le déductif. Le pourquoi de cet ordre s'instruit à pleines pages dans la culture ambiante des dialectiques.

III

Le doute

« ... le persuader aux autres » : le choc avec Hobbes et Gassendi sur le doute

Notes sur la dialogique cartésienne

JORDI SALES

La notion de dialogique cartésienne

Le titre de cet exposé prend son origine en deux endroits du Corpus cartésien : un fragment de la *Lettre à Mersenne* du 15 avril 1630 et une expression de l'avis du libraire au lecteur qui se trouve dans la première édition française des *Méditations.* Descartes écrit à Mersenne : « au moins *pensé-je avoir trouvé comment* on peut démontrer les vérités métaphysiques, d'une façon qui est *plus évidente* que les démonstrations de Géométrie ; je dis ceci selon mon jugement, car *je ne sais pas si je le pourrais persuader aux autres* » (AT I, 145). Le libraire de l'édition française de l'année 1647 dit en se référant aux *Objections et Réponses* : « Tant de grands hommes n'ont pu *se choquer* sans produire beaucoup de lumière » (AT IX-1, 1). Nous avons décidé de nous intéresser à la liaison entre l'ombre de l'hésitation de 1630 et la lumière de 1647. Nous parlerons de *la dialogique cartésienne.* Par cette expression nous comprenons l'ensemble des desseins et la construction des figures (discours, méditation, réponse, article, dialogue, lettre) par lesquels René Descartes communique sa philosophie à un public. Il nous semble que, souvent, le manque d'attention porté à cette dimension de l'activité cartésienne transfère au registre de l'évolution d'une pensée ce qui appartient à des étapes de sa communication.

Dès sa première apparition sous la plume de Descartes le terme 'métaphysique' est le nom d'une *étude* déjà réalisée. La *Lettre à Mer-*

senne du 15 avril 1630 contient : *a* / la première mention cartésienne de 'métaphysique' ; *b* / la médiation de l'étude ; *c* / l'expression « fondements de la Physique » ; *d* / l'affirmation d'une démonstration des vérités métaphysiques d'une façon plus évidente que les démonstrations de Géométrie ; *e* / une réserve sur la difficulté de *le persuader aux autres.* Tous ces motifs sont des constantes qui déterminent toujours le sens cartésien d'une philosophie première et sa communication à un public. Malgré les protestations de Ferdinand Alquié[1] il faut s'en remettre à l'évidence de l'aveu de Descartes lui-même qui nous fait part d'un écrit en latin aux environs de 1629, plus vaste — au moins sur le doute — que la métaphysique de la quatrième partie du *Discours de la méthode.*

L'exposé de la quatrième partie du *Discours* opère une réduction du tout communicable avec l'intention de minimiser le moment du doute. C'est l'auto-interprétation de Descartes qui ressort très clairement de trois lettres des années 1637 et 1638[2]. Descartes reconnaît devant ses correspondants des « obscurités » ou « un grand défaut » dans les démonstrations métaphysiques du *Discours,* mais qui trouvent leur origine dans le fait qu'il fallait « expliquer bien au long les plus fortes raisons des sceptiques » pour mener à bien les démonstrations. Cette explication n'est pas adéquate « aux plus faibles esprits » (AT VII, 7), qui sont les destinataires d'un discours. Nous pourrions nous poser la question suivante : si le public français ne peut pas supporter le scepticisme radical du moment du doute, pourquoi et comment peut-il recevoir un exposé de métaphysique? Le motif cartésien de la présence de la partie métaphysique dans le *Discours de la méthode,* il faut le voir dans le début de la quatrième partie, dans le moment que Descartes appelle « la préface » dans sa lettre de mars 1638 à un correspondant inconnu. Descartes parle d'une *contrainte* « afin qu'on puisse juger si *les fondements* que j'ai pris sont assez fermes » (AT VI, 31). La métaphysique est impliquée dans la figure du *Discours* : ce

1. FA II, p. 27, n. 1.

2. *Lettre à Silhon,* mars 1637 (AT I, 353-354) ; *Lettre à Mersenne,* 27 avril 1637 (AT I, 348-351) ; *Lettre au P. Vatier,* 22 février 1638 (AT I, 558-565).

« contrat d'une telle bonne foi entre l'art littéraire le plus délicieux, parce que le moins visible... et la foi philosophique la plus ardente dans l'universalité du vrai, point de convergence de tous les "bons esprits"[1]. La clef de cette implication est le motif des fondements. Descartes subit la contrainte de nous entretenir comme lecteurs d'un discours de ses « premières méditations » (AT VI, 31)[2] pour que nous puissions juger de la fermeté ou sûreté des fondements que son entreprise, méthodique si vous voulez, a déjà pris comme tels. En s'ouvrant au jugement des autres le facteur méthodique s'ouvre aussi au moment métaphysique qui lui est antérieur. Dans la figure discursive de la dialogique cartésienne cette communication de la métaphysique souffre une résistance spécifique et ne peut pas être totale. Nous pourrions donc nous demander, aussi, comment on espère réussir dans cette tâche en minimisant le moment du doute. L'auto-interprétation cartésienne est très claire, elle apparaît dans les lettres que nous avons déjà citées. Descartes renvoie sur la question au moment immédiatement postérieur à la démonstration de l'existence de Dieu dans le *Discours*. Une fois tout l'itinéraire accompli apparaît la mention des « plusieurs » qui sont en difficulté à le réaliser[3]. L'*abducere mentem a sensibus* peut se produire dans un lecteur, mais le *Discours* « n'a pas osé de dire toutes les choses qui sont nécessaires pour le produire » *(Lettre au P. Vatier)*. Descartes parle d'une version latine de ce livre (le *Dis-*

1. Marc Fumaroli, « *Ego scriptor :* Rhétorique et philosophie dans le *Discours de la méthode* », *Problématique et réception du « Discours de la méthode » et des « Essais »,* textes réunis par Henry Méchoulan, Paris, Vrin, 1988, p. 46.

2. Ici la chronologie de la pensée cartésienne importe très peu, parce que dans l'ordre de la communication la primauté des méditations donne les fondements à la méthode. Mais cela nous détermine le problème du silence des *Regulae* dans la dialogique cartésienne. L'inachevé *Tractatus de Methodo* ne relève pas de l'ordre de la communication.

3. AT VI, 36-37 : « Il est pour le moins aussi certain que Dieu, qui est cet être parfait, est ou existe, qu'aucune démonstration de géométrie le saurait être. Mais ce qui fait qu'il y en a *plusieurs* qui se *persuadent* qu'il y a de la difficulté à le connaître, et même aussi à connaître ce que c'est que leur âme, c'est qu'ils n'élèvent jamais leur esprit au-delà des choses sensibles, et qu'ils sont tellement accoutumés à ne rien considérer qu'en l'imaginant, qui est une façon de penser particulière pour les choses matérielles, que tout ce qui n'est pas imaginable leur semble n'être pas intelligible. »

cours - Lettre à Mersenne) ou « une seconde impression » *(Lettre au P. Vatier)* comme des lieux aptes à améliorer l'exposition de la quatrième partie du *Discours*. Mais ce seront les *Meditationes* qui feront cette tâche[1].

Les *Meditationes* sont-elles l'*essai* cartésien de surmonter la difficulté de persuader les autres de la nature de la démonstration métaphysique ? Oui, mais pour ce faire la dialogique cartésienne adopte une nouvelle figure. Maintenant elle ne transportera pas les méditations dans un discours, mais elle reproduira dans la méditation la totalité de la démonstration métaphysique. C'est ainsi que la dialogique cartésienne change sa langue parce qu'elle change son autre. Avec l'adoption du latin les destinataires de la philosophie première deviennent les « doctes » par opposition à ces « plus faibles esprits » destinataires du *Discours* (AT VII, 7). L'autre des *Meditationes* n'est pas l'autre du *Discours*. L'autre des *Meditationes* peut subir la totalité du doute, la communication s'opérera donc dans ce domaine sans aucune limitation.

Mais malgré notre habitude actuelle de lecture, les *Meditationes* ne sont pas dans la dialogique cartésienne une pièce tout à fait complète et détachable[2]. Nous devons nous questionner : comment les *Meditationes* sont-elles unies aux *Objectiones et Responsiones* en formant une figure unique ? Les *Réponses* sont-elles la culmination d'un processus par lequel la difficulté a finalement été vaincue ? Il faut donner à cette double interrogation une réponse double. Premièrement, il faut voir la fonction que Descartes a prévue pour ce lecteur éminent de son œuvre

1. Ces vues sur l'auto-interprétation cartésienne de la métaphysique du *Discours* peuvent être un complément au traitement du paradoxe de l'affaiblissement du doute initial et la constante de la garantie divine terminale qui s'observe entre le *Discours* et les *Méditations*. Voir Jean-Marie Beyssade, Certitude et fondement. L'évidence de la raison et la véracité divine, *Le Discours et sa méthode*, Paris, PUF, 1987, p. 341-364.

2. AT VII, 10 : « ... je commencerai, certes, par exposer dans les *Méditations* les pensées mêmes par lesquelles il me semble être parvenu à la connaissance certaine et évidente de la vérité, afin d'éprouver s'il se peut que je réussisse à en persuader aussi d'autres par les mêmes raisons que celles qui m'ont persuadé ; mais ensuite je répondrai aux objections de quelques personnes éminentes par leur intelligence et leur savoir, à qui ces *Méditations* ont été envoyées pour être examinées avant leur mise sous presse. » Traduction de Michelle Beyssade.

auquel il a songé comme à un collaborateur de la diffusion de sa philosophie. Après nous devons assister à une histoire dans laquelle Descartes mesure les objecteurs dans un rapport à la fonction assignée, les juge et se bat comme un chevalier défendant son texte. Mais, aussi, nous assistons à la définition d'autres philosophies *rivales* du cartésianisme. Il faut circonscrire cette rivalité au lieu précis où elles se disputent la légitimation du mécanisme dans la considération de Marin Mersenne.

Descartes s'expliqua clairement sur le premier point dans une *Lettre à Constantin Huygens* : tout en comparant « ce que j'ai fait en cette matière aux démonstrations d'Apollonius », il dessine la figure idéale de l'objecteur comme le garant devant les autres de la liaison et la correction « de plusieurs raisonnements qui s'entresuivent » et forment un tout long et, par conséquent, le garant de la valeur de la démonstration de l'existence de Dieu et de l'immatérialité de l'âme humaine pour un public plus large. Sans cet objecteur idéal, les *Meditationes* donneront « peu de fruit ».

Ce n'est pas le moment de raconter l'histoire par laquelle les *Meditationes* ont rencontré des objecteurs réels. Il suffit de rappeler que Descartes associe Mersenne à cette entreprise[1], qu'il recueillit seulement les *Premières Objections* de Caterus[2] et qu'il indiqua le lieu et l'ordre des objections reçues, tout en disant que l'ordre adopté maintient « la vérité de l'histoire »[3]. Dans sa correspondance, Descartes est le juge de ses objecteurs réels : nous savons que les meilleures de toutes lui parurent les objections d'Arnauld, qui produisirent même des changements dans le texte comme leçon pour d'autres objecteurs futurs[4] ; les *Secondes Objections,* de Marin Mersenne, ne comprennent pas une bonne lecture des *Meditationes*[5] ; les réponses à Hobbes sont volontairement brèves[6] ; le dialogue sur Gassendi doit être fixé tel

1. *Lettre à Mersenne,* 11 novembre 1640 (AT III, 235-236).
2. *Lettre à Mersenne,* 24 décembre 1640 (AT III, 265).
3. *Lettre à Mersenne,* 24 décembre 1640 et 21 avril 1641 (AT III, 267 et 363).
4. *Lettre à Mersenne,* 4 mars et 18 mars 1641 (AT III, 334).
5. *Lettre à Huygens,* 16 janvier 1641 (AT III, 360).
6. *Lettre à Mersenne,* 21 avril 1641 (AT III, 360).

qu'il s'est produit[1]. Dans toute cette histoire René Descartes se comporta de plus en plus comme un chevalier se battant pour la vérité de son texte, il demanda « le plus d'objections et les plus fortes qu'on pourra » tout en priant un nouvel objecteur possible de lire d'abord toutes les objections et les réponses antérieures[2]. Durant la période des réponses, Descartes compose une nouvelle figure de sa dialogique pour sa philosophie première : l'ensemble des articles de la première partie des *Principia*[3]. Et, à un moment donné de sa vie, il a essayé le dialogue comme une forme nouvelle de sa dialogique.

Nous aborderons maintenant l'étude des réponses aux objections de Hobbes et Gassendi sur le doute en les situant dans le sens de la dialogique cartésienne.

Le choc avec Hobbes

Mersenne communiqua à Hobbes les *Meditationes* dans les derniers mois de l'année 1640[4]. A ce moment-là Thomas Hobbes était un docte. Il l'était depuis longtemps, mais il n'avait pas toujours été docte de pareille manière. Il fut d'abord déçu de sa formation logique

1. *Lettre à Mersenne,* 23 juin 1641 (AT III, 384).

2. *Lettre à Mersenne,* 28 janvier 1641 (AT III, 297) : « Je serai bien aise qu'on me fasse le plus d'objections et les plus fortes qu'on pourra, car j'espère que la vérité en paraîtra d'autant mieux ; mais je vous prie de faire voir ma réponse et les objections que vous m'avez déjà envoyées, à ceux qui m'en voudront faire de nouvelles, afin qu'ils ne me proposent point ce à quoi j'aurai déjà répondu. »

3. *Lettre à Mersenne,* 31 décembre 1640 (AT III, 276) : « Au reste, réservé ce qui touche ma Métaphysique, à quoi je ne manquerai pas de répondre, sitôt que vous me l'aurez envoyée, je serais bien aise de n'avoir que le moins de divertissement qu'il se pourra, au moins pour cette année, que j'ai résolu d'employer à écrire ma Philosophie en tel ordre qu'elle puisse aisément être enseignée. Et la première partie, que je fais maintenant, contient quasi les mêmes choses que les *Méditations* que vous avez, sinon qu'elle est entièrement d'autre style, et que ce qui est mis en l'un tout au long est plus abrégé en l'autre, et *vice versa.* »

4. Le 18 novembre, Mersenne, *Correspondance,* X, p. 210-212.

apprise à Oxford[1]. Après il fut aussi déçu de son savoir historique et poétique humaniste suite à l'illumination subite de l'ordre démonstratif euclidien[2]. Peu après il conclut que la sensation était un mouvement[3]. Dans ce contexte, lors de sa troisième formation savante, il connut la *Dioptrique* cartésienne sans que nous puissions savoir ce qui était alors son projet scientifique exact. En 1640 il s'est lancé dans la polémique avec Descartes sur la nature de la lumière et de la réfraction. Le ton de cette polémique fut ennuyeux, Hobbes mélangea dans ses observations des questions de priorité et la réponse de Descartes, qui ne connaissait pas le nom de Hobbes, fut très dure[4].

Hobbes pourrait-il être cet objecteur idéal des *Meditationes* que Descartes a dépeint à Huygens ? Oui, bien sûr, parce qu'il est capable, comme mécaniste, de pratiquer le premier moment du doute et de suivre une longue démonstration. Mais Hobbes n'a pas la même conception que Descartes de la philosophie première. Chez Descartes la philosophie première est la démonstration de l'immatérialité de l'âme et de l'existence de Dieu comme fondements de l'entreprise méthodique sur les sciences, qui s'exprime dans le discours humain, alors que, pour Hobbes, la philosophie première, c'est la régression sur les catégories premières du savoir et sa définition nominale[5]. Mais ces différences de conception sur la systématicité philosophique que nous pouvons

1. *OL* I, p. LXXXVI-LXXXVII.

2. « Philosophiam logicamque (in quibus praeclare profecisse se arbitrabatur) *viris prudentibus derisui* esse » *(Vita in Prosa)*.

3. « *Ex eo tempore* de causa sentiendi saepe cogitanti, forte *fortuna mentem subiit,* quod si res corporae et earum parts omnes conquiescerent, aut motu simili semper moverentur, sublatum iri rerum omnium discriminem, et (per consequens) omnem sensionem ; et propterea Causam omnium rerum quarendam esse *in diversitate motuum...* »

4. « Quant à ce que vous mandez de l'Anglais, qui dit que son esprit et ma matière subtile sont la même chose, et qu'il a expliqué par son moyen la lumière et les sons dès l'année 1630, ce qu'il croit être parvenu jusques à moi, c'est une chose puérile et digne de risée. Si sa philosophie est telle qu'il ait peur qu'on la lui dérobe, qu'il la publie ; pour moi, je lui promets que je ne me hâterai pas d'un moment à publier la mienne à son occasion », *Lettre à Mersenne,* 21 avril 1641 (AT III, 354).

5. Voir Y.-Ch. Zarka, *La décision métaphysique de Hobbes. Conditions de la politique,* Paris, Vrin, 1987, p. 173.

construire pour expliquer la relation entre deux philosophies, ne sont pas données au lecteur comme horizon pour sa lecture des *Troisièmes Objections.* A la différence de Gassendi, Hobbes ne nous dit rien du dessein global de la démonstration métaphysique (AT VII, 547-548). Il commence son écrit par une *objectio prima* sur la *Première Méditation.*

Dans l'unique objection hobbésienne sur la *Première Méditation* nous pouvons discerner trois moments : *a* / la réduction de toute la méditation à la question sur l'objectivité du sensible ; *b* / la reconnaissance de la vérité de cette méditation : « veritatem ergo huius Meditationis agnoscimus » (AT VII, 171, 11-12) ; et *c* / la qualification du tout comme des « choses si vieilles » qu'elles ne doivent pas être publiées.

a / Descartes n'a pas réagi contre la simplification hobbésienne du contenu de la *Première Méditation.* Il est très difficile d'interpréter un silence. A plus forte raison quand nous savons que la brièveté dans la réponse est quelque chose de voulu. En outre la difficulté augmente si nous voulons rendre compte du mouvement hobbésien de lecture de la *Première Méditation.* Malgré ces difficultés nous pouvons hasarder que Hobbes n'a pas retenu le moment du doute sur les démonstrations déjà clairement contenu dans le *Discours*[1]. Pour Hobbes les démonstrations ne sont pas soumises au doute, parce qu'en une démonstration l'artisan d'une science ne fait que déduire les conséquences de sa propre opération constructive de l'objet de la science. La Géométrie est démontrable parce que les lignes et figures à partir desquelles nous raisonnons, c'est nous-mêmes qui les traçons et les décrivons (« drawn and described by ourselves »). La Philosophie politique est aussi démontrable, parce que nous constituons nous-mêmes le corps politique (« we make the commonwealth ourselves »). Dans notre connaissance des corps naturels il n'y a pas de démonstration de ce que sont les causes, mais seulement de ce qu'elles peuvent être[2].

1. AT VI, 32 : « Je rejetai comme fausses toutes les raisons que j'avais prises auparavant pour démonstrations. »

2. Hobbes, *Six Lessons to the Savilian Professors of the Mathematics* (1656, *EW,* VII), p. 183-184; *De Homine* (1657, *OL* II, 5), p. 93.

Le silence cartésien sur la réduction de la réception hobbésienne de la totalité du doute au seul moment du doute sur le sensible sera très difficile à interpréter : il suffit de le noter comme la première faille d'un dialogue impossible.

b / La reconnaissance par Hobbes de la vérité de la *Première Méditation* est située entre l'ironique réduction de son contenu[1] et le dur conseil de s'abstenir de publier des choses si vieilles. A l'acceptation hobbésienne de la *Première Méditation* Descartes répondra par la distinction entre la vérité du doute et sa vraisemblance : « Dubitandi rationes, quae hic a Philosopho admituntur ut verae, non a me nisi tanquam verisimiles fuere propositae » (AT VII, 171, 18-20). Pour Hobbes, le doute cartésien est seulement la répétition de la *incertitudo sensibilium* platonicienne. Mais pour Descartes les *dubitandi rationes* exercent une triple fonction indiquée par l'emploi dans le texte de '*partim*'. Premièrement une fonction propédeutique face au lecteur des *Méditations* pour le préparer à la distinction entre le *corpus* et l'*intellectus* : « Ut lectorum animos praepararem ad res intellectuales considerandas, illasque a corporeis distinguendas » (AT VII, 171, 21 - 172, 2). Hobbes n'est pas un lecteur *idéal* des *Meditationes,* il n'a pas reçu la totalité du doute dans sa *verisimilitudo* comme une préparation à quelque chose et encore moins à quelque chose comme la distinction entre la connaissance sensible et l'intellectuelle de l'âme et Dieu. Dès le *Short Tract* (1630) il établit que connaître une chose est en avoir le *Phantasma* or Apparition, et le *phantasma* est « une action du cerveau »[2]. La séquence cognitive hobbésienne est la suivante : la réalité externe, le *motus organorum corporeorum,* l'*imaginatio,* les *nomina* et la *ratiocinatio* ou calcul sur les universaux. Il n'y a dans cette chaîne aucune distinction cruciale méritant une préparation ; mais ce n'est pas la même chose pour Descartes, pour qui le doute est un exercice, un dynamisme cherchant à provoquer une rupture qui est une reconnaissance difficile à

1. AT VII, 171, 5 : « *nullum esse* criterion... » ; le « nullum esse » est la pointe de l'ironie, habituelle entre philosophes, quand on reconnaît le déjà connu dans ce qu'on nous donne à connaître.

2. Hobbes, *A Short Tract on First Principles* (1630), sect. 3, conclusion 6 : « The Act of Understanding is a Motion of the Animal Spirits, by the Action of the Brayne, qualified with the Active Power. »

atteindre et pour laquelle le philosophe doit préparer celui qui n'est pas philosophe. Cet exercice est mené à bien grâce aux *dubitandi rationes* auxquelles, comme Descartes le rappelle dans sa réponse à Hobbes, il est répondu « in sequentibus Meditationibus ». Finalement les *dubitandi rationes* servent à montrer la fermeté des *veritates* qui sont proposées après et qui ne peuvent pas être détruites par les doutes métaphysiques. En répondant à Hobbes, Descartes nie la vérité du doute pour se limiter à la vraisemblance des raisons qui font du doute un exercice pour entrer dans la démonstration métaphysique.

c / Quand il répond au reproche de publier des choses si vieilles, Descartes parle toujours des *dubitandi rationes* : il les a rapportées, il ne pouvait pas les omettre. Comme rapporteur des raisons de douter, Descartes proteste qu'il n'a pas cherché la gloire. Ce type de protestation est toujours peu crédible et, pour le reste, elles importent très peu pour juger de la bonté, vérité ou exactitude d'une philosophie. Mais nous pouvons observer que le discours et la méditation, comme figures de la dialogique cartésienne, en introduisant une relation au lecteur plus douce ou bienveillante que le Traité, rendront cette protestation un peu plus crédible que d'ordinaire. « Sed non puto me magis ipsas omittere potuisse » (AT VII, 172, 8-9), comme dans le *Discours* (AT VI, 31) le bon auteur de la réponse nous apparaît sous la contrainte. Vieilles ou non, ces choses rapportées doivent certainement être bonnes, si on croit si contraignant de les raconter. La comparaison avec le *scriptor medicinae,* qui décrit la maladie dont il veut enseigner le traitement, renforce cette *captatio benevolentiae* qui s'adresse moins à Hobbes — condamné à la brièveté des réponses et peu ouvert à aucune autre philosophie que la sienne — qu'au lecteur tant des *Meditationes,* que — s'il en existe — des seules *Objectiones et Responsiones.* Cette comparation fait partie de ce que Joan-Albert Vicens a appelé les métaphores du doute. Dans un chapitre intitulé : « La méditation : un temps difficile inauguré par le doute », Vicens nous donne dans son livre le sens global des métaphores, ou comme je préfère dire *les figures du doute* : « Le doute, dans son universalité est la meilleure manière de *recommencer la connaissance* avec la garantie de ne pas rechuter dans les vices qui ont corrompu notre connaissance antérieure. »[1] Qu'est-ce que « recommencer la connaissance » ? Il y a toujours un sens de la continuité vitale et biographique qui s'insurge contre cette possibilité. Nous le verrons à propos de Gassendi. La leçon des figures du doute est de nous situer dans une série de faits quotidiens qui nous persuadent de la possibilité d'un recommencement cognitif : si le médecin connaît les causes de la maladie[2], il peut faire que le malade retrouve la santé ; si nous vidons le panier[3], nous pourrons sauver les pommes qui sont bonnes ; si nous effaçons le tableau peint[4], l'entendement pourra dessiner à son gré ; quand les matériaux qui ne servent pas[5] sont enlevés, l'architecte retrouve le sol ferme qui soutiendra son projet.

Descartes s'est défendu de l'accusation hobbésienne de répéter des choses vieilles en montrant une figure du doute qui nous indique la dimension opérative du recommencement cognitif.

Nous pouvons supposer que le lieu du doute cartésien est rempli dans la réception hobbésienne par la thèse de l'*annihilatio mundi.* Certainement nous croyons aussi comme Yves-Charles Zarka que l'hypothèse annihilatoire n'est pas *symétrique* au doute cartésien. Mais nous essayons de le montrer par un procédé inverse. Selon Zarka cette doctrine est au commencement de la métaphysique de Hobbes. Zarka nous le dit, aussi, l'*annihilatio mundi* n'est pas égale à la démarche cartésienne dans *Le Monde*, ni à la fiction du Malin Génie. Avec la première elle partage la primauté « des relations optico-géométriques qui articulent l'espace de la représentation sur l'espace réel » ; « d'un côté comme de l'autre, la fiction a pour fonction de nous détacher de l'expérience immédiate pour déployer le champ de la théorie physique ».

1. Joan-Albert Vicens, *Meditació i Metafísica en Descartes. La Meditació com a forma del pensament metafísic,* Barcelona, Anthropos, Estudis de Filosofia, 7, 1991, p. 221 sq.

2. *Troisièmes Réponses* (AT VII, 172), comme nous le voyons, et aussi *Lettre au P. Dinet* (AT VII, 573).

3. *Septièmes Réponses* (AT VII, 481 et 512).

4. *La recherche de la vérité* (AT X, 507-508).

5. *Septièmes Réponses* (AT VII, 537) ; *Discours* (AT VI, 13 et 28-29) ; *La recherche de la vérité* (AT X, 509).

Mais dans *Le Monde* la fiction du nouveau monde ne suffit pas et la physique cartésienne demandera une fondation métaphysique. En comparant l'*annihilatio mundi* avec les raisons de douter des *Meditationes,* Zarka opposa un trajet cartésien et un trajet hobbésien[1]. Le trajet cartésien va de l'incertitude de notre connaissance à la certitude indubitable. Pour ce faire, disons que Descartes énonce dès 1630 qu'il faut transgresser la démonstration géométrique par une autre démarche démonstrative. Le trajet hobbésien va du réel supposé dans l'affection sensible aux structures du possible. Pour ce faire, pensons-nous, la définition et la démonstration géométriques subsisteront dans une philosophie première comme une « liberté géométrique »[2] apte aussi à construire le corps politique.

Nous pouvons parler de la thèse de l'*annihilatio mundi* comme d'*une constante de la philosophie hobbésienne*[3]. Dans ses apparitions cette thèse définit les notions du *pouvoir cognitif* et de l'espace imaginaire et introduit la connaissance de la nature. *On perçoit certaines oscillations dans ces trois motifs : notons qu'après 1641 disparaît la notion du pouvoir cognitif*[4]. La

1. Y.-Ch. Zarka, *La décision métaphysique de Hobbes. Conditions de la politique,* Paris, Vrin, 1987, chap. II de la première partie : « L'*annihilatio mundi* », p. 36-58.

2. « La réorganisation des passions dans la vie sociale fait penser à la réorganisation des images dans la science; l'une et l'autre trouvent bien leur modèle dans la liberté géométrique » (Jean Bernhardt, commentaire à sa traduction de Hobbes, *Court traité des premiers principes,* Paris, PUF, 1988, p. 16).

3. La thèse de l'*annihilatio mundi* n'apparaît pas dans le *Short Tract.* Sa première apparition date du manuscrit 5297 de la National Library of Wales qui semble se rapporter à l'année 1638, puis elle apparaît aussi dans les *Elements of Law* (1640), la *Critique au De Mundo de Thomas White* (ca. 1643) et enfin dans le *De Corpore* (1655).

4. L'année 1638 la thèse est introduite avec « the exordium and beginning of the learning and knowledge of nature », après la distinction entre *Experience of Fact* et *Evidence of Truth*; elle définit « the power of virtue of the mind » comme source de « ideas and phantasms » et après elle définit les notions de *spatium, motus, tempus* (appendice II à *Critique au De Mundo de Thomas White,* édité par J. Jacquot et H. W. Jones, Paris, Vrin-CNRS, 1973, p. 449-450). En 1640, elle apparaît très clairement dans la définition de « power cognitive » (*Elements of Law,* Part I, chap. I.8, Ed. Tönnies, p. 2). Après 1640, la thèse apparaît comme un préambule à la définition de l'espace imaginaire (ca. 1643, *Critique de White,* p. 117) et comme le commencement de la philosophie naturelle toujours à propos du lieu et du temps (*De Corpore,* 1655, VII, 1).

trajectoire hobbésienne va de quelque chose d'équivalent au doute sur les qualités sensibles aux *cogitata* sans s'arrêter sur le *cogito,* et niant même la *mens* comme support distinct des *cogitata* et du *cogitare.* Nous pouvons nous poser la question : l'*annihilatio mundi* est-elle la « vérité » du doute opposé à la « vraisemblance » des raisons de douter et à leur fonction dialogique ? Oui, nous le croyons. Et alors *le dialogue entre Hobbes et Descartes aurait débuté en niant sa propre possibilité parce que ce qui manque à la dialogique hobbésienne aura embrouillé la réception de la dialogique cartésienne.* L'*annihilatio mundi* est seulement donnée comme la définition hobbésienne du *cognitive power* et du *spatium imaginarium* sans qu'aucune dialectique ne se réalise entre la conscience sensible et sa vérité comme un pouvoir connaissant agissant sur la conscience philosophique. En absence du dialogue nécessaire avec la conscience qui la reçoit, cette thèse hobbésienne se donne uniquement comme *un préalable pour le dénombrement élémentaire.* La vérité sera *uniquement* conçue pour Hobbes comme la *generatio* du complexe à partir de ses éléments[1].

Le choc avec Gassendi

Pierre Gassendi était un savant, ami de Mersenne, proche des positions de Pierre Charron, il est passé du scepticisme plus ou moins mitigé des *Exercitationes* contre l'enseignement aristotélicien, de la polémique contre le platonisme magicien et théosophique de Robert Fludd et de la polémique contre le platonisme déiste du baron Cherbury et son livre *De Veritate,* à des positions que nous pouvons déterminer comme plus ou moins empiristes. Son œuvre exemplifie bien surtout ce que le XVIIe siècle a de flexible depuis l'humanisme tardif jusqu'à des positions épistémologiquement molles autour de la nouvelle science, en traversant les scepticismes et les fidéismes plus ou moins endurcis[2]. Au

1. B. Willms, *Thomas Hobbes. Das Reich des Leeviathan,* München-Zürich, Piper, 1987, chap. II : « Science et système ».

2. Cette caractérisation de la philosophie de Gassendi jusqu'au moment où il lit les *Méditations* de Descartes, plus ou moins exacte, relève, surtout, de la lecture des livres de Tullio Gregory et Olivier-René Bloch.

moment où il reçoit de Marin Mersenne les *Meditationes* de Descartes, il finit d'imprimer la *Vie de Peiresc,* son ami et protecteur. Les *Cinquièmes Objections* ont été composées pendant le mois d'avril 1641. Mersenne les remet à Descartes à la mi-mai et ce dernier communique ses *Réponses* le 23 juin en recommandant de laisser le nom de Gassendi en tête des *Objections.*

Gassendi nous dit qu'il n'est pas besoin de s'arrêter beaucoup sur la *Première Méditation* : « ac circa primam quidem Meditationem, non est quod multum immorer » (AT VII, 257, 23-24). Mais il est, après l'infatigable P. Bourdin, l'auteur des *Objections* qui parlera le plus sur le contenu de la *Première Méditation.* Et qui surtout s'attaquera au centre ou nerf de l'opération cartésienne comme « négation méthodique » selon l'expression d'Henri Gouhier[1].

Nous pouvons discerner dans l'objection de Gassendi sur cette *Première Méditation quatre moments* : *a*/l'approbation du projet cartésien de se défaire de tout préjugé : « comprobo enim institutum, quo menten tuam exuere omni *praejudicio* voluisti » (AT VII, 257, 24-25) ; *b*/l'indication des moyens suffisants pour la réalisation d'un tel projet, qui sont : l'invocation des ténèbres *(caligo)* de l'esprit humain et la faiblesse *(imbecillitas)* de notre nature : « cum visum fuisset sufficere, humanae mentis caliginem, solamve naturae imbecillitatem, caussari » (AT VII, 258, 4-6) ; *c*/le rejet de la prétention cartésienne de tenir toutes les choses pour fausses : « Id unum non satis percipio : quamobrem satius non duxeris, simpliciter ac paucis verbis *incerta* habere quae praenoveras, ut ea deinde seligeres, quae vera deprehenderentur, quam, habendo omnia *pro falsis,* non tam vetus exuere, quam induere *novum praejudicium* » (AT VII, 257, 25 - 258) ; *d*/la considération comme inefficaces des moyens employés pour la négation méthodique : « Quicquid dixeris, nemo erit, qui persuadeatur te esse persuasum, nihil esse verum ex iis omnibus quae cognoveris ; ac tibi perpetuo vel sensum, vel somnium, vel Deum, vel cacodaemonem imposuisse » (AT VII, 258, 10-14).

1. H. Gouhier, *La pensée métaphysique de Descartes,* Paris, Vrin, 1962, 2e éd., 1969, chap. I.

Descartes utilise plus de rhétorique dans ses réponses à Gassendi que d'ordinaire ; nous croyons que c'est pour tenter d'affaiblir le choc qui est en train de se produire et qui s'annonce dans ces mots cartésiens : « Vous n'avez pas tant employé les raisons d'un philosophe pour réfuter mes opinions que les artifices d'un orateur pour les éluder. » Gassendi ne parle pas comme un philosophe, sinon comme un représentant de « ces hommes de chair dont vous empruntez le visage ». Dans ce cadre se produisent les réponses aux quatre moments que nous avons discernés dans l'objection de Gassendi.

a/Descartes commente avec une très grande brièveté l'approbation de Gassendi à son projet de délivrer la *mens* de ses préjugés. Il observe que ce projet est tel que personne n'y peut trouver à redire : « ut pote quod nemo fingere potest esse improbandum » (AT VII, 348, 15-16). Comment ce projet doit-il se faire ? Gassendi a lancé à Descartes que la délivrance des préjugés doit se faire « simpliciter ac paucis verbis » (AT VII, 257, 26-27). Dans la réponse cartésienne, cette expression est assimilée à *'perfunctorie'* (AT VII, 348, 17), c'est-à-dire sans soin, sommairement, brièvement, ou bien, comme traduit Clerselier (1647) « négligemment et sans tant de précautions ». Quelque chose se joue dans ce déplacement. Nous avons vu comment, dans la figure du discours, la communication d'une philosophie première était limitée et ne pouvait pas communiquer sans restriction toutes les choses qui sont nécessaires pour éloigner l'esprit des sens. Nous avons vu aussi comment dans les *Meditationes* la communication sur le doute opérait sans aucune restriction ; en supposant cela, le docte objecteur *idéal* doit garantir la correction de la démonstration métaphysique. Gassendi est docte et malgré son excellence il n'a pas reçu ce que les doctes doivent recevoir, en conséquence Gassendi *joue* un rôle de non-docte.

b / Selon Gassendi pour se défaire de tous les préjugés il est suffisant d'invoquer les ténèbres et la faiblesse de l'esprit humain. Pour Descartes cette affirmation n'est pas digne d'un philosophe, parce que se servir de la faiblesse humaine pour nous libérer de nos affirmations passées équivaut à ne jamais revenir à quelque affirmation possible.

Cela ferme ainsi toute direction possible vers l'*emendatio* : « Nihil enim prodest ad errores emendandos » (AT VII, 348, 8-9). Il faut déterminer, circonscrire, très exactement la difficulté sur ce point entre Gassendi et Descartes. Ici reproduire une situation de Gassendi ouverte à une recherche empirique et fermée à toute métaphysique possible comme une science, égalant ainsi la physique et la métaphysique aristotéliciennes, la philosophie de la nature platonico-magica de Fludd, le platonisme de Cherbury et la nouvelle métaphysique cartésienne, revient à nous enfermer dans un vocabulaire et une perspective excessivement kantienne et, en conséquence, anachronique[1]. Mobiliser la faiblesse humaine c'est la même chose que « diceretur nos errare, quia sumus erroris *obnoxis* » (AT VII, 349, 11-12). Nous devons nous rappeler la fin des *Meditationes* : « fatendum est humanam vitam circa res particulares saepe erroribus esse *obnoxiam,* et naturae nostrae infirmitas est agnoscenda » (AT VII, 90). Il faut ne pas durcir le contraste entre un pessimisme gassendiste et un optimisme cartésien sur la nature humaine. Pour Descartes, la faiblesse de la nature humaine se manifeste dans les erreurs que nous faisons en nous appliquant à la particularité des choses *circa res particulares* ; pour Gassendi, elle se manifeste dans le manque chez l'homme d'une connaissance de lui-même : « lumine seipsum cognoscere nequeat »[2].

1. « Sia infatti che combatta la fisica e la metafisica dello Stagirita, sia la 'filosofia della natura' platonico-magica di Fludd, sia il platonismo di Herbert, sia la nuova metafisica di Cartesio, Gassendi pone sempre l'accento non sugli inconvenienti di una particolare metafisica, *ma sull'impossibilità in genere di ogni metafisica che voglia presentarsi come scienza,* mentre d'altro lato la sua critica "scettica" non si chiude nella rinuncia ad ogni ricerca, ma si preoccupa d'indicare e garantire nuove prospettive, quelle che nascono dalla ricerca empirica, intensa come observazione e descrizione dei fenomeni fisici e umani » (Tullio Gregory, *Scetticismo ed empirismo. Studio su Gassendi,* Bari, Laterza, 1961, p. 52). C'est nous qui soulignons.

2. P. Gassendi : « Siquidem qua temeritate presumet homo quid caetera sint, propie et exacte nosse naturali lumine, si eodem lumine seipsum cognoscere nequeat » (*Exercitationes Paradoxicae adversus Aristoteleos* (1622), *Opera omnia,* Lyon, 1658, III, 187*b*) ; voir aussi *Ad Librum D. Edoardi Herberti angli, De Veritate, Epistola* (1634), *Opera omnia,* III, 411-419. L'opacité de l'homme pour soi-même est une thématique constante chez Gassendi, voir O. R. Bloch, *La philosophie de Gassendi. Nominalisme, matérialisme et métaphysique,* La Haye, Martinus Nijhoff, 1971.

c /et *d* /Gassendi dénonce comme un nouveau préjugé l'assimilation de ce qui est probable à la fausseté : « habendo dubia omnia pro falsis ». Et il nie aussi la possibilité pour le *moi* méditant de persuader les autres qu'il est lui-même persuadé sur ce point. Descartes répond en disant que cette double dénonciation *ne peut pas être faite par un philosophe.* Nous sommes en face d'une double querelle : sur la possibilité d'une action interne à la méditation ; sur la possibilité et la légitimité de formuler une objection sur la possibilité de cette action. Gassendi nie contre Descartes la possibilité pour un vivant[1] « de se persuader » de la fausseté de tout ce que « vous avez jamais connu ». Descartes nie contre Gassendi la possibilité pour un philosophe de *s'étonner de cette supposition.* La figure du bâton, les lignes auxiliaires des astronomes et des géomètres sont, dans la réponse cartésienne, autant de nouvelles figures du doute. Le doute est une supposition, un artifice, mais il est légitime parce que c'est un moyen par lequel la connaissance humaine s'élèvera à sa rectitude possible. Nous pourrions argumenter que Gassendi a été inattentif aux conditions grâce auxquelles cette *supposition* peut se faire : la fermeté dans les actions de la morale provisoire, et le « nunc non rebus agendis, sed cognoscendis tantum incumbo » (AT VII, 22) de la fin de la *Première Méditation.* Mais Descartes n'a pas répété dans ses réponses à Gassendi cette condition d'ouverture de la liberté de douter et de nier le probable (AT VII, 22) il a protesté seulement au sujet de la remarque sur le manque du *candor* philosophique et a situé le discours gassendiste dans les artifices de la Rhétorique.

Nous ne parlerons pas des circonstances qui ont fait naître les *Instances.* Dans ce que nous pouvons nommer un mouvement dialogique les *Instances* comme réponses aux réponses cartésiennes deviennent nécessaires seulement au cas où Gassendi voulait rendre public un visage différent de celui que la réponse cartésienne lui donnait. « Nullius personam assumpsi », « Mea ipsius est persona »[2] dit très claire-

1. Cette présupposition implicite des *Objectiones* apparaît clairement dans les *Instances* : « Nam humores quidem omnes abjici, nisi cum *vitae* profusione non possunt, ita neque opiniones omnes quae in mente sunt, nisi cum totius *memoria* iactura » (*OL* III, 281*a*).

2. *OL* III, 279*a*, Ed. Rochot, p. 35.

ment Gassendi. Alors il doit répéter son objection centrale au doute cartésien : « supponis posse mentem liberam fieri a praejudiciis omnibus : ac impossibilis res videtur »[1]. Comme l'observe O. R. Bloch, les *Instances* vont plus loin, mettant en lumière le sens de la faiblesse humaine qui ne peut rien supprimer des jugements passés emmagasinés dans sa mémoire[2]. Nous trouvons ici le sens de la continuité vitale et biographique, dont nous avons déjà parlé et qui s'insurge contre la possibilité cartésienne de la liberté humaine de tout nier pour s'ouvrir à un recommencement cognitif. Il est radicalement impossible qu'il existe un esprit libre de tous les préjugés, car *s'il n'y a pas de préjugés, il n'y a pas de principes*[3].

Dans la *Lettre à Clerselier* (AT IX-1, 202-217) Descartes résume dans *trois* objections le contenu des *Instances* contre la *Première Méditation* : *a* / c'est une chose impossible que de vouloir se défaire de toutes sortes de préjugés, *b* / qu'en pensant s'en défaire on se revêt d'autres préjugés qui sont plus préjudiciables et *c* / que la méthode de douter de tout ne peut servir à trouver aucune vérité. Nous aborderons *la réponse cartésienne définitive* dans l'ordre inverse pour ainsi nous concentrer sur la notion de préjugé qui est le point crucial du heurt entre Gassendi et Descartes.

a / Dire que le doute ne sert à trouver aucune vérité est une mauvaise querelle, parce que si le doute ne suffit pas, il est utile *à préparer l'esprit* pour établir les principes. C'est la même chose que Descartes dit à Mersenne en novembre 1638[4].

b / C'est « une supposition manifestement fausse » de dire qu'au moyen du doute on peut acquérir de nouveaux préjugés parce que le

1. *OL* 279*ab*, Ed. Rochot, p. 37.

2. O. R. Bloch, *La philosophie de Gassendi. Nominalisme, matérialisme et métaphysique,* La Haye, Martinus Nijhoff, 1971, p. 66.

3. « Si nulla habet praejudicia, nulla ergo principia habet » (*OL* 279*b*, Ed. Rochot, p. 37-39).

4. *Lettre à Mersenne,* 15 novembre 1638 : « Je ne sais point d'autre moyen pour bien juger des *notions* qui peuvent être prises pour *principes,* sinon qu'il s'y faut préparer l'esprit, en se défaisant de toutes les opinions dont on est préoccupé, et rejetant comme douteux tout ce qui peut être douteux » (AT II, 435).

doute est une opération dans un temps déterminé, l'*hodie* de la *Meditatio I* (AT VII, 18, 1). Ce temps se veut construit comme le temps radicalement étranger, extérieur, imperméable à toute possibilité de l'opinion[1].

c / Pour Gassendi, les préjugés habitent la mémoire comme les humeurs le corps. Finalement, Descartes avertit Clerselier du malentendu qui traverse toute sa querelle avec Gassendi sur le doute et qui repose sur le sens du mot de *préjugé* : « Le mot préjugé ne s'étend point à toutes les *notions qui sont* en notre esprit, desquelles j'avoue qu'il est impossible de se défaire, mais seulement à toutes les *opinions que les jugements que nous avons faits auparavant ont laissées en notre créance.* » Comme le dira Gadamer dans *Wahrheit und Methode,* les préjugés sont les éléments de notre mémoire (Gassendi), ou bien de notre conscience historique (Gadamer). La leçon cartésienne de cette *Lettre à Clerselier* est que, finalement, cette impossibilité de nous défaire n'est pas l'impossibilité de nous défaire de ce que nous avons énoncé comme vrai sans pouvoir le contrôler. Il y a quelque chose dans l'univers, « notre créance », sur laquelle nous pouvons opérer radicalement selon notre liberté.

Entre l'absolu du *more geometrico* comme procédé de démonstration philosophique et la constatation de la faiblesse humaine comme horizon de sagesse, les réponses cartésiennes ont montré les figures du doute comme possibilité d'une action philosophique.

1. *Lettre à Clerselier :* « J'ai très expressément limité que cela ne se devait faire que *pendant le temps* qu'on portait son attention à chercher quelque chose de plus certain que tout ce qu'on pourrait ainsi nier, *pendant* lequel il est évident qu'on ne saurait se revêtir d'aucun préjugé qui soit préjudiciable » (AT IX-1, 205).

Sur un passage des *Cinquièmes Réponses*
(AT VII, 347-350)

JORDI RAMIREZ

Introduction

Le but de cette intervention, c'est de faire un commentaire de la réponse de Descartes à Gassendi sur les choses qui ont été objectées contre la *Première Méditation.* Gassendi est le premier des objecteurs de Descartes qui veut examiner la totalité de la *Première Méditation.* Il est vrai que tous les autres objecteurs ont écrit sur ce sujet, mais, généralement, ils ont réfléchi sur la question de l'opportunité de l'opération ; ce que fera Gassendi est très différent. Il est le premier des objecteurs à poser le problème de la nature du doute. Et c'est là la première raison qui nous pousse à croire à l'opportunité de l'étude du texte que nous avons choisi : la nouveauté du problème qui se pose à Descartes lui donne l'occasion — pour la première fois dans le texte des *Réponses* — d'engager une démarche d'éclaircissement du doute, qui montre la spécificité de sa nature et de sa finalité. Si, comme nous le croyons, l'on ne peut concevoir la philosophie de Descartes sans le doute, il est facile alors de voir l'importance de la démarche que l'on trouve dans les *Réponses* que nous sommes en train d'examiner : une définition de l'attitude cartésienne devant la philosophie. Il est probable que cette raison suffirait pour attirer l'attention sur le paragraphe que nous avons choisi, mais il existe encore une autre raison, que nous pouvons réduire à la signification de la figure de Gassendi. Dans les *Objections,* il y a deux positions critiques importantes sur le doute : celle qui sera exposée par Bourdin et celle que nous sommes en train d'étudier. Tandis que le premier réfléchit sur le doute d'un point de vue que nous pourrions appeler prémoderne, puisque les argumentations du jésuite se fondent sur la logique de l'Ecole, le sens de la figure de Gassendi est le contraire. Sa pensée traduit une série d'attitudes, comme le nominalisme ou l'utilitarisme, qui se montreront décisives à l'avenir. Les objections qui ont été faites par Gassendi sont donc celles-là mêmes que l'on pourra poser au doute, quand on pense suivant les courants de pensée les plus importants de la modernité, au moins dans ce qui concerne l'influence des attitudes dérivées de ces courants sur notre vie. La discussion entre Descartes et Gassendi servira à montrer la confrontation entre une conception de la philosophie purement théorique, et qui pour cette raison a besoin du doute, et une autre qui est plus proche de ce que nous pouvons appeler le 'sens commun'.

La délivrance des préjugés et le divorce entre théorie et pratique comme présupposés du doute

Descartes dirige l'attention du lecteur et centre son discours sur un point très précis : l'importance de délivrer l'esprit de nos anciens préjugés[1]. Le paragraphe de Gassendi justifie le dessein cartésien. Dans ses objections, le plus important est l'éloge de Descartes qui, peu après, devient reproche : c'est quelque chose de positif, dit Gassendi, de vouloir se délivrer des anciens préjugés mais, si l'on suit le chemin cartésien, c'est à la création de nouveaux préjugés que l'on aboutit. Dans la suite de ce passage, l'objectif principal de Gassendi sera de montrer les exemples qu'il trouve, dans la *Première Méditation,* de cette création des préjugés : la peur d'un Dieu trompeur ou d'être toujours endormi (AT VII, 357). Pour lui répondre, Descartes spécifiera sa

1. La lettre sur les *Instances* (AT IX-1, 203-204) peut aider à démontrer cette affirmation. Quand Descartes commente la réplique de Gassendi à ses réponses en ce qui concerne le doute, il se centre encore sur la question des préjugés.

position d'une manière semblable à celle qui fut utilisée par Platon pour opposer l'attitude de Socrate à celle de ses adversaires. Le meilleur exemple se trouve dans le *Ménon* (81*b* - 86*c*). A la paresse du disciple de Gorgies, quand il établit l'impossibilité de parvenir à la connaissance, Platon oppose le *logos* socratique, la réminiscence, que l'on doit comprendre comme une invitation à poursuivre dans la recherche de la connaissance. Nous retrouvons ici la même chose. Descartes oppose son attitude à un paresseux bavard qui parlerait seulement de se délivrer des préjugés, et qui vraiment ne mène à rien. On peut tenter de caractériser cette opération de délivrance par sa difficulté, et cette difficulté est la cause directe qui conduit la pensée cartésienne à se faire d'une manière très artificieuse. La philosophie ne peut pas prendre comme point de départ le néant, parce que nous pensons toujours à partir d'une situation. Dans notre paragraphe, Descartes mentionne l'enfance : le temps où l'être rationnel est sous le domaine des *autres* de la raison ; le moment où notre esprit s'emplit des erreurs et des préjugés, qui rendent notre situation très problématique. C'est là que l'on peut trouver ce qui conditionne décisivement notre situation : dans ces propensions qui, bien qu'elles ne soient que le fruit de l'ingénuité de l'enfance, nous semblent presque conformes à la nature de notre être. Alors, on ne peut pas se délivrer sans difficulté, parce que nos certitudes les plus anciennes, celles qui ont les racines les plus solides sont liées. C'est pour cette raison que, quand la délivrance se produit, le premier moment est un moment d'angoisse ; on croit être tombé dans une eau très profonde, et il devient très difficile de tâcher de faire ce qu'avait demandé Gassendi dans ses objections. La démarche à faire ne peut pas être réalisée d'une manière simple, avec peu de paroles et sans précautions. Ce qui justifie la démarche du doute, c'est son efficacité pour nous délivrer des préjugés ; pour aboutir à une démarche qui généralement est loin de nos désirs. *Sans cette délivrance, il n'y a pas de pensée métaphysique.* Alors, je pense qu'on peut dire qu'avec cette affirmation cartésienne nous avons trouvé l'un des présupposés qui rendent possible la *Première Méditation* et, par conséquent, la pensée cartésienne : le besoin absolu d'une *catharsis* cognitive, comme propédeutique indispensable pour devenir connaisseur, sage[1]. On ne peut pas dire que Descartes soit le seul auteur dans l'histoire de la philosophie qui pose cette exigence. Il y a eu d'autres philosophes qui ont souligné l'importance de la *catharsis,* comme Platon ou Husserl. Mais la position de Descartes est très originale dans son milieu, et nous pouvons le vérifier, non seulement par la comparaison avec Gassendi, mais aussi par la comparaison avec les autres penseurs qui le suivent dans le temps, et que l'historiographie de la philosophie la plus conventionnelle a appelé 'rationalistes'. Tous ces penseurs négligent ce moment de purification.

Les conséquences qui peuvent se produire, quand on cherche à faire de la philosophie sans la précaution d'avoir suivi cette propédeutique nécessaire, se montrent très clairement, pour Descartes, dans le discours de Gassendi. Leur manque de compréhension de ce qu'a voulu faire Descartes se fonde, en premier lieu, sur leur véritable incompréhension du besoin de délivrance des préjugés, mais aussi sur les problèmes qu'entraînent ces préjugés dont il est encore prisonnier et qui rendent impossible sa compréhension de la démarche cartésienne. L'exemple le plus clair en est la confiance que montre Gassendi envers le témoignage de ses sens. Cette confiance paraît inébranlable mais nous ne pouvons toutefois trouver dans les pages de son œuvre aucun argument rationnel pour justifier cette confiance. Bien qu'il ne soit pas difficile de trouver beaucoup de passages où cette confiance est exprimée d'une manière évidente — par exemple dans les objections à la *Première Méditation,* Gassendi exprime sa stupéfaction parce que Descartes dit que tout ce qu'on voit de ses propres yeux peut être fausseté et mensonge — il est impossible de trouver un paragraphe qui puisse donner un fondement à cette évidence. L'affirmation qu'il n'y a rien dans l'entendement qui n'ait été d'abord dans les sens paraît être pour Gassendi une vérité évidente par elle-même[2]. Ce qui pour Gassendi est évidence hors de doute n'est pour Descartes

1. Affirmation que nous pouvons corroborer avec le témoignage de Descartes lui-même dans sa préface aux *Méditations* (AT VII, 9).

2. On peut voir cela dans le point six des objections de Gassendi à la *Seconde Méditation* (AT VII, 266-268).

que préjugé. Chaque fois que Gassendi essaiera de réfuter la logique méditative à l'aide de la validité de ces propositions, Descartes lui rappellera ce caractère qu'elles ont d'être des préjugés, et il rappellera par là la nécessité du doute comme moment préliminaire de toute démarche métaphysique[1]. On peut trouver ce travail, qui caractérise la totalité des *Cinquièmes Réponses,* dans le paragraphe qui constitue le sujet de notre recherche : il ne suffit pas, dit Descartes, de dire qu'il n'est pas besoin de l'hypothèse du Dieu trompeur ou du songe, il faut qu'on montre pourquoi elles ne sont pas nécessaires ; on ne peut pas se contenter de parler de notre faillibilité, de dire que nous sommes sujets à l'erreur. Il faut voir la raison de cette faillibilité, le motif de nos erreurs afin de sortir vraiment du mensonge où nous vivons, tout en comprenant notre situation[2].

Ces deux objections concernent les détails du développement de l'opération cartésienne, d'où la raison de leur importance ; mais, à notre avis, encore plus décisive, parce qu'elle est plus profonde, est l'objection fondamentale faite par Gassendi sur laquelle nous n'avons pas encore réfléchi : cette objection ne s'adresse pas aux détails mais à l'opération elle-même. Gassendi annonce (AT VII, 258) que ce que peut causer l'opération cartésienne : c'est que, tandis qu'on cherche à se délivrer de ses anciens préjugés, on se revêt d'un nouveau ; tandis que nous fuyons l'erreur, nous nous trompons plus sérieusement. Incontestablement, Gassendi n'aperçoit pas la dimension spécifiquement théorique qui caractérise le discours cartésien, et c'est pourquoi il mélange le niveau théorique, la démarche réfléchie, et le niveau pratique de l'action ; il cherche à réfuter la proposition théorique en met-

1. Nous avons, au moins, deux exemples très clairs : le point VI des réponses aux objections à la *Troisième Méditation* (AT VII, 366) et le point III de la réponse aux objections à la *Troisième Méditation* (AT VII, 363).

2. Bien que Descartes et Gassendi utilisent des affirmations qui ne diffèrent guère, leurs points de vue sont tout à fait opposés. Nous pouvons les appeler, tous les deux, des philosophes de la finitude ; mais la finitude cartésienne est justifiée en accord avec une démarche philosophique d'analyse métaphysique tandis que, pour Gassendi, cette affirmation a une valeur rhétorique qui sert à la défense d'une sorte de scepticisme fidéiste (AT VII, 348).

tant en évidence son impossibilité comme précepte pratique (car quand on dit que l'affirmation cartésienne est un préjugé, on l'a transformée en un précepte pratique). Comme nous le montre Descartes, Gassendi ne nous prouve pas que considérer théoriquement tout le douteux comme faux a nécessairement des conséquences négatives dans l'ordre pratique, et il ne le fait pas parce qu'il ne le peut pas. Ce qui joue vraiment ici est un préjugé : l'affirmation de l'impossibilité d'une distinction entre philosophie et vie, d'après quoi l'on doit mesurer la première seulement pour sa valeur pragmatique. Pour Gassendi, une démarche métaphysique sans relation immédiate avec la praxis de la vie ordinaire n'a pas de sens[1].

Le plus caractéristique de la position de Gassendi, c'est la négation d'une dimension spécifiquement théorique. En revanche, avec ses réponses, Descartes veut aboutir à la revendication de ce niveau théorique, et pour faire cela il invente l'analogie de la ligne de l'Equateur, qu'on indique sur la carte comme un véritable accident géographique alors qu'elle ne l'est pas; ce n'est qu'une fiction de notre esprit, faite par le géographe afin de parvenir à une bonne organisation de la réalité. C'est à peu près la même chose qui se passe dans la démarche de la *Première Méditation* : les affirmations que nous pouvons trouver dans ces pages ne sont pas au même niveau que le langage ordinaire de la praxis vitale, elles sont à un niveau plus élevé, parce que leur référent n'est pas l'ensemble des choses qui font la vie ordinaire, mais ce même discours sur la vie ordinaire qu'il veut éclaircir.

Pourtant, nous pouvons faire à Descartes le même reproche que nous avons fait à Gassendi. Si le second ne nous démontre pas l'hétéronomie de la dimension théorique de la pensée, le premier ne nous en démontre pas davantage l'autonomie. A notre avis, ce que nous avons trouvé ici est un autre des présupposés qui rendent possible le doute :

1. Dans le reste des objections, Gassendi appuiera ses reproches à Descartes sur l'incohérence qu'il croit voir dans le manque de compatibilité entre les thèses qu'on établit comme fruit de la méditation et les hypothèses provisoires de la première méditation, qu'il entend comme définitives. Nous pouvons trouver un exemple de ce fait dans le point VI des objections à la *Troisième Méditation*.

le manque de validité du doute dans le domaine de l'action ou — ce qui est la même chose — *le divorce entre théorie et pratique,* entre actions de la vie et recherche de la vérité, auquel Descartes fait allusion dans les réponses aux objections posées par Gassendi à la *Seconde Méditation* (AT VII, 351)[1]. Les seules personnes qui peuvent douter sont celles qui ont la conscience du caractère artificiel qui caractérise cette opération. Elle se développe sous la direction d'un précepte théorique énoncé comme le renversement de ce qu'avait dit Descartes dans le texte qui, jusqu'à présent, était la seule proposition pratique, qu'il avait réalisée : la morale par provision du *Discours de la méthode* (AT VI, 24-25). Pour conclure cet exposé nous pouvons affirmer l'existence d'une coïncidence importante entre ces deux penseurs : leur réflexion sur le doute doit être rapportée au problème de l'intersection entre le domaine théorique et le domaine pratique. Mais, bien qu'ils pensent dans la même direction, les sens de ces pensées sont tout à fait différents[2], car ils ont deux conceptions tout à fait divergentes sur la relation entre théorie et pratique.

Le dialogisme cartésien

Si nous récapitulons ce que nous avons vu jusqu'à présent nous pouvons conclure que la remise en question de Gassendi a obligé Descartes à mettre en lumière dans ses réponses certains des présupposés qui rendent possible le doute. Le premier, la délivrance de tous les préjugés, nous éclaircit la finalité de l'opération. Le second, le divorce entre théorie et pratique, nous permet de remarquer le caractère

1. Descartes a répété cette affirmation dans des passages très différents. En effet, on peut la trouver dans les *Principes* (AT IX-2, 26) et dans la *Lettre à Reneri* du printemps de 1638.

2. La *Disquisitio Metaphysica* où Gassendi réplique aux réponses de Descartes revient sur ce point et montre à nouveau la différence. Pour Gassendi, la ligne de l'équateur n'est pas une pure fiction mais le fruit des hypothèses probables qui prennent leur racine dans l'observation de l'action humaine. Il n'y a pas ce niveau théorique pur, sur lequel pense se trouver Descartes (*Opera Omnia* III, 283*b*).

d'opération théorique pure que Descartes recherche pour ses méditations. Nous avons alors un résultat que nous pouvons considérer comme le fruit de ce questionnement fait par Gassendi.

Mais, au-delà de ce résultat, nous croyons qu'il faut s'interroger sur la signification, non de ce qui nous arrive au moyen de la remise en question, mais de la remise elle-même. Cette démarche a été commencée par Descartes lui-même. Il y a dans notre paragraphe deux affirmations importantes à cet égard. Descartes nous dit que Gassendi joue un personnage, son personnage, et que ce personnage est opposé au philosophe. Il joue, donc, l'antiphilosophe. Le sens que la polémique a pour Descartes devient donc très clair : nous avons été invités à une confrontation entre le dire du philosophe et le dire du sens commun. L'attitude de Gassendi : l'enracinement dans le simple préjugé, le domaine des considérations pragmatiques, coïncide sans aucune différence avec l'attitude des hommes qui mettent le sens commun devant la lumière de l'entendement. En fait, nous pouvons trouver dans les disquisitions de Gassendi des argumentations qui nous font penser à celles qui ont été développées de nos jours par les philosophes défenseurs du *common sense*[1]. Le mot 'chair' que Descartes utilise pour faire référence à Gassendi doit être interprété dans ce sens, car, en somme, matérialisme et défense du sens commun constituent deux attitudes qui se présentent souvent ensemble.

La valeur que la discussion avec Gassendi a pour Descartes apparaît très clairement, après toutes ces considérations. L'intérêt des *Cinquièmes Objections* tient à ce qu'elles lui permettent de trouver un point de vue absolument opposé au sien, grâce à quoi il peut montrer aux lecteurs la confrontation avec l'un des *autres* de la raison contre lesquels il lutte : le pragmatisme de l'homme commun, très éloigné de la philosophie. Dans ce sens il faut considérer — et Descartes partagerait avec nous ce point de vue — les réponses à Gassendi comme de la rhétorique plutôt que de la philosophie. On ne doit pas trouver

1. On peut voir, par exemple, le commencement du point trois des objections à la *Troisième Méditation* (AT VII, 282-283).

étrange cette affirmation. Le point de vue de Gassendi est, d'après Descartes, purement rhétorique, et cela annule évidemment la possibilité d'une discussion rationnelle. Ce dessein rhétorique a été caractérisé par Descartes dans son introduction aux *Cinquièmes Réponses* (AT VII, 348) et il a été finalement confirmé après toute la discussion avec Gassendi, lorsque Descartes a exprimé sa satisfaction parce que le chanoine de Digne n'a apporté aucune vraie objection à sa stratégie méditative (AT VII, 391).

Ces considérations nous semblent importantes parce que l'on n'a pas toujours reconnu cette dimension rhétorique inhérente au dessein cartésien qui constitue, à notre avis, un élément qu'on ne peut pas oublier pour établir la différence entre Descartes et les rationalistes. La raison est en lutte avec ses *autres,* les préjugés, et la démarche philosophique commence nécessairement avec cet éclaircissement de la situation dont nous avons déjà parlé. Si l'ennemi est un *autre* de la raison, alors, il faut que la méditation ait, comme ces réponses, un caractère rhétorique. Ce principe est important parce qu'il nous donne la clé pour comprendre la stratégie communicative cartésienne. L'argumentation rationnelle ne suffit pas. On a besoin aussi d'une persuasion rhétorique : leur union constitue l'essence du dessein méditatif. Voici un principe qui sert à comprendre les objections que Descartes s'oppose à lui-même dans le parcours de la *Première Méditation* : les objections de la folie et de la bonté de Dieu qui interposent la voix du sujet du sens commun contre la voix de cet homme qui veut prendre une attitude nouvelle. Nous trouvons également la voie pour comprendre la fin de la *Seconde Méditation* si, d'après l'interprétation de J.-M. Beyssade, nous devons lire le passage du morceau de cire comme un dialogue avec un autre sujet qui nous parle du point de vue du sens commun. *L'élément dialogique est essentiel à la démarche réflexive cartésienne.* Dans ce sens, nous pouvons parler sans hésitation d'un *platonisme* cartésien. Au-delà d'autres questions, la relation entre ces deux penseurs de génie trouve son fondement dans cette nature dialogique de la pensée qui vient de la même racine : le besoin d'une rhétorique philosophique afin de faire face aux ennemis de la pensée.

L'objection de Gassendi et l'empirisme anglais

Grâce à l'examen de ce paragraphe nous avons pu connaître d'une façon nette la position de Descartes. Les présupposés que nous avons définis, et l'interprétation de la confrontation avec Gassendi, servent à faire apparaître ce que nous pouvons considérer comme l'élément le plus spécifique du dessein cartésien : le besoin d'un exercice pur de la rationalité, qu'on doit entendre comme une démarche d'auto-éclaircissement. A la lumière des réponses, les objections de Gassendi se révèlent légitimes, puisqu'elles permettent à Descartes une bonne explicitation de son dessein. Mais, pour nous, ce n'est pas là le seul motif pour juger très intéressante la confrontation entre Descartes et Gassendi. Si la réponse aux objections est éclairante, c'est parce que les objections sont opportunes, peut-être à un plus haut degré que ce que Descartes aurait aimé reconnaître. On peut dire sans être injuste que, comme l'a écrit Jordi Sales, Gassendi définit l'aporie, par excellence, du cartésianisme. Placés devant l'alternative posée par le philosophe épicurien, il n'y a pas de place pour la discussion rationnelle, il faut alors prendre une décision dans le sens fichtéen du mot : être ou ne pas être... philosophe.

On peut voir l'importance de l'objection de Gassendi dans quelques œuvres des auteurs qui l'ont suivi dans le temps. Cela nous donne des indices pour réfléchir sur un thème qui a été l'objet de notre attention pendant longtemps : l'absence du doute dans les auteurs postcartésiens. C'est un fait qu'on ne peut pas négliger : tandis que les autres desseins des *Méditations* ont été suivis d'une manière plus ou moins réussie par les auteurs postérieurs à Descartes, il y a eu l'unanimité pour placer le doute hors du jeu philosophique. Evidemment, on peut trouver des motifs très différents pour cet abandon du doute ; mais il est clair aussi qu'un grand nombre de ces auteurs ont suivi dans leur œuvre des argumentations, pour justifier leurs critiques à la *Première Méditation,* qui se fondent en dernière instance sur l'objection de Gassendi. Les philosophes du sens commun, tous ceux qui éprouvent une sensation de méfiance devant la théorie vont refuser le doute, et l'explication de ce refus prendra appui sur l'objection de Gassendi.

Afin de voir l'héritage de Gassendi, je crois qu'il nous suffira de deux exemples dont les héros sont des auteurs très significatifs dans la philosophie moderne. On peut trouver le premier cas dans une disquisition publiée par John Locke dans son *Essay concerning Human Understanding* (IV, XI, 8). Dans ce passage Locke adopte une position opposée à celle de Descartes, en ce qui concerne le songe. Bien qu'il ne discute pas l'absence de certitude théorique sur le jugement de nos sens que Descartes veut mettre en évidence, il juge néanmoins que ce fait n'a aucune importance pourvu que les critères d'utilité et convenance soient toujours satisfaits. Nous n'avons pas besoin d'une certitude totale; la certitude morale nous suffit, celle qu'il nous faut pour bien développer nos actions. Les seuls éléments auxquels nous devons faire attention sont ceux qui forment la praxis de la vie ordinaire. Le point de vue dominant est, à nouveau, celui du sens commun[1].

Quelque chose de très semblable peut être trouvé dans un passage remarquable de Hume, celui qui ouvre le dernier chapitre de son *Enquiry concerning Human Understanding*. Hume commence par une étude du doute cartésien. Il souligne les problèmes qui concernent le doute et il finit par conclure que pour pouvoir l'admettre il faut qu'il soit « modéré » (*Enquiry,* 123). Il y a différentes interprétations pour ce mot; à notre avis, pour bien le saisir, il faut penser encore à la question du divorce entre théorie et pratique. Pour Hume, Descartes est un philosophe pyrrhonien malgré lui ; alors, quand il parle de « modérer » le doute, cela ne peut vouloir exprimer que le besoin d'empêcher les conséquences négatives du pyrrhonisme, qui rend toujours impossible toute action sociale (*Enquiry,* 131). On peut dire sans faire d'erreur que, sur ce point, Hume n'est pas un bon lecteur de Descartes.

1. Dans ce sens, il faut souligner qu'il y a beaucoup de ressemblances entre la philosophie de Locke et celle de Gassendi. A ce sujet on peut voir : E. A. Driscoll, The influence of Gassendi on Locke's hedonism, *International Philosophical Quarterly,* vol. XI (1972) ; R. W. Kroll, The question of Locke's relation to Gassendi, *Journal of the History of Ideas,* vol. 45 (1984). Nous avons réfléchi sur ce sujet dans notre thèse : *Providencialismo y escepticismo en la filosofia de Locke,* Barcelona, 1987.

Bien que ce soit vrai, ce n'est pas le sujet sur lequel il nous faut réfléchir maintenant. Ce que nous voulons souligner, c'est l'identité avec les autres refus du doute que nous avons vus. On délaisse encore le doute par manque de compréhension du divorce entre théorie et pratique que Descartes présuppose. On ne peut pas parler ici de hasard. Plus clairement que dans le œuvres de Locke et Gassendi nous trouvons chez Hume la méfiance devant la théorie et, par conséquent, une attitude devant la vie qui n'est qu'un abandon au cours de la vie ordinaire, comme nous pouvons le voir dans les dernières pages du *Treatise* (I, IV, 7). Nous pouvons achever en disant que, dans l'empirisme anglais, nous trouvons une position sur le doute qu'on peut caractériser comme une continuation du reproche de Gassendi. Les philosophies du sens commun et l'utilitarisme se constituent comme tels au moyen de leur opposition à l'exercice pur de la rationalité.

Sur les *Septièmes Réponses*[1]

ROGER ARIEW

Dans ses *Réponses* aux *Septièmes Objections* du P. Bourdin, Descartes nous dit que Bourdin est malhabile et ignorant, que son esprit est médiocre, et qu'il se contredit souvent. Il nous dit aussi que Bourdin se déguise pour satisfaire son envie malsaine de railler, d'imiter les plus vils comédiens par ses niaiseries et ses bouffonneries, qu'il est menteur, et qu'il se laisse emporter par son extrême jalousie et sa haine. Descartes, donc, ne prend pas Bourdin pour un critique sérieux, et ne pense pas qu'il vaille la peine de perdre son temps à lui répondre. Quel dommage ! Le résultat est un dialogue de sourds. On aurait voulu que Descartes en dise plus dans ses réponses, ce qu'il aurait peut-être fait s'il avait pris Bourdin pour quelqu'un de sérieux. Tout de même, de temps en temps, les réponses de Descartes éclairent les *Méditations*. Par exemple, Descartes clarifie une phrase obscure de la *Lettre à Dinet* et les *Méditations* quand il dit que ses opinions sont très anciennes, étant vraies — vraies parce qu'elles sont nées avec nous. Il y a aussi plusieurs énoncés intéressants vers la fin de

1. Je voudrais remercier Jean-Marie Beyssade, Marc Schmitter et Robert Ariew pour l'assistance qu'ils m'ont données avec la version française de cette communication. Je voudrais aussi remercier Marc Schmitter pour la réponse intéressante qu'il a délivrée au sujet de ma conférence pendant le colloque. Ses remarques ont certainement relevé des questions importantes. Le fait qu'elles seront peut-être publiées en même temps que cette communication m'empêche de tenir compte d'elles dans mon texte.

l'échange, quand Descartes nous dit que Bourdin fait le grave, le sérieux et le sévère ; par exemple, Descartes suggère que l'existence des *Méditations* réfute les critiques de sa méthode ; il affirme qu'il ne refuse pas les syllogismes, et qu'il s'est servi d'eux ; il souligne qu'il faut répondre aux sceptiques et qu'il a été le premier qui a pu renverser leur doute.

Les *Septièmes Objections* du P. Bourdin sont les objections aux *Méditations* de Descartes qui ont le moins réussi, celles qui ont été les moins estimées et les moins lues. Les *Septièmes Objections* et les *Septièmes Réponses* de Descartes — qui se moquent du style de Bourdin — font plus de pages que les autres collections d'objections et de réponses, en même temps qu'elles posent et répondent au plus petit nombre de difficultés philosophiques[1]. Au cours de ses *Réponses,* Descartes traite Bourdin avec dédain ; il dit de lui : « Ayant vu depuis un an et demi la vélitation que [Bourdin] avait écrite contre moi (...) je ne dissimule point que dès lors je jugeai que tout ce qui pourrait venir de lui seul ne vaudrait pas la peine qu'on perdît beaucoup de temps à y répondre » (AT VII, 452 ; FA II, p. 948). Mais, de fait, Descartes a répondu à Bourdin, ayant publié ses objections, alors même que Bourdin avait voulu traiter le sujet en privé : si Descartes n'écrivait pas contre les Jésuites, Bourdin lui enverrait son traité sans que personne le sache (AT III, 464-468). La raison que donnait Descartes pour répondre à Bourdin était que ses objections pourraient représenter les opinions des Jésuites au lieu d'être celles d'un individu ; Descartes dit : « [Bourdin] est du corps d'une société très célèbre pour sa piété et pour sa doctrine, et de qui tous les membres sont ordinairement si bien unis qu'il arrive rarement que rien se fasse par quelqu'un d'eux qui ne soit approuvé de tous les autres » (AT VII, 452 ; FA II, p. 948-949). Pour Descartes si les objections de Bourdin sont ses propres opinions, elles ne valent pas la peine qu'on y perde beaucoup de temps à

1. En fin de compte, les *Cinquièmes Objections* de Gassendi et les *Réponses* de Descartes sont les entretiens les plus longs, étant donné les objections de Gassendi, les réponses de Descartes, les plus grandes objections de Gassendi (la *Disquisitio Metaphysica*) et les réponses de Descartes insérées dans l'édition française de 1647.

y répondre ; mais si elles représentent les opinions des Jésuites, il doit les prendre très sérieusement. Comment est-ce qu'il peut décider de cela ? Il semble que le seul critère que Descartes ait pour décider si les objections de Bourdin avaient été écrites par lui-même ou par la société entière est de décider si elles contiennent des raisons solides ou du verbiage : « C'est pourquoi je jugerais maintenant la même chose de cette dissertation, et je croirais qu'elle aurait été écrite par l'avis de toute la société, si j'étais assuré qu'elle ne contînt aucunes cavillations, aucuns sophismes, ni aucuns discours inutiles » (AT VII, 453 ; FA II, p. 949). Descartes prétend qu'il ne peut pas juger si la nature de la réponse de Bourdin indique qu'elle est écrite par Bourdin lui-même. En effet, Descartes manifestement pense que les objections de Bourdin contiennent des cavillations, des sophismes et des discours inutiles ; mais il hésiterait de tirer cette conclusion dans le cas où les objections seraient effectivement produites par l'avis de toute la société. Ne se fiant pas à son jugement, il laisse cette détermination au lecteur.

Mais, d'après ses réponses à Bourdin, il est évident que Descartes pense que les objections sont celles de Bourdin et non pas celles de la société entière. Dès le début il nous dit que les objections de Bourdin sont ineptes : « Après avoir fait un masque de quelques pièces de mes *Méditations* mal cousues, il tâche, non pas de cacher, mais de défigurer mon visage » (AT VII, 454 ; FA II, p. 950). Descartes compare les raisonnements de Bourdin aux raisonnements des enfants : « J'admire la subtilité de son esprit de n'avoir pu rien inventer de plus vraisemblable ou de plus subtil ; j'admire son loisir d'avoir employé tant de paroles à réfuter une opinion si absurde qu'elle ne peut pas même sembler probable à un enfant de sept ans » (AT VII, 466 ; FA II, p. 965). Plus tard il fait même allusion à un enfant de trois ans : « A quoi un enfant [de trois ans] même pourrait répondre » (AT VII, 514 ; FA II, p. 1019). Descartes se moque de Bourdin : « Il m'attribue ici un raisonnement purement digne de lui » (AT VII, 474 ; FA II, p. 975) ; « Mais toutefois il a fort bien conclu, vers la fin, que par toutes ces choses il a fait seulement paraître la médiocrité de son esprit » (AT VII, 477 ; FA II, p. 978 ; voir aussi AT VII, 511 et 524). Selon

Descartes, cette médiocrité est particulièrement manifeste quand Bourdin se contredit et ne s'en aperçoit pas : « Il tombe dans une contrariété pareille à la précédente, ne s'apercevant pas que tenir une chose pour indubitable et en même temps douter de la même chose sont deux choses qui se contrarient » (AT VII, 474 ; FA II, p. 975) ; « peut-être ce génie [malin] l'a empêché de reconnaître la répugnance qui est dans ses paroles ; et il est à plaindre de ce qu'il trouble ainsi souvent sa pensée » (AT VII, 475 ; FA II, p. 976). Descartes nous dit aussi que Bourdin n'est pas réellement inepte, mais qu'il fait semblant de l'être — qu'il joue le bouffon : « Quoique pourtant, si c'était un autre que lui, je croirais qu'il se serait voulu déguiser pour satisfaire à l'envie déréglée qu'il aurait eu de railler, et qu'en contrefaisant tantôt le craintif, tantôt le paresseux, et tantôt l'homme de peu de sens, il aurait voulu imiter (...) le plus vil personnage de [la comédie], qui par ses niaiseries et bouffonneries prend plaisir d'apprêter à rire aux autres » (AT VII, 492-493 ; FA II, p. 993 ; voir aussi AT VII, 491 et 510). Descartes ne se contente pas de cette dernière accusation, il suggère aussi que son rôle est celui d'un lâche, un rôle qui moque le combat héroïque :

> « Jusques ici notre acteur ne nous a encore fait la représentation d'aucune mémorable action ; mais il s'est seulement forgé certains petits obstacles contre lesquels, après s'être un peu agité et tourmenté, tout aussitôt il a fait la retraite, et a tourné visage ailleurs (...) il recommence le combat, il examine tout, il pèse tout, il balance tout ; et d'autant qu'il n'oserait pas recevoir sur son bouclier les coups d'un si puissant adversaire, il les esquive autant qu'il peut : il distingue ; et enfin (...) il s'enfuit et s'échappe » (AT VII, 511-512 ; FA II, p. 1017 ; voir aussi AT VII, 513 et 517).

Vers la fin de ses réponses, Descartes ajoute que Bourdin est menteur : « [à moins que je ne sache point ce que ce verbe mentir signifie, la conclusion doit être qu'il ment sans excuse], qu'il parle contre son sentiment et contre la vérité. Et quoique ce soit à regret que je lui fasse ce reproche, néanmoins la défense de la vérité que j'ai entreprise m'oblige à ne pas être plus réservé envers une personne qui n'a pas eu plus de respect pour elle » (AT VII, 525 ; FA II, p. 1030). De l'avis de Descartes, Bourdin souffre d'une extrême haine et d'une extrême envie ; il finit par dire que Bourdin devrait être recommandé aux soins de son supérieur, de la même façon que le maçon, dans la fable de Descartes, a été conduit chez le médecin (AT VII, 561 ; FA II, p. 1072-1073) : « Quelques-uns de ses amis, voyant que son extrême jalousie et la haine dont il était emporté étaient passées en maladie, ne lui permirent pas de déclamer ainsi davantage dans les places publiques, mais le firent aussitôt conduire chez le médecin » (AT VII, 557 ; FA II, p. 1068).

Cependant, Bourdin n'est pas le bouffon que Descartes décrit à ses lecteurs. Ses objections ne sont pas dénuées de fondement. Comme on le sait, Bourdin était professeur de mathématiques au grand collège des Jésuites à Paris ; il avait publié plusieurs cours de mathématiques qui avaient été bien reçus. Du point de vue de l'épistémologie scolastique, la critique par Bourdin de la méthode sceptique qu'emploie Descartes a du mérite, et plusieurs penseurs avaient accepté cette critique. En effet, les objections de Bourdin ne sont pas celles d'un dogmatique ; les diverses œuvres de Bourdin nous montrent qu'il n'est pas opposé à toutes les philosophies nouvelles et qu'il ne soutient pas toujours la même doctrine[1]. Cependant, il y a une grande différence entre les objections de Bourdin et celles des autres critiques. Il est évident qu'il ne fait pas une critique efficace. Le problème remonte surtout à son choix de forme : il emploie le dialogue et utilise plusieurs embellissements de rhétorique. La décision est désastreuse ; Descartes a le dernier mot et a ruiné ces objections en entremêlant ses réponses à l'intérieur du dialogue de Bourdin. Par suite les *Septièmes Objections et Réponses* sont extrêmement difficiles à lire. De plus, quand à la fin de ses objections il semble que Bourdin devient plus sérieux, Descartes répond avec une fable qui parodie les thèses de Bourdin, et qui contient des paraphrases et des répliques en langage métaphorique. Les *Septièmes Objections et Réponses* ne constituent pas un dialogue philosophique, mais des pièges de rhétorique. Descartes lui-même n'était

1. Voir Roger Ariew, Pierre Bourdin and the Seventh Objections, dans *Six Objectors to Descartes' Six Meditations,* éd. par Marjorie Grene et Roger Ariew, Chicago, University of Chicago Press.

pas sûr de comprendre tout à fait les objections de Bourdin. Dans une lettre à Mersenne, Descartes avait dit : « Je veux bien croire que le Père Bourdin n'avoit pas compris ma démonstration », mais cela n'empêche pas que son objection « ne contienne des cavillations, qui n'ont pas esté inventées seulement par ignorance, mais par quelque subtilité que je n'entens point » (AT III, 249-250). L'atmosphère de combat, c'est-à-dire de méfiance et de moquerie, contribue sans doute à cette conversation de sourds. Malheureusement, la plupart du temps Descartes ne tient aucun compte des objections de Bourdin. Il n'est pas nécessaire de traiter tous les détails de ces défauts de dialogue, mais en voici deux exemples.

Bourdin maintient que Descartes ne renonce pas tout à fait à ses anciennes opinions ; selon Bourdin, Descartes ne s'aperçoit pas qu'il suppose que penser appartient à l'esprit : « Lorsque vous promettez de montrer par la force de la raison que l'âme de l'homme n'est pas corporelle, mais qu'elle est spirituelle, si vous posez ceci pour fondement de toutes vos démonstrations, à savoir : que penser est le propre de l'esprit, ou d'une chose spirituelle et incorporelle, ne verra-t-on pas que vous supposez, en termes nouveaux, ce qu'il y a longtemps qui est en question ? » (AT VII, 489-490 ; FA II, p. 990 ; aussi AT VII, 494-496). Bourdin développe sa critique en ajoutant qu'il ne s'agit pas seulement d'un cas hypothétique, mais qu'il y a des philosophes qui maintiennent que la pensée est une propriété du corps, et que leur opinion ne peut donc pas être rejetée sans raison substantielle : « Et afin que vous ne pensiez pas que je dis ceci sans raison, combien y a-t-il de philosophes, et même des plus célèbres, qui veulent que les bêtes pensent, et qui par conséquent croient que la pensée n'est pas à la vérité commune à toute sorte de corps, mais à l'âme étendue, telle qu'elle est dans les bêtes, et qu'ainsi elle n'est pas une particulière et véritable propriété de l'esprit et d'une chose spirituelle ! » (AT VII, 490 ; FA II, p. 991).

La réponse de Descartes : l'objection de Bourdin se réduit à un simple malentendu linguistique : « Il dit que tout ce qui sent, qui imagine et qui pense, il l'appelle corps ; mais qu'il l'appelle aussi un mulet ou un singe, si bon lui semble. S'il peut jamais faire que ces mots nouveaux viennent en usage, je ne refuserai pas de m'en servir ; mais cependant il n'a aucun droit de me reprendre de ce que je me sers de ceux qui sont communément reçus et approuvés » (AT VII, 484 ; FA II, p. 985) ; « Il n'a rien à démêler là-dessus avec moi, mais seulement avec les grammairiens » (AT VII, 492 ; FA II, p. 992). Descartes rejette ensuite la critique de Bourdin : « Il feint ici à tort que je suppose ce que j'ai dû prouver. Mais à ces choses qui sont ainsi feintes gratuitement, et qui ne peuvent pas être appuyées et soutenues par aucune raison, on ne doit, ce me semble, répondre autre chose sinon qu'elles sont fausses » (AT VII, 487 ; FA II, p. 987). Cependant l'objection de Bourdin n'est pas sans raison. Selon Alquié : « Descartes distingue l'esprit (ou âme) et le corps. Bourdin distinguait l'esprit, l'âme et le corps. Il n'y a donc pas là une simple question de mots. Mais la question est de savoir si l'âme doit être assimilée à l'esprit » (FA II, p. 987, note). Bourdin mérite une réponse ; au moins Descartes aurait dû distinguer entre les conclusions limitées de la *Seconde Méditation* et celles de la *Sixième Méditation* concernant la chose qui pense.

Il existe aussi des cas où Descartes consent à répondre à Bourdin, mais où on aurait voulu qu'il lui réponde plus amplement. Par exemple, une des principales objections de Bourdin est qu'aucune proposition établie par celui qui doute ne peut être aussi certaine que la proposition mathématique que deux et trois font cinq (AT VII, 457 ; FA II, p. 954-955 ; aussi AT VII, 471). Dans plusieurs occasions Bourdin suppose que le doute cartésien puisse atteindre des propositions comme deux et trois font cinq. Selon Bourdin, si un malin génie peut rendre incertaine une proposition comme deux et trois font cinq, rien ne peut résister à un si grand doute. Bourdin appuie si loin sur le doute qu'il se demande s'il faut rejeter un syllogisme en Barbara comme faux (AT VII, 471 ; FA II, p. 972). Il semble que Descartes accepte la supposition qu'un malin génie puisse rendre incertaines les propositions mathématiques. Il répond : on ne peut pas dire de celui qui ajoute deux et trois ensemble qu'il ne peut être induit en erreur par aucun génie, pour rusé qu'il le soit, ainsi que le prouve l'exemple que [Bourdin] a lui-même apporté de celui qui comptait quatre fois une heure (AT VII, 476 ; FA II, p. 976-977 — pour l'exemple de Bourdin, voir AT VII, 456). Mais la réponse de Descartes est un peu trompeuse. Ce qu'il prouve c'est qu'on peut se tromper pendant une addition, et non pas qu'une proposition mathématique puisse être incertaine. Cet exemple ne surpasse point le doute introduit dans le *Discours de la méthode* concernant les erreurs de raisonnement touchant aux plus simples matières de géométrie (AT VI, 32). Ce doute n'arrive pas à la possibilité qu'une vérité géométrique elle-même puisse être une erreur. Descartes rate une occasion de s'expliquer à fond en ce qui concerne l'extension du doute (cf. FA II, 954, note).

En revanche, même quand Descartes et Bourdin ne parviennent pas à communiquer entre eux, de temps en temps ce que Descartes dit clarifie sa philosophie. Par exemple, quand Bourdin examine ce que peut signifier la règle que tout ce qui a la moindre apparence de doute doit être tenu pour faux, il en donne trois interprétations : quand nous sommes en quête de ce qui est certain, nous ne devons en aucune façon : (i) nous appuyer sur ce qui est certain ; nous devons (ii) tellement rejeter toutes les choses qui ne sont pas certaines, que nous ne nous en servions point, les considérer comme si elles n'étaient point ; et (iii) les rejeter de sorte que nous supposions qu'elles ne sont point en effet, ou que leur opposé existe véritablement (AT VII, 462-463 ; FA II, p. 961-962). Bourdin dit que la première règle est bonne et « en usage et communément reçue de tous les philosophes », que la seconde est légitime, assurée et « familière même aux moindres apprentis », mais que la troisième n'est pas légitime, mais « fausse et contraire à la vraie philosophie » (AT VII, 462-463 ; FA II, p. 961-963). Descartes s'offense et dit que la troisième interprétation est si peu croyable que personne de bon sens ne l'aurait acceptée, et que Bourdin la reprend parce qu'il veut que ceux qui n'ont pas lu ses *Méditations* croient que Descartes soutient cette opinion ridicule (AT VII, 464 ; FA II, p. 964). Descartes pense aussi que Bourdin appelle les deux premières interprétations « très communes et familières même aux moindres apprentis » pour ceux qui ont lu ses œuvres, afin de les persuader qu'il n'y a rien d'important dans ses écrits. Descartes refuse d'accepter la critique : « Mais je ne mets pas fort en peine de cela, et je puis dire que je n'ai jamais eu dessein de tirer aucun louange de la nouveauté de mes opinions » (AT VII, 464 ; FA II, p. 964). La réponse de Descartes relève un sujet délicat qui n'est pas mis en question par Bourdin, mais qui doit être au premier rang des problèmes de Descartes à ce temps-là. En effet Descartes a été attaqué pour la nouveauté de ses opinions. C'est le sujet de la condamnation de ses œuvres par le sénat académique d'Utrecht en mars 1642 ; ce problème est traité dans sa *Lettre à Dinet,* que Descartes publie avec les *Septièmes Réponses.* Les professeurs d'Utrecht ont rejeté la philosophie de Descartes pour trois raisons : (i) « elle est contraire à la philosophie ancienne que les Académies du monde entier ont enseignée jusqu'à présent avec le plus grand succès, et elle renverse ses fondements », autrement dit, elle est nouvelle ; (ii) « elle détourne les jeunes de la philosophie bonne et ancienne et les empêche d'atteindre les sommets de la science, puisque, s'appuyant sur cette prétendue philosophie, ils ne peuvent entendre les termes techniques employés dans les livres des grands auteurs et dans les cours et les disputes de leurs professeurs ». Autrement dit, sa nouveauté a de mauvaises conséquences pour la pédagogie. Et (iii) « de cette philosophie, s'ensuivent ou peuvent être déduites, par des jeunes inavertis, plusieurs choses fausses et absurdes qui portent préjudice aux autres disciplines et Facultés, et notamment à la théologie orthodoxe » (AT VII, 592 ; trad. Theo Verbeek, *La querelle d'Utrecht,* Paris, 1988, p. 122). Descartes est certainement conscient du débat et des justifications qu'on en donne ; il comprend aussi le risque pour l'acceptation de sa philosophie que pose la nouveauté[1]. Il se défend en niant la nouveauté de ses opinions. Descartes écrit dans la *Lettre à Dinet* :

> « Mais on dira peut-être, et cela non sans apparence de raison, qu'on ne doit pas se promettre que la vérité se rencontre dans cette nouvelle philosophie que je prépare, qu'il n'est pas vraisemblable que j'aie vu moi seul plus clair qu'une infinité de personnes des plus habiles du monde, qui ont toutes suivi les opinions communément reçues dans les écoles ;

1. Sur les Jésuites et la nouveauté, voir Roger Ariew, Descartes and Scholasticism : the Intellectual Background to Descartes' Thought, dans *Cambridge Companion to Descartes,* éd. par John Cottingham, Cambridge, Cambridge University Press, 1992, p. 63-67.

> que les chemins fréquentés et connus sont toujours plus sûrs que les nouveaux et inconnus principalement à cause de notre théologie, avec laquelle une expérience de plusieurs années a déjà fait voir que s'accorde fort bien l'ancienne et commune philosophie, ce qui est encore incertain d'une nouvelle. Et c'est pour cela que quelques-uns soutiennent qu'il faut de bonne heure empêcher la publication, et l'éteindre avant qu'elle ne paraisse, de peur qu'en attirant à soi, par les charmes de la nouveauté une multitude ignorante, elle en croisse et ne se fortifie peu à peu avec le temps, ou qu'elle ne trouble la paix et le repos des écoles, ou même qu'elle n'apporte avec soi de nouvelles hérésies dans l'église » (AT VII, 578-579 ; FA II, p. 1085-1086).

D'après Descartes, la solution à ce problème, une solution qu'il reconnaît comme paradoxale, est que toute la philosophie péripatéticienne, puisqu'elle est différente des autres philosophies, est nouvelle, et que la sienne est ancienne (AT VII, 580 ; FA II, p. 1088). La raison que donne Descartes est que, pour ce qui est des principes de sa philosophie, il n'accepte que ceux « qui jusques ici ont été connus et admis généralement de tous les philosophes, et qui pour cela même sont les plus anciens de tous ». Et puisque ce qu'il en déduit est contenu dans ces principes, les vérités déduites elles aussi seraient très anciennes. Les principes de la philosophie vulgaire étaient nouveaux du temps qu'ils avaient été inventés par Aristote ; ils ne doivent pas donc être estimés meilleurs qu'ils ne l'étaient alors. En outre, « l'on n'en a encore rien déduit jusques ici qui ne soit contesté, et qui, selon l'usage ordinaire des écoles, ne soit sujet à être changé tous les ans par ceux qui se mêlent d'enseigner la philosophie, et qui par conséquent ne soit aussi fort nouveau, puisque tous les jours on le renouvelle » (AT VII, 580 ; FA II, p. 1088). Descartes renvoie son lecteur à cette raison quand il répond directement à l'objection de Vœtius : « Il allègue trois raisons pour lesquelles il condamne ma nouvelle philosophie. La première est qu'elle est opposée à l'ancienne. Je ne répète point ici ce que j'ai déjà dit ci-dessus, à savoir que ma philosophie est la plus ancienne de toutes, et qu'il n'y a rien dans le vulgaire qui lui soit contraire, qui ne soit nouveau » (AT VII, 496 ; FA II, p. 1093).

La réponse de Descartes à Vœtius pourrait sembler peu convaincante et rédigée particulièrement pour la querelle d'Utrecht. Descartes ne dit pas comment il sait que ses principes sont admis généralement de tous les philosophes. Et il ne dit pas non plus pourquoi il pense que ses principes sont les plus anciens de tous. Pour prendre le côté de la défense de Descartes, on pourrait montrer que sa réponse n'est pas *ad hoc,* qu'elle n'est pas construite exclusivement pour satisfaire les magistrats d'Utrecht. Descartes ne rédige pas sa réponse après l'attaque de Vœtius, et à plusieurs occasions il a taché d'éviter que sa philosophie soit appelée nouvelle. Par exemple, dans une lettre de 1638 à un Jésuite à La Flèche (probablement Etienne Noël), Descartes a écrit :

> « Et pour ce que je sais que la principale raison qui fait que les vôtres rejettent fort soigneusement toutes sortes de nouveautés en matière de Philosophie, est la crainte qu'ils ont qu'elles ne causent aussi quelque changement en la Théologie, je veux ici particulièrement vous avertir, qu'il n'y a rien du tout à craindre de ce côté-là pour les miens, et que j'ai sujet de rendre grâces à Dieu, de ce que les opinions qui m'ont semblé les plus vraies en la Physique, par la considération des causes naturelles, ont toujours été celles qui s'accordent le mieux de toutes avec les mystères de la Religion » (AT I, 455-456).

Et dans la lettre dédicatoire à la Sorbonne, publiée avec les *Méditations* en 1641, Descartes rejette le jugement que sa méthode est nouvelle :

> « D'autant que plusieurs personnes ont désiré [des véritables démonstrations] de moi, qui ont connaissance que j'ai cultivé une certaine méthode pour résoudre toutes sortes de difficultés dans les sciences ; méthode qui de vrai n'est pas nouvelle, n'y ayant rien de plus ancien que la vérité, mais de laquelle ils savent que je me suis servi assez heureusement en d'autres rencontres ; j'ai pensé qu'il était de mon devoir de tenter quelque chose sur ce sujet » (AT VII, 3 ; AT IX-1, 6).

Ainsi Descartes, au moins à partir de 1638, n'ignorait pas les difficultés pour sa philosophie d'être associée à la nouveauté. Et à partir de 1641, il rejette la nouveauté de sa philosophie et de sa méthode. Il fonde son rejet sur le jugement que rien n'est plus ancien que la vérité. Quoiqu'elle ne résolve pas toutes les difficultés, la réponse de Descartes à Bourdin dans les *Septièmes Réponses* est un aspect de la même défense ; elle met en relief l'élément le plus nécessaire pour comprendre cette défense : « Je crois [mes opinions] très anciennes, étant très véritables ; et toute ma principale étude ne va qu'à chercher certaines vérités très simples, qui, pour être nées avec nous, ne sont pas plus tôt aperçues qu'on pense ne les avoir jamais ignorées » (AT VII, 464 ; FA II, p. 964). La philosophie de Descartes est ancienne parce qu'elle est vraie, et on peut comprendre qu'elle est vraie parce qu'elle est née avec nous, et on peut reconnaître son ancienneté aussitôt qu'on se rend compte de sa vérité. C'est la plus forte et aussi la seule défense de Descartes contre Vœtius, mais c'est une défense faible puisqu'elle ne convaincrait pas ses adversaires.

Jusqu'à présent, nous avons eu l'occasion d'observer Descartes ne voulant pas répondre à Bourdin ou lui répondant en une façon peu croyable. Même son rejet de la nouveauté ne traite pas les objections de Bourdin directement. Or, à la fin de son traité, Bourdin donne un sommaire de ses objections que l'on peut caractériser comme une attaque générale en douze « Réponses ». Descartes répond à ces objections et propose plusieurs énoncés qui doivent être interprétés, la réponse consistant d'une fable sur un maçon et un architecte.

L'attaque générale de Bourdin est dirigée contre la méthode du doute de Descartes. Bourdin veut faire dérailler toute la philosophie de Descartes dès le début. Il veut montrer que la méthode échoue parce qu'elle n'est pas fidèle à elle-même et qu'elle laisse passer divers principes (AT VII, 532 ; FA II, p. 1040 ; aussi AT VII, 469, 504), ou parce que, si elle ne laisse rien passer, elle ne peut aboutir à rien. Les deux moitiés du dilemme de Bourdin se manifestent de plusieurs façons. Bourdin prétend que le doute est lui-même un principe ; donc sa méthode laisse passer divers principes. De plus, il prétend que les principes qui sont traités sont défectueux. Les principes de Descartes ne sont pas aussi certains que les principes communs rejetés par le doute (AT VII, 457 et 471). D'autre part, Bourdin veut démontrer que la méthode ne peut rien produire ou qu'elle prouve plus qu'elle ne le devrait. Voici les deux cas :

> « Cette méthode pèche dans les principes, car elle n'en a point, et en a une infinité. Dans toutes les autres méthodes, pour découvrir la vérité et tirer le certain du certain, on se sert de principes clairs, évidents, connus

d'un chacun, et naturels à l'esprit humain. (...) Mais celle-ci, tout au contraire, pour faire quelque chose, non pas de quelque autre, mais de rien, elle tranche, elle rejette, elle abjure tous les principes anciens, sans en retenir pas un (...) de rien elle veut faire quelque chose, mais en effet elle ne fait rien » (AT VII, 527-528; FA II, p. 1032-1033; pour la parodie de Descartes, voir AT VII, 541).

Bourdin constate que la méthode ne peut rien produire en fin de compte parce qu'elle rejette toute forme d'argumentation et toute majeure :

« Cette méthode pèche dans les moyens, car elle n'en a point, puisqu'elle retranche les anciens et qu'elle n'en propose point de nouveaux. Les autres disciplines ont des formes de logique, des syllogismes, des façons d'argumenter toutes certaines, par le moyen et par la conduite desquelles, ni plus ni moins que par le fil d'Ariane, elles sortent aisément de leurs labyrinthes, et développent avec sûreté et facilité les questions les plus embrouillées ; celle-ci, tout au contraire, corrompt et gâte toute la forme ancienne lorsqu'elle pâlit de crainte à la seule pensée de ce mauvais génie qu'elle s'est figuré, lorsqu'elle appréhende de rêver toujours, lorsqu'elle ne sait si elle est en son bon sens. Proposez-lui un syllogisme, elle s'effrayera à la majeure, quelle qu'elle soit » (AT VII, 528-529 ; FA II, p. 1033-1035 ; pour la parodie de Descartes, voir AT VII, 542).

Bourdin constate aussi que ce que la méthode produit est incertain (AT VII, 529-530; FA II, p. 1035-1036). Enfin, Bourdin établit en général que la méthode est extravagante et imprudente :

« Cette méthode pèche par excès, c'est-à-dire qu'elle en fait plus que ne demandent d'elles les lois de la prudence et que jamais personne n'a désiré. J'avoue, à la vérité, qu'il y a des hommes qui veulent qu'on leur démontre l'existence de Dieu et l'immortalité de l'âme ; mais il ne s'est encore trouvé personne jusqu'ici qui n'ait pas été satisfait de connaître avec autant de certitude qu'il y a un Dieu qui gouverne toutes choses, et que l'âme de l'homme est spirituelle et immortelle, comme il sait certainement que deux et trois font cinq, ou que les hommes ont des corps ; en sorte qu'il est tout à fait inutile et superflu de rechercher en cela une plus grande certitude » (AT VII, 530 ; FA II, p. 1037 ; pour la parodie de Descartes, voir AT VII, 547).

Dans sa réponse, Descartes affirme que la méthode ne pèche pas dans ses principes ni dans ses moyens puisqu'elle produit une bonne philosophie qui utilise des moyens ordinaires. Descartes dit aussi que sa méthode n'est pas excessive parce qu'on doit combattre l'ennemi, c'est-à-dire le scepticisme. Selon Descartes,

> « ...qui vit rien de plus faible que tout ce discours, que la seule chapelle bâtie auparavant par cet architecte faisait voir manifestement être faux ? Car il était aisé de voir que les fondements en étaient très fermes (...) qu'il s'était servi d'une matière très solide, et non pas de rien, pour élever et construire en l'honneur de Dieu, non pas un édifice vain et chimérique, mais une grande et forte chapelle où Dieu pourrait être longtemps honoré. Je pourrais répondre les mêmes choses à notre auteur pour renverser tout ce qu'il a dit contre moi, puisque les seules *Méditations* que j'ai écrites font assez voir la subtilité de ses objections » (AT VII, 542 ; FA II, p. 1051).

Il faudrait interpréter les mots de Descartes. Qu'est-ce qui correspond à la chapelle construite par l'architecte dans la publication des *Méditations* ? Alquié affirme que c'est le livre même : « On peut se demander ce que vaut cette réponse de Descartes. Elle consiste à dire : de même que l'existence de la chapelle réfute les propos du maçon jaloux, de même l'existence des *Méditations* réfute les critiques de Bourdin. Il y a malheureusement une différence entre un édifice et un livre. L'édifice n'existe que s'il tient debout, son existence démontre donc qu'il a été bien construit, selon les lois de l'architecture, et sur des bases solides. Mais il existe des livres qui, logiquement, ne tiennent pas debout » (FA 1051, note). Plus vraisemblablement, Descartes pense que son système philosophique a été bien construit, à la façon de la chapelle. Il semble que l'analogie de Descartes opère entre les colonnes, comme éléments structuraux de la chapelle, et les syllogismes, comme éléments structuraux de sa philosophie, et non pas entre les colonnes et les mots : « Or cette réponse, aussi bien que la précédente, était manifestement convaincue fausse par la seule inspection de cette chapelle, puisqu'on y voyait quantité de colonnes très solides, et entre autres celle-là même [le syllogisme] dont il avait fait voir le portrait comme d'une chose qui avait été rejetée par cet architecte » (AT VII, 543-544 ; FA II, p. 1054). Cette interprétation s'accorde avec ce que Descartes dit de sa méthode dans le *Discours de la méthode* et ce qu'il dira de sa philosophie dans l'image de l'arbre du savoir dans la préface de l'édition française des *Principes de la philosophie.* Comme nous le savons bien, Descartes a publié la *Dioptrique,* les *Météores* et la *Géométrie* avec le *Discours* comme des essais ou des échantillons de sa méthode, pour montrer que cette méthode peut produire des résultats. En outre, il compare sa métaphysique avec les racines d'un arbre qui donne des fruits (AT IX-2, 15 ; aussi AT X, 373). Dans ce contexte, il semble que Descartes pense que l'épreuve de sa métaphysique est que son système philosophique donne des fruits, de la même façon que l'épreuve des fondements de l'architecte est la chapelle dans laquelle on peut honorer Dieu.

Dans sa réponse Descartes se prononce aussi sur les syllogismes : « Et de la même façon, mes seuls écrits font assez voir que je n'improuve pas les syllogismes, et même que je n'en change ni corromps point les formes, puisque je m'en suis servi moi-même toutes les fois qu'il en a été besoin » (AT VII, 544 ; FA II, p. 1054). La réponse est utile mais un peu décevante. Il est vrai que Descartes ne rejette pas les syllogismes. Il ne rejette que la notion que le *cogito* ait été tiré d'un syllogisme, parce que le *cogito* est une première notion qui ne dépend pas d'une autre connaissance, ni d'une prémisse majeure (AT VII, 140). Quand Descartes déprécie les syllogismes, il rejette les syllogismes probables (AT X, 363), et il dit que les syllogismes ne contribuent pas à la découverte de la vérité parce que les dialecticiens ne peuvent pas construire de conclusion qui soit vraie, s'ils ne possèdent d'avance la connaissance de la vérité déduite dans le syllogisme (AT X, 406 ; aussi AT VI, 17). Bourdin lui-même pourrait être d'accord avec ces énoncés. En conséquence, Descartes peut répondre avec un syllogisme qu'il a lui-même construit, dans le supplément des *Secondes Réponses* (AT VII, 149). Mais cette réponse n'est pas définitive. L'objection de Bourdin n'est pas que Descartes n'utilise pas les syllogismes, mais que Descartes n'a pas le droit d'utiliser les syllogismes. Même si Descartes accepte Barbara comme une forme qui conclut bien, une forme dont on ne peut pas douter, Bourdin pense quand même que Descartes ne peut rien accepter comme vraie conclusion d'un bon syllogisme, parce qu'il ne peut rien accepter pour prémisse majeure : toutes prémisses majeures sont douteuses. Selon Bourdin, une prémisse majeure qui semble être certaine pour un rêveur ou pour un fou n'est pas pour cela assez certaine.

Vers la fin de ses réponses, Descartes défend toute son entreprise en disant que sa philosophie ne demande rien de trop, que sa méthode n'est pas excessive. La raison que donne Descartes est qu'on ne peut pas être excessif quand on cherche la certitude — qu'il n'y a pas de limites au-dessous de la plus grande certitude, au-delà de laquelle il est inutile de passer. Descartes reconnaît qu'il n'y a pas d'analogie pour le cas de l'architecte. En matière de bâtiment il y a des limites au-dessous de la plus grande fermeté au-delà de laquelle il est inutile de passer. Mais Descartes dit : « Il n'en va pas de même quand il est question d'établir les fondements de la philosophie ; car on ne peut pas dire qu'il y a des bornes de douter au-dessous de la plus grande certitude, au-delà de laquelle il est inutile de passer, et sur qui même nous pouvons avec raison et assurance nous appuyer » (AT VII, 548 ; FA II, p. 1059). Pour Descartes on ne peut répondre aux sceptiques qu'avec une certitude absolue. Descartes pense que la philosophie sceptique a une vigueur et que ce que Bourdin dit donne un mauvais exemple, parce que

> « Cela montre qu'il croit qu'on ne saurait réfuter les erreurs des sceptiques, qui sont athées ; et ainsi il les soutient et les confirme autant qu'il est en lui. Car tous ceux qui sont aujourd'hui sceptiques ne doutent point, quant à la pratique, qu'ils n'aient une tête, et que deux joint avec trois ne fassent cinq, et choses semblables ; mais ils disent seulement qu'ils s'en servent comme des choses vraies, pour ce qu'elles leur semblent telles ; mais qu'ils ne les croient pas certainement vraies, pour ce qu'ils n'en sont pas pleinement persuadés et convaincus par des raisons certaines et invincibles. Et d'autant qu'il ne leur semble pas de même que Dieu existe et que leur âme est immortelle, de là vient qu'ils n'estiment pas qu'ils s'en doivent servir comme de choses vraies, même quant à la pratique, si premièrement on ne leur prouve ces deux choses par des raisons plus certaines qu'aucune de celles qui leur font embrasser celles qui leur paraissent » (AT VII, 549).

Mais ce que Bourdin prétend est qu'il serait excessif de demander qu'une preuve de l'existence de Dieu et de l'immortalité de l'âme ait plus de certitude que la certitude mathématique. Selon Bourdin, il faut se contenter de la certitude mathématique. Selon Descartes, il semble qu'un sceptique ne saurait se contenter de la certitude mathématique, et qu'il y a une différence entre la certitude absolue et la certitude mathématique — ce que Descartes avait déjà dit auparavant (AT I, 145).

Il y a une autre raison pour croire que Descartes désire des preuves qui aient une certitude plus grande que la certitude mathématique. Descartes ajoute aussi qu'il a prouvé l'existence de Dieu et l'immortalité de l'âme dans ses *Méditations,* « ce que personne, que je sache, avant moi, n'avait fait » (AT VII, 546 ; FA II, p. 1060-1061). Afin que ce que Descartes dit soit vrai, il faut qu'il néglige les autres penseurs qui ont donné des preuves de l'existence de Dieu et de l'immortalité de l'âme, des preuves que ces penseurs prétendaient être aussi certaines que celles des vérités mathématiques. Et, en particulier, il aurait dû négliger les œuvres de Mersenne de 1624 et 1625, *L'impieté des déistes* et *La vérité des sciences.* Descartes prétend que lui seul a répondu aux sceptiques. Il doit fonder cette idée sur la notion que ses preuves sont réellement différentes de celles de Mersenne, à savoir qu'il a démontré ces propositions métaphysiques avec une certitude absolue, une certitude plus grande que celle des mathématiques ; autrement, Descartes n'emploie qu'un embellissement de rhétorique.

Evidemment, il se pourrait que la réponse de Descartes ne soit qu'un ornement. Les *Septièmes Réponses* sont une victoire décisive pour la dextérité rhétorique de Descartes. Peu de personnes peuvent lire les *Objections et Réponses* avec beaucoup de sympathie pour Bourdin. Mais les *Septièmes Réponses* ne sont pas une victoire décisive pour la philosophie cartésienne. Les conséquences pour le XVIIe siècle sont difficiles à apprécier. Les raisons de Bourdin doivent représenter une réaction commune et fréquente contre la philosophie de Descartes. Et en somme, les réponses de Descartes à Bourdin ne sont pas convaincantes. Descartes aurait fait mieux — et nous en serions plus éclairés — si Descartes avait répondu à Bourdin plus directement ou avec plus de sympathie.

Réponse à Roger Ariew sur les « Septièmes Réponses »

MARC SCHMITTER

Avant de revenir sur deux points de l'exposé de Roger Ariew, je voudrais rappeler tout d'abord comment se présentent les *Septièmes Objections.* Bourdin feint que Descartes lui ait adressé des demandes concernant sa « nouvelle méthode pour chercher la vérité dans les sciences ». Le texte est inachevé et ne traite en fait que de deux prétendues demandes ou « questions ». Question première : « S'il faut tenir les choses douteuses pour fausses, et comment ? » (FA II, p. 951 ; AT VII, 454). Question deuxième : « Si c'est une bonne méthode de philosopher que de faire une abdication générale de toutes les choses dont on peut douter ? » (FA II, p. 966 ; AT VII, 466). A chaque fois Bourdin se livre à une sorte de dialogue imaginaire avec Descartes, et ensuite conclut en donnant un certain nombre de « Réponses ».

Le dialogue correspondant à la première question est divisé lui-même en trois paragraphes, et il est suivi de quatre réponses. Le dialogue correspondant à la deuxième question est divisé en neuf paragraphes, et il est suivi de douze réponses.

Descartes, lui, a fait des sortes d'appels de notes en marge du texte de Bourdin, sous forme de lettres qui vont de (A) à (Z) et qui se continuent de (A*a*) à (T*t*), cotes auxquelles correspondent les *Notae,* ou *Remarques,* qui sont donc les réponses de Descartes à ce qu'a écrit Bourdin (mais non pas à Bourdin lui-même, puisqu'il ne s'adresse jamais à Bourdin à la deuxième personne, il l'évoque toujours à la troisième personne et c'est au lecteur qu'il s'adresse). Ce que l'on appelle les *Septièmes Objections et Réponses,* ce sont en fait les *Septièmes Objections* avec les remarques de Descartes.

C'est là en somme la forme extérieure que prend le mépris dont Descartes témoigne à l'égard de Bourdin, et cela, on le voit, ressemble plutôt aux deux projets éditoriaux dont J.-M. Beyssade nous a parlé hier qu'à de courtoises *« responsiones »*.

Revenant maintenant à l'exposé de R. Ariew je voudrais en premier lieu dire quelques mots sur la question du reproche adressé par Bourdin à Descartes d'avoir présupposé la spiritualité de la chose qui pense.

R. Ariew dit : « L'objection de Bourdin n'est pas une simple question de mots. Bourdin mérite une réponse ; au moins Descartes aurait dû distinguer entre les conclusions limitées de la *Seconde Méditation* et celles de la *Sixième Méditation* concernant la chose qui pense. »

Certes, mais on peut dire que, justement, il l'a fait. En effet, sous la note (E*e*) à propos de la formule que lui prête Bourdin : « J'en suis bien certain [à savoir de ne pas être un corps] depuis que j'en ai fait l'abdication », Descartes rejette cette imputation et cite le passage de la *Seconde Méditation* qui explicite la portée limitée des conclusions de celle-ci :

> « Il m'attribue encore ici une chose à quoi je n'avais jamais pensé, car je n'ai jamais rien inféré d'une chose pour en avoir fait l'abdication ; mais, tant s'en faut, j'ai expressément averti du contraire par ces termes : "Mais peut-être aussi qu'il se peut faire que ces choses-là mêmes, que je suppose n'être point parce qu'elles me sont inconnues, ne sont point en effet différentes de moi que je connais, etc." » (FA II, p. 991 ; AT VII, 491).

Par ailleurs, dans la remarque (I*i*) Descartes écrit : « Je nie que j'aie supposé en aucune façon que l'esprit fût incorporel ; mais je dis que je l'ai démontré dans la *Sixième Méditation* » (FA II, p. 993 ; AT VII, 492).

On voit que Descartes, s'il n'omet pas de faire la distinction dont parlait R. Ariew, se borne cependant à un simple rappel dont le ton est assurément fort cassant. Mais ne faut-il pas reconnaître que Bourdin, de son côté, donne un peu l'impression de ne voir dans les *Méditations* que ce qu'il avait déjà pu lire dans le *Discours* ?

Le deuxième point de l'exposé de R. Ariew sur lequel je voudrais revenir, c'est la question de la nouveauté. Il y a chez Bourdin un procédé qui commence d'apparaître dans les quatre réponses à la prétendue première question (FA II, p. 963 ; AT VII, 463), puis qui se déploie dans le balancement final de la douzième réponse à la seconde question (FA II, p. 1040-1042 ; AT VII, 532-535). Bourdin prononce son jugement dans le premier cas sur la règle : « tout ce qui a la moindre apparence de doute doit être tenu pour faux », et, dans le second, sur la « méthode de philosophie » de Descartes, qu'il ramène au demeurant à la pratique de l' « abdication générale de toutes les choses dont on peut douter » ; il distingue alors, à trois reprises, deux sens possibles, soit de l' « abdication », soit des conclusions que Descartes est censé en tirer, et à chaque fois il prononce que, selon le sens choisi, ou bien (n°s 1, 3 et 5) ce que dit Descartes est bon, mais alors cela n'a rien de nouveau, ou bien (n°s 2, 4 et 6), s'il faut l'entendre en un sens nouveau, alors cela n'a rien de bon. On voit que Bourdin ne connote pas ici la nouveauté de façon péjorative. Tout au contraire son procédé consiste à refuser d'accorder à la fois à ce que dit Descartes et le mérite d'être « bon » et le fait d'être nouveau, lequel apparaît alors de façon implicite mais certaine comme étant lui aussi une espèce de mérite.

C'est bien ainsi que Descartes analyse le procédé de Bourdin dans l'espèce de remarque générale (non cotée) qu'il fait sur les réponses de celui-ci à la première question (FA II, p. 964-965 ; AT VII, 463-464). C'est dans ce texte que se trouve la phrase citée tout à l'heure par R. Ariew, dans laquelle Descartes se défend d'avoir « jamais eu le dessein de tirer aucune louange de la nouveauté de [ses] opinions », phrase sur l'interprétation de laquelle je voudrais revenir tout à l'heure.

Voyons tout d'abord comment Descartes interprète l'intention de Bourdin. Il nous dit qu'on peut distinguer dans le public deux groupes :

1) Ceux qui n'ont pas lu les *Méditations* ou qui ne les ont pas lues assez attentivement pour bien savoir ce qu'elles contiennent effective-

ment ; à ceux-là Bourdin veut faire croire que Descartes dit des absurdités (ce qui plus loin sera dit « nouveau mais pas bon »).

2) Quant aux « autres », ceux qui ont lu assez attentivement pour comprendre, Bourdin ne peut espérer leur fait croire que Descartes ait dit des absurdités, mais il veut du moins les persuader que ce qu'ils ont trouvé dans les *Méditations* est en réalité « rebattu », « familier aux moindres apprentis » (« bon », mais sans rien de nouveau). Descartes nous dit que le procédé de Bourdin est « plein d'artifice » (*astute sane,* AT VII, 464) ; ces mots ne sont pas traduits par Clerselier). Pourquoi au juste ? Parce que, selon Descartes, Bourdin est de mauvaise foi, et lui tend là une espèce de piège. Qu'il soit de mauvaise foi c'est ce que Descartes affirme dans la fin de notre passage : « Il n'est pas malaisé de reconnaître que cet auteur ne combat mes écrits que parce qu'il croit qu'ils contiennent quelque chose de bon et qui n'est pas commun » (FA II, p. 964 ; le latin, AT VII, 464, reprend plus clairement les mots du balancement final de Bourdin : « at certe facile potest intelligi hunc authorem non aliam ob causam mea impugnare, quam quia et bona et nova esse arbitratur »).

Descartes sait par ailleurs, nous allons l'expliquer dans un instant, pourquoi ses lecteurs attentifs peuvent aisément croire, eux de bonne foi, qu'il n'y a rien de nouveau dans les *Méditations*. Mais il ne s'agit pas pour lui de tomber dans le piège qui consisterait à revendiquer une nouveauté pure et simple, revendication présomptueuse et suspecte, du moins aux yeux des autorités, et dont il doit au contraire, c'est là le point que R. Ariew a développé, soigneusement se garder.

Comment dès lors Descartes se défend-il contre l'attaque de Bourdin ? Le cœur de sa réponse est contenu dans la phrase sur laquelle j'ai annoncé tout à l'heure que je voulais revenir :

> « Je puis dire que je n'ai jamais eu dessein de tirer aucune louange de la nouveauté de mes opinions ; car au contraire, je les crois très anciennes, étant très véritables ; et toute ma principale étude ne va qu'à chercher certaines vérités très simples, qui, pour être nées avec nous, ne sont pas plutôt aperçues qu'on pense ne les avoir jamais ignorées » (FA II, 964) — « neque ullam unquam ex novitate mearum opinionum laudem quaesivi : nam contra ipsas omnium antiquissimas puto, quia verissimas ; et nulli rei

magis soleo studere, quam simplicissimis quibusdam veritatibus animadvertendis, quae cum mentibus nostris sint innatae, statim atque alius admonetur, non putat se illas unquam ignorasse » (AT VII, 464)[1].

La phrase latine permet de voir quel est le rôle précis que Descartes s'attribue et comment le concept d'idée innée permet de tenir en quelque sorte sur tous les fronts. D'une part c'est ce concept d'innéité qui permet de poser l'équation entre vérité et ancienneté : en effet, si c'est l'entendement (et non pas les sens) qui donne accès au vrai, la conformité de la représentation à l'objet ne peut pas s'expliquer par l'action de l'objet sur le sujet, et elle ne peut donc se comprendre que par une ordination foncière de notre esprit au vrai, celle-là même qui est garantie par la véracité divine, et c'est en ce sens que la vérité est aussi ancienne que notre nature. Ce caractère inné de la vérité est d'autre part la source de ce qu'on peut appeler une illusion du déjà-vu, que Descartes évoque dans notre phrase et qu'il avait déjà décrite dans la *Cinquième Méditation* à propos des vérités mathématiques :

> « J'ai aussi, en outre, quand j'y prête attention, touchant les figures, le nombre, le mouvement et choses semblables, la perception d'innombrables choses particulières, dont la vérité est si manifeste et si accordée à ma nature que, la première fois que je les découvre, je n'ai pas tant l'impression d'apprendre quelque chose de nouveau que de me ressouvenir de ce que je savais déjà avant. »[2]

C'est exactement là, mais cette fois à propos des vérités métaphysiques, le sentiment du lecteur attentif des *Méditations* qui dès lors pourrait se laisser facilement persuader par Bourdin qu'effectivement il n'y a rien de nouveau dans les vérités dont en fait il a bien fallu que Descartes l' « avertît » *(admonetur)*. En effet, s'il n'y a effectivement

1. Ce texte est à rapprocher de la Remarque (T) où le terme '*animadvertere*' est mis en rapport de façon qu'il faut souligner avec ce qu'il peut y avoir de méritoire dans la nouveauté : « Il appelle ces choses-ci anciennes, parce qu'il craint qu'on ne les tienne pour nouvelles, et que j'aie la gloire de les avoir le premier *remarquées,* mais je m'en soucie fort peu » (FA II, 977) (« Vetera haec vocat, quia timet ne pro *novis* et a me primum *animadversis* habeantur » ; AT VII, 476).

2. AT VII, 63-64 ; IX-1, 50-51, trad. de M. Beyssade, *Méditations métaphysiques,* Paris, Le Livre de poche, 1990, p. 177.

rien de nouveau quant au *contenu* qui, pour être vrai, doit au contraire être virtuellement inscrit depuis toujours dans notre esprit, encore a-t-il fallu *accéder* à ce contenu, encore faut-il l'avoir actualisé ; il faut que l'esprit se soit *tourné vers lui.* C'est bien là ce que nous dit la fin de la phrase de la *Cinquième Méditation* qui donne le véritable sens de l'expression « me ressouvenir de ce que je savais déjà avant » : « C'est-à-dire de me tourner pour la première fois vers des choses qui étaient bien en moi depuis longtemps, quoique le regard de mon esprit ne se fût pas encore retourné vers elle. » Il y a donc une inscription dans le temps de l'accès à l'idée innée : l'ancienneté de celle-ci, les *Notae in Programma* sont claires sur ce point, est uniquement virtuelle et pour ainsi dire de droit. Sitôt l'idée actualisée, l'ancienneté de droit vient masquer l'inscription temporelle de fait. D'où l'impression de « vu depuis toujours ». Mais cette impression est en fait une illusion. Il a fallu procéder tout d'abord à l'actualisation de l'idée. Or, quand il s'agit de métaphysique, cette actualisation, cette orientation du regard de l'esprit vers le « contenu virtuel » inné, ne s'accomplit pas aisément. Il faut remédier aux séquelles de l'enfance, à une sorte de maladie de l'attention qui va toujours chercher du côté du sensible ce qui en fait ne peut pas s'y trouver (cf. *Discours de la méthode,* IV ; AT VI, 37).

L'innéité de l'idée et son « ancienneté de droit » n'excluent donc pas mais au contraire appellent la « bonne nouveauté », l'originalité du découvreur qui a su le premier opérer la conversion du regard de son esprit *(animadvertere)* et qui ensuite communique aux autres *(admonere)* le moyen d'en faire autant. En enracinant l'ancienneté de ses opinions non pas, comme voudrait l'y contraindre Bourdin, dans la tradition scolaire, mais dans leur innéité, Descartes s'est donc donné le moyen de maintenir de manière discrète, en même temps qu'il se défend contre toute accusation de nouveauté de mauvais aloi, la revendication d'originalité qu'il avait clairement exprimée dans les *Secondes Réponses* : « Encore qu'il ait déjà été dit par plusieurs que pour bien entendre les choses immatérielles ou métaphysiques il faut éloigner son esprit des sens, néanmoins personne que je sache n'avait encore montré par quel moyen cela se peut faire » (AT IX, 103-104 ; VII, 131).

IV

Une chose qui pense

Hobbes contre Descartes

EDWIN CURLEY

Je crois n'être pas le seul lecteur des *Objections et Réponses* qui ai trouvé décevant l'échange entre Hobbes et Descartes. Au moment où il écrit contre les *Méditations,* Hobbes est, aux yeux du public, seulement l'auteur d'une traduction anglaise de l'histoire de Thucydide[1] ; c'est une œuvre de quelque intérêt, bien sûr, mais ce n'est pas un *Léviathan* ou même un *De cive*; néanmoins, de tous ceux qui ont fait des objections à cette œuvre de Descartes, c'est Hobbes qui deviendra certainement le philosophe que l'histoire regardera comme le plus pénétrant et original. De lui nous nous attendions à quelque chose d'éclairant, même de brillant, et nous sommes déçus. L'auteur des *Troisièmes Objections* est dogmatique : il insiste sur son point de vue matérialiste sans apporter aucun argument persuasif; il ne paraît pas comprendre la structure de l'argument des *Méditations,* s'imaginant que l'argument central que Descartes donne pour son dualisme se trouve dans la *Seconde Méditation,* il ne paraît pas remarquer l'argument de la *Sixième Méditation*; en conséquence, il ne lui répond pas. Le 21 avril 1641 Descartes écrit à Mersenne : « Je n'ai pas cru me devoir étendre plus que j'ai fait en mes réponses à l'anglais, à cause que ses objections m'ont semblé si peu vraisemblables, que c'eût été les faire trop valoir que d'y répondre plus au long » (AT III, 360).

1. Le sous-titre de la traduction française des *Troisièmes Objections* l'appellera « un célèbre philosophe anglais », mais c'est une œuvre de 1647, non de 1641.

Pouvons-nous, nous qui connaissons Hobbes mieux que Descartes ne l'a connu à ce moment-là[1], renverser ce jugement assez sévère, qui est aussi, jusqu'à un certain point, le nôtre ? Ici nous ne pouvons pas nous abstenir de juger si Hobbes a bien lu Descartes.

Examinons l'argument. Dans son objection seconde Hobbes cite les mots de la *Seconde Méditation sum res cogitans* (AT VII, 27, 13), je suis une chose pensante, et il dit « d'accord ! » « De ce que je pense, ou de ce que j'ai un phantasme[2], soit en veillant, soit en dormant, l'on infère que je suis pensant, car ces deux choses, *je pense* et *je suis pensant*, signifient la même chose. De ce que je suis pensant, il s'ensuit *que je suis,* parce que ce qui pense n'est pas un rien » (AT VII, 172 ; IX-1, 134). Jusqu'à ce point, Hobbes ne fait aucune objection. Peut-être suis-je ici en désaccord avec Y.-C. Zarka, qui semble penser que Hobbes admet l'inférence du *sum cogitans* à *ego sum* seulement « à condition de remarquer que le verbe *sum* dans la proposition *ego sum* affirme l'existence cette fois ». La critique implicite serait que Descartes a confondu « la fonction logique et la fonction existentielle du verbe *être* », et que cette confusion est essentielle à l'argument cartésien[3]. Je ne trouve pas cette confusion dans Descartes, qui n'emploie pas la formule *sum cogitans* quand il établit son existence dans la *Seconde Méditation.* On ne

1. Tout au plus Descartes a connu Hobbes par leur correspondance de 1641 sur l'optique. A-t-il compris que l' « anglais » de cette correspondance était l' « anglais » des *Troisièmes Objections* ? L'on en peut douter. Car l'anglais de la correspondance est évidemment un matérialiste au sujet de Dieu (AT III, 287), tandis que l'anglais des *Troisièmes Objections* est très ambigu à ce sujet, comme nous le verrons. Je ne trouve dans la correspondance elle-même aucune marque certaine que Descartes ait connu l'identité de l'auteur des *Troisièmes Objections.* En 1643 il n'a pu que conjecturer qu'il était aussi l'auteur de *De cive* (AT IV, 67). Armand Beaulieu commente que Mersenne a exercé une certaine prudence en s'associant avec Hobbes : « S'il ne s'agit que d'études scientifiques tout va bien pour Mersenne. Mais s'il s'agit d'une philosophie trop païenne ou suspecte dans quelques raisonnements aux yeux des croyants, il vaut mieux ne pas trop présenter ceux qui inspirent de la défiance » (Les relations de Hobbes et de Mersenne, *Thomas Hobbes, Philosophie première, théorie de la science, et politique,* Y.-C. Zarka et J. Bernhardt (éd.), PUF, 1990, p. 82).

2. En général je suivrai la traduction de Clerselier, sauf dans les cas où elle me paraît inexacte. Ici Clerselier a 'idée' pour 'phantasma', qui me semble un peu tendancieux.

3. *La décision métaphysique de Hobbes,* Paris, Vrin, 1987, p. 144-145.

trouve ni *sum cogitans, ego sum,* ni même *cogito, ego sum,* dans cet endroit-là (AT VII, 24, 19-25, 13). Ainsi, je préfère chercher une interprétation de Hobbes là qui n'accuse pas Descartes d'avoir fait cette erreur.

Hobbes admet l'inférence du *je pense* à *je suis,* mais il hésite quand Descartes ajoute : « C'est-à-dire un esprit *(mens),* une âme *(animus),* un entendement *(intellectus),* une raison *(ratio)* » (AT VII, 27, 13-14). Cela lui paraît une inférence fautive, puisqu'elle semble identifier le sujet qui pense, soit à l'acte de la chose qui pense, soit à sa puissance de penser elle-même. Mais tous les philosophes, dit Hobbes, distinguent le sujet à la fois de ses actes et de ses puissances. Descartes proteste : oui, j'ai traité comme identique la chose qui pense et l'esprit, ou l'âme, mais par ces derniers mots je n'ai pas entendu une puissance de penser, ou l'acte de penser. J'ai entendu la chose qui a cette puissance ou qui s'engage dans cet acte. Ainsi, je n'ai pas négligé une distinction élémentaire des philosophes.

Devons-nous trouver cette réponse satisfaisante ? Certainement, nous devons accorder à Descartes le droit de s'expliquer, de dire : j'ai voulu dire ceci, pas cela. Mais peut-être y a-t-il une réponse que Hobbes pourrait faire à cette réponse ? Pourquoi Hobbes a-t-il cru que Descartes a voulu dire quelque chose qu'il n'a pas voulu dire ? Je crois qu'il a eu des raisons pour rejeter l'hypothèse que Descartes a entendu par *mens* le sujet qui pense. Hobbes pourrait dire, il me semble, quelque chose comme ceci. Si par 'esprit' ou 'âme' vous n'avez entendu ni une puissance de penser, ni l'acte de penser, mais le sujet lui-même qui pense, ou bien vous concevez ce sujet comme étendu, ou bien vous le concevez comme non étendu. Si vous le concevez comme étendu, vous le concevez comme un corps, et vous concédez ce que j'ai voulu. La chose qui pense est quelque chose de corporel. Si vous le concevez comme non étendu, vous concevez une chose qui a une puissance (la puissance de penser), mais qui n'a aucune autre propriété plus fondamentale que cette puissance, aucune propriété qui pourrait expliquer pourquoi le sujet a cette puissance. La concevoir d'une telle manière, c'est abandonner la philosophie nouvelle qui exige que nous expliquions toute puissance d'un sujet par référence à quelque propriété plus fondamentale qui ne soit pas seulement une puissance. Ça serait revenir à la façon de parler scolastique, comme si l'on disait « L'entendement entend, la vue voit, la volonté veut, etc. » (AT VII, 177). C'est une faute que Hobbes pourrait bien croire que Descartes a commise, après avoir lu l'analyse du jugement dans la *Quatrième Méditation.* Pour éviter cette erreur, il faut concevoir l'esprit comme une puissance d'un sujet qui a quelque propriété plus fondamentale, une propriété qui n'est pas seulement une puissance elle-même et qui peut expliquer pourquoi la chose qui pense a la puissance de penser. Il faut que cette propriété soit l'extension.

Si nous comprenons l'objection de Hobbes de cette façon, je crois que nous verrons que la réponse de Descartes ne suffit pas. Si je comprends Descartes, quand Hobbes l'accuse d'avoir fait une pétition de principe dans la *Seconde Méditation,* Descartes dit qu'il n'a pas prétendu prouver la réelle distinction entre l'esprit et le corps dans cette méditation-là. Tout ce qu'il a essayé d'y prouver, c'est qu'il est concevable qu'un esprit existe sans un corps, ou plutôt que nous pouvons concevoir un tel esprit clairement et distinctement. Il a prouvé la possibilité de cette claire et distincte conception quand il a trouvé, après une considération soigneuse, qu'il ne pouvait pas nier qu'il existait et qu'il pensait, mais qu'il pouvait encore nier qu'aucun corps existait. Ce qu'il a ajouté, dans la *Sixième Méditation,* c'était une preuve que, si nous comprenons quelque chose clairement et distinctement (comme une chose complète)[1], l'existence de cette chose est aussi vraiment possible, comme nous la concevons, parce qu'il y a un être qui peut faire tout ce que nous pouvons clairement et distinctement concevoir. Il y a un dieu ; ce dieu est tout-puissant ; un être tout-puissant peut faire tout ce que nous pouvons concevoir clairement et distinctement (AT VII, 78, 2-3). La propriété de Dieu qui est la plus importante pour l'argument de la *Sixième Méditation* est sa toute-puissance, et non pas sa véracité[2]. La *Sixième Méditation* ajoute la possibilité vraie à la possibilité purement conceptuelle de la *Seconde Méditation.* Et la possibilité vraie que l'esprit existe

1. Pour cette réserve, cf. les *Premières Réponses* (AT VII, 121).
2. C'est une interprétation de Descartes que j'ai défendue dans *Descartes against the Skeptics,* Harvard UP, 1978, p. 193-199.

sans aucun corps établit que l'esprit est un être réellement distinct de tout corps, une conclusion qui ne suit pas simplement de la possibilité conceptuelle sans la preuve de l'existence d'un être tout-puissant.

Si je comprends bien Hobbes, il a vu ce point. Sa critique n'est pas que Descartes n'a pas prouvé la distinction réelle dans la *Seconde Méditation*; c'est que dans la *Seconde Méditation* Descartes n'a pas prouvé même la possibilité conceptuelle d'une chose qui pense, mais qui n'est pas étendue. Ses mots sont un peu ambigus, peut-être : « Potest ergo esse ut res cogitans sit subjectum mentis, rationis, vel intellectus, ideoque corporeum aliquid : cujus contrarium sumitur, non probatur » (AT VII, 173). Dans la traduction de Clerselier, cela serait : « Il se peut donc faire qu'une chose qui pense soit le sujet de l'esprit, de la raison, ou de l'entendement, & partant, que ce soit quelque chose de corporel, dont le contraire est pris, ou avancé, & n'est pas prouvé » (AT IX-1, 134). Quelle est la proposition dont le contraire est pris, et n'est pas prouvé ? Est-ce :

a) une chose qui pense est le sujet de l'esprit, et en même temps est quelque chose de corporel ; ou bien
b) si la chose qui pense est le sujet de l'esprit, il s'ensuit que cette chose soit aussi quelque chose de corporel ?

a) affirme un fait, et le contraire d'un fait est un autre fait ; *b)* affirme une nécessité, dont le contraire est une possibilité. Prouver une possibilité, le projet de la *Seconde Méditation,* est une tâche plus facile que prouver un fait, qui semble être la tâche de la *Sixième*. Descartes suppose que Hobbes veut dire qu'il n'a pas prouvé le contraire de *a),* et il sait qu'il n'a pas prétendu prouver le contraire de *a)* jusqu'à la *Sixième Méditation.* C'est-à-dire qu'il ne prétend pas prouver, jusqu'à ce point, que la chose qui pense est réellement distincte d'aucune chose étendue. Ainsi, il accuse Hobbes de n'avoir pas compris la structure de l'argument des *Méditations.*

Mais je crois que Hobbes veut dire que Descartes n'a pas prouvé le contraire de *b),* c'est-à-dire qu'il n'a pas prouvé qu'il ne s'ensuit pas du fait qu'il y a une chose qui pense (un sujet de l'acte de penser, ou de la puissance de penser) que cette chose est quelque chose de corporel c'est-à-dire, qu'il n'a pas prouvé qu'il est possible, conceptuellement, que la chose qui pense soit quelque chose non étendue. Si j'ai raison, Hobbes a bien compris la structure de l'argument. Il ne concède pas que Descartes a prouvé même ce qu'il pense avoir prouvé dans la *Seconde Méditation,* c'est-à-dire la possibilité de concevoir, clairement et distinctement, l'existence d'une chose qui pense en l'absence d'aucune chose étendue.

Je crois que la continuation de l'objection seconde confirmera cette interprétation. Hobbes écrit :

> « Il est très certain que la connaissance de cette proposition, *j'existe,* dépend de celle-ci, *je pense,* comme il nous a fort bien enseigné. Mais d'où nous vient la connaissance de celle-ci, *je pense*? Certes, ce n'est point d'autre chose que de ce que nous ne pouvons concevoir aucun acte sans son sujet, comme la pensée sans une chose qui pense... Et de là il semble suivre qu'une chose qui pense est quelque chose de corporel, car les sujets de tous les actes semblent être seulement entendus sous une raison corporelle, ou sous une raison de matière, comme il a lui-même montré un peu après par l'exemple de la cire... » (AT VII, 173).

Nous avons ici quelque chose de vraiment étonnant. Hobbes prend quasi comme un axiome qu'il faut que nous concevions chaque sujet d'un acte comme corporel ou matériel (c'est à peu près notre *b)* ci-dessus), et il prétend que Descartes lui-même a montré la vérité de cette proposition par l'exemple de la cire. Descartes est, à juste titre je crois, étonné. Hobbes a avancé cette proposition

> « sans aucune raison, et contre toute bonne logique, et même contre la façon ordinaire de parler... car les sujets de tous les actes sont bien à la vérité entendus comme étant des substances (ou, si vous voulez, comme des matières, à savoir des matières métaphysiques), mais non pas pour cela comme des corps.
>
> « Au contraire, tous les logiciens, & presque tout le monde avec eux, ont coutume de dire qu'entre les substances les unes sont spirituelles, & les autres corporelles. Et je n'ai prouvé autre chose par l'exemple de la cire, sinon que la couleur, la dureté, la figure, etc., n'appartiennent point à la raison formelle de la cire, [c'est-à-dire, qu'on peut concevoir tout ce qui se trouve nécessairement dans la cire, sans avoir besoin pour cela de penser à elles]. Je n'ai point aussi parlé en ce lieu-là de la raison formelle de l'esprit... » (AT VII, 175).

Et bien sûr, Descartes a raison : il n'a pas parlé de la raison formelle, ou l'essence, de l'esprit dans sa discussion de la cire ; dire qu'il faut concevoir chaque sujet d'un acte comme corporel, c'est dire quelque chose de très peu conventionnel ; et si la seule raison que Hobbes apporte pour cette proposition est qu'il s'ensuit de ce que Descartes a dit sur la cire, il nous doit une explication de cette inférence.

« Un homme qui tâche d'élever sa connaissance au-delà du commun doit avoir honte », pourrait dire Hobbes en paraphrasant Descartes lui-même, « de tirer raisons pour ses prétentions des façons ordinaires de parler et de penser ». Cela serait le commencement d'une réponse. Mais la question que nous devons poser, je crois, est celle-ci : pourquoi Hobbes a-t-il cru pouvoir tirer sa thèse que tout sujet est corporel de l'exemple de la cire ? Il comprend l'exemple de la cire comme montrant que, quoique tous les actes de la cire (sa couleur, dureté, figure, etc.) soient changés, nous la concevons être encore la même chose, à cause de ce qui demeure constant à travers ce changement ; dans le cas de la cire, ce qui demeure constant, c'est qu'elle est une chose étendue. Et la position de Hobbes semble être que, en n'importe quel sujet, ce qui demeure constant est le même, le sujet est nécessairement une chose étendue.

Mais pourquoi cette nécessité ? Descartes a raison quand il dit que presque tout le monde nie que le sujet soit nécessairement étendu. Il concède que nous pouvons parler d'une matière qui demeure constante à travers les changements d'une chose qui pense, mais il souligne que cette matière est seulement une matière métaphysique. La possession de cette matière métaphysique n'implique pas que la chose soit étendue. Pourquoi dire qu'elle l'est ?

Peut-être y a-t-il deux raisons. En premier lieu, je crois que Hobbes rejetterait la notion d'une matière métaphysique comme une métaphore de la sorte qu'il pense impropre dans la philosophie. Le concept de la matière, dans le système d'Aristote, tire sa signification du concept ordinaire de la matière comme une étoffe qui peut recevoir des formes variées. Quand nous introduisons le concept d'une matière métaphysique, nous disons que c'est comme cela, mais qu'elle n'a pas d'étendue. Par là nous éliminons tout ce qui a donné un sens à la possibilité de recevoir des formes variées. Donc, le concept de matière métaphysique est inadmissible dans une philosophie rigoureuse.

Mais je crois que la situation est plus complexe que cela. Hobbes semble maintenir que l'alternative à sa conception du sujet entraîne une régression à l'infini : « Ce n'est pas par une autre pensée qu'on infère que je pense ; car, encore que quelqu'un puisse penser qu'il a pensé (laquelle pensée n'est rien autre chose qu'un souvenir), néanmoins il est tout à fait impossible de penser qu'on pense, ni de savoir qu'on sait ; car ce serait une interrogation qui ne finirait jamais : d'où savez-vous que vous savez que vous savez que vous savez, etc. ? » Nous ne voyons pas facilement la pertinence de cette objection. N'est-il vraiment pas possible de penser qu'on pense ? ou de savoir qu'on sait ? Pourquoi doit-on répondre toujours à la question : « D'où savez-vous que vous savez ? » ? Cette interrogation infinie, pourquoi s'élève-t-elle ?

Peut-être trouvons-nous une pertinence ici si nous nous imaginons une chaîne d'idées comme la suivante : la raison pour laquelle il faut concevoir un sujet comme corporel est que nulle autre propriété ne peut servir de principe de constance à travers le changement ; la métaphysique cartésienne suppose que la pensée en général peut servir de principe de constance, analogue à l'extension ; mais il y a une grande différence entre la pensée et l'extension ; nous pouvons concevoir l'extension clairement sans lui attribuer aucune détermination particulière ; c'est ce que nous faisons dans la géométrie, la seule vraie science que nous ayons jusqu'à maintenant ; mais nous ne pouvons pas concevoir clairement la pensée sans lui attribuer quelque détermination, quelque objet de la pensée ; cela s'ensuit de la nature essentielle de la pensée, qui, pour Descartes comme pour Hobbes, est une représentation d'un objet ; cependant, la pensée qui doit servir de principe de constance ne peut pas avoir aucun objet particulier ; si elle avait tel objet, elle pourrait changer, et donc elle ne pourrait pas être le principe de constance ; si elle n'avait pas tel objet, elle serait incomplète, et donc, encore, elle ne pourrait pas être le principe de constance ; si nous nous figurons un objet assez général de cette pensée, à savoir *que je pense,* nous pouvons toujours demander quel est l'objet de cette pensée ; ainsi, la régression à l'infini s'élève de la nécessité de trouver un objet convenable pour la pensée qui doit servir de principe de constance ; il faut qu'elle ait quelque objet afin de n'être pas incomplète ; mais il faut qu'elle ait un objet qui ne soit pas trop particulier.

Ce raisonnement, je l'admets, est très spéculatif, mais je crois qu'il peut expliquer quelque chose qui autrement sera très mystérieux, à savoir pourquoi Hobbes passe de ses remarques sur la cire à son accusation que Descartes ne peut pas éviter une interrogation infinie au sujet de la pensée. La faiblesse de ma suggestion est que, si Hobbes a pensé quelque chose comme cela, il ne s'est pas bien expliqué. Mais la philosophie est un sujet difficile, et si les philosophes s'étaient toujours bien expliqué, l'histoire de la philosophie serait beaucoup plus facile qu'elle n'est.

Il y a, bien entendu, un autre argument chez Hobbes pour l'inconcevabilité d'un sujet non étendu, qui procède comme suit : avoir une idée ou conception d'une chose, c'est en avoir une image ; mais toute image est nécessairement l'image de quelque chose d'étendu ; donc, n'ayant pas l'image d'aucune chose non étendue, nous ne pouvons pas la concevoir. Je ne trouve point cet argument satisfaisant. C'est Hobbes à son plus dogmatique.

Dans la *Sixième Méditation* Descartes présente un argument pour faire une distinction entre l'idée et l'image : nous avons une idée d'un chiliogone qui est tout à fait distincte de l'idée que nous avons d'aucune autre figure de beaucoup de côtés (un myriogone, par exemple) ; mais l'image que nous avons d'un chiliogone n'est pas distincte des images d'autres polygones de beaucoup de côtés ; donc, il faut faire une distinction entre avoir une idée et avoir une image. C'est un des traits décevants de l'échange entre Hobbes et Descartes que Hobbes ne réponde pas à cet argument. Je crois que Hobbes pense lui avoir répondu d'avance par ce qu'il a dit des deux idées du soleil dans la *Troisième Méditation* (voyez son objection huitième). Mais il y concède qu'en plus de l'image du soleil prise de la vue, nous avons aussi une conception différente du soleil par le raisonnement. Et cela semble donner à Descartes tout ce qu'il veut.

Je passe maintenant à la question de Dieu. Quand Descartes écrit que « tous les logiciens, et presque tout le monde avec eux, ont coutume de dire qu'entre les substances les unes sont spirituelles, et les autres corporelles », il a raison, bien sûr. Dire que nulle substance immatérielle n'est même concevable, comme Hobbes a suggéré dans sa seconde objection, c'est dire quelque chose de très radical. C'est dire aussi quelque chose de dangereux, puisque cette thèse semble impliquer un rejet de l'existence de Dieu, qui est dans la tradition l'exemple le plus important d'une substance spirituelle. Nous ne savons pas, peut-être, s'il y a un Dieu, ou nous ne le savons pas avant la *Troisième Méditation,* mais dire que le concept d'une substance incorporelle implique une contradiction semble conduire à une preuve *a priori* de la non-existence de Dieu.

Hobbes reconnaît ce danger dans la version latine du *Léviathan.* Dans la version anglaise il avait écrit que la dénomination complexe « substance incorporelle » combine deux dénominations dont les significations sont contradictoires[1]. Dans le troisième chapitre de l'Appendice écrit pour la version latine du *Léviathan,* publié en 1668, il a profité de l'occasion d'une seconde édition de son œuvre pour répondre à des objections faites à l'édition anglaise. Ce sont ses *Objections et Réponses.* Ecrivant sous forme de dialogue, il se demande si la thèse que l'expression « substance incorporelle » est contradictoire implique une négation de l'existence de Dieu, ou une affirmation que Dieu est un corps (Tricaud, p. 772). Il répond que c'est une affirmation que Dieu est un corps, et il maintient que cette affirmation n'est pas une hérésie, puisque Tertullien l'a soutenu, sans être condamné par aucun concile général de l'Eglise.

Néanmoins, Hobbes sait très bien que la corporéité de Dieu est, dans l'Eglise anglicane, une hérésie passible de l'excommunication. Il l'a dit lui-même dans le premier chapitre de l'Appendice à la version latine (Tricaud, p. 749). Et il y a bonnes raisons pour ce décret de l'Eglise, puisqu'il paraît que, si Dieu était une substance étendue, il serait divisible, et donc pourrait en principe souffrir destruction. C'est

1. Dans l'édition de M. Tricaud, la référence est à la p. 34.

le raisonnement que Spinoza cherchera à éviter dans l'*Ethique.* Il y a, je crois, d'autres problèmes théologiques dans l'affirmation que Dieu est corporel, que j'ai discutés ailleurs[1]. C'est, comme je le suggère, la raison pour laquelle Hobbes est très circonspect au sujet de cette implication de sa théorie de substance quand il écrit un texte destiné à la publication. Avant 1668 il n'a jamais écrit dans aucune œuvre qu'il a publiée que Dieu est corporel.

Y.-C. Zarka a exprimé une autre opinion. Il a écrit qu'il ne faut pas « prendre cette affirmation sur la nature corporelle de Dieu à la lettre »[2]. Déduire du fait que Hobbes a dit « Dieu est corporel » qu'il a cru que Dieu était corporel serait « ... une conclusion bien hâtive, car c'est aussi une doctrine constante de Hobbes que Dieu est dans sa nature même inconnaissable pour la raison. Il n'affirme que Dieu est corporel que lorsque ses adversaires l'acculent à énoncer quelque chose de la nature de Dieu... loin qu'il s'agisse là d'une thèse rationnelle valide, c'est bien plutôt un blasphème, le blasphème d'une raison qui veut sortir des limites du connaissable »[3]. Nous sommes d'accord sur une chose au moins. C'est que, quand Hobbes dit quelque chose, il ne faut pas toujours conclure qu'il croit ce qu'il dit. Mais nous sommes en désaccord au sujet des choses que Hobbes, selon nous, n'a pas crues. Zarka prend à la lettre les mots « Dieu existe, mais sa nature est inconnaissable ». Je préfère une interprétation plus radicale, que Hobbes est un athée, et que tout ce qu'il dit au sujet de Dieu — « il existe, il est inconnaissable, il est un esprit corporel » — est un subterfuge, nécessité par la possibilité de persécution.

Comment convaincre Zarka de cette interprétation ? Vraisemblablement ce n'est pas l'œuvre d'un seul après-midi. Mes soupçons vien-

1. Par exemple, si Dieu est corporel, il faut qu'il soit identique ou avec la totalité des corps ou avec une partie de cette totalité. Pour Hobbes chaque alternative est équivalente à l'athéisme. Voyez « I durst not write so boldly » or « How to read Hobbes » Theological-Political Treatise, in *Hobbes e Spinoza,* E. Giancotti (éd.), Naples, Bibliopolis.

2. *La décision métaphysique de Hobbes,* p. 148.

3. Espace et représentation chez Hobbes, *Recherches sur le XVIIe siècle,* VII, Paris, CNRS, 1984, p. 175.

nent pour une part de la comparaison de la critique de l'Ecriture dans le *Léviathan* avec celle de Spinoza dans le *Traité théologico-politique,* et de l'admiration que, d'après Aubrey, Hobbes a exprimée pour l'œuvre plus audacieuse de Spinoza. Lui, Hobbes, aurait écrit comme Spinoza, s'il avait osé. C'est un sujet que j'ai discuté ailleurs, et c'est une histoire trop longue pour cette occasion. Mais les faits suivants sont peut-être importants.

Il n'est pas précisément vrai que Hobbes « n'affirme que Dieu est corporel que lorsque ses adversaires l'acculent à énoncer quelque chose de la nature de Dieu ». Au moins, si nous pouvons croire la lettre de Descartes du 21 janvier 1641 (AT III, 287), Hobbes a affirmé la nature corporelle de Dieu dans la lettre à laquelle Descartes répond. Mais c'est une lettre, pas une œuvre destinée à la publication. Aussi, il ne s'agit pas, précisément, de répondre à une demande, simplement de dire « quelque chose de la nature de Dieu ». A une telle demande on pourrait répondre de la manière habituelle, en disant « nous ne pouvons pas comprendre la nature de Dieu ». Le problème est que, désirant écraser ce qu'il croît être une superstition dangereuse, à savoir la croyance qu'il y a des êtres immatériels, Hobbes a déjà dit quelque chose — que le concept d'un tel être implique une contradiction, comme celui d'un quadrilatère rond implique une contradiction[1]. Ainsi, il ne peut pas éviter la question des implications de cette thèse pour le cas de Dieu. Il faut choisir : si les substances incorporelles n'existent pas, ou Dieu n'existe pas, ou Dieu est une substance corporelle. A la fin Hobbes choisit le moindre de ces deux maux.

Quand il écrit contre les *Méditations* Hobbes est plus circonspect au sujet de Dieu qu'il ne l'était dans la correspondance sur l'optique. Quoique ce qu'il a écrit sur l'esprit humain puisse nous conduire à attendre qu'il dira que Dieu est nécessairement une substance corporelle (puisque chaque sujet est nécessairement corporel), ce qu'il écrit

1. Tricaud, p. 34. J'ajouterais que je ne crois pas que pour Hobbes l'inconcevabilité de Dieu signifie un défaut dans notre entendement, pas plus que l'inconcevabilité d'un quadrilatèrene rond signifie tel défaut.

en fait sur les anges nous permet de croire qu'il admet des sujets immatériels :

> « Lorsque quelqu'un pense à un ange, quelquefois l'image d'une flamme se présente à son esprit, et quelquefois celle d'un jeune enfant qui a des ailes, de laquelle je pense pouvoir dire avec certitude qu'elle n'a point la ressemblance d'un ange, et partant, qu'elle n'est point l'idée d'un ange ; mais, *croyant (credens)* qu'il y a des créatures invisibles et immatérielles, qui sont les ministres de Dieu, *nous donnons (imponimus)* à la chose que nous croyons ou supposons, le nom d'ange, quoique néanmoins l'idée sous laquelle j'imagine un ange soit composée des idées des choses visibles » (AT VII, 179-180).

Il y a ici un problème grammatical, noté par Adam et Tannery, et aussi par Molesworth. Le participe traduit *croyant* est au singulier ; le verbe avec lequel il doit s'accorder est au pluriel. Face à ce problème, quelques traducteurs traduisent d'une manière qui produit une admission de l'existence des créatures immatérielles. Voici Cottingham, par exemple : « I believe that there are invisible and immaterial creatures who serve God ; and we give the name "angel" to this thing which we believe in... » D'autres traducteurs (Haldane et Ross, par exemple) traduisent d'une manière qui fait que Hobbes rend seulement compte d'une opinion commune, mais qui ne rend pas explicite qu'il partage cette opinion. Le problème grammatical permet un doute sur l'intention de Hobbes, qu'on peut résoudre de plusieurs façons.

Le cas des anges a un grand intérêt puisque Hobbes dit que ce qui vaut pour les anges vaut aussi pour Dieu. C'est-à-dire que nous supposons que Dieu, comme les anges, est un être immatériel, et c'est la raison pour laquelle nous ne pouvons pas avoir une idée de Dieu, puisque toute idée ou image est nécessairement l'idée de quelque chose corporel. Ce « nous » comprend-il Hobbes lui-même ? Nous ne le savons pas, mais je crois que sa véritable position est différente.

Si Dieu existait, pense Hobbes, il devrait être une substance corporelle, puisqu'il faut que tout sujet d'actes soit corporel. Mais si Dieu était corporel, il ne serait pas Dieu, pour des raisons bien connues. Donc, Dieu n'existe pas. Mais il ne serait prudent de dire cela, pour des raisons aussi bien connues. Donc, il faut trouver quelque chose d'autre à dire, et on dit des choses variées à divers moments. La plupart du temps on dit : Dieu existe, mais nous ne pouvons pas connaître sa nature ; donc nous ne savons pas s'il est corporel ou non. C'est la position du *Léviathan* anglais, par exemple. Mais dans la mesure où il y a des raisons pour croire que tout sujet est corporel, et que Dieu, s'il existe, est un sujet, ce n'est pas une réponse vraiment satisfaisante. Quelquefois on dit : la raison ne peut pas nous instruire sur ce sujet, ni pour ni contre ; donc, il faut recourir à l'Ecriture sainte, qui nous dit que Dieu est immatériel. C'est la position de la *Critique du DE MUNDO de Thomas White*. Mais ce n'est pas non plus une position vraiment satisfaisante. D'une part, il semble que la raison conduit à la conclusion que Dieu est corporel ; d'autre part, il est difficile de trouver aucun texte de l'Ecriture qui emploie le concept d'un être immatériel. Quelquefois, quand on est vieux, et quand on publie dans une langue étrangère, et dans un pays étranger, on dit : Dieu existe, et il est corporel, et il n'y a pas de problèmes théologiques dans cette affirmation. C'est la position du *Léviathan* latin. Et c'est jusqu'où on peut s'aventurer à cette époque.

En résumé : Je conclus que Hobbes a compris la structure de l'argument des *Méditations* mieux que nous ne l'avons pensé ; qu'il a fait une objection à l'argument de la *Seconde Méditation* qui l'attaque à un point où il est vraiment vulnérable ; mais que, quand il s'agit de Dieu, il hésite à tirer ouvertement toutes les conclusions logiques de son argument, pour raisons de prudence. Son argument conduit à une preuve *a priori* de la non-existence de Dieu, et c'est quelque chose qu'on ne peut pas dire à cette époque, si l'on veut mourir de sa belle mort.

Descartes et Gassendi : le dualisme à l'épreuve

JEAN-LOUIS CHÉDIN

L'analyse critique que Gassendi développe est à part, dans l'ensemble des *Objections,* en raison de son caractère systématique, global, qui se confirme et s'approfondit des *Objections* aux *Instances.* La question du dualisme, depuis l'examen critique jusqu'à la solution alternative proposée par Gassendi, représente un ensemble imposant, visant notamment les *Seconde, Troisième* et *Sixième Méditations* de Descartes. Mon propos est seulement d'attirer l'attention sur quelques points qui s'avèrent, rétrospectivement, revêtir une réelle importance pour l'évolution ultérieure de la pensée. Ce qui se dessine, au terme du débat sans concession entre Gassendi et Descartes, c'est une véritable *antinomie,* au sens précis du terme ; au sens où la thèse cartésienne et l'antithèse de Gassendi ont en quelque sorte besoin de leur contraire, de la réfutation de leur contraire, pour s'éprouver et se confirmer l'une par l'autre, l'une contre l'autre. De là un certain effet de piétinement, du fait que Descartes, répondant à Gassendi ou le réfutant avec dédain, ne modifie rien de ses positions, et que ses réponses donnent surtout à Gassendi l'occasion de vérifier le bien-fondé de ses critiques (dans les *Instances*). Le ton très acerbe qui distingue également des autres l'échange entre Descartes et Gassendi est dû, en partie, à la conscience qu'avaient les deux auteurs de jeter les bases d'une antinomie fondamentale qui va peser longtemps sur la pensée philosophique.

Essayons, dans un premier temps,
de prendre une vue générale sur cette critique du dualisme cartésien

Sans entrer dans le détail de cette critique, on ne peut manquer de souligner son caractère global, et semble-t-il unique, dans les *Objections.* Gassendi appréhende parfaitement le caractère systématique et complexe du *dualisme cartésien.* Celui-ci en fait, sur le plan de la substance d'abord, est *double,* du fait que la dualité entre le *fini et l'infini,* chez Descartes, n'est pas moins radicale et absolue — au contraire — que celle entre *« res extensa »* et *« res cogitans ».* Gassendi saisit ce point (bien qu'il ne saisisse pas, pas plus d'ailleurs que Descartes, *la connexion* possible et peut-être décisive entre les deux dualismes). En tout cas, il développe en fait une analyse parallèle des deux grands axes du dualisme, selon la même logique.

Mais, d'autre part, le dualisme cartésien, qui est donc déjà double au plan de la substance, affecte également, et ceci n'a rien de contingent, la structure générale de la représentation et de la vérité. Ainsi, *entendement et imagination, comprendre et concevoir,* traduisent cette autre dualité, *« a parte subjecti »* cette fois, et non plus *« a parte rei ».* Gassendi, fort conséquent, discute donc le dualisme cartésien sous cet angle aussi bien que sous les précédents... Tout se passe donc comme si Gassendi s'était convaincu qu'une mise en cause du dualisme cartésien se doit d'être générale et doit faire face simultanément à toutes ses modalités caractéristiques, parce que celles-ci sont solidaires et constituent un tout.

Il s'agit alors, pour Gassendi, de placer la philosophie de Descartes devant ce qu'il perçoit comme sa contradiction indépassable — sur la base du dualisme qui la traverse. En effet, le cartésianisme introduit, aussi bien qu'une opposition d'essence irréductible entre les deux pôles (fini et infini ; pensée et matière), leur *union* de fait — soit comme union de l'âme et du corps, soit comme cette idée positive de l'infini inhérente à la chose pensante, elle-même substance finie et créée cependant. Dans les *Cinquièmes Réponses* (contre la *Sixième Méditation,* point V), à propos de l'âme et du corps, Descartes rappelle qu' « on ne doit faire entre ces choses aucune comparaison, parce qu'elles sont de deux genres totalement différents, et qu'il ne faut pas imaginer que l'esprit ait des parties encore qu'il conçoive des parties dans le corps » (AT VII, 390, 7-10) ; mais ceci est dit sans renoncer si peu que ce soit à l'union de toute l'âme avec tout le corps. Quand il s'agit du fini et de l'infini, Descartes de même maintient dans la réponse aux objections contre la *Troisième Méditation* (point VII) que « l'incompréhensibilité est contenue dans la raison formelle de l'infini » (AT VII, 368, 3-4), puisqu'il n'est pas de proportion entre le fini et l'infini ; mais ceci est dit sans renoncer le moins du monde à l'idée que la substance finie pensante *conçoit* l'infini, à défaut de le comprendre. « Il suffit de concevoir une chose qui n'est renfermée d'aucunes limites, pour avoir une vraie et entière idée de l'infini » (AT VII, 368, 18-20), lance-t-il à Gassendi.

Celui-ci en sortira, les *Instances* le montrent, confirmé et renforcé dans le sentiment d'une contradiction insurmontable, puisque les termes se trouvent tellement scindés avec Descartes que l'on ne voit plus de relation positive possible entre l'âme et le corps (sous la forme de l'union), ni entre le fini et l'infini (sous la forme d'une idée positive de l'infini dans la substance pensante)... « Comment le corporel peut-il être en rapport avec l'incorporel ? »[1], demande Gassendi, et encore : « Comment ce qui est incorporel peut-il communiquer avec ce qui est corporel ? » (point V des objections contre la *Sixième Méditation*; AT VII, 344, 6-7). Il y a là, selon l'expression même de Gassendi, une « difficultas generalis » (AT VII, 345, 4), « une difficulté générale », « quae manet », « qui demeure ». Quant à la difficulté inhérente au dualisme du fini et de l'infini, Gassendi la présente en termes parallèles, à savoir que l'on ne conçoit aucun rapport représentatif possible entre les deux termes qui n'ont aucune proportion entre eux, comme Descartes ne cesse lui-même de le souligner — tout en posant que j'ai en moi dans mon esprit une idée vraie et positive de l'*infini total (totius infiniti)* ; ce qui a le don de faire bondir Gassendi.

Mais toutes les difficultés ne peuvent être traitées, il faut le dire,

1. *DM,* Contre la *Sixième Méditation,* Doute V, Instance, art. 2, p. 616.

sans la médiation d'une autre, d'une troisième dualité qui ne passe plus cette fois *entre les substances* (finie et infinie, pensante et corporelle), mais qui traverse la sphère de la représentation et de la vérité. Si Descartes n'admet pas le procès en contradiction que lui fait Gassendi, c'est parce qu'il pratique un troisième dualisme moins frappant, mais non moins déterminant. Par exemple, il serait évidemment contradictoire de soutenir que je *comprends* (c'est-à-dire comme je connais suffisamment, que je connais tel mode fini) l'infini ; il ne l'est pas de dire que je le conçois sans le comprendre. De même, serait-il contradictoire de soutenir que *j'imagine* la substance pensante, en tant qu'irréductible à toute forme étendue, mais non de dire que *je l'entends* ainsi, au sens d'intellection. Très conséquent, Gassendi récuse aussi bien ce dualisme que les deux autres, sachant bien qu'on donne droit à ceux-ci, dès qu'on admet le troisième. Nous y reviendrons à la fin.

Dans l'immédiat, l'*antinomie* entre Descartes et Gassendi pourrait se présenter schématiquement ainsi :

— D'après la *thèse,* cartésienne, si la substance pensante peut être conçue et atteinte indépendamment de toute référence à la matérialité et à l'étendue (comme le prouvent déjà les deux premières *Méditations* et finalement la sixième), cela permet de poser une telle substance comme réellement distincte de l'étendue et de sa divisibilité. Cette distinction radicale n'empêche pas d'ailleurs l'union de l'âme et du corps, union dont le principe toutefois ne leur est pas immanent.

— D'après l'*antithèse* de Gassendi, une hétérogénéité aussi absolue rend tout à fait inconcevable une relation en communication quelconque entre les deux pôles. Dès lors, la fusion du spirituel et du corporel qui se produit dans la sensation, la perception, le plaisir et la douleur, etc., devrait mettre sur le chemin d'un dualisme *relatif* (non plus absolu), puisque ce dernier seul serait compatible *à la fois avec la distinction* (que Gassendi ne récuse pas) et d'autre part l'*union* des opposés.

Sur la question du fini et de l'infini maintenant, l'antinomie est comparable en sa structure :

— Selon la *thèse* cartésienne (qui se confirme en tout point dans les *Réponses*), l'idée d'infini que je puis opposer à toute finitude, à commencer par la mienne, cette idée est nécessairement *antérieure à celle de finitude, dont elle est la condition.* Le négatif étant du côté du fini, en tant que limitation de l'infini, cela suppose un principe originairement positif, qui réside dans l'infini et son idée. Ainsi, l'idée d'infini suffit non pas certes pour le comprendre ou le connaître, mais pour le concevoir positivement, en tant que totalité en acte, antérieure et supérieure à toute délimitation ou négation possible.

— D'après l'*antithèse* de Gassendi au contraire, la notion d'infini, du simple fait que l'infini est sans proportion aucune avec le fini, ne saurait être appréhendée ou visée positivement. La distinction entre concevoir et comprendre importe peu alors. Quelle qu'elle soit, la représentation inhérente à un esprit fini est *a priori* absolument inadéquate à l'infini. C'est pourquoi l'infini, selon l'antithèse, loin d'être premier et positif comme pour la thèse, ne peut être que dérivé — dérivé de la négation du fini ; une négation que l'on peut toujours poursuivre et amplifier, mais qui ne changera rien « *au caractère négatif de cette expression de l'infini* », selon le mot de Gassendi.

Voilà donc, très schématiquement, la double antinomie qui naît des objections de Gassendi autour du double dualisme de Descartes. Comme nous l'avons rappelé, pour en traiter à fond, il convient de ne pas perdre de vue le troisième dualisme que pratique Descartes entre intellection et imagination, entre concevoir et comprendre. Nous y reviendrons à la fin, après quelques remarques complémentaires sur le débat entre Gassendi et Descartes, tout d'abord au sujet du dualisme âme-corps, ensuite au sujet du fini et de l'infini.

Sur le dualisme âme-corps

Dans les remarques de Gassendi, il faut bien distinguer deux aspects ; d'un côté, les remarques qui mettent l'accent sur la *« difficulté générale »* du dualisme radical pensée-matière ; et de l'autre, celles qui proposent, ou esquissent une théorie substitutive, celle d'un dualisme réduit ou relatif entre le « corps massif et grossier » et le « corps subtil », de façon à lever les apories du dualisme absolu. Le lien entre ces deux moments n'est d'ailleurs ni nécessaire ni univoque. La preuve en est que le théoricien de l'immatérialisme, Berkeley, aurait pu contresigner la plupart des remarques critiques où Gassendi constate le hiatus insurmontable entre pensée et corps chez Descartes. Lorsque Gassendi écrit : « Quant au corps, je remarque seulement que, si toute sa nature consiste en ce qu'il est une chose étendue, alors toute activité et toute puissance d'agir se trouvent en dehors de la nature corporelle, car l'extension est chose purement passive »[1], c'est déjà du Berkeley — lequel n'avait qu'à puiser dans les objections de Gassendi pour alimenter son propre antidualisme. Donc, la « difficulté générale », comme dit Gassendi, était de fait si générale qu'elle a pu suggérer *deux issues quasi opposées* : aussi bien l'immatérialisme de Berkeley, que la thèse d'esprit matérialiste de Gassendi, l'un et l'autre antidualistes il est vrai.

Cette thèse s'efforce donc d'introduire une sorte de troisième terme, qui ne se confonde ni avec le « corps massif et grossier » (c'est-à-dire la *res extensa*), ni avec la pure pensée immatérielle et inétendue, dont Gassendi juge le rapport impossible (comment ce qui est inétendu, immatériel pourrait-il ne serait-ce que se représenter de l'étendue, du corporel, *a fortiori* l'éprouver ?). Le « corps subtil » prend alors la place de la pensée immatérielle, et si une dualité demeure avec le corps massif, tout en extension et en relief, le hiatus est aboli par là, ceci sans faire appel à un principe transcendant.

Mais, ce faisant, et c'est pourquoi Descartes dans ses *Réponses* n'a pas de peine à écarter la solution substitutive de Gassendi, ce faisant donc, Gassendi transformait implicitement une *différence d'essence* en une *différence de degrés.* Car le « corps subtil », c'est d'abord une sorte de degré intermédiaire, entre le point zéro de la matérialité (à savoir la chose pensante de Descartes), et la matière pleine, ou le corps massif et grossier qui correspond à la *res extensa.* Descartes repousse évidemment une telle solution, rappelant en réponse que la différence âme-corps n'est pas réductible à celle entre deux degrés et deux modalités de la corporéité, quels que soient les degrés intermédiaires ; mais constitue une différence d'essence, d'attribut essentiel si l'on préfère.

1. *DM,* Contre la *Seconde Méditation,* Doute VI, Instances II, art. 2, p. 158.

Ici se noue incontestablement une antinomie qui va peser lourd dans la suite. On peut suivre au XVIIIe et au XIXe (sont visés d'abord les matérialistes français des Lumières) le thème selon lequel il n'est aucune continuité à chercher ni différence de degrés, si nombreux soient-ils, entre le conscient et l'élément matériel. On le trouve chez Rousseau (dans l'*Emile*) ; chez Kant, qui n'est pas tendre dans la *Critique de la raison pratique* : « Les ignorants qui veulent se mêler de faire de la métaphysique se représentent la matière si subtile, si raffinée qu'ils en ont le vertige et croient de cette manière avoir imaginé un être spirituel et cependant étendu »[1] ; on le trouve fréquemment dans l'idéalisme allemand, etc.

Cela étant, la réponse de Descartes paraît beaucoup moins décisive (et plus pauvre) sur la difficulté générale elle-même que sur la solution substitutive... « Quaestio manet », comme dit Gassendi, la question demeure, et ceci à plusieurs titres :

a / Tout d'abord, n'y revenons pas, sur le point de comprendre comment une aussi parfaite hétérogénéité de l'âme et du corps s'accommode de leur union de fait, de leur mélange et de leur prise réciproque.

b / Un second point fort, c'est le reproche que Gassendi fait à Descartes d'une démarche en quelque sorte *réductrice*, arbitrairement réductrice. La substance pensante ne serait donc que pensante, la substance étendue ne serait qu'étendue, l'une comme l'autre substances *complètes,* indépendantes, irréductibles l'une à l'autre. L'on passe ainsi d'une distinction conceptuelle à une distinction substantielle. « Vous excluez, note Gassendi, toute étendue particulière de l'esprit qui pense, et toute pensée particulière du corps subtil qui est étendu », comme si « les choses dont l'une se conçoit clairement et distinctement sans l'autre étaient deux substances complètes »[2]. Ce faisant, Descartes exclut, observe Gassendi, l'hypothèse d'après laquelle on aurait affaire, plutôt qu'à deux substances complètes et *distinctes,* à « une seule substance avec

1. Liv. I, chap. I, Théorème II, Scolie I ; trad. Picavet, p. 23.
2. *DM,* Contre la *Sixième Méditation,* Doute III, Instance IX, art. 9, p. 576, et Instance VIII, art. 7, p. 570.

deux propriétés distinctes »[1]. Le dualisme radical de Descartes, il est vrai, avait besoin de réduire la pensée à elle-même, l'étendue à elle-même ; laissant dans l'ombre la possibilité d'un substrat commun, dont l'étendue et la pensée seraient deux propriétés différentes ; ce qui demanderait alors une certaine *genèse,* dont Gassendi, pas plus que Descartes, n'a l'idée (le propre du matérialisme classique tout comme celui du dualisme est l'absence de genèse). Du moins, Gassendi est-il assez fondé à reprocher à Descartes de ne jamais prouver formellement la *contradiction* intime entre le pensant et l'étendue, de la postuler plutôt, *« comme s'il était contradictoire pour le corps de penser »* dit le doute IV contre la *Sixième Méditation* (*DM,* p. 584).

Descartes confirme plutôt dans les *Cinquièmes Réponses* ce caractère réducteur de son dualisme ; toutefois on est aussi intéressé de lire dans la *Lettre à Clerselier de 1646,* qui prétend mettre un point final à la controverse, ceci :

> « Par les mots '*praecise tantum*', je n'entends point une entière exclusion ou négation, mais seulement une abstraction des choses matérielles ; j'ai dit que nonobstant cela, on n'était pas assuré qu'il n'y a rien en l'âme qui soit corporel, bien qu'on n'y connaisse rien ; on me traite injustement que de vouloir persuader au lecteur qu'en disant : '*praecise tantum*', j'ai voulu exclure le corps » (AT IX-1, 215, 5-12).

Il y a là une demi-concession, un début d'ouverture que Descartes peut opérer en jouant du rapport un peu ambigu chez lui entre la substance et l'attribut principal.

c / Enfin, il semble que ni Gassendi ni Descartes lui-même ne remontent jusqu'à la condition ultime de la dualité d'essence irréductible, entre *res cogitans* et *res extensa,* qui traverse le cartésianisme ; ce qui serait nécessaire pour mener l'examen jusqu'au fond. La raison en est que tout en menant de front une critique des deux dualismes avec un parallélisme assez remarquable, Gassendi ne va pas toutefois jusqu'à soupçonner une possible et intime *connexion entre eux.* Il est vrai que Descartes ne s'en avise pas davantage, en dépit de tout ce qu'il donne à penser. Or, s'y l'on y réfléchit, l'irréductibilité essentielle de la

1. *Ibid.,* p. 574.

res cogitans à la matérialité *(res extensa)* pourrait être suspendue en dernière analyse au dualisme fondamental entre le fini et l'infini, qui deviendrait alors comme *le socle* du dualisme cartésien.

En effet, le *rapport* qu'entretiennent *avec l'infini* la substance finie pensante, d'une part, et, d'autre part, la substance finie matérielle, ce rapport est *en fait fondamentalement différent* chez Descartes — bien que la théorie de cette différence n'ait jamais été produite. La chose étendue ne connaît nullement le rapport *d'opposition et d'union à la fois,* que connaît la chose pensante. Dans la matière, l'infini est sans doute présent ; mais il l'est de façon seulement *virtuelle,* sur le modèle, notamment de la divisibilité à l'infini de toute chose étendue. Dans la substance pensante — non moins finie que la précédente — l'infini est ce par quoi (cf. la *Troisième Méditation*) un être fini devient conscient de soi comme fini, en s'opposant à lui-même (à sa propre finitude), une infinité dont l'idée lui est ainsi comme constitutive. Chez Descartes, si la différence entre le corporel et le pensant n'est donc pas de degré mais bien d'essence, c'est parce qu'elle traduit, *en même temps,* l'irréductibilité absolue entre l'infini en acte, dont la chose pensante porte en elle, et nécessairement, la marque, et d'autre part le fini qui ne peut jamais s'égaler à l'infini, quelque degré qu'il atteigne. Une irréductibilité est, si l'on peut dire, à la mesure de l'autre — si même l'une n'est pas la *condition de l'autre.*

Tout ceci nous conduit alors à évoquer l'autre volet du débat sur le dualisme entre Descartes et Gassendi, peut-être encore plus important, sur la nature de l'opposition entre le fini et l'infini ; à cet égard, la joute entre les deux auteurs n'est ni moins rude ni moins passionnante.

Sur le dualisme du fini et de l'infini

L'analyse critique de Gassendi est donc parallèle à la précédente, de même que la solution esquissée pour résoudre la contradiction qu'il reproche à la théorie cartésienne de l'infini. Et la réponse de Descartes confirme une antinomie analogue à celle qui oppose les deux thèses sur le rapport de l'âme et du corps.

Mais ce débat va porter aussi bien sur le rapport particulier du *négatif* et du *positif*, qui se superpose à celui du fini et de l'infini.

Du point de vue de Gassendi, la réalité objective, le contenu de l'idée d'infini ne peuvent être que *relatifs* et *négatifs*. C'est relatif à la forme nécessairement limitée et particulière de la représentation ou de l'idée humaine. Il paraît absurde, dans ces conditions, de prétendre que l'esprit humain puisse poser et se représenter une idée positive de l'infini total *(totius infiniti)*. « Notre pensée s'arrête toujours à quelque chose de fini »[1], souligne Gassendi. Sans la réfuter de façon systématique, Gassendi refuse d'entrer dans la distinction capitale pour Descartes entre *concevoir* et *comprendre*. Quand Gassendi reproche à Descartes de n'avoir pas voulu prêter attention au *« caractère négatif de cette expression de l'infini »*[2], c'est en faisant abstraction du thème si essentiel chez Descartes (et d'ailleurs repris dans les *Réponses*) de l'incompréhensibilité de l'infini. La démarche *réductrice* est alors le fait de Gassendi qui n'admet pas cette distinction, ni le dédoublement cartésien si caractéristique entre le fini et l'indéfini.

Il se confirme donc qu'il n'est pour Descartes aucune connaissance ou compréhension possible de l'infini, mais bien plutôt une *explication par l'infini,* ce qui est bien différent. Ce que l'on conçoit positivement et nécessairement de l'infini, c'est cela seul qu'il faut en concevoir, pour s'expliquer adéquatement le fait caractéristique et pour ainsi dire constitutif de la conscience : le fait que la *res cogitans* s'éprouve et se reconnaît comme substance finie, *par opposition* à la représentation préalable de l'infini parfait et achevé (représentation sans laquelle ce fait de conscience serait inexplicable et *impossible*). On pourrait donc dire en ce sens que chez Descartes l'idée d'infini est la *« ratio cognoscendi »* de ma finitude, en tant que finitude réfléchie ou consciente ; l'infini lui-même étant alors la *« ratio essendi »* de sa propre idée. Tout ceci, à savoir que seule une référence à l'infini en acte et positif permet d'expliquer cette finitude consciente de soi (comme étant sa condition de possibilité, puisque l'idée d'infini est première par rapport à moi-

1. *DM*, Contre la *Troisième Méditation,* Doute VII, p. 294.
2. *DM,* Contre la *Troisième Méditation,* Doute VII, Instance IV, p. 312.

même), tout ceci donc, chez Descartes, ne débouche nullement sur une connaissance ou une compréhension quelconque de l'infini. Descartes ne cesse de le rappeler à Gassendi qui persistera, dans les *Instances,* à blâmer Descartes d'incohérence, là où celui-ci passe du *comprendre* au *concevoir*; une distinction qui, à certains égards, par ses conditions et par ses effets annonce la distinction kantienne entre *penser (denken)* et *connaître (kennen)* ; le penser correspondant bien sûr au concevoir, et le connaître, au comprendre.

Tout ceci permet d'éclairer un autre point significatif de l'antinomie sur l'infini, ayant trait au rapport entre *infini et totalité.* Gassendi s'étonne fortement que Descartes fasse état d'une notion « totius infiniti », de tout l'infini, comme si *totum infinitum* était représentable dans l'esprit fini de l'homme. Comment admettre en effet que ce qui est compris *(quod comprehenditur)* n'est pas l'infini et que l'on a cependant une notion du tout de l'infini sans en avoir la compréhension (« l'idée que nous avons de l'infini n'en représente pas seulement une partie, mais bien réellement l'infini tout entier, de la manière dont il doit être représenté par une idée humaine », avait confirmé Descartes, en réponse au point VII contre la *Troisième Méditation,* AT VII, 368, 5-8).

Or, Descartes entend par là que l'infini impliqué dans le rapport originaire d'union et d'opposition propre à la chose pensante, que cet infini ne peut être un infini de composition ou de construction. Ce dernier, parce qu'il dérive d'un *progrès à l'infini* ou indéfini, ne nous ferait jamais sortir de la sphère de la finitude, alors qu'il faut justement en sortir et ainsi présupposer à l'origine la notion d'un infini actuel — auquel on ne peut rien ajouter ou retrancher — pour s'expliquer le fait constitutif de la *res cogitans.*

Dès lors, *la solution substitutive* de Gassendi va de nouveau consister à introduire une sorte de troisième terme, pour dépasser le rapport (impossible à ses yeux) entre le fini et l'infini absolus du dualisme cartésien. Il s'agit de relativiser l'opposition. Ce troisième terme, qui en fait prend la place de l'infini cartésien (de même que le corps subtil se substituait à la *res cogitans* cartésienne), réside alors dans le *mouvement* de l'esprit, reculant sans cesse les limites de la représentation, celles du monde perçu par exemple. Tel est le *processus* qui seul, aux yeux de Gassendi, confère un contenu représentable à la notion d'infini, sans qu'il devienne légitime de passer de cet *élargissement* indéfini possible de toute borne à *la position* d'un infini en acte, de l'infini entier, lequel échappe par définition à toute prise possible. Mais tout cela correspond en fait à l'*indéfini* cartésien. Cependant Gassendi n'entre pas plus dans la distinction de l'infini et de l'indéfini que dans celle du comprendre et du concevoir : ce qui paraît fort logique.

En fin de compte, c'est le statut de la *négation* qui diffère le plus significativement d'une thèse à l'autre, entre la rationalité empirique d'inspiration matérialiste de Gassendi et la rationalité spéculative qui domine les *Méditations métaphysiques.* Gassendi s'en tient constamment à la *négation simple* : la notion d'infini ne peut dériver que de la négation du fini, d'une négation sans cesse réitérée et généralisée. Ici, la négation du fini est première; or, du point de vue métaphysique, ou cartésien, un tel infini ne saurait apporter la condition de possibilité requise, ni de la structure caractéristique de la *res cogitans,* ni même du processus de progrès à l'infini.

Donc, chez Descartes, la négation du fini est déjà pensée, en fait, comme une *négation de la négation.* L'infini étant posé lui-même comme premier et positif (et il est nécessaire de le concevoir ainsi, en tant que la *ratio cognoscendi* du fini dans la chose pensante), alors, le fini se présente aussitôt comme second et comme étant sa négation. *La négation est toujours seconde et subordonnée dans la logique cartésienne :* « Toute limitation contient en soi la négation de l'infini », rappelle Descartes dans la réponse au point IV sur la *Troisième Méditation* (AT VII, 365, 7-8). Mais il en résulte que la négation du fini se présente alors comme une négation de la négation. Ici apparaît le fond du différend, en même temps que la supériorité de Descartes.

Chez Descartes la négation du fini ne peut être génératrice d'infini (si ce n'est du faux infini, de l'indéfini). Au contraire, c'est plutôt l'infini qui engendre et pour ainsi dire exige la négation de sa négation. Ainsi, le progrès à l'infini qui recule sans cesse la limite (dans quelque ordre que ce soit) réalise en fait un tel processus de négation de la négation, lequel présuppose un pôle positif et primitif (ni construit, ni dérivé). Ce mode de raisonnement, capital pour la problématique de l'infini, ne sera retrouvé plus tard que par Kant, dans l'*Esthétique transcendantale,* à propos de l'espace et du temps.

Passons rapidement aux conclusions.

1 / Le dualisme cartésien exclut un troisième terme, sur lequel reposerait la jonction, voire l'union des opposés. Dès que s'esquisse un tel troisième terme (avec la glande pinéale par exemple), on peut se demander, avec Gassendi, s'il ne relève pas du même genre de critique que le « corps subtil ». Cela étant, la *difficulté générale* soulignée par Gassendi reste ouverte et irrésolue chez Descartes. Elle se confirme parfaitement dans la réponse au point IV de Gassendi contre la *Sixième Méditation* (AT VII, 389, 3-6) où Descartes déclare : « L'esprit ne conçoit pas l'extension par une espèce étendue qui serait en lui, bien qu'il l'imagine en se tournant vers une espèce corporelle qui est étendue... » De l'espèce étendue à l'imagination et de l'imagination à l'esprit, on voit que le raccourci est bien abrupt, et que le dualisme cartésien refoule plutôt qu'il ne développe une théorie du schématisme, dont il aurait besoin cependant.

Une des raisons profondes qui paralysent le débat, on l'a relevé plus haut, c'est le caractère statique de l'opposition matière-pensée. Thèse et antithèse comme il se doit dans une antinomie partagent ce postulat invisible, et ni Descartes, ni Gassendi n'envisagent une genèse possible en amont ; l'opposition ou la scission devenant alors le résultat, l'effet, au lieu d'être un point de départ. Mais ceci est également lié à la méconnaissance, chez les deux auteurs, de l'articulation sous-jacente et peut-être déterminante entre les deux dualismes. La condition et la clef ultimes (donc le dépassement éventuel) de l'irréductibilité du pensant et du corporel seraient à chercher alors dans celle du fini et de l'infini ; infini dont l'idée au sein de la chose pensante est celle d'un tout en acte, d'un tout positif, *a priori et absolument irréductible à toute finitude,* quels qu'en soient la modalité et le degré.

2 / Enfin, l'échange entre Descartes et Gassendi, avec son prolongement dans les *Instances,* confirme que la problématique n'est pas purement *ontologique,* ne se limite pas à la question de la substance (finie ou infinie ; pensante ou corporelle). Au dualisme cartésien et à

sa critique par Gassendi sont associées deux conceptions foncièrement différentes de la vérité et de la connaissance. C'est alors la question du *troisième dualisme* qui ressurgit ici ; je me limiterai, pour finir, aux remarques suivantes.

Chez Descartes, je l'ai rappelé, la dualité du concevoir et du comprendre (annonciatrice de la distinction kantienne entre penser et connaître), la dualité de l'entendement et de l'imagination sont toujours à l'horizon de la dualité ontologique entre fini et infini, entre le matériel et le pensant. Les contradictions ou les incohérences que Gassendi reproche au dualisme cartésien s'entendent sur les bases d'une certaine *réduction,* qui s'opérerait au détriment du concevoir, au détriment de l'entendement, du moins de l'entendement cartésien, autonome par rapport à toute imagination. Descartes s'en plaint justement dans les *Réponses* : « Vous restreignez le nom d'idées aux seules images, et moi je l'étends... » (réponse aux objections contre la *Troisième Méditation,* point VI, AT VII, 366, 19-21).

Le fait est que si l'on s'en tient au point de vue et aux limites de l'expérience représentative immédiate et directe, comme le souhaite Gassendi, on exclut par là aussi bien le concept cartésien de chose qui pense que celui d'infini positif.

Cette démarche critique de Gassendi cependant, loin d'annoncer le kantisme, comme on pourrait le penser, en annonce d'autres. Je ne reviens pas ici sur le rapprochement paradoxal avec l'immatérialisme de Berkeley, lequel aussi ne doit pas peu à ce que Gassendi appelle la « difficulté générale » du dualisme. Un autre rapprochement, guère moins paradoxal d'ailleurs, devrait être tenté avec la *critique phénoménologique contemporaine* — la critique phénoménologique du cartésianisme. Rapprochement paradoxal il est vrai. Dans les *Méditations cartésiennes* (qui sont en fait et entre autres choses, les *n*-ièmes objections contre la doctrine de Descartes), Husserl (comme le fait aussi Heidegger) regrette fortement que l'*ego* cartésien constitue en fait une dernière parcelle du monde, planche de salut pour une objectivité et une attitude naturelle, qui échappent ainsi à une mise entre parenthèses et à une mise en cause systématiques.

Ne sommes-nous pas ici aux antipodes de Gassendi, qui se plaint sans cesse, quant à lui, que la *res cogitans* cartésienne perde toute réalité assignable, en se dépouillant absolument de l'étendue et de toute matérialité sensible. Oui, certes. Mais d'abord, cela ne doit pas occulter une affinité résidant là encore dans un anti-dualisme fondamental, non moins déterminant que le matérialisme tendanciel de Gassendi, et que le postulat phénoménologique de Husserl et de Heidegger ; mais il y a plus.

Dans les objections contre la *Troisième Méditation* (Doute V et Instances complémentaires), Gassendi critique radicalement la théorie cartésienne *de l'idée,* en particulier la distinction entre une réalité objective et une réalité formelle. Il est regrettable que Descartes ne lui réponde guère sur ce point. Pour Gassendi l'idée ne saurait comporter de réalité objective à part. On doit lire sur ce sujet la critique extrêmement serrée que développe la première Instance (art. 1) après le Doute V contre la *Troisième Méditation* (*DM,* p. 264 et 268). L'idée n'a pas de réalité substantielle, n'étant qu'un certain *mode,* remarque d'abord Gassendi en se référant aux définitions qu'admet Descartes. Quel est ce mode ? C'est un mode de l'esprit, et à ce titre on peut bien parler d'une réalité formelle. Mais, sous l'angle représentatif ou objectif, l'idée, souligne Gassendi, ne peut être « rien d'autre qu'une relation » de la chose à moi, ou des parties de la chose à moi... « rien d'autre que la représentation ou la ressemblance de la chose » (*DM,* p. 262). Si l'idée était dotée d'une réalité spécifique, elle serait alors plutôt un *objet* de représentation possible qu'une représentation, c'est-à-dire une relation de la chose à moi : on voit ici le malentendu profond sur le terme de réalité.

Toujours est-il que cette réduction « phénoméniste » de Gassendi se développe selon un axe assez parallèle, à l'avance, à celui de la critique et de la réduction phénoménologiques. Dans la *Première Méditation cartésienne,* Husserl oppose en ces termes sa démarche à celle de Descartes : « Nous ne faisons valoir que ce qui nous est donné réellement — et immédiatement — dans le champ de l'*ego cogito* que *l'épochè* nous a ouvert, donc, nous évitons ce que nous ne "voyons" pas nous-mêmes. A ce principe, Descartes ne s'est pas entièrement conformé » (§ 10). Husserl est bien fondé à faire cette remarque ; mais il l'est, comme l'était Gassendi à remarquer que la notion d'infini positif n'entre jamais dans un champ de représentation immédiate et directe de l'*ego cogito*. Dans un cas comme dans l'autre, et en dépit de bases si différentes, la réduction à l'expérience représentative effective ne peut que fermer la voie de la déduction spéculative, métaphysique. Celle-ci demande *a contrario* un certain dédoublement du concevoir et du connaître dans la sphère du vrai, que n'offre absolument pas, par exemple, la distinction noème-noèse. Husserl parle sans doute de dépassement et de transcendance ; mais précise-t-on dans la *Troisième Méditation cartésienne* : « Toute transcendance se constitue uniquement dans la vie de la conscience » (§ 28). Nous ne sommes pas tellement loin alors de l'infini de Gassendi, qui se constitue *dans* le mouvement incessant de l'esprit à élargir ou à reculer les limites de sa représentation.

Au reste, Descartes n'ignore pas un tel processus immanent, comme on le voit par exemple dans la *Troisième Méditation*. Mais le propre de la pensée cartésienne c'est d'y voir non pas un principe d'explication ou d'intelligibilité suffisant, mais plutôt un problème pour l'élucidation philosophique. Celle-ci ne se mettrait pas à la hauteur de son objet propre, que ce soit la nature de l'esprit ou son rapport à l'infini, si elle se contentait de rester dans l'immanence et d'éclairer le même par le même.

Réponse à Jean-Louis Chédin sur les « Cinquièmes Réponses »

MARJORIE GRENE

J'ai l'honneur d'ouvrir la discussion sur l'excellente communication de Jean-Louis Chédin. En un quart d'heure je ne peux que souligner quelques remarques de notre collègue qui me semblent particulièrement importantes, et avec quelque hésitation, suggérer quelques petites choses qui me semblent discutables. Je vais présenter sept points.

1 / J.-L. Chédin note que « Gassendi appréhende parfaitement le caractère systématique et complexe du dualisme cartésien ». Bon. A commencer par Descartes lui-même, un grand nombre de lecteurs ont trouvé Gassendi tout à fait stupide en ce qui concerne le texte de Descartes. Gassendi savait donc ce qu'il faisait dans ses objections — et dans ses si longues réponses aux réponses — et même il s'amusait dans ce travail. En effet, derrière l'antithèse qu'il construit contre les thèses dualistes de Descartes, on trouve une autre antithèse : l'antithèse entre l'historien et l'anti-historien. Gassendi comprend bien par exemple l'enracinement de la pensée cartésienne dans la tradition scolastique : d'où le méditateur a-t-il tiré toutes ces maximes de la lumière naturelle ? On peut avancer l'hypothèse qu'un historien humaniste comme Gassendi peut comprendre, de son point de vue herméneutique, la pensée d'un anti-historien comme Descartes, alors que celui-ci, en niant la pertinence de l'histoire, se prive de la possibilité de comprendre son adversaire. Ceci est vrai dans ce cas au moins, peut-être en général. (Il y a tout de même au moins une grande thèse carté-

sienne que Gassendi ne peut comprendre, et que J.-L. Chédin souligne ; je reviendrai bientôt sur ce point.)

2 / En ce qui concerne la substance de l'argument de J.-L. Chédin. Descartes, comme il nous le dit, présente deux dualismes : esprit/corps et infini/fini ; et, dans les deux cas, une union qui doit les assouplir : l'union entre l'esprit et le corps dans un cas, et, dans l'autre, l'idée de l'infini que possède l'esprit fini. Il semble que Gassendi, au contraire, voit une contradiction irrémédiable dans le premier cas (si sa « matière subtile » n'agit pas comme troisième terme médiateur), et, que dans le second cas il remplace l'idée claire et distincte de Dieu que possède l'homme cartésien par l'extension indéfinie du fini dans la direction de l'infini. Pour ma part, je prends l'antithèse d'une façon un peu différente. Gassendi, qui nous prend pour des animaux un peu plus sages que les autres, veut voir l'activité mentale comme fondée sur le corps, et comme différente du corps seulement par degrés. La rupture fini/infini, au contraire, reste pour lui radicale et insurmontable, ce qu'elle n'est pas — ou est et n'est pas — chez Descartes.

3 / Mais, quoi qu'on pense de cette question, ce que J.-L. Chédin présente avec une clarté remarquable, c'est le rôle fondamental de l'infini dans l'ontologie cartésienne (et, ce qui va sans dire, dans l'épistémologie). Son exposé de l' « explication par l'infini » éclaire une fois pour toutes un trait de la pensée de Descartes que j'ai toujours trouvé difficile. Il s'agit de l'argument selon lequel je sais que je suis imparfait, parce que, sinon, je me serais rendu parfait. J.-L. Chédin écrit : « On pourrait dire que chez Descartes l'idée de l'infini est la *ratio cognoscendi* de ma finitude, en tant que finitude réfléchie ou consciente ; l'infini lui-même étant alors la *ratio essendi* de sa propre idée. » Et encore : « Là est la clef d'intelligibilité de la structure fondamentale de la subjectivité, comme substance finie qui s'appréhende en référence et opposition à ce qui exclut toute limitation. » De plus, quand il juxtapose l'approche cartésienne et la conception gassendiste, il nous dit : « La négation est toujours seconde et subordonnée dans la logique cartésienne. » Il cite les *Cinquièmes Réponses* : « Toute limitation contient en soi la négation de l'infini » (AT VII, 365, 7-8). On entend la voix de Spinoza : « Omnis determinatio est negatio » (*Lettre* L).

Ainsi l'idée de l'infini, loin d'être une négation, comme chez Gassendi, est plutôt la négation d'une négation, un retour (quoique partiel) à l'infini positif qui est sa source. C'est dans ce sens qu'on doit comprendre la relation entre l'imparfait et le parfait.

C'est cela précisément que Gassendi ne comprend pas. Chez lui, tout commence avec le fini, et passe par la négation dans la direction de l'infini qu'on n'atteindra jamais. Si on veut parler dans les termes du dualisme esprit/corps : pour Gassendi, toute connaissance est extérieure. Quelque chose me frappe du dehors : c'est de cette façon que commence la connaissance et elle ne peut jamais dépasser cette origine terrestre. Dans le sixième doute sur la *Troisième Méditation,* Gassendi écrit : « ... [dans la Méditation précédente], vous infériez que rien ne pouvait être plus facilement et plus évidemment connu par vous que vous-même : mais que serait-ce si, étant admis que vous n'avez ni ne pouvez avoir d'idée de vous-même, on pouvait dire que, de n'importe quoi d'autre, vous pouvez avoir une connaissance plus aisée et plus évidente que de vous-même ? » (*DM,* 278). Il est clair que, dans ces circonstances, l'esprit fini ne peut jamais revenir vers l'intérieur, pour trouver en lui-même l'idée de l'infini qui lui montre et sa propre finitude, et sa supériorité à une nature aveugle qui ne ressent pas ni sa finitude ni l'infini sur lequel tout l'être repose.

4 / Cette description du lieu de l'incompréhension de Gassendi rappelle un autre aspect important de la relation infini/fini que souligne notre collègue : c'est-à-dire la façon dont la relation entre l'esprit fini et l'infini marque la différence entre l'esprit et le corps. Encore une fois, il s'agit d'une observation qui éclaire la nature du dualisme cartésien.

5 / Dans ce contexte : on doit donc expliquer la connaissance de l'infini par le fini par ce que J.-L. Chédin appelle « un troisième dualisme », le dualisme entre comprendre et entendre, ou, comme il le dit plusieurs fois, entre l'imagination et l'entendement. Ici je dois faire deux observations.

a / Comme l'a montré Jean-Marie Beyssade, ce qui est en question ici, c'est en effet un trialisme. Nous *comprenons* les choses finies, nous *concevons* l'indéfini, et, quoique nous ne comprenions ni ne concevions l'infini, nous l'*entendons*. Je ne peux citer ici que trop brièvement l'exposé de Beyssade sur ces questions assez complexes[1].

b / J.-L. Chédin parle plusieurs fois de son troisième dualisme dans les termes du contraste : imagination/entendement. Il est vrai que la connaissance gassendiste apparaît avoir ses sources dans les sens et dans l'imagination. Et ici encore, il semble que Gassendi ne comprenne pas certaines distinctions cartésiennes importantes. Mais ce qui nous concerne ici, c'est que, pour Descartes, même notre compréhension — notre connaissance des choses finies : un chiliogone, ce morceau de cire — doit s'accomplir par l'esprit, et non pas par une faculté quasi corporelle comme l'imagination. En tant que mathématiciens, nous pouvons nous servir de l'imagination comme aide, mais c'est l'esprit, *res cogitans,* tout à fait distinct du corps, qui nous permet de comprendre même les *res extensae.* Le but de Descartes c'était de détacher l'esprit des sens, *educere mentem a sensibus.* Il voulait permettre aux esprits mathématiciens d'atteindre la connaissance de la nature sans l'influence des préventions infantiles et scolastiques qui restent trop près des sens. Et il a fait la découverte que, pour accomplir ce projet, il avait besoin de l'idée de l'infini que possède notre esprit. Gassendi au contraire voulait rester aussi près que possible des sens, du début à la fin.

6 / Enfin, en laissant de côté les remarques de J.-L. Chédin sur le problème de la genèse de ses dualismes, je me permets, avec respect, de remettre en question quelques connexions historiques qu'il suggère entre Gassendi et ses successeurs. S'il y a, paradoxalement, un parallèle entre Berkeley et Gassendi dans la thèse selon laquelle l'esprit (s'il est une substance séparée) ne peut pas comprendre le corps, la convergence sera encore plus proche entre Gassendi et Malebranche — et là il y a vraiment un paradoxe. Non. Gassendi, selon mon opinion, est un penseur trop terre à terre pour de telles comparaisons. L'affinité avec Gassendi — ainsi que son influence — se retrouvent chez Boyle et Locke et les autres philosophes mécanistes.

1. J.-M. Beyssade, Création des vérités éternelles et doute métaphysique, *Studia Cartesiana,* 2 (1981), p. 86-104, p. 90-95; RSP ou le monograme de Descartes, Descartes, *L'entretien avec Burman,* Paris, PUF, 1981, p. 153-207, p. 172 sq.

Les allusions de J.-L. Chédin à Kant me paraissent également étranges. En soi (comme l'admet Chédin), le *denken* de Kant est vide; l'entendre de Descartes, au contraire, lui fournit son idée *clarissimam et distinctissimam.* Entendre, c'est aussi connaître; *denken,* c'est le penser tout nu, sans un soupçon de connaître. J.-L. Chédin suggère aussi en passant que le schématisme de Kant serait un mécanisme médiateur entre l'esprit et le corps; mais on ne doit pas oublier que le schématisme s'accomplit seulement pour les apparences, et non pas pour les *Dinge an sich.* Enfin, si les citations de Berkeley et de Kant sont un peu embarrassantes, les citations de Husserl sont vraiment étonnantes. C'est vrai, Husserl a critiqué Descartes dans ses *Méditations cartésiennes,* mais il a conçu son projet essentiellement comme une prolongation du cartésianisme. Et assurément la notion d'exploration d'un « champ de la conscience » qu'a ouvert l'*époché* montre, d'une part, une parenté très proche du projet cartésien dans lequel l'esprit se tourne vers lui-même et survole ses idées — et d'autre part une opposition profonde à une lecture gassendiste-épicurienne de l'expérience. Enfin, la philosophie comme science apodictique, « Philosophie als strenge Wissenschaft » : cette entreprise révèle certainement un esprit beaucoup plus cartésien que gassendiste.

7 / En conclusion, et à propos de ma dernière remarque, permettez-moi de suggérer encore une antithèse, cette fois d'épistémologie, ou de caractère, si vous voulez, entre les auteurs des *Cinquièmes Objections et Réponses.* Descartes cherche la certitude (quoique, comme l'a démontré J.-L. Marion, il ne puisse jamais garantir absolument qu'il l'a trouvée). Néanmoins, il cherche la certitude : il voulait trouver *aliquid firmum et mansurum* dans le but de construire une science, une science unifiée, qui n'échouerait jamais. Gassendi, au contraire, nous voit comme tâtonnant, par-ici par-là, dans une pluralité de directions, cherchant les meilleures conjectures que nous aurons peut-être la chance de trouver. C'est la recherche optimiste d'un *corpus* permanent de la connaissance humaine qui embarrasse et irrite le plus le cinquième objecteur. En lisant les *Principes* de Descartes, Gassendi s'étonne qu'un grand géomètre puisse tomber si facilement dans les

songes et inventer des chimères. « Il ne veut pas admettre, conclut Gassendi avec tristesse, ce que les épaules humaines refusent de supporter. »[1] La recherche de la certitude, un probabilisme assez modeste : voici peut-être l'antithèse la plus fondamentale qui sépare nos deux philosophes — et c'est une antithèse qui a longtemps continué à hanter la philosophie européenne-américaine.

1. *Opera omnia* (1658), vol. 6, Stuttgart, Frommann, 1964, p. 217 ; *Lettre à Rivet.*

V

La théorie cartésienne de l'idée

Idée et représentation*

RAUL LANDIM FILHO

Dans la construction du système cartésien selon l'ordre analytique, la notion d'idée est prioritaire à deux titres : d'une part, tout mode de pensée présuppose une idée, cependant que les idées ne supposent aucune autre manière de penser (AT VII, 36-37 ; 181-182) ; d'autre part, grâce à la notion d'idée, il est possible de démontrer qu'il existe des choses « extérieures » à la pensée et de rompre ainsi avec le solipsisme apparent dans lequel la démonstration de la proposition *je suis pensant* semblait avoir enfermé la philosophie cartésienne (AT VII, 42, 16-28).

Nous proposerons ici une réflexion sur les notions d'idée et de représentation dans la philosophie première de Descartes. Notre article sera divisé en trois parties. Dans la première partie nous analyserons la définition des idées *« tanquam rerum imagines »*. L'analyse de cette définition aura comme objectif d'éclairer le sens des termes 'représentation' et 'objet' et de justifier la thèse : toute idée est une représentation d'objet.

C'est de cette définition que découle la plus problématique des notions cartésiennes concernant l'idée : la notion de réalité objective. Dans la deuxième partie de notre article nous tâcherons de reconstruire l'argumentation cartésienne qui présente cette notion et nous essaierons de justifier la thèse : toute idée a une réalité objective.

* Je remercie Francis Wolff pour la lecture attentive de ce texte et pour la révision de la version française.

Or, la notion d'idée matériellement fausse semble être un contre-exemple des thèses ci-dessus mentionnées. En effet, les idées matériellement fausses sont considérées comme des idées bien qu'elles n'identifient pas comme objet ce qu'elles rendent présent à la conscience. Par conséquent, la fonction représentative de ces idées et leur réalité objective sont problématiques. Le débat entre Arnauld et Descartes, suscité par les *Quatrièmes Objections,* nous permettra d'expliquer, dans la troisième partie de notre article, pourquoi ces manières de penser peuvent être considérées comme des idées.

Les idées « tanquam rerum imagines »[1]

De façon générique, le terme « idée » désigne *ce qui* est perçu : « ... Je prends le nom d'idée pour tout ce qui est conçu immédiatement par l'esprit » (AT VII, 181, 7-8)[2].

Cette caractéristique de l'idée, outre qu'elle exprime la rupture du cartésianisme avec le réalisme de la philosophie scolastico-thomiste, est le corollaire d'une thèse plus fondamentale : celle qui affirme la possibilité d'accès immédiat et indubitable par le sujet à ses actes de conscience et son accès problématique aux « choses elles-mêmes » qui existeraient *« hors de la pensée ».* L'argument du rêve et le doute métaphysique ont mis en cause l'existence des choses particulières, la réalité effective (dans le vocabulaire cartésien, la réalité actuelle ou formelle) des choses elles-mêmes, sans pour autant remettre en question les actes conscients : qu'il existe ou non des êtres « hors de la pensée », il est indubitable que le sujet pensant a conscience que quelque chose apparaît *dans la* conscience[3]. De toute évidence, ce qui est présent (ou ce qui apparaît) dans la conscience ce ne sont pas les « choses elles-mêmes ». Qu'est-ce donc qui est perçu ? Ce sont les *idées des choses.*

1. Chez Descartes, la notion d'idée a plusieurs sens. Nous nous restreindrons à l'analyse de la définition de l'idée « comme image des choses ».

2. Voir aussi *Lettre à Mersenne,* 16 juin 1641 et juillet 1641 (AT III, 382-383 ; 391-397).

3. *'Ce qui apparaît dans la conscience'* sera dénommé 'contenu de conscience'.

Même après avoir éliminé le doute du rêve et le doute métaphysique, même lorsque l'on aura prouvé que les corps extérieurs existants sont cause (occasionnelle) des idées sensibles, 'avoir conscience de quelque chose' (ou simplement 'percevoir') signifiera encore avoir une *idée de quelque chose.*

Les idées considérées comme des contenus perçus exercent une double fonction : elles rendent le sujet pensant conscient de ses modes de pensée (AT VII, 160, 14-16) et représentent, *en tant que* choses, les contenus de la conscience. En rendant le sujet conscient de ses actes, les idées le rendent en même temps conscient d'être sujet. Il n'y a donc pas de pensée sans perception, c'est-à-dire il n'y a pas de mode de pensée qui n'implique une idée (ou, selon l'expression de Descartes, il n'y a pas de pensée qui n'ait pour forme une idée, *ibid.*). Il en résulte qu'il n'y a pas de manière de penser qui ne soit consciente et, par conséquent, il n'y a pas d'acte conscient qui n'implique la conscience de soi, si par 'conscience de soi' on entend la conscience qu'a le sujet d'être sujet de ses actes.

Mais les idées sont aussi « comme les images des choses » (AT IX-1, 29)[1]. L'expression 'comme les images' (souligne Descartes à plusieurs reprises)[2] ne signifie ni image ou figure corporelle ni copie ou reproduction mentale mais simplement représentation. 'Représenter', à son tour, signifie d'abord présenter quelque chose à la conscience. Parce que les idées sont la « forme » des actes de la pensée, elles amènent les sujets à prendre conscience du fait qu'ils sont sujets de leurs actes mais, en tant qu' « images des choses », elles représentent ou rendent présent quelque chose *dans* et *pour* la conscience du sujet ; elles indiquent donc qu'être conscient c'est aussi avoir conscience de soi et de quelque chose.

Descartes n'affirme pas seulement que l'idée est une représentation mais il dit, en outre, qu'elle est une représentation de *choses,* spécifiant

1. « ... il est impossible que nous puissions jamais penser à aucune chose, que nous n'ayons en même temps l'idée de notre âme, comme d'une chose capable de penser à tout ce que nous pensons », *Lettre à Mersenne,* 16 juillet 1641 (AT III, 394, 16-19).

2. Voir, par exemple, *Objectiones III,* objectio V (AT VII, 181).

ainsi la « nature » de ce qui apparaît dans la conscience. Que signifie, dans ce contexte, le terme 'chose' ? Quelle est cette « chose » dont l'idée est une représentation ?

Dans les *Principia*[1], la signification du terme 'chose' est établie au moyen de l'analyse des trois notions primitives qui sont des représentations élémentaires et qui, pour cette raison, ne peuvent trouver leur origine dans d'autres représentations[2]. L'expression 'chose' peut désigner, selon les *Principia,* n'importe quelle entité et, sous cet aspect, le sens de cette expression s'oppose à la signification du terme 'rien'[3]. D'un autre côté, elle peut aussi désigner les entités qui sont des substances ; son sens s'oppose alors à la signification du terme 'affection' ou 'mode'. Pour désigner des entités qui possèdent une réalité indépendante de la pensée, Descartes utilise l'expression 'réalité actuelle ou formelle'. Les objets mathématiques, par exemple, bien qu'ils n'aient pas d'existence spatiale, ni d'existence dans la nature, sont considérés comme des choses[4], c'est-à-dire comme des êtres réels et véritables[5]. Le terme 'chose' désigne donc n'importe quel type d'entité et sa signification ne s'identifie pas à la signification de l'expression 'réalité formelle ou actuelle' mais s'oppose à la signification de l'expression 'rien'.

Le terme 'chose' que l'on trouve dans l'expression « comme les images des choses » indique que les contenus présentés par les idées sont des entités (substances [choses] ou affections des substances)[6], à savoir, ne sont pas un *« pur rien ».* Toutefois, le fait de considérer ces contenus comme des entités ou des réalités ne revient pas à affirmer que les idées sont des représentations correctes de la réalité actuelle

1. *Principia philosophiae,* I, § 48 (AT VIII-1, 22-23).

2. Sur le sens du terme 'notion primitive' voir les *Lettres à Elisabeth,* 21 mai et 28 juin 1643 (AT III, 663-668 ; 690-695).

3. Voir *Meditationes III* (AT VII, 41, 24-29) ; *Meditationes V* (AT VII, 64, 6-9) et *Responsiones I* (AT VII, 103, 3-4).

4. *Meditationes III* (AT VII, 35, 30) ; *Meditationes I* (AT VII, 20, 26).

5. Voir *L'entretien avec Burman,* texte 26, édition de Jean-Marie Beyssade, Paris, PUF, 1981, p. 72-73.

6. *Principia,* I, § 48 : « Quaecunque sub perceptionem nostram cadunt, vel tanquam res, rerumve affectiones quasdam, consideramus... » (AT VII-1, 22, 27-29).

des choses qui sont présentes (par les idées) à la conscience. La chose représentée peut ne pas posséder de réalité actuelle ou formelle. Le doute a permis de dissocier les actes conscients (et en particulier les actes qui sont des idées) des réalités actuelles ou formelles. Le point culminant en est un doute universel qui met en cause la vérité de toutes les représentations, par conséquent la réalité actuelle de tous les contenus de conscience, mais pas les actes conscients (les différentes façons de penser), en particulier l'acte de représenter (AT VII, 37, 11-14).

En présentant le contenu qu'elle expose dans la conscience comme une chose, l'idée le distingue de tout autre contenu qui pourrait être interprété comme une affection du sujet lui-même : *ce qu'*elle présente, elle le présente en tant que chose, à savoir, comme un contenu déterminé qui n'est ni une affection du sujet (c'est-à-dire un état subjectif), ni la simple conscience d'une affection du sujet ; *ce qu'*elle présente en tant que contenu déterminé se trouve « en face » du sujet et, pour cette raison même, s'oppose à lui. Ainsi, la fonction des idées, comme représentations, est d'opposer *(obversari)* au sujet, *dans* la conscience, les contenus qu'elles présentent (AT VII, 35, 20-22).

Etant donné que les contenus présentés par les idées sont des choses, représenter signifie d'abord rendre présent (à la conscience d'un sujet) des contenus qui s'opposent à elle et s'en distinguent. Par conséquent, les contenus exposés par les idées sont des objets, dans le sens complet du terme 'objet'[1]. Or, dans le contexte du système cartésien, l'objet n'est pas seulement *ce qui* est face au sujet, mais c'est aussi une entité distincte du sujet lui-même puisque, en

1. Le terme 'objet' peut signifier '*ce qui* est représenté par l'idée' (idéat de l'idée), ou désigner les '*choses mêmes* lorsqu'elles sont représentées par les idées'. Ainsi, par exemple, répondant à Caterus, Descartes affirme : « ... l'idée du soleil est le soleil même existant dans l'entendement, non pas à la vérité formellement, comme il est au ciel, mais objectivement, c'est-à-dire en la manière que les objets ont coutume d'exister dans l'entendement » (*Responsiones I* ; AT VII, 102, 26 - 103, 1 ; IX-1, 82). Toutefois il écrit dans l'*Exposé géométrique* : « Car tout ce que nous concevons comme étant dans les objets des idées, tout cela est objectivement, ou par représentation, dans les idées mêmes » (*Responsiones II*, *EG*, déf. II ; AT VII, 161, 7-9 ; IX-1, 124).

objectivant son contenu, l'idée le présente comme une réalité (ou comme une chose) qui, parce qu'elle ne s'identifie pas nécessairement à la réalité du sujet, peut « exister » (d'une manière propre aux entités qui sont présentes dans la conscience) comme entité indépendante du sujet lui-même.

La notion de représentation revêt donc désormais un sens plus large : outre qu'elle rend présent, à la conscience d'un sujet, un contenu qui, considéré comme chose, devient un objet, l'objet lui-même, considéré comme réalité, *semble* occuper *dans la* conscience la place d'une autre entité *possible.* Dans ce cas, représenter signifie présenter à la conscience le représentant possible d'une réalité : « Dans l'idée ou le concept de chaque chose, l'existence y est contenue, parce que nous ne pouvons rien concevoir que sous la forme d'une chose qui existe » (AT VII, 166, 13-15 ; IX-1, 128).

Ainsi, l'idée représente à double titre : elle rend présent un contenu (qui est une chose ou un objet) ; et l'objet qu'elle présente semble se trouver dans la conscience à la place d'autres entités (possibles ou actuelles). C'est pour cette raison que le contenu que l'idée *présente* à la conscience est un contenu *représentatif,* c'est-à-dire un contenu qui *vise* une autre réalité. En conséquence, le terme 'objet' prend un sens dérivé : il semble être le représentant dans la conscience d'entités qui peuvent avoir une réalité formelle ou actuelle.

Réalité objective de l'idée

Un texte connu des *Méditations* (AT VII, 40, 5-20) introduit la notion problématique de réalité objective de l'idée. Mais, à la surprise du lecteur, qui attendrait une longue série d'arguments pour justifier l'emploi de cette notion (utilisée par Descartes en un sens assez différent du sens original scolastique), les affirmations destinées à valider son utilisation ressemblent plus à des constatations factuelles qu'à des justifications philosophiques. Ayant déjà démontré que les modes du penser impliquent une intellection, Descartes concentre son analyse sur les manières de penser qui sont *« comme les images des choses ».* Or, les idées, constate Descartes, dans la mesure où elles représentent des choses distinctes, sont différentes. Pourquoi ?

> « ... mais, les considérant comme des images, dont les unes représentent une chose et les autres une autre, il est évident qu'elles sont fort différentes les unes des autres. Car, en effet, celles qui me représentent des substances, sont sans doute quelque chose de plus, et contiennent en soi (pour ainsi parler) plus de réalité objective, c'est-à-dire participent par représentation à plus de degrés d'être ou de perfection, que celles qui me représentent seulement des modes ou accidents » (AT IX-1, 31-32).

Ainsi, parce qu'elles représentent des contenus divers, les idées se différencient entre elles. Si elles sont différentes en raison de leurs contenus, alors elles ont un degré supérieur ou inférieur de perfection ou de réalité. Mais, si elles ont un degré de réalité, les contenus qu'elles présentent sont eux-mêmes des réalités.

Nous allons essayer à présent de reconstruire et d'interpréter cette argumentation cartésienne. D'après Descartes, l'idée est une réalité mentale et possède de ce fait une réalité formelle ou actuelle qui est d'être un mode (une manière de penser représentative) du sujet pensant. Sous cet aspect, toutes les idées sont semblables, car elles sont toutes des entités mentales ou des modes de l'attribut pensée (AT VII, 40-42).

Bien que les idées de substance et d'accident, par exemple, soient toutes deux des modes d'un même sujet pensant et, pour cette raison, offrent une même réalité formelle, ce sont des idées différentes. Leurs contenus, qui sont évidemment distincts, permettent de les différencier. Pourquoi des entités possédant la même réalité formelle peuvent-elles être considérées comme des entités différentes ? Comment expliquer la diversité des contenus représentés ? Le principe qui explique l'identité de réalité entre les idées ne peut être le principe qui explique la différence entre elles : elles sont distinctes non parce qu'elles sont des modes du sujet pensant, mais parce qu'elles représentent des contenus différents. Par conséquent, la réalité formelle des idées n'est pas un principe qui explique la différence entre elles. Si elles se différencient, elles se différencient par les contenus qu'elles représentent ; mais alors, ces contenus ne peuvent être considérés comme *« un pur rien* ». Comme nous l'avons déjà souligné, les contenus représentés par les idées sont des choses, c'est-à-dire des entités qui existent comme objets dans la conscience, bien que cette manière d'être ou d'exister comme objet (ou comme réalité objective) soit moins parfaite que la manière d'exister comme réalité formelle (AT VII, 64, 6-9; 41, 26-29).

Pourquoi les contenus *de conscience* sont-ils considérés comme des réalités? Schématiquement, on peut *reconstituer* l'argumentation de Descartes de la manière suivante : les idées sont des façons de penser représentatives. Représenter signifie présenter un contenu à la conscience d'un sujet. Or, ou bien ce contenu n'est qu'une affection du sujet — et alors aucun contenu n'est représenté comme quelque chose de déterminé — ou bien le contenu présenté par l'idée est quelque chose de déterminé qui se distingue non seulement du sujet mais aussi d'autres contenus qui sont présentés par d'autres idées. Il peut alors être considéré, en tant que contenu perçu, comme une chose, à savoir, il n'est pas un pur rien (une non-entité). S'il est une chose, il peut être considéré comme un objet : quelque chose qui, *dans la* conscience s'oppose et se distingue du sujet lui-même. Mais les objets se trouvent dans la conscience, non comme des modes du sujet mais comme des choses distinctes du sujet lui-même. Ils ont une « espèce » d'existence, c'est-à-dire qu'ils existent dans la conscience. Ils ont, par conséquent, pour ainsi dire, une réalité objective.

Ainsi, c'est la différence entre les contenus des idées qui permet de distinguer les divers actes représentatifs. Dans la mesure où ces contenus permettent de différencier et d'identifier les divers actes représentatifs, ils ne peuvent être considérés comme un « pur rien ». Ce sont des *choses,* c'est-à-dire quelque chose qui s'oppose au rien (au non-être) et qui a une sorte de réalité, quelle qu'elle soit. La réalité qui est la leur est leur existence comme objet dans la conscience.

En fait, l'argumentation cartésienne associe la fonction représentative des idées à la thèse de la réalité objective : parce que toute idée présente un contenu à la conscience, toute idée représente une chose et a donc une réalité objective. S'il était possible de dissocier le concept de contenu représenté de celui de réalité objective, la thèse cartésienne ne serait pratiquement plus soutenable. Mais alors, comment différencier les idées ? Pourrait-on légitimement affirmer qu'elles se distinguent entre elles par les contenus qu'elles exposent dans la conscience, sans affirmer, en même temps, que ces contenus sont des réalités ? En effet, c'est par le fait qu'on peut distinguer les contenus des idées qu'on peut les considérer comme des réalités.

Les idées matériellement fausses[1]

Si l'analyse que nous venons d'effectuer est correcte, les thèses suivantes sont valables :

1 / Les idées, considérées en elles-mêmes, ne sont ni vraies ni fausses[2] ; ce sont des manières de penser représentatives.
2 / Les idées sont des représentations de choses.
3 / Les contenus rendus présents à la conscience par les idées — les choses — sont des contenus déterminés et, pour cette raison, peuvent être considérés comme des objets.
4 / Les objets sont des entités dans la conscience. Ainsi, toute idée, puisqu'elle est l'idée d'un objet, a (ou est) une réalité objective.

Les idées matériellement fausses semblent être un contre-exemple des thèses ci-dessus car, bien qu'elles puissent être considérées comme des représentations (sensibles)[3] « ... elles représentent ce qui n'est rien comme si c'était quelque chose »[4] (AT III, 43, 29-30 ; IX-1, 34). Si les contenus qu'elles rendent présents sont des entités fictives — *« non res »* — elles ne sont pas alors des idées d'objets et n'ont donc pas de réalité objective. Mais pourraient-elles être encore considérées comme

1. Nous nous limiterons à l'analyse des idées sensibles (sensations, *'sensus',* que nous rendrons toujours par sensation, alors que, on le sait, Descartes emploie toujours le mot 'sentiment') qui peuvent être considérées comme matériellement fausses.

2. Seuls les jugements sont vrais ou faux, voir AT VII, 37.

3. Toutes les idées sensibles ne sont pas matériellement fausses. La perception de la forme, taille, etc., des corps particuliers (la perception des « propriétés primaires » des corps) peut être, selon certaines conditions, claire et distincte. Voir *Meditationes VI* (AT VII, 80, 11-14) et *Principia,* I, § 69 (AT VIII-1, 33-34).

4. Voir aussi *Responsiones IV* : « ... illas nihil reale exhibere » (AT VII, 234, 4-5).

de véritables représentations ? D'autre part, si elles sont, en fait, des représentations, alors elles exposent quelque chose à la conscience, même si leurs contenus ne peuvent être rigoureusement considérés comme des choses. Mais alors, pourquoi dire qu'elles sont matériellement fausses ?

Il y a donc, apparemment, au moins deux manières possibles de caractériser la notion d'idée matériellement fausse : soit elles ne parviennent pas à distinguer la *réalité* de leurs objets *dans la* conscience, soit elles ne parviennent pas à discerner si ce sont bien les représentants d'entités (possibles) « hors » de la conscience qu'elles identifient dans la conscience. Quelle est celle de ces deux hypothèses qui caractérise précisément la notion d'idée matériellement fausse ?

Arnauld, dans les *Quatrièmes Objections* (AT VII, 206-207), s'interroge sur la signification de la notion d'idée matériellement fausse, à partir de la définition de la réalité objective formulée par Descartes dans l'*Exposé géométrique*[1]. Face à cette définition, comment caractériser, par exemple, l'idée du froid ? « C'est le froid même, en tant qu'il est objectivement dans l'entendement », affirme Arnauld (AT VII, 206, 19-20). Or, si l'on part de l'hypothèse que le froid est une privation, la réalité objective de l'idée du froid ne peut pas être une entité positive car, si c'était le cas, l'idée qui contiendrait une telle réalité ne serait pas l'idée du froid (en raison de la définition de la réalité objective de l'idée et de la présupposition que toute idée possède une réalité objective). Selon la même argumentation, si le froid était une entité positive, la réalité objective de cette idée ne pourrait pas être une entité négative. Ainsi, si le froid était une privation, une idée qui contiendrait une réalité objective positive pourrait être attribuée au froid dans un jugement mais, dans ce cas, le jugement serait faux car cette idée ne serait pas l'idée du froid. Or, conclut Arnauld, si l'idée du froid est une idée, elle représente quelque chose. Que représente-t-elle ? Une privation ? Donc elle est vraie. Un être positif ? Donc elle

1. « ... l'entité (ou l'être de la chose) [addition de la version française] représentée par l'idée, en tant que cette entité est dans l'idée » (AT VII, 161, 4-5, IX-1, 124).

n'est pas l'idée du froid (AT VII, 207, 17-19). Par conséquent, aucune idée n'est matériellement fausse.

L'argumentation d'Arnauld se fonde sur la définition cartésienne des idées *« tanquam rerum imagines »* et sur la définition de la réalité objective de l'idée formulée dans l'*Exposé géométrique.* Selon ces définitions, une même réalité peut être considérée sous un double aspect : comme réalité en soi (formelle ou actuelle) et comme réalité objective (dans l'intellect). Mais il est impossible de déduire l'être objectif de l'être formel et *vice versa.* En effet, la réalité de l'un n'implique pas celle de l'autre ; un être objectif peut ne pas avoir de corrélat formel et inversement une réalité formelle peut ne pas être pensée. Il devient alors problématique d'affirmer : *a* /l'idée de *x* représente *x* et a donc une réalité objective ; *b* /*x* est une entité ; *c* /l'idée de *x* représente *x* et se différencie de *x,* non parce qu'elle en est la représentation (car la réalité objective de *x* se différencie forcément de sa réalité formelle), mais parce qu'elle représente *x* comme une entité positive, alors qu'en fait *x* est une entité négative et *vice versa.*

Pourquoi les énoncés *a*/-*c*/ ne peuvent-ils pas être affirmés en même temps ? Si l'idée de *x* est une représentation de *x,* elle pourra être fausse ou vraie dans un jugement, mais, quelle que soit sa valeur de vérité dans ce jugement, elle est une représentation de *x.* Il est donc impossible d'affirmer que l'idée de *x* est une représentation de *x* et que *x* lui-même diffère de sa représentation — non pas lorsqu'il est considéré dans sa réalité formelle (car, évidemment, la réalité objective et la réalité formelle de la chose sont deux aspects distincts de la chose) — mais lorsque c'est une réalité (formelle) de nature différente de celle qui est représentée par la représentation de *x.* Dans ce cas, l'idée de *x* ne serait pas une représentation de *x* mais serait l'idée d'une autre entité. Si l'idée du froid, par exemple, n'a pas, comme idéat *dans la* conscience, le froid lui-même, son idéat n'est pas le *représentant* du froid et donc cette idée n'est pas l'idée du froid. Ainsi, si une idée est idée de *x,* le jugement qui la réfère à la réalité formelle de *x* sera vrai ; si, par contre, il est faux, alors soit l'idée n'est pas l'idée de *x,* soit elle n'a pas été mise en rapport avec *x.* La définition de l'idée « comme image des choses », jointe à la définition de la réalité objective, formulée dans l'*Exposé géométrique,* permet d'interpréter les idéats comme les *représentants* des entités représentées, à savoir, comme *les substituts dans la conscience des choses* elles-mêmes, ce qui rend problématique la notion d'idée matériellement fausse.

L'analyse d'Arnauld semble correcte. Elle tire les conséquences de certaines définitions cartésiennes. Toutefois, elle semble supposer ce qui est justement en question : les idées matériellement fausses représentent-elles des objets ? Ont-elles une réalité objective ? Sont-elles, de fait, des idées ?

L'aporie d'Arnauld ne prend pas en considération l'ambiguïté du terme 'objet' : le terme 'froid' désigne-t-il la chose même, qui est le corrélat en soi de la représentation, ou dénote-t-il le contenu présenté à la conscience ? Arnauld semble supposer que l'idée de *x* représente ou a pour objet *x* en soi. Descartes lui-même utilise le terme 'objet' de façon ambiguë : parfois il désigne un contenu de conscience[1], parfois le corrélat formel d'un contenu de conscience[2]. Mais, contrairement à Arnauld, ce qui intéresse Descartes, c'est de savoir si les idées matériellement fausses distinguent leurs objets, c'est-à-dire si les contenus que les idées présentent à la conscience sont des choses (objets) ou des entités chimériques (non-choses). En fait, ce qui est en question, c'est la réalité objective des idées et non la relation de la réalité objective elle-même avec ses corrélats réels (possibles ou actuels). C'est le froid en tant que contenu de la conscience qui est analysé et non l'idée du froid dans sa relation avec le froid lui-même. Ce qui fait qu'une idée est matériellement fausse n'est pas le fait qu'elle n'est pas le *représentant dans la* conscience d'une entité, mais plutôt qu'elle ne discerne pas, en tant que représentation, ses objets.

Répondant aux objections d'Arnauld, Descartes s'interroge sur la réalité objective des idées sensibles. L'idée du froid « ... n'est pas le

1. « ... l'idée du soleil est le soleil même existant dans l'entendement, non pas à la vérité formellement, comme il est au ciel, mais objectivement, c'est-à-dire en la manière que les objets ont coutume d'exister dans l'entendement *(quo objecta in intellectu essent solent)...* », *Premières Réponses* (AT 102, 27 - 103, 1 ; IX-1, 82).

2. « Car tout ce que nous concevons comme étant dans les objets des idées, tout cela est objectivement (ou par représentation) [addition de la version française] dans les idées mêmes », *Secondes Réponses,* EG, déf. III (AT VII, 161, 7-9 ; IX-1, 124).

froid même en tant qu'il est objectivement dans l'entendement, mais quelque autre chose qui est prise faussement pour cette privation, à savoir un certain sentiment qui n'a aucun être hors l'entendement » (AT VII, 233, 12-15; IX-1, 180-181). Cette réponse est apparemment surprenante car elle semble défendre deux thèses contraires : d'un côté, les idées sensibles sont en fait des idées de quelque chose et, pour cette raison, semblent avoir une réalité objective et donc un caractère représentatif; mais, d'un autre côté, ce qui pourrait être considéré comme contenu de ces idées n'est pas la chose même telle qu'elle est pensée mais une sensation *(sensus),* c'est-à-dire une manière de penser qui ne possède aucune existence « hors » de la pensée. Or, en tant que manières de penser, les sensations n'expriment que des états de conscience et ne parviennent pas à discerner *ce qui* s'oppose et qui se trouve *en face* du sujet. Pourquoi peuvent-elles être encore considérées comme des idées ?

Dans l'analyse du sentir en général et des sensations en particulier, il faut distinguer la conscience de sentir de la connaissance sensible qui prétend décrire la nature des choses mêmes et désigner l'existence de ces choses[1].

Si la conscience de sentir et la connaissance sensible étaient décrites par des jugements, la conscience de sentir s'exprimerait par des jugements sous la forme : ceci me semble... (dur), (chaud), (rouge), etc. ; alors que la connaissance sensible serait exprimée par les jugements qui décrivent des réalités en soi et qui prendraient la forme suivante : ceci est (dur), (chaud), (rouge), etc.

Si la conscience de sentir est isolée des jugements auxquels elle est habituellement assimilée et qui affirment, par exemple, que les sensations sont des représentations des propriétés réelles des choses; si l'on abstrait des sensations elles-mêmes leur fonction représentative, et qu'on les considère pour elles-mêmes, à savoir seulement comme des états de conscience, alors ce sont des perceptions claires et distinctes[2].

1. La connaissance sensible est un acte de l'esprit *(mens)* engendré à partir de la conscience (ou de la perception) sensible.

2. *Principia,* I, § 66-68 (AT VIII-1, 32-34).

La conscience de la (ma) douleur, isolée du jugement qui la localise dans un organe corporel, la conscience de la couleur, séparée du jugement qui la considère comme une représentation d'une propriété d'un corps, etc., sont des manières de penser claires et distinctes[1].

La sensation, considérée comme une « donnée » immédiate de la conscience ou comme la conscience d'un pur paraître, est seulement une manière de penser séparée et isolée de sa condition corporelle, de sa fonction représentative et des jugements de réalité auxquels elle est associée[2].

La conscience de sentir, lorsqu'elle est un simple état de conscience, est vécue comme la conscience d'une passivité et comme la conscience d'une contrainte des choses extérieures. La conscience de la passivité signifie que les choses extérieures à la conscience *paraissent* imprimer leurs impressions dans la conscience : les idées sensibles seraient ainsi reçues par l'action des corps extérieurs ; la conscience de la contrainte renforce l'aspect de passivité : les choses extérieures sont pensées indépendamment du consentement du sujet.

Evidemment, le *fait* de la passivité et celui de la contrainte peuvent être remis en question : l'argument du rêve montre que la perception des choses considérées comme extérieures à la conscience peut s'effectuer indépendamment de l'existence et de la présence de ces choses. La passivité peut être, du point de vue de la vérité, une illusion. Le fait de la contrainte des choses extérieures peut aussi être une illusion, car une faculté méconnue du sujet pourrait produire les idées sensibles sans le consentement du sujet lui-même (AT VII, 39 ; 75 et 77). Que la passivité et la contrainte soient illusoires ou non, il est indubitable que l'on en a conscience. Même si les idées sensibles ne sont pas produites par les choses extérieures, elles *paraissent* être causées par ces choses. La conscience de la passivité et de la contrainte ne dépend pas *du fait* de la passivité (ou de la contrainte), car tout acte de conscience est conscience d'un simple paraître et non connaissance de quelque chose de véridique.

1. *Ibid.,* § 68 (AT VIII-1, 10-13).

2. Voir l'analyse du deuxième degré du sens in *Responsiones VI* (AT VII, 437-449) ; *Meditationes II* (AT VII, 24, 14-18).

En raison de ces caractéristiques de la conscience sensible, les sensations ne peuvent pas être analysées exclusivement comme des modes de la *res cogitans* : passivité et contrainte semblent indiquer un rapport de dépendance de la pensée à une condition hétérogène elle-même. Si les sensations sont passives, c'est parce qu'elles *paraissent* être *occasionnées* par les corps extérieurs. Passivité signifie, dans ce cas, conscience d'une réceptivité. Si les sensations ne dépendent pas du consentement du sujet connaissant, c'est parce qu'elles *semblent* dépendre de la *causalité* des corps extérieurs. Contrainte dans ce cas signifie conscience des impressions comme si elles étaient causées par les corps extérieurs. Par conséquent, l'analyse de la sensation, en tant que conscience d'une passivité ou d'une contrainte, *semble* indiquer l'existence d'une condition corporelle.

Si les choses extérieures paraissent être la cause des sensations, celles-ci, à leur tour, semblent reproduire, dans l'ordre de la pensée, les impressions causées par ces choses. Et ainsi, du fait que les sensations semblent être dans un rapport de dépendance causale, elles *semblent représenter* les propriétés de leurs causes. Pour cette raison, *les sensations peuvent être considérées comme des idées sensibles* : elles *paraissent dépendre d'une condition extérieure à la pensée* qui *semble être leur cause* ; et, en vertu de cela, en tant que manières *de* penser, elles *visent ces réalités* dont elles semblent être les effets et *paraissent* ainsi *représenter leurs causes.*

Mais l'intellect, en analysant et en contrôlant la sensibilité ou la conscience de sentir, distinguera *la fonction représentative* des sensations de *leur fonction référentielle* qui consiste à désigner une existence extérieure à la pensée. Si, de fait, les sensations sont causées (et si elles sont causées par les corps extérieurs), on peut, à partir d'une sensation donnée, désigner le corps qui en est la cause. Cela ne revient pas à dire, pourtant, que les sensations sont des représentations des propriétés des corps car, si l'on constate un effet, on peut en conclure l'existence de sa cause, mais on ne peut en déduire que l'effet soit semblable à sa cause (AT VII, 39, 15-29).

Les idées, en tant que représentations de choses, rendent présent à la conscience un contenu qui peut exister indépendamment du fait d'être représenté. Toute idée, puisqu'elle est l'idée d'un objet, présente une réalité possible ou actuelle et, en ce sens, vise une extériorité à la conscience. En un sens, dans la mesure où les sensations se réfèrent à une extériorité hétérogène à la pensée, elles sont considérées comme des idées. Mais, en un autre sens, du fait qu'elles dépendent d'une condition hétérogène à la pensée, ce sont des idées confuses et obscures et l'« objet » qu'elles semblent représenter n'est rien d'autre qu'un état de conscience ou un état subjectif. Si la conscience d'une passivité et d'une contrainte permet de considérer les sensations comme des idées puisqu'elles ont une fonction référentielle (sans pour autant avoir une fonction représentative), *ce qu'*elles rendent présent ce sont des états subjectifs. Ces états subjectifs peuvent être clairement et distinctement perçus. Mais, considérés comme représentations, ils présentent comme « objets » ce qui n'est qu'un état de conscience d'un sujet pensant qui est uni à son corps.

Les affirmations de Descartes sur les idées matériellement fausses (« ne représentent ce qui n'est rien comme si c'était quelque chose » ou « représentent rien de réel ») s'éclairent alors : l'idée d'une couleur, celle d'une saveur, d'un son, etc., en raison de leur dépendance et de leur origine corporelle, semblent distinguer la couleur, la saveur, le son, etc., comme des propriétés réelles d'objets. Elles semblent « représenter ces objets » parce qu'elles visent et se réfèrent à une extériorité à la pensée. Mais ces « objets représentés » (par les idées sensibles) ne sont que des états de conscience d'un sujet étroitement lié à son corps, autrement dit, ce sont des modes de l'union de l'âme et du corps. Ces états de conscience n'ont évidemment aucune réalité « hors » de la pensée et ne sont donc pas des entités qui peuvent exister si elles ne sont pas pensées. Considérées comme des représentations, les idées sensibles contribuent ainsi à l'énonciation des jugements de similitude faux sur des réalités extérieures à la pensée.

Conclusion

Dans la théorie cartésienne, les idées doivent être analysées sous une double perspective : d'une part, elles rendent quelque chose présent à la conscience et, à cet égard, représenter est présenter une réalité ; d'autre part, *ce qui* est présenté à la conscience *peut* être le *représentant* d'entités « hors » de la conscience ; à cet égard, les idées paraissent être des représentations d'entités possibles ou actuelles.

Considérées « comme image des choses », toute idée est idée d'un objet. Mais un objet est une entité dans la conscience qui se distingue et s'oppose, en tant qu'objet, au sujet pensant lui-même. Ainsi, étant donné que les objets sont considérés comme des entités, toute idée, étant idée d'un objet, a une réalité objective, qui est la manière d'être ou d' « exister », comme objet, dans la pensée. Parce qu'ils se distinguent du sujet dans la conscience, les objets peuvent être considérés comme les représentants d'entités possibles dont la réalité serait indépendante de la pensée. Sous cet angle, « exister comme objet » signifie être (dans la conscience) à la place d'une entité possible. Par conséquent, toute idée, en rendant présente une entité (qui existe en tant qu'elle est pensée), vise une réalité qui semble ne pas dépendre du fait d'être représentée.

Les sensations sont des « représentations » qui ne distinguent pas leurs objets, leurs contenus ne sont pas des « choses » et, enfin, ce ne sont pas des idées de... Elles *ne représentent pas les entités qu'elles désignent,* car ce sont de simples états subjectifs. Comme ce ne sont pas des idées d'objets, elles ne sont pas considérées comme d'authentiques représentations, si par représentation on entend représentation de choses. Mais, malgré cela, elles visent, de façon obscure et confuse quelque chose qui est hétérogène et extérieur à la pensée. Ce sont des signes de ces entités. Et c'est pour cela seulement qu'on peut les nommer idées.

Une certaine fausseté matérielle : Descartes et Arnauld sur l'origine de l'erreur dans la perception sensorielle

LILLI ALANEN

Cette communication examine ce qu'apporte, en matière d'éclaircissement, de précision ou de changement, la réponse de Descartes aux objections d'Arnauld contre la notion obscure et apparemment contradictoire de fausseté matérielle des idées, introduite dans la *Troisième Méditation.* Cette notion est en contradiction avec la théorie explicite de Descartes des idées, selon laquelle la fausseté ne se trouve que dans les jugements, qui dépendent d'un acte de la volonté assurant ou niant quelque chose de ce à quoi l'idée se rapporte[1]. La fausseté matérielle semble être une exception à cette règle, et Descartes la décrit comme appartenant à certaines idées adventices, notamment celles des sens. Mais l'exemple des idées du chaud ou froid qu'il en donne engendre, comme la question d'Arnauld le montre, plus de confusion que de clarté[2]. Si nous devons l'entendre comme le fait Arnauld en écrivant ses objections, la position de Descartes sur la vérité des idées n'est guère cohérente.

Je procéderai ici par ordre : je vous rappellerai d'abord les points principaux de la doctrine des idées développée dans la *Troisième Méditation,* pour résumer et discuter ensuite les objections d'Arnauld ainsi

1. « Jam quod ad ideas attinet, si solae in se spectentur, nec ad aliud quid illas referam, falsae proprie esse non possunt » (AT VII, 37).

2. Voir la discussion de Jean-Marie Beyssade, *Descartes on Material Falsity,* Conférence à l'Université d'Iowa, 1989, in *Minds, Ideas and Object,* ed. Ph. Cummins and G. Zoeller, 1992.

que la réponse de Descartes. L'intérêt de cette réponse est d'autant plus grand que Descartes n'hésite pas à reconnaître la force de l'argument de son adversaire[1]. Est-ce à dire qu'il s'en trouve vaincu ? Descartes ne l'admettrait sans doute pas. La stratégie qu'il adopte consiste au contraire à expliquer le sens où il aurait fallu l'entendre, qui n'est pas celui où Arnauld a pris sa doctrine *(loc. cit.)*. En essayant ici de comprendre et d'expliquer ce sens je me propose aussi de déterminer si c'est bien Descartes qui modifie sa doctrine pour éviter une objection qu'il reconnaît irréfutable, ou bien si en la rendant plus explicite il réussit, au contraire, à convaincre Arnauld de l'existence d'une sorte de continuité entre le plan de l'idée et celui du jugement, dont les relations ne seraient pas, comme le dit Jean-Claude Pariente, réductibles à une simple « antériorité de l'idée sur le jugement »[2]. J'indiquerai aussi quelques conséquences, pour la conception cartésienne de la valeur de la connaissance sensible, de l'interprétation défendue ici.

1 / Descartes déclare, dans la *Troisième Méditation,* qu'en ce qui « concerne les idées, si on les considère seulement en elles-mêmes, et qu'on ne les rapporte point à quelque autre chose, elles ne peuvent, à proprement parler, être fausses... » (AT IX-1, 29). Les idées en elles-mêmes sont toujours vraies. L'idée en elle-même ici veut dire l'idée en

1. Au lieu de tâcher de les résoudre, ou de s'y opposer directement, il va plutôt, écrit-il, tâcher d'éviter la violence de ses coups (AT IX-1, 179 ; AT VII, 231).

2. Jean-Claude Pariente, *L'analyse du langage à Port-Royal,* Paris, Editions de Minuit, 1985, p. 73. Cf. mon article Objective reality and material falsity (1991), John Cottingham (réd.), *Reason, Will and Sensation : Studies in Cartesian Metaphysics* (Oxford University Press, en cours de publication), dont mon but ici est de développer et rendre plus explicites les conclusions. Voir aussi les interprétations récentes de Jean-Marie Beyssade, dans sa Conférence *Descartes on Material Falsity,* Université d'Iowa, 1989, et de Margaret Wilson, *Descartes on the Perception of Primary Qualities,* Conférence à San José State University, 1988, et *Descartes on the Representationality of Sensation,* J. A. Cover et Mark Kulstad (réd.), *Central Themes in Early Modern Philosophy* (Indianapolis, Hackett Publ. Co., 1990), p. 1-22, que j'ai trouvées très utiles et clarifiantes même sur les points où je diffère avec eux. Je suis bien reconnaissante à Jean-Marie Beyssade pour avoir mis son manuscrit à ma disposition et aussi pour attirer mon attention sur l'analyse de Jean-Claude Pariente avec lequel je me trouve plus en accord.

sa réalité objective considérée à part de l'être ou de la chose représentée par elle. L'idée cartésienne, comme on le sait, peut être prise en deux sens : « matériellement pour une opération de l'entendement », ou « objectivement pour la chose qui est représentée par cette opération » (AT VII, 8). Le second sens est celui auquel convient proprement le nom d'idée, et les idées en ce sens strict ou propre du terme sont décrites dans la *Troisième Méditation* comme *(tanquam)* des « images des choses », par exemple, « lorsque je me représente un homme, ou une chimère, ou le ciel, ou un ange, ou Dieu même » (AT VII, 37 ; IX-1, 29). En elles-mêmes, en leur être représentatif, les idées ne peuvent pas être fausses : si je m'imagine ou représente une chèvre ou une chimère, « il n'est pas moins vrai que j'imagine l'une ou l'autre ».

L'erreur comme la fausseté appartenant aux jugements sont, dans la *Quatrième Méditation,* dites dépendre du concours de deux causes : de la puissance de connaître ou de l'intellect d'une part, et de la faculté d'élire ou le libre arbitre de l'autre. L'intellect seul perçoit (fr. « conçoit ») les idées, sans y porter de jugement, ou, comme le précise la traduction française, sans les assurer ou nier (AT IX-1, 45)[1]. L'erreur, comme on le sait, est due au mauvais usage du libre arbitre, quand on se détermine, par exemple, à juger d'une chose que l'on ne conçoit pas assez clairement ou distinctement, pour assurer ce qui est faux ou nier ce qui est vrai (AT VII, 56; IX-1, 47). D'où la règle d'or de la méthode cartésienne, qui est « de retenir fermement la résolution de ne jamais donner mon jugement sur les choses dont la vérité ne m'est pas clairement connue » (AT VII, 61 ; IX-1, 49). La fausseté est due au jugement, dont l'erreur principale et la plus ordinaire consiste à affirmer que les idées « qui sont en moi sont semblables, ou conformes à des choses qui sont hors de moi » (AT VII, 37, 20-25 ; IX-1, 29).

Quant aux idées prises matériellement, comme des actes ou opérations de l'esprit, ce sont des états psychologiques, pour lesquels la

1. Le latin est plus bref : « Nam per solum intellectum percipio tantum ideas de quibus judicium ferre possum, nec ullus error proprie dictus in eo praecise sic spectato reperitur » (AT VII, 56).

question de vérité ou de fausseté ne se pose pas[1]. Les idées, qu'on les considère, soit objectivement, en leur être représentatif, soit matériellement ou formellement, comme des actes mentaux, sont donc toutes vraies, il n'y a que les jugements qui peuvent être faux.

Cette doctrine, qui se trouve confirmée maintes fois dans l'opus cartésien, est toutefois accompagnée d'une réserve dès son introduction dans la *Troisième Méditation.* Descartes y remarque en effet que les idées, prises seulement comme des modes ou façons de penser, pourraient, *à peine,* me donner occasion de faillir (AT IX-1, 29)[2]. A peine, car, comme il va l'expliquer plus loin, quoique la fausseté proprement dite, la fausseté formelle, ne puisse se rencontrer que dans les jugements, « il se peut néanmoins trouver dans les idées *une certaine fausseté matérielle* », comme, par exemple, « lorsqu'elles représentent ce qui n'est rien comme si c'était quelque chose » (AT IX-1, 34)[3].

Il est important de noter que la fausseté de l'idée, exemplifiée par les idées confuses et obscures des sens, n'est pas une *vraie* fausseté *(falsitas proprie dictu),* mais une fausseté que Descartes (prétendant suivre ici Suarez) appelle matérielle, par opposition à la fausseté proprement dite *(proprie dictu)* qui est formelle, et qui ne se rencontre que dans les jugements.

Il convient de noter aussi que la vérité de l'idée, quand on la considère en elle-même, avant, pour ainsi dire, le jugement, est liée à la réalité objective de son contenu d'une part et à la clarté et distinction avec laquelle elle est conçue de l'autre[4]. Clarté et distinction sont des critères ou marques certaines de la vérité de l'idée, car « toute conception claire et distincte est sans doute quelque chose », c'est-à-dire,

1. Voir AT VII, 37, 25-28 ; 232, 16-19 ; IX-1, 29 ; 180.

2. « ... vix mihi ullam errandi materiam dare possent » (AT VII, 37, 28-29).

3. « Quamvis enim falsitatem proprie dictam, sive formalem, nonnisi in judiciis posset reperiri..., est tamen profecto quaedam alia falsitas materialis in ideis, cum non rem tanquam rem repraesentant... » (AT VII, 43, 26-30).

4. Ainsi, le texte cité ci-dessus, note précédente, continue : « ... ita, exempli causa, idea quas habeo caloris & frigoris, tam parum clarae et distinctae sunt, ut ab iis discere non possim, an frigus sit tantum privatio caloris, vel calor privatio frigoris, vel utrumque sit realis qualitatis, vel neutrum... » (AT VII, 43, 30-44, 3). Voir aussi la discussion sur l'origine de l'erreur dans la *Quatrième Méditation.*

comme le précise la traduction française, « quelque chose de réel et positif » (AT IX-1, 49)[1]. Les idées diffèrent par le degré de réalité objective, tout comme les choses représentées diffèrent par leur degré de perfection ou de réalité formelle : « ... les idées qui représentent des substances sont sans doute quelque chose de plus, et contiennent en soi (pour ainsi parler) plus de réalité objective, c'est-à-dire participent par représentation à plus de degrés d'être ou de perfection que celles qui me représentent seulement des modes ou accidents » (AT IX-1, 32)[2].

Quel est le poids, et la portée, de la réserve concernant la vérité des idées faite par Descartes dans le passage cité ? Est-ce qu'elle introduit une distinction entre deux sortes d'idées ou de représentations, dont les dernières, les sensations, seraient réellement une exception à la règle de la vérité intrinsèque des idées ? Est-ce vraiment l'idée sensible, la sensation en tant que telle, ou est-ce plutôt quelque chose d'extérieur à l'idée, mais accidentellement mêlé à elle, quelque chose, peut-être, appartenant à la manière dont l'idée sensible est présentée, à l'acte même de sentir, ou aux idées et jugements l'accompagnant qui, par défaut d'attention, se trouve confondu avec elle, qui nous induit en erreur quant à son contenu représentatif, et qui serait ainsi responsable de sa fausseté matérielle ?

2 / Pour répondre à cette question il faut considérer de plus près la définition cartésienne de l'idée et son applicabilité aux formes différentes des pensées. Le terme d'idée, comme nous l'avons vu, peut être utilisé pour l'acte aussi bien que pour l'objet de pensée, pour ce qu'un acte ou opération particulier représente à l'esprit. Ce dernier usage correspond à ce que Descartes considère le sens propre ou strict du terme — l'idée en ce sens est une représentation, et en tant que représentation l'idée présente, par son être objectif, quelque chose à l'esprit,

1. « ... quia omnis clara & distincta perceptio proculdubio est aliquid... » (AT VII, 62, 15-16).

2. Le latin est plus bref : « Nam proculdubio illae quae substantias mihi exhibent, majus aliquid sunt, atque, ut ita loquar, plus realitas objectivae in se continent, quam illae quae tantum modos, sive accidentia, repraesentant... » (AT VII, 40).

elle renvoie, pour ainsi dire, à quelque chose qui est extérieur à l'acte représentatif lui-même. L'idée représente en fonction du degré de réalité objective qu'elle contient (AT VII, 41 ; IX-1, 32). Tout comme l'acte conscient chez Husserl, l'idée cartésienne a donc une structure complexe, ayant, d'une part, une forme spécifique par laquelle elle est immédiatement perçue comme tel ou tel acte particulier et qui peut ainsi aussi être appelé du nom d'idée[1], et possédant, d'autre part, un contenu particulier par lequel elle est identifiée ou perçue en tant qu'acte *représentatif*. En tant qu'acte représentatif, l'idée a nécessairement un contenu, elle est toujours idée de quelque chose : ce que l'acte représente, son objet, ou, si on préfère, ce qui est pensé (le *cogitatum*), le distingue de tout autre acte ou pensée du même genre. Penser, *cogitare,* et ce qui est pensé, *cogitatum,* viennent ensemble : ce sont deux différents aspects d'un même phénomène qui ne sont séparables que dans la réflexion ou l'analyse phénoménologique[2]. La question qui se pose est de savoir si les idées sensorielles sont bien des idées proprement dites, c'est-à-dire si elles ont aussi cette complexité des actes représentatifs, et, en ce cas, ce qu'est la réalité formelle qu'elles représentent.

Descartes n'hésite pas à appeler du nom d'idée les sensations. Elles sont classées comme des idées adventices, qui non seulement paraissent venir des choses extérieures (AT VII, 38, 4-6)[3], mais qui sont aussi communément prises pour des ressemblances des choses dont elles procèdent (AT VII, 38, 13-14 ; IX-1, 30).

Descartes, nous le savons, a déjà rejeté cette théorie simpliste scolastique de la perception sensorielle, qui traite les sensations comme

1. AT IX-1, 141. Latin : « ... ostendo me nomen ideae sumere pro omini eo quod immediate a mente percipitur, adeo ut, cum volo & timeo, quia simul percipio me velle & timere, ipsa volitio & timor inter ideas a me numerentur » (AT VII, 181, 6-10).

2. Voir L. Alanen, Cartesian ideas and intentionality, L. Haaparanta, M. Kusch et I. Nilniluoto (éd.), *Language, Knowledge and Intentionality, Acta Philosophica Fennica,* vol. 49 (1990), p. 344-369, p. 345 sq.

3. « ... si j'ouis maintenant un bruit, si je vois le soleil, si je sens de la chaleur, jusqu'à cette heure j'ai jugé que ces sentiments procédaient de quelque chose qui existait hors de moi... » (AT IX-1, 30).

des images ou copies transmises à l'âme par les organes sensoriels, pour la remplacer par une théorie nouvelle esquissée dans les *Regulae* et développée dans la *Dioptrique.* La théorie cartésienne, qui combine une physiologie mécaniste avec une psychologie dualiste, ne laisse pas de place pour la transmission de semblances ou d'images interprétées dans un sens littéral, en effet, la notion même de transmission, ainsi que celle de causalité, conçues sur un modèle mécaniste, ne peuvent être utilisées que dans un sens métaphorique dans le cadre du dualisme cartésien. La notion platonicienne d'idée que Descartes est un des premiers à utiliser dans le contexte de la psychologie humaine et qu'il est aussi le premier à employer pour un si grand nombre de phénomènes psychiques divers, a été choisie par lui précisément pour marquer l'originalité de sa théorie. C'est une grave erreur de prendre les images, auxquelles Descartes compare les idées dans la *Troisième Méditation,* littéralement, comme le fait Hobbes : les idées cartésiennes ne sont pas des images corporelles des choses, mais des formes ou représentations abstraites dont le lien aux choses représentées reste encore à expliquer. Selon la définition donnée dans les *Secondes Réponses,* l'idée est bien « la forme de chacune de nos pensées, par la perception immédiate de laquelle nous avons connaissance de ces mêmes pensées ». C'est seulement en tant qu'elles *informent l'esprit même,* et non pas en tant qu'images dans la fantaisie corporelle, qu'elles méritent le nom d'idée[1]. De même, en répondant à Hobbes, Descartes souligne qu'il prend le nom d'idée « pour tout ce qui est conçu immédiatement par l'esprit » — immédiatement, ce qui veut dire directement par l'intellect, sans intermédiaire de quelque image ou *species* corporelle. Il s'est servi du nom d'idée, explique-t-il, « parce qu'il était déjà communé-

1. « ... En telle sorte que je ne puis rien exprimer par des paroles, lorsque j'entends ce que je dis, que de cela même il ne soit certain que j'ai en moi l'idée de la chose qui m'est signifiée par mes paroles. Et ainsi je n'appelle pas du nom d'idée les seules images qui sont dépeintes en la fantaisie; au contraire, je ne les appelle point ici de ce nom, en tant qu'elles sont dans la fantaisie corporelle, c'est-à-dire en tant qu'elles sont dépeintes en quelques parties du cerveau, mais seulement en tant qu'elles informent l'esprit même, qui s'applique à cette partie du cerveau » (AT IX-1, 124; VII, 160-161).

ment reçu par les philosophes, pour signifier les formes des conceptions de l'entendement divin, encore que nous ne reconnaissions en Dieu aucune fantaisie ou imagination corporelle... » (AT IX-1, 141 ; VII, 181).

Mais quel est le lien entre l'idée et la chose représentée ? En quel sens les idées sont-elles comme des images des choses, « tanquam rerum imagines » (AT VII, 37 ; IX-1, 29)[1]. Bref, comment, est-ce que les idées représentent des choses, n'étant précisément pas, des images représentant par quelque ressemblance ou structure picturale, mais étant cependant comparables aux images ?

Sans essayer de la justifier ici, je vais suivre l'interprétation proposée par Calvin Normore, et prendre la ressemblance entre l'idée et la chose comme une identité : l'idée représente la chose parce que l'idée *est* la chose même en tant qu'objet de l'entendement, abstraction faite de son existence actuelle. Nous avons, pour ainsi dire, une chose particulière sur deux plans de réalité : soit tel cheval ou lion dans son *esse* ou être formel, soit le même animal en son être intelligible ou objectif. L'idée du cheval est le cheval en tant que pensé ou conçue, et le cheval pensé, comme toute chose qui peut être clairement et distinctement conçu, possède, en tant que conçu ou concevable, une forme d'être ou de réalité spécifique, qui n'est pas une réalité formelle. Ainsi l'idée, comme Descartes essaie de l'expliquer à Caterus, est la chose même — non pas en sa réalité actuelle ou formelle, mais sur ce plan d'être ou d'*esse* intermédiaire entre la réalité formelle des choses actuellement existantes et le non-être (AT IX-1, 83 ; VII, 102-103). Suivant une tradition scholastique influencée par Duns Scot et ses successeurs, mais ignorée par le thomiste Caterus, Descartes appelle cette forme d'être intermédiaire qui appartient aux choses en tant qu'elles sont intelligibles ou concevables, être ou réalité objective (AT IX-1, 81-82 ; VII, 102). L'identité de l'idée et de la chose n'implique donc pas que la chose elle-même, le soleil, par exemple, soit présente formellement ou actuellement à mon esprit chaque fois que j'y pense. Le soleil est bien l'objet immédiat ou direct de ma pensée et constitue ainsi le contenu

1. Cf. aussi AT IX-1, 33 ; VII, 42, 12-13.

de mon acte représentatif, non pas formellement mais objectivement, c'est-à-dire en sa réalité objective. L'idée est la chose pensée, *res cogitata* (AT VI, 599) et non pas une entité distincte s'interposant entre l'acte et l'objet de penser[1].

Le degré de réalité objective, dans une idée claire et distincte, correspond au degré de réalité formelle ou perfection de la chose représentée, en ce cas, à l'être actuel du soleil tel qu'il existe dans les cieux[2]. L'idée est vraie lorsqu'elle représente une chose dans sa vraie nature, avec le degré de réalité qui lui convient. L'idée d'une substance, comme nous l'avons vu, contient (représente) plus de réalité objective que celle d'un mode qui ne peut ni exister ni être conçu clairement et distinctement sans la substance dont il est une modification ou propriété (*Principes,* I, § 56, 61 ; AT VIII, 26, 29).

La catégorie de *res* ou chose réelle ne comprend pas seulement les choses actuellement existantes et les choses nécessaires, mais aussi bien les choses possibles. Une chose est réelle ou possible tant que son existence n'implique pas de contradiction. Il y a donc, comme Calvin Normore le note justement, un lien étroit entre la notion cartésienne de réalité objective et la notion du possible[3]. Une idée claire et distincte d'une chose particulière est l'idée d'une chose possible, d'une chose qui peut exister — l'idée ou le concept d'une chose particulière contient en effet la possibilité de son existence[4]. La question de la

1. Voir Calvin Normore, Meaning and objective being : Descartes and his sources, A. Oksenberg Rorty (réd.), *Essays on Descartes' Meditations,* Berkeley, Los Angeles, University of California Press, 1986, p. 223-242, et L. Alanen, « Cartesian ideas and intentionality ».

2. Voir ci-dessus, p. 209, note 2.

3. Voir Normore, Meaning and objective being..., *op. cit.,* p. 231-238.

4. « ... l'existence possible est contenue dans le concept ou l'idée de toutes les choses que nous concevons clairement et distinctement » (AT IX-1, 92; VII, 116) et encore : « Dans l'idée ou le concept de chaque chose, l'existence y est contenue, parce que nous ne pouvons rien concevoir que sous la forme d'une chose qui existe; mais avec cette différence que, dans le concept d'une chose limitée, l'existence possible ou contingente est contenue... » (AT IX-1, 128) — « In omnis rei idea sive conceptu continetur existentia, quia nihil possumus concipere nisi sub ratione existentis ; nempe continetur existentia possibilis sive contingens in conceptu rei limitata... » (AT VII, 166).

nature représentative des idées sensorielles (de leur réalité objective) peut ainsi être formulée comme la question sur la possibilité de la chose qu'elles représentent. Peut-on dire des sensations qu'elles représentent des choses réelles, c'est-à-dire qu'elles contiennent, par représentation, une réalité objective correspondant à la réalité formelle de la chose représentée ? Ici je me sépare de Calvin Normore, qui suit Margaret Wilson en pensant que la fausseté matérielle peut être expliquée par une absence de réalité objective dans les idées sensorielles, pour défendre une interprétation qui me semble plus en accord avec les textes qui nous concernent ici[1]. En fait, l'attribution de réalité objective à l'idée en tant qu'acte représentatif est inappropriée, si l'on prend au sérieux l'interprétation défendue ici selon laquelle la réalité objective est une forme d'être de la chose représentée elle-même[2].

1. Calvin Normore, comme Margaret Wilson, pose le problème en termes de réalité objective *possédée* par les idées. Les deux auteurs pensent, en effet, que les sensations n'ont pas de réalité objective. L'idée par exemple du froid, qui est causée par une absence de chaleur, ne peut avoir de réalité objective et donc ne représente rien, puisqu'il n'y a pas de réalité formelle qui puisse la causer. Il y aurait donc deux sortes d'idées ou de représentations — celles qui ont ou possèdent une réalité objective, et celles qui n'en ont pas. Les unes représentent la réalité objective des choses auxquelles elles se rapportent — ce sont des idées vraies, c'est-à-dire des idées réellement représentatives — les autres se présentent comme représentant quelque chose quoique, en fait, étant dénuées de réalité objective, elles ne peuvent rien représenter — ces dernières sont les idées matériellement fausses. Voir la discussion de Margaret Wilson, *Descartes,* Londres, Routledge & Kegan Paul, 1978, p. 102-119, et Calvin Normore, « Meaning and objective being... », p. 226. Cette interprétation, néanmoins, semble créer plus de problèmes qu'elle n'en résout. Cf. L. Alanen, « Objective reality and material falsity » (1991). Margareth Wilson, d'ailleurs, ne le défend plus. Voir à ce sujet M. Wilson, Descartes on the representationality of sensation, J. A. Cover et Mark Kulstad (réd.), *op. cit.*

2. Je suis redevable à Robert Brandom pour avoir attiré mon attention sur ce point. Descartes parle bien lui-même occasionnellement des idées comme ayant ou possédant tel degré de réalité objective, mais ceci est, comme l'indique d'ailleurs le passage cité dans la n. 2 p. 209, une façon de parler, qui ne doit pas être prise littéralement. L'idée représente *(exhibeat)* telle ou telle réalité, qui est la réalité de la chose représentée, non pas de l'idée en tant qu'acte représentatif. Au lieu de dire, par exemple, des sensations qu'elles ne posséderaient pas de réalité objective, on devrait poser la question en termes de la réalité ou possibilité de la chose qu'elles représentent : s'il n'y a pas de réalité objective, il n'y a rien à concevoir, il n'y a pas d'existence possible.

3 / Dans la mesure où les sensations sont des idées, elles ont, comme toute idée, un aspect matériel en tant qu'actes ou modes de penser, et un aspect formel ou objectif en tant que représentations. Pourtant les sensations diffèrent des idées qui constituent la norme ou le modèle à la mesure duquel la théorie cartésienne des idées a été taillée : les idées claires et distinctes. Les sensations sont par définition des idées obscures et confuses : même quand elles sont très claires (manifestes) elles demeurent toujours plus ou moins confuses — il y a donc, comme on l'a souvent noté, une opacité inhérente des idées sensorielles qui les distingue des idées distinctes de l'intellect[1]. Dire qu'elles sont obscures et confuses n'est cependant pas dire qu'elles soient fausses ou dénuées de contenu (de réalité objective) — plutôt, c'est dire que leur contenu, à cause de leur opacité inhérente, est tel qu'il n'est pas possible de savoir (de déterminer) ce qu'elles représentent à l'esprit. Descartes écrit :

> « Quant aux autres choses, comme la lumière, les couleurs, les sons, les odeurs, les saveurs, la chaleur, le froid, et les autres qualités qui tombent sous l'attouchement, elles se rencontrent dans ma pensée avec tant d'obscurité et de confusion, que j'ignore même si elles sont véritables, ou fausses et seulement apparentes, c'est-à-dire si les idées que je conçois de ces qualités sont en effet les idées de quelques choses réelles, ou bien si elles ne me représentent que des êtres chimériques, *qui ne peuvent exister* » (AT IX-1, 34)[2].

Les sensations, donc, ne sont pas fausses en soi, mais tellement confuses, que nous ne pouvons pas savoir si elles sont vraies ou fausses[3].

Que veut-on dire en parlant de la vérité ou fausseté d'une idée ?

1. Par exemple, Beyssade, *op. cit.*
2. « ... qui ne peuvent exister » est ajouté dans la traduction : « ... caetera autem, ut lumen & colores, soni, odores, sapores, calor & frigus, aliaeque tactiles qualitates, nonnisi valde confuse & obscure a me cogitantur, adeo ut etiam ignorem an sint verae, vel falsae, hoc est, an ideae, quas de illis habeo, sint rerum quarundam ideae, an non rerum » (AT VII, 43, 21-26).
3. Descartes le dit bien : « j'ignore » : « ... ignorem an sint verae, vel falsae, hoc est, an ideae, quas de illis habeo, sint rerum quarundam idea, an non rerum » (AT VII, 43, 24-27). Cf. ci-dessous n. 3 p. 221.

Vérité et fausseté, normalement, sont attribuées aux propositions, et nous savons déjà que la fausseté, selon Descartes, appartient proprement aux jugements, qui dépendent de la volonté. Les jugements en question sont existentiels : ils consistent à assurer ou nier la vérité de l'idée, c'est-à-dire à assurer ou nier qu'une chose est en effet (actuellement ou formellement) comme représentée par l'idée considérée. Mais Descartes pense aussi, comme nous l'avons vu, que les idées claires et distinctes de l'intellect sont toutes vraies en elles-mêmes — c'est-à-dire en tant qu'on ne fait pas de jugement concernant l'existence actuelle des choses qu'elles représentent. En quoi donc consiste leur vérité en ce cas ? Certainement pas dans leur correspondance aux choses dans le monde actuel. Vérité ici est liée à la nature de l'idée elle-même, à la réalité objective qu'elle représente. L'idée est vraie, c'est une *réelle* idée, quand elle représente une chose possible, une chose qui peut être clairement et distinctement conçue comme existante[1]. Le problème avec les sensations serait donc de savoir si elles représentent des choses possibles, c'est-à-dire des choses réelles, ou non.

Même si les idées comme telles ne sont pas propositionnelles, on peut supposer qu'elles ont toutes une contrepartie propositionnelle : ce que l'idée représente peut être décrit ou exprimé par une proposition, qui est vraie ou fausse. On peut toutefois considérer ou entretenir une proposition sans l'affirmer ou la nier et, de même, concevoir une idée dont la contrepartie propositionnelle serait fausse, sans l'affirmer ou la poser. La fausseté formelle, et l'erreur, pour Descartes, requiert un acte de jugement explicite par lequel une idée ou proposition fausse est affirmée, ou une vraie proposition niée.

Il y a aussi pour Descartes une vérité pour ainsi dire prépropositionnelle, appartenant à ce qu'il appelle les natures simples. Ce sont les natures qui, du point de vue de notre perception ou connaissance, sont simples et indivisibles et dont Descartes dit dans le *Regulae* et ailleurs qu'elles « sont toutes connues par elles-mêmes, et qu'elles ne contiennent jamais rien de faux » (AT X, 420). Considérant les exemples que Descartes en donne, il serait plus naturel de dire que les

1. Pour l'expression 'réelle idée', voir AT IX-1, 125 ; VII, 161, 17.

natures simples sont les éléments par lesquels les idées complexes et les propositions vraies et fausses sont formées, qui en elles-mêmes n'ont aucune valeur de vérité. Mais pour Descartes les idées simples sont toujours vraies : il suffit de les concevoir clairement et distinctement pour assurer leur vérité. La fausseté, déjà selon la doctrine des *Regulae,* est toujours engendrée par la combinaison d'éléments dont la nature n'est pas clairement conçue.

La question de vérité et de fausseté se pose ainsi pour Descartes sur deux plans différents, celui des idées complexes ou composées d'une part, et celui des jugements existentiels de l'autre. Quant aux premières, il faut encore distinguer entre celles qui représentent des essences ou vérités éternelles et celles qui représentent des choses particulières et contingentes. Les premières ne nous intéressent pas ici puisqu'elles n'ont aucune existence hors de notre pensée (AT VIII, 22-23) et puisqu'il suffit de les concevoir clairement et distinctement pour voir que leur négation implique contradiction : elles sont ainsi nécessairement vraies. Pour les secondes, qui représentent des choses n'ayant pas de vraies ou immuables natures, le nombre des combinaisons possibles semble illimité : je peux aussi bien me représenter tel lion comme actuellement existant ou tel cheval avec des ailes, ou un triangle inscrit dans un carré, comme je peux me représenter le contraire : le lion comme inexistant, le cheval sans ailes, et le triangle sans le carré, etc.[1]. La question de la vérité ou fausseté ici, sur le plan des idées, est la question sur la réalité ou possibilité de la nature ou la chose représentée. En ce sens l'idée du lion aussi bien que celle du cheval, avec ou sans ailes, ainsi que celle du triangle et du carré, dans la mesure où elles sont claires et distinctes, c'est-à-dire dans la mesure où elles sont composées d'éléments non contradictoires qui sont clairement et distinctement conçus, sont toutes vraies en elles-mêmes. Car ce sont des idées de choses ou êtres particuliers (des essences individuelles), qui même s'ils n'ont jamais existé peuvent toujours être conçus sans contradiction (comme existants) et qui sont donc réelles

1. Ces exemples sont discutés dans un contexte différent dans les *Premières Réponses* (AT IX-1, 92-93).

dans le sens des possibles. Que je me représente tel cheval avec ou sans ailes, mon idée est vraie (l'idée représente une chose réelle) tant qu'elle est composée d'éléments qui ne s'excluent pas et tant que je ne fais pas de jugement concernant son existence actuelle[1].

Spinoza rejette la distinction cartésienne entre idée et jugement, et l'attribution du jugement à la volonté comme une faculté distincte de l'entendement. Selon Spinoza, il n'y a pas d'idée sans affirmation ou négation — il est impossible de considérer une idée complexe sans l'affirmer ou la nier. Les idées, pour Spinoza, viennent avec des jugements et sont ainsi toujours vraies (adéquates) ou fausses (inadéquates). Une idée fausse est une idée complexe inadéquate, c'est-à-dire une idée qui ne correspond pas à son *ideatum* ou qui n'a pas d'objet actuel mais qui, dès qu'elle est conçue, est automatiquement affirmée en l'absence d'une connaissance claire et distincte ou d'idées adéquates l'excluant. Une idée fausse est donc pour Spinoza toujours une idée contradictoire et confuse. Dans la théorie de Spinoza il n'y a pas de place pour la distinction contemporaine entre proposition et attitude propositionnelle, par exemple entre le jugement ou l'opinion *(belief)* et la proposition qui en forme l'objet et qui est acceptée ou niée. Il n'est donc pas possible, pour Spinoza, de considérer une proposition sans l'affirmer. La suspension du jugement n'est pas un acte de la volonté mais un défaut de connaissance claire et distincte[2]. Il n'y a pas de place non plus pour la distinction que fait Descartes entre le plan de l'idée et celui de l'existence actuelle. Tous les deux, il est vrai, mettent en jeu le jugement, car c'est bien par un acte implicite ou explicite de jugement que les idées simples sont liées ou combinées pour constituer des idées complexes (la prédication). Mais c'est le second qui est le lieu des jugements proprement existentiels et ainsi aussi de la fausseté formelle et de l'erreur. Or la fausseté matérielle, selon la thèse qui va être défendue ici, appartient dans la théorie cartésienne au plan des

1. Voir, par exemple, *Lettre à Clerselier,* 23 avril 1649 (AT V, 354).

2. Cf. Margaret Wilson, *Descartes,* Londres, Routledge & Kegan Paul Ltd., 1987, p. 146; Jonathan Bennett, *A Study of Spinoza's Ethics,* Hackett Publishing Co., 1984, p. 162, et A. Donagan, *Spinoza,* New York, Harvester & Wheatsheaf, 1988, p. 46.

idées, notamment aux idées complexes ayant des idées sensorielles comme constituents. Il s'ensuit que la fausseté matérielle, comme je vais essayer de le montrer, est en fin de compte due à un faux jugement — seulement ce jugement n'est pas reconnu comme tel parce qu'il est « enfoui » dans l'idée complexe qu'il constitue[1].

4 / Arnauld, en écrivant ses objections, semble raisonner en spinoziste. Si le froid est une privation, il n'y en peut pas avoir d'idée positive, puisqu'il n'y a pas de réalité formelle dont l'être objectif pourrait être représenté par une idée. Une idée, pour représenter quelque chose, doit être positive. Si le froid n'est qu'une absence de chaleur, et si nous croyons pourtant en avoir une idée positive, cette idée est vraie, mais elle ne peut pas être l'idée du froid. Descartes, selon Arnauld, confond donc le jugement avec l'idée : il rapporte une idée, qui en soi est vraie, à ce qui n'est pas. Il n'y a pas d'idée matériellement fausse, puisque ce n'est pas l'idée en soi, mais le jugement, par lequel l'idée est prise pour l'idée du froid, qui est faux (AT IX-1, 161 ; VII, 206, 16-25). De même, l'idée de Dieu ne peut pas être appelée matériellement fausse, quoiqu'on puisse, par un faux jugement, la rapporter à une chose qui n'est pas Dieu (AT IX-1, 161 ; VII, 206, 25-207, 16).

Selon Descartes, Arnauld ne l'a pas bien compris. Dire que les idées sont matériellement fausses, dans le sens où il faudrait l'entendre, c'est dire, explique-t-il, qu'elles donnent au jugement *matière ou occasion d'erreur*. En soutenant qu'il n'y a pas de fausseté dans l'idée, Arnauld considère l'idée prise formellement. Par l'idée prise formellement, Descartes entend ce qu'il entend ailleurs par idée prise objectivement, c'est-à-dire la chose elle-même représentée par l'idée. Il semble accorder à Arnauld que l'idée, prise formellement (c'est-à-dire objectivement), est exempte de fausseté. Il ne s'ensuit pas que l'idée fausse serait l'idée prise matériellement, puisque, comme nous l'avons vu, Descartes souligne que les idées prises matériellement, comme des opérations de l'entendement, « ne se rapporteraient point du tout à la

1. Cf. Pariente, *op. cit.,* p. 77.

vérité ni à la fausseté des objets » (AT IX-1, 179-180; VII, 231, 18-22, et 232, 7-19).

Mais Descartes souligne d'autre part qu'il n'a pas confondu le jugement avec l'idée : la fausseté en question est dite matérielle précisément parce qu'elle appartient à l'idée, et non pas au jugement, où il ne peut y avoir de fausseté autre que formelle (AT IX-1, 180; VII, 233, 3-5). La fausseté matérielle, autrement dit, n'est due ni à l'idée en tant que forme (l'idée dans son être objectif ou représentatif), ni à l'idée prise matériellement, en tant qu'acte ou opération de l'esprit, pour laquelle la question de sa vérité ou fausseté ne se pose pas. Qu'est-ce donc, dans l'idée, qui n'est ni sa matière, ni sa forme, qui donne matière à erreur et constitue proprement sa *fausseté matérielle*? Car cette fausseté doit bien appartenir à l'idée elle-même — certaines idées sont telles qu'elles donnent matière ou *occasion* à des faux jugements, à la fausseté formelle. Elle ne peut pas se réduire à la fausseté formelle, puisqu'elle lui sert d'occasion ou de cause.

C'est bien un problème concernant l'idée elle-même, et non pas tant une question sur la nature de la chose représentée car, comme l'explique Descartes,

> « ... soit que le froid soit une chose positive, soit qu'il soit une privation, je n'ai pas pour cela une autre idée de lui, mais elle demeure en moi la même que j'ai toujours eue; laquelle je dis me donner matière ou occasion d'erreur, s'il est vrai que le froid soit une privation, et qu'il n'ait pas autant de réalité que la chaleur, d'autant que, venant à considérer l'une et l'autre de ces idées, selon que je les ai reçues des sens, je ne puis reconnaître qu'il y a plus de réalité qui me soit représentée par l'une que par l'autre » (AT IX-1, 180)[1].

Comme l'a noté justement Jean-Marie Beyssade, la question n'est donc pas du tout, comme les formulations de Descartes dans la *Troi-*

1. « ... nempe sive frigus sit res positiva, sive privatio, non aliam idcirco de ipso habeo ideam, sed manet in me eadem illa quam semper habui; quamque ipsam dico mihi praebere materiam erroris, si verum sit frigus esse privationem & non habere tantum realitatis quam calor; quia, utramque idea caloris & frigoris considerando prout ambas a sensibus accepi, non possum advertere plus mihi realitatis per unam quam per alteram exhiberi » (AT VII, 232, 21 - 233, 2).

sième Méditation pourraient le laisser entendre, une question concernant la nature et l'explication scientifique de ce qui en fait a causé l'idée de froid, si c'est bien une privation ou non[1]. Il importe de noter aussi, avec Ferdinand Alquié, qu'une sensation de froid est aussi positive qu'une sensation de chaleur[2]. En tant qu'idées ces sensations sont égales — elles représentent autant (ou aussi peu) de réalité l'une que l'autre. Le problème, donc, est phénoménologique, de savoir à quoi l'idée se rapporte au juste. Car il est caractéristique des idées obscures et confuses, comme les idées sensorielles de température, « qu'elles se *rapportent à* d'autres choses qu'à celles dont elles sont véritablement les idées ». Ainsi, supposant, à titre d'exemple, que « le froid est seulement une privation, l'idée du froid n'est pas le froid même en tant qu'il est objectivement dans l'entendement, *mais quelque autre chose qui est prise faussement pour cette privation* : savoir est un certain sentiment qui n'a aucun être hors de l'entendement » (AT IX-1, 180)[3]. Descartes ne répète-t-il pas ici en d'autres mots ce que disait Arnauld : à savoir, qu'il n'y a pas d'erreur dans l'idée même mais dans le jugement rapportant l'idée à une chose extérieure ? Voyons d'abord, avant de discuter l'interprétation de ce passage, ce que Descartes dit de l'erreur et des degrés de fausseté matérielle.

Certaines idées donnent plus matière à erreur que d'autres — il y a donc des degrés aussi de fausseté matérielle. Les idées confuses fictives des dieux, forgées par les idolâtres, par exemple, peuvent être appelées matériellement fausses, « en tant qu'elles servent de matière à leurs faux jugements » (AT IX-1, 181 ; VII, 233, 18-21). Une idée claire et distincte de Dieu, par contre, ne peut pas être matériellement fausse, « parce qu'on ne peut pas dire qu'elle se rapporte à quelque

1. Voir la discussion de Beyssade, « Descartes on material falsity ».

2. F. Alquié (éd.), *Œuvres philosophiques,* 3 t., Paris, Garnier, 1963-1973, t. 2, p. 674, n. 2.

3. « ... hoc enim saepe contingit in ideis obscuris & confusis, inter quas hae caloris & frigoris sunt numerandae, ut ad aliud quid referantur quam ad id cujus revera ideae sunt. Ita, si frigus sit tantum privatio, frigoris idea non est frigus ipsum, prout est objective in intellectu, sed aliud quid quod perperam pro ista privatione sumitur ; nempe est sensus quidam nullum habens esse extra intellectum » (AT VII, 233, 8-15).

chose à quoi elle ne soit conforme » (AT IX-1, 181 ; VII, 233, 16-18). Une idée *qui se rapporte à quelque chose à quoi elle n'est pas conforme,* et qui par là donne occasion à erreur, est matériellement fausse. Plus elle est confuse, plus grande est sa fausseté, c'est-à-dire, plus elle nous donne occasion d'errer. Les idées adventices des sens, comme celles de la chaleur et du froid, sont parmi les plus confuses, « s'il est vrai, comme je l'ai dit, qu'elles ne représentent rien de réel » (AT IX-1, 181)[1]. La plus grande occasion d'erreur est offerte par les idées naissant de l'appétit sensitif, comme l'idée de soif dans l'hydropique. L'erreur à laquelle cette idée sert de matière ou d'occasion est de faire croire à l'hydropique qu'il lui serait utile de boire, quoique actuellement cela lui serait nuisible (AT VII, 234, 6-9).

Descartes, ici, ne semble pas distinguer fausseté formelle et erreur : ce qui sert d'occasion de fausseté formelle est, par là même, cause aussi d'erreur — c'est-à-dire d'une opinion fausse. Si nous réservons les termes *'fausseté formelle'* pour la caractéristique d'un jugement ou proposition fausse, et le terme *'erreur'* pour l'opinion ou l'attitude qui accepte pour vraie une proposition (un jugement) qui est fausse, la *fausseté matérielle* serait le propre de certaines idées confuses telles que tout jugement porté sur les choses qu'elles sont prises pour représenter est nécessairement formellement faux. Celui qui base ses jugements sur de telles idées ne peut pas éviter d'errer ou d'avoir des opinions fausses. L'idée fausse est ainsi caractérisée par Descartes comme donnant occasion ou matière à des faux jugements non pas parce qu'elle le ferait occasionnellement, mais plutôt parce qu'elle ne peut jamais, à cause de sa confusion, servir de matière à des jugements vrais concernant la nature des choses hors de moi. L'idée fausse, autrement dit, ne peut pas être exprimée ou décrite par une proposition vraie, et la contrepartie propositionnelle d'une telle idée ne peut pas, par conséquent, servir d'élément dans une inférence dont la conclusion serait vraie. Aucun jugement contenant une idée fausse ne pourrait être vrai.

Nous pouvons maintenant comprendre en quel sens quelques

1. « ... ideis... quae a sensibus confusae adveniunt, ut sunt ideis coloris [caloris ?] & frigoris ; si quidem, ut dixi, verum sit illas nihil reale exhibere » (AT VII, 234, 4-5).

idées méritent, comme Descartes le dit, d'être appelées plus fausses que d'autres. Il n'y a pas, à proprement parler, de degrés de vérité ou fausseté : une proposition est vraie ou elle ne l'est pas. Tenant compte de la distinction entre fausseté et erreur, les idées peuvent pourtant être appelées plus ou moins fausses selon l'erreur qu'elles engendrent. Une erreur, en effet, peut être dite plus ou moins grande, et une opinion plus ou moins erronée, dépendant du nombre de faux jugements qu'elle implique. Plus une idée est obscure et confuse, plus elle sert à des faux jugements et plus, par conséquent, elle nous fait errer.

Car c'est bien, répétons-le, sa confusion, plutôt qu'une absence de réalité objective — qui rend l'idée sensorielle matériellement fausse : elle est tellement confuse que je ne peux pas *juger* (la traduction française dit *« discerner »*) « si elle me représente quelque chose qui, hors de mon sentiment, soit positive ou non », et pour cette raison elle me conduit à un faux jugement, à juger, par exemple, « que c'est quelque chose de positif, quoique peut-être ce ne soit qu'une simple privation » (AT IX-1, 181)[1]. Le sentiment même est un être positif, et pourtant, à cause de son opacité inhérente nous ne savons pas ce qu'il représente, c'est-à-dire à quelle réalité formelle il se rapporte. C'est donc la confusion de l'idée qui donne l'occasion à un faux jugement : de juger, par exemple, « que l'idée de la sensation ou sentiment du froid *(sensus frigoris),* représente un objet hors de moi qu'on appelle froid » (AT IX-1, 181-182; VII, 234, 26-235, 2). Nous la prenons (la sensation) comme représentant une chose extérieure, un mode de l'extension, alors que ce n'est qu'un état subjectif plus ou moins obscur et

1. « ... cum sit obscura & confusa, non possim dijudicare an mihi quid exhibeat quod extra sensum meum sit positivum, necne; ideoque occasionem habeo judicandi esse quid positivum, quamvis forte sit tantum privatio » (AT VII, 234, 15-18). Différant ici de Beyssade, je suis, pour ma part, incapable de discerner un changement dans la position de Descartes sur ce point entre la *Troisième Méditation* et les *Quatrièmes Réponses.* Pour Beyssade, la différence dans la formulation donnée dans la réponse à Arnauld indique que Descartes se serait rapproché d'une position mettant en question la nature représentative des idées sensorielles : la question, ici, ne serait pas de savoir *à quoi* l'idée sensorielle se rapporte (ce qu'elle représente au juste) mais *si* elle se rapporte à ou représente une chose. Voir l'article de Beyssade. Cf. ci-dessus n. 2, p. 215.

confus, un mode de la pensée. Mais dans la mesure où un mode ne peut ni exister ni être conçu distinctement sans la substance dont il dépend (*Principes,* I, § 56, 61 ; AT VIII, 26, 29), l'attribution d'un mode de pensée à une chose étendue, à la place de la chose pensante dont il dépend, implique donc nécessairement confusion.

Arnauld, on le sait, s'est déclaré satisfait par la réponse de Descartes[1] — il semblerait donc que, pour Arnauld, Descartes aurait apporté l'éclaircissement qu'il demandait. Mais est-ce que c'était, réellement, comme le prétend Descartes, une méprise de sens ? Ou est-ce plutôt une admission implicite, de la part de Descartes, du bien-fondé de la critique d'Arnauld, avec une tentative de modifier sa position en conséquence ?

Selon Pariente, Descartes, loin d'admettre une incohérence dans sa doctrine, réussit au contraire à ramener Arnauld à son point de vue. Ainsi Arnauld défendra lui-même, dans *La logique ou l'art de penser* de 1662, la vue cartésienne que, faute de bien la comprendre, il mettait en question en 1640[2]. Dans la mesure où Arnauld, comme Pariente le montre, admet l'existence, dans *La logique,* des idées complexes fausses, il semble bien s'être éloigné de ce que j'ai ici appelé une vue ou interprétation « spinoziste » de la notion cartésienne de l'idée[3]. Mais s'ensuit-il que c'est seulement Arnauld qui change de position ? Ne peut-on aussi bien conclure que Descartes aussi, sans admettre l'incohérence dont Arnauld, non sans raison semble-t-il, le charge, a été forcé, par ses objections, de modifier sa vue en conséquence ?

5 / Je ne pense pas, pour ma part, que la position de Descartes ait changé — mais les questions d'Arnauld l'ont bien forcé à la rendre

1. *Lettre de Mersenne à Voetius,* 13 décembre 1642 (AT III, 603).

2. *Op. cit.,* p. 72-77. Voir aussi l'évidence apportée par Pariente d'une influence cartésienne dans l'analyse des propositions relatives dans la *Grammaire générale et raisonnée* de 1660 et dans *La logique ou l'art de penser de Port-Royal* (1662), *op. cit.,* p. 59 sq.

3. Cette vue des idées et de la fausseté matérielle que j'appelle spinoziste est celle qu'Alan Donagan, faussement à mon avis, attribue à Descartes. Qu'on la retrouve, sous une forme plus explicite et développée, chez Spinoza, ne prouve pas que Descartes l'aurait acceptée. Voir Alan Donagan, *op. cit.,* p. 41 sq.

plus explicite. Ce qui ne veut pas dire qu'elle soit encore très claire ou cohérente. Il ne me semble en effet pas possible de bien l'entendre sans tenir compte de ce que Descartes dit par ailleurs, notamment dans les *Principes* et les *Passions de l'âme,* sur les idées sensorielles et le rôle du jugement dans la connaissance sensible.

En fait, dans son effort pour éviter, comme il le dit, la force des coups de son adversaire, Descartes formule sa réponse de façon à permettre au moins deux interprétations différentes. Car ne dit-il pas, d'une part, des idées confuses et obscures des sens, qu'elles « se rapportent à autre chose qu'à celles dont elles sont véritablement les idées » (AT VII, 233, 10-11) et, d'autre part, qu'il est impossible de « juger [fr. "discerner"] si » ce qu'elles représentent est, indépendamment de l'idée sensorielle, quelque chose de positif ou non ? (AT VII, 234, 14-15). Le premier énoncé indique qu'il y aurait déjà un faux jugement inclus au cœur même de l'idée confuse, par lequel elle est prise pour une idée d'une chose qu'elle ne représente pas, ce qui ressemble à une admission de la critique d'Arnauld. La confusion de l'idée serait ici constituée par un faux jugement substituant à une idée simple (la sensation elle-même) une autre idée composée, liant ensemble des idées de choses de nature incompatible. Le second énoncé par contre semble indiquer qu'il y a une confusion inhérente dans l'idée sensorielle même, nous empêchant de voir si en fait elle représente quelque chose ou non, et offrant, par ce fait, occasion à des faux jugements. La fausseté matérielle, si l'on accepte la première interprétation, serait le propre des idées complexes constituées par une sensation confuse à laquelle se trouve ajouté un faux jugement concernant sa nature et son origine. Dans la seconde interprétation, par contre, la fausseté matérielle est attribuée à la sensation elle-même qui en serait ainsi la cause. Cette dernière interprétation n'est pourtant pas en accord avec ce que Descartes dit ailleurs des idées sensorielles, par exemple dans les *Sixièmes Réponses,* où il distingue entre les sensations dans le sens strict appartenant au deuxième degré du sens, qui ne peut contenir aucune fausseté (AT VII, 438, 23-24), et les idées sensorielles complexes du troisième degré contenant des jugements dépendant de l'intellect, qui même lorsqu'ils sont attribués aux sens sont responsables des erreurs dans la perception sensorielle (AT VII, 436, 26-439, 15; IX-1, 236-238).

Il est cependant possible d'accorder ces deux passages en tenant compte de ce que Descartes dit sur les degrés de certitude des sens dans les *Sixièmes Réponses* et ailleurs, et de la distinction entre deux sortes de confusions dans les idées sensibles, qui en résultent : la confusion des sensations et sentiments en tant que tels, et la confusion des idées sensorielles composées.

Car il y a d'une part une confusion inhérente dans l'idée sensorielle simple — la sensation au sens strict —, dont la genèse, en tant que pensée dépendant de l'union de l'esprit et du corps, demeure, comme Descartes nous l'explique dans les *Principes,* IV, § 198, incompréhensible (AT VIII, 322). Il y a, d'autre part, une confusion causée par nous, par le fait que nous prenons l'idée sensorielle pour une sorte d'image de la chose extérieure l'ayant causée, alors qu'elle n'est qu'un mode de notre esprit, n'ayant aucune ressemblance avec les mouvements qui la causent. La première confusion, qui est inévitable parce que inhérente à toutes les pensées dépendantes de l'union, ne contient aucune fausseté. Les sensations, comme les autres affections et états confus dépendant du corps, peuvent même être l'objet d'une connaissance claire et, semble-t-il, distincte, à savoir, « lorsque nous les considérons simplement comme des pensées » (et non comme des choses subsistant hors de notre pensée), et admettons que nous ignorons ce qu'elles représentent (*Principes,* I, § 67-68; AT VIII-1, 32-33). Autrement dit, c'est seulement quand nous nous abstenons de tout jugement concernant leur provenance et vraie nature, que nous pouvons en avoir une connaissance claire et distincte. Tout au plus pouvons-nous juger « qu'il y a je ne sais quoi dans les objets (c'est-à-dire dans les choses, quelles qu'elles soient) qui cause en nous ces pensées confuses... » (*Principes,* I, § 70; AT VIII-1, 35). Mais un tel jugement purifié est lui-même le fruit d'une réflexion critique présupposant l'exercice de la méthode et des méditations cartésiennes. Normalement les sensations ne se présentent pas comme telles, comme des sensations ou impressions discrètes ou isolées. Elles sont au contraire perçues contre un fond d'idées, d'opinions déjà reçues ou formées, et de sentiments préexistants, dans la lumière desquels elles sont instamment et pour ainsi dire automatiquement interprétées. Les idées adventices des sens se présentent ainsi, au niveau précritique (avant la réflexion critique d'une analyse phénoménologique), comme des idées complexes, contenant des jugements précipités, qui augmentent leur confusion et sont aussi responsables de leur fausseté matérielle. Ces jugements, basés sur « les préjugés auxquels nous sommes accoutumés dès notre enfance » (AT VII, 438, 26 - 439, 1 ; IX-1, 238) sont précipités parce qu'ils portent précisément sur ce que nous ignorons, à savoir la nature de ce qui cause nos sensations. A cause de leur caractère spontané et pour ainsi dire instantané, ils passent inaperçus, se confondant avec les sensations mêmes qui les causent (*Principes,* I, § 46 ; AT VIII-1, 22) et créant ainsi une idée complexe matériellement fausse. Il est difficile de se garder contre ces faux jugements accompagnant les idées adventices des sens parce qu'ils sont enracinés dans des préjugés datant de l'enfance et renforcés par l'habitude : « A cause que nous avons cru dès le commencement de notre vie que toutes les choses que nous sentions avaient une existence hors de notre pensée et qu'elles étaient entièrement semblables aux sentiments ou aux idées que nous avions à leur occasion. » Nous sommes tellement accoutumés de les voir de cette façon qu'il nous est difficile de les percevoir clairement et distinctement telles qu'elles sont, à part de ces faux jugements les accompagnant (*Principes,* I, § 66-67 ; AT VIII-1, 32-33 ; I, § 71-72 ; AT VIII-1, 218-220).

Il s'ensuit que c'est le composé d'un faux jugement et d'une idée confuse (sensation ou autre affection dépendant du corps) qui engendre l'idée fausse, et cette fausseté matérielle ainsi constituée est la caractéristique des idées complexes spontanées (« précritiques ») des sens. Ce que Descartes dit de l'idée du froid peut être dit aussi bien des autres idées sensorielles complexes qui sont appelées matériellement fausses : elles représentent des non-êtres comme des êtres. Car représenter une qualité sensorielle, qui proprement appartient à l'esprit, comme une propriété de l'étendue, c'est-à-dire comme une chose pouvant subsister indépendamment de notre pensée, c'est se représenter comme existant un non-être : une chose qui ne peut pas exister parce que son existence est inconcevable. (Par exemple : la chaleur comme une propriété du bois brûlant, la froideur comme appartenant au vent, le bâton rompu dans l'eau comme étant en fait rompu, au lieu de droit, et ayant la couleur de son apparence, etc.) Ces idées sensorielles sont toutes plus ou moins incohérentes dans la mesure où les sentiments qu'elles représentent confusément sont pris pour des images des choses les ayant causées, alors qu'en réalité, en tant que modes de pensées, ils sont incompatibles, par leur nature, avec les choses extérieures auxquelles nous les attribuons[1]. Mais cette incohérence des idées sensorielles, et ceci est le point qu'Arnauld n'avait pas bien compris en écrivant ses objections, diffère de la contradiction pure et simple à cause précisément de la confusion irrémédiable des sensations la composant. Une idée contradictoire, comme celle d'un cercle carré, est composée d'éléments qui, pris à part, peuvent être clairement et distinctement conçus. Il n'est pas difficile, pour cette raison, de voir qu'une telle idée représente un non-être. En fait ce n'est même pas une idée, car ce qu'elle représente est impossible à concevoir et ne peut, par conséquent, ni être, ni être pensé. Il n'en est pas de même de l'idée matériellement fausse. Bien qu'elle doive se révéler, par l'analyse critique, incohérente, et donc contradictoire, l'incompatibilité des éléments qui la composent n'est pourtant pas, à cause de leur confusion, évidente : nous *ne savons pas,* comme Descartes le dit dans la *Troisième Méditation*[2], si elles sont vraies ou fausses, et donc si elles représentent des êtres (choses réelles) ou des non-êtres. D'autre part, l'incohérence de l'idée matériellement fausse n'est pas réductible à une simple contradiction logique (purement formelle) ou analytique (conceptuelle), puisqu'elle résulte de l'incompatibilité « métaphysique » de deux natures réellement distinctes.

Je conclus donc que la vue de Descartes n'a pas changé quant à

1. Il importe bien de souligner que toutes les qualités, en tant que *sensibles,* sont également concernées ici. Les idées de celles que Locke appelle « primaires », pour autant qu'elles sont claires et distinctes et peuvent faire l'objet d'une analyse quantitative, ne sont pas des idées sensorielles proprement dites, mais des idées intellectuelles. Voir *e.g., Principes,* I, § 70-71 (AT VIII, 34-35).

2. Cf. ci-dessus n. 3 p. 215.

son fond, et que les modifications qu'il y apporte au cours des années sont autant d'efforts pour l'accommoder aux problèmes qu'il n'avait pas rencontrés ou envisagés en jetant les bases de sa doctrine dans les *Regulae* et la *Dioptrique*. Parmi les thèses qu'il ne met pas en question se trouvent les suivantes : il n'y a pas de fausseté dans les idées considérées en elles-mêmes. La fausseté et l'erreur sont toujours dues au jugement, et à l'abus de la volonté dont nous disposons librement pour affirmer où nier la vérité de ce que nos idées représentent, quand nous l'utilisons pour affirmer des choses qu'à cause de notre finitude et imperfection nous ne concevons pas distinctement.

Les changements et réserves apportés au cours de l'élaboration de sa théorie à ces thèses fondamentales sont dus à une prise de conscience grandissante de la diversité des pensées, et de la variété d'états ou de phénomènes de la conscience, y compris ceux de la subconscience qui sont des pensées, et qui sont tous, à tort ou à raison, appelés du même nom de pensée par Descartes. C'est cette variété des idées qui justifie la réserve apportée par l'introduction de la notion de fausseté matérielle dans la *Troisième Méditation* : toutes les idées ne sont pas claires et distinctes, toutes ne représentent pas en conséquence de la même façon, et cependant, toutes les idées ont une signification ou rôle cognitif en nous informant de quelque chose. Il se trouve, parmi les idées, des états qui sont si peu clairs et distincts que nous ne pouvons pas dire si ce qu'ils représentent peut exister ou non — tout jugement les contenant, sauf celui affirmant que nous ignorons ce qu'ils représentent, est inévitablement faux. Il ne s'ensuit pas que ces idées soient dépourvues de contenu ou d'objet représentatif — ou, si l'on veut, de réalité objective —, mais seulement que la réalité formelle qu'elles représentent, et qui est celle des modifications de l'esprit, n'a pas assez de constance ou de subsistance pour être correctement identifiée ou conçue d'une façon distincte. Car les choses qu'elles représentent sont des sentiments subjectifs ou leurs qualités par lesquelles nous pouvons les distinguer les uns des autres : le sentiment du chaud de celui du froid, la chaleur que j'éprouve en ce moment de celle que j'éprouverais en m'approchant de la source de chaleur, ma nervosité en commençant à rédiger cette conférence dans une langue que je n'ai pas souvent l'occasion d'utiliser, de mon soulagement quand j'approche de la fin, etc. Le contenu de ces idées est aussi difficile à déterminer et décrire que les états ou sentiments qu'elles représentent sont, dans leur réalité formelle, fugitifs, obscurs, et changeants. Par leur degré de réalité ils se trouvent en bas de l'échelle des perfections ou d'être — intermédiaires, comme le dirait un platonicien, entre l'être et le non-être : c'est pourquoi il est difficile de les distinguer de l'acte de penser même qu'ils qualifient. Pourtant, si peu de réalité objective que ces idées représentent, elles en présentent assez pour avoir une fonction et valeur cognitive importante : celle d'avertir l'esprit de la présence des corps, notamment de celui auquel il est uni, de ses besoins et des différentes façons dont les autres corps l'affectent. Différant des idées claires et distinctes qui sont toujours des choses possibles ou actuelles, les idées obscures et confuses des sens représentent non pas les choses actuelles qui les causent, mais les *manières* dont ces choses nous affectent, et qui, par l'institution de la nature, signifient les différentes façons dont elles peuvent nous être utiles ou nuisibles. En tant que telles, comme des signes, qui nous permettent de nous orienter dans le monde des choses étendues où nous vivons et agissons, elles sont toutes vraies, c'est quand nous les prenons, sans réfléchir, pour des ressemblances des choses qu'elles signifient qu'elles donnent matière à des faux jugements et à l'erreur[1].

1. Voir la *Sixième Méditation*. Cf. aussi Pariente, *op. cit.*, p. 76.

Réponse à Lilli Alanen et à Raul Landim sur la fausseté matérielle

MICHELLE BEYSSADE

Après avoir lu les réflexions de mes collègues, Lilli Alanen et Raul Landim, je me suis attachée à mieux comprendre avec eux, et grâce à eux, la notion de fausseté matérielle des idées, cette notion difficile, ingrate, problématique — peut-être même inutile ? Il peut sembler en effet que l'on pourrait en faire l'économie, puisqu'elle n'apparaît, dans le cours des *Méditations,* que dans ce qu'on peut comparer à un bras mort dans le cours d'un fleuve, c'est-à-dire à une voie abandonnée, sans issue, sans résultat positif, pas même un détour, une diversion plutôt, une errance. Et Descartes ne reprend pas ensuite, sauf dans la réponse à Arnauld, l'expression de 'fausseté matérielle'.

Les communications que nous venons d'entendre prouvent qu'il vaut la peine de s'y arrêter, ne serait-ce que parce qu'elle apparaît comme un contre-exemple à certaines thèses cartésiennes :

— à la thèse selon laquelle toute idée considérée en elle-même est vraie, l'erreur étant dans le jugement, ce qui a principalement, mais non exclusivement, retenu l'attention de Lilli Alanen ;
— à la thèse que toute idée a une réalité objective, ce qui a principalement, mais non exclusivement, retenu l'attention de Raul Landim.

Je voudrais revenir sur ces deux questions et, pour aller de l'une à l'autre, un retour sur l'idée de réalité nous sera utile.

1) Comment Descartes peut-il penser une fausseté dans l'idée, lui qui situe l'erreur dans le jugement ?

Lilli Alanen nous fait bien comprendre que l'on puisse parler de la fausseté d'une idée quand elle dit que cette fausseté « serait le propre de certaines idées confuses telles que tout jugement porté sur les choses qu'elles sont prises pour représenter est nécessairement formellement faux ». Nécessairement, et non occasionnellement. A cause de sa confusion, dit-elle encore, une telle idée « ne peut jamais servir de matière à des jugements vrais ». Ce caractère constant, parce que nécessaire, de l'erreur dans les jugements qui s'appuient sur cette idée vient de ce qu'il y a dans l'idée quelque chose de faux. On comprend que l'on parle d'une fausseté de l'idée, fausseté matérielle en ce que l'idée offre matière à erreur.

Or nous avons vu que l'analyse de Lilli Alanen nous conduit finalement à situer la fausseté non pas vraiment dans l'idée, mais dans un composé d'idée et de jugement. « C'est, dit-elle, le composé d'un faux jugement et d'une idée confuse qui engendre la fausseté, et cette fausseté matérielle ainsi constituée est la caractéristique des idées complexes spontanées des sens. » « La fausseté matérielle, disait-elle en annonçant son propos, est après tout due à un faux jugement enfoui dans l'idée complexe qu'il constitue. »

Si nous utilisons les expressions d'un texte des *Sixièmes Réponses* auquel il a été fait référence, ce point 9 qui distingue dans le sentir trois degrés, l'analyse que nous venons d'entendre situe la fausseté matérielle dans le troisième degré, qui « comprend tous les jugements que nous avons coutume de faire depuis notre jeunesse, touchant les choses qui sont hors de nous, à l'occasion des impressions ou des mouvements qui se font dans les organes de nos sens », et non dans le second degré, qui « contient tout ce qui résulte immédiatement en l'esprit de ce qu'il est uni à l'organe corporel... », et Descartes donne des exemples, « tels sont les sentiments de la douleur (...), des couleurs (...) du chaud, du froid, et autres semblables » (AT IX-1, 236 ; VII, 437).

Je me demande si ce n'est pas pourtant dans le second degré du sens qu'il convient de situer la fausseté matérielle, dans le second et non dans le troisième, c'est-à-dire plus profondément dans le sens, ou sentiment, ou sensation, ces mots sont pour nous synonymes, synonymes aussi de perceptions sensibles. Il me semble que Descartes s'efforce de penser ici une fausseté vraiment intérieure à l'idée, indépendamment de tout jugement et antérieure à tout jugement même implicite, et que précisément les *Quatrième Réponses* vont plus loin dans ce sens que la *Troisième Méditation*. De la *Méditation* aux *Réponses,* la définition de la fausseté matérielle subit en effet un changement, léger peut-être, mais significatif. D'un texte à l'autre, un déplacement se produit, correspondant au souci cartésien de situer dans l'idée, et non dans le jugement, cette fausseté matérielle.

Dans la *Troisième Méditation,* les idées sont matériellement fausses « lorsqu'elles représentent ce qui n'est rien comme si c'était quelque chose » *(cum non rem tanquam rem repraesentant)* [1], ou — autre traduction d'une phrase difficile à traduire, « quand elles représentent ce qui n'est pas une chose *(non rem)* comme une chose *(tanquam rem)* ». Cette notion de fausseté matérielle est introduite et définie au moment où Descartes considère, dans nos idées des choses corporelles, ce qui se présente à nos sens, comme la lumière, les couleurs, la chaleur, le froid, etc. Il observe que les idées que nous en avons sont si obscures et confuses que nous ne savons pas si elles sont « les idées de quelques choses réelles » *(rerum quarundam ideae)* ou non *(an non rerum),* et il continue, introduisant alors, dans la phrase bien connue, la notion de fausseté matérielle : « car, encore que j'aie remarqué ci-devant qu'il n'y a que dans les jugements que se puisse rencontrer la vraie et formelle fausseté, il se peut néanmoins trouver dans les idées une certaine fausseté matérielle, à savoir lorsqu'elles représentent ce qui n'est rien comme si c'était quelque chose ». Telle est, dans la *Méditation,* la définition de la fausseté matérielle.

Remarquons que Descartes ne dit pas que les idées qu'il vient d'énumérer sont matériellement fausses (ni qu'elles sont vraies) ; remarquons que toutes les idées énumérées sont caractérisées de la même manière, par l'incertitude où elles nous laissent, c'est-à-dire par

1. AT IX-1, 34; VII, 43, 29-30. L'édition AT comporte ici une erreur, relevée par F. Alquié : elle imprime '*posset*' au lieu de '*posse*'. Cf. *Meditationes de prima philosophia,* Amsterdam, 1642, p. 38. Pour l'ensemble de l'analyse, cf. AT VII, 43-44; IX-1, 34-35.

le soupçon de fausseté matérielle jeté sur elles (et non par leur fausseté matérielle). Toutes : l'idée de chaleur comme celle de froid. La suite du texte le confirme. En effet, en développant l'exemple de ces deux idées pour illustrer sa définition, Descartes dit qu'il ne saurait, « par leur moyen » *(ab iis),* c'est-à-dire à partir d'elles, discerner si le froid est seulement une privation de chaleur, ou la chaleur une privation de froid, ou si les deux sont des qualités réelles, ou si aucun des deux ne l'est. Alors, s'il se trouve vrai *(siquidem verum sit)* que le froid n'est que privation ou absence de chaleur, l'idée de froid qui le représente comme quelque chose de réel et de positif pourra à juste titre être dite fausse. « S'il est vrai de dire que » : c'est une supposition. Une supposition est faite sur l'exemple du froid pour montrer ce que peut bien être une idée matériellement fausse et donner un contenu particulier, mais supposé, à une définition générale. Toutefois, nous ne pouvons savoir, à ce point de la méditation, si les idées énumérées sont vraies ou fausses ; Descartes envisage pour finir les deux cas, « si elles sont fausses », « et si ces idées sont vraies », pour reconnaître, car le problème initial était celui de la cause des idées, que même dans ce dernier cas je peux trouver en moi de quoi les produire. En tout cas, il est sûr qu'aucune des idées énumérées n'est déclarée matériellement fausse et que la fausseté matérielle consiste à représenter ce qui n'est rien, ce qui n'est pas une chose *(non rem),* comme quelque chose, comme une chose *(tanquam rem).*

Dans les *Quatrièmes Réponses,* Descartes s'attache à l'idée de froid comme exemple d'idée matériellement fausse. Or, dit-il, cette idée est la même, elle est ce qu'elle est, que le froid soit une chose positive ou une privation. Cela est important, et différent de ce que disait la *Troisième Méditation* : ce n'est pas seulement si le froid est quelque chose de négatif, l'idée de froid étant en elle-même positive, que l'idée de froid est matériellement fausse. Et plus loin Descartes précise, donnant ainsi une définition de l'idée matériellement fausse : « Je ne l'appelle fausse que parce qu'étant obscure et confuse, je ne puis discerner si elle me représente quelque chose qui, hors de mon sentiment, soit positive ou non » (AT IX-1, 181, VII, 234). Telle est maintenant la définition de la fausseté matérielle.

On voit le changement introduit dans la définition de la fausseté matérielle. Dans la *Troisième Méditation,* l'idée matériellement fausse est celle qui représente ce qui n'est pas quelque chose, ce qui n'est pas réel, comme quelque chose, comme du réel. Dans les *Quatrièmes Réponses,* l'idée matériellement fausse est celle qui ne laisse pas voir si elle est représentation de quelque chose de réel ou non.

Comprenons bien : que je puisse discerner dans mon idée du froid si le froid est réel et positif, une *res,* ou non *(non res),* cela était dit dans les *Méditations* (AT IX-1, 35 ; VII, 44, 16-17), mais non pour affirmer qu'une telle idée est matériellement fausse. Cela était dit au contraire dans l'hypothèse où elle serait vraie, pour reconnaître que, puisqu'elle me fait paraître si peu de réalité que je ne puis distinguer ce peu de réalité du non-être, je peux trouver en moi de quoi la produire. Maintenant, dans les *Réponses,* ce même fait, ce même trait de l'idée, constitue sa fausseté. D'un texte à l'autre un déplacement s'opère. Ce qui n'était pas une définition de la fausseté matérielle en devient la définition.

Or ce déplacement se produit lorsque Descartes veut faire comprendre à Arnauld que cette fausseté n'est pas dans le jugement, mais dans l'idée. Il y a bien en effet une fausseté de l'idée antérieure à tout jugement, une fausseté qui se manifeste par mon incapacité à juger, « je ne peux discerner », *non possim dijudicare.* L'idée me présente quelque chose d'inconsistant, ou plutôt de fuyant. En elle-même elle est trouble, double. Duplicité, fausseté, de l'idée, dans l'idée. Aussi ai-je l'occasion de *juger* qu'elle représente quelque chose de positif, alors que je n'ai pu vraiment le discerner, le *voir.* Je juge sans fondement suffisant, et ce jugement risque d'être faux, de la vraie et formelle fausseté ; l'idée donne l'occasion, offre matière à des jugements faux. Mais en elle-même, avant tout jugement, il y a dans son obscurité et dans sa confusion quelque chose de faux. Peut-être le mot 'faux' ne convient-il pas parfaitement : *une sorte de* fausseté, disait Descartes dans la *Troisième Méditation, quaedam alia falsitas* (l'indéfini *'quidam'* peut indiquer qu'on ne prend pas dans son sens strict le mot qu'il accompagne), une sorte de fausseté intérieure à l'idée, *autre* que la vraie fausseté, laquelle est dans le jugement. C'est en tout cas dans l'idée, sans intervention du jugement, que quelque chose ne va pas. La fausseté matérielle est au cœur de l'idée, elle se lit sur l'idée elle-même, qui est irrémédiablement fausse ; et ce n'est pas à cause de jugements qui s'y mêleraient.

Aussi la fausseté matérielle est-elle à situer dans le second degré du sens et non dans le troisième. Si Descartes écrit dans les *Sixièmes Réponses* qu'il n'y a pas de fausseté dans les deux premiers degrés du sens (AT IX-1, 237 ; VII, 438, 21-23), c'est qu'il pense alors à la vraie et formelle fausseté, comme toujours lorsqu'il ne précise pas, puisque c'est la fausseté au sens propre. Il me semble que les précisions des *Quatrièmes Réponses* nous conduisent à cette localisation de la fausseté matérielle dans le second degré du sens, c'est-à-dire dans l'idée avant tout jugement. Situer plus profondément dans l'idée, et non dans le jugement, la fausseté matérielle, tel est le sens du déplacement opéré des *Méditations* aux *Réponses.*

Ce n'est pas que la *Troisième Méditation* ait situé dans le jugement la fausseté matérielle. Mais lorsque l'exemple donné pour illustrer la définition présentait l'idée de froid comme fausse si le froid n'est que privation, ce qui n'est qu'une supposition, et qu'il est pour le moment impossible de déterminer, la fausseté matérielle n'apparaissait pas comme un caractère qui se lit sur l'idée telle qu'elle se donne à ma conscience. Elle apparaissait, pour l'idée, au fond, comme un caractère extrinsèque, et non intrinsèque, comme une dénomination extrinsèque, ce qui offrait prise à l'objection d'Arnauld.

Descartes ne renie pas, pour définir la fausseté matérielle, la formule de la *Troisième Méditation,* la formule bien connue, le plus souvent retenue, *« cum non rem tanquam rem repraesentant »,* qu'on peut du reste à la rigueur comprendre, si on la sépare de l'exemple qui suit, et après la lecture des *Quatrièmes Réponses,* comme exprimant déjà l'impossibilité de distinguer quelque chose de rien ou rien de quelque chose. Mais il lui préfère une autre formule, et s'il avait fondu les deux textes, la méditation et la réponse, s'il avait refondu les *Méditations* (je crois que c'est une supposition impossible !), il aurait sans doute introduit par un *'vel potius', 'ou plutôt',* la seconde formule, qui situe plus nettement la fausseté dans l'idée et permet de mieux saisir la spécificité de la fausseté matérielle.

2) Cette spécificité de la fausseté matérielle de l'idée, nous pouvons aussi la mieux comprendre si nous cernons bien le sens du mot *'res'*, *'chose'*, et si nous précisons le sens de *'non res'*, 'non-chose', non-être, rien, être chimérique. Les deux communications que nous venons d'entendre nous aident beaucoup à le faire, et je vais retrouver certaines de leurs réflexions pour reconnaître à quel point la fausseté dite matérielle est intérieure à l'idée.

Le concept de réalité présent dans le mot latin *'res'*, *'chose'*, n'est pas équivalent à celui d'existence. Quand Descartes dit que les idées sont comme les images des choses (*tanquam rerum imagines* ; AT VII, 37, 3-4 ; IX-1, 29) : peut-être vaudrait-il mieux traduire « comme des images de choses »), il faut toujours penser que la chose représentée peut ne pas exister.

Que le mot *'chose'*, en latin *'res'*, ne signifie pas chose existante, on pourrait le confirmer par de nombreux textes, en particulier ceux qui concernent les mathématiques et toutes ces « idées de certaines choses, qui ne peuvent pas être estimées un pur néant, quoique peut-être elles n'aient aucune existence hors de ma pensée »[1]. Mais un des passages les plus éclairants pour nous vient dans la *Troisième Méditation* peu après l'introduction de la notion de fausseté matérielle. Il éclaire le cas de nos idées obscures et confuses par celui du plus clair et du plus distinct. C'est celui où Descartes dit de l'idée de Dieu qu'elle n'est pas matériellement fausse, parce que, explique-t-il, on ne peut feindre que l'idée de Dieu ne représente rien de réel *(nihil reale)*, même si l'on peut feindre qu'un tel être infini n'existe pas (AT IX-1, 36 ; VII, 46). Il est clair que pour Descartes représenter quelque chose de réel et représenter quelque chose d'existant, cela fait deux.

Mais qu'est-ce que cette réalité qui n'implique pas l'existence ? Descartes lie explicitement la vérité de l'idée de Dieu — et la réalité de son objet — à la clarté et à la distinction. De même, c'est par leur clarté et distinction, opposée à l'obscurité et confusion des perceptions

1. *Cinquième Méditation* (AT VII, 64, 7 ; IX-1, 51) « ideas quarumdam rerum ». Ce sont les mêmes termes que dans le passage de la *Troisième Méditation* sur la fausseté matérielle (AT VII, 43, 25).

sensibles, que les idées des choses mathématiques exhibent quelque chose de réel. Les idées claires et distinctes, selon Descartes, montrent leur objet comme possible, c'est-à-dire comme capable ou susceptible d'exister. Ce que les *Méditations* indiquent à propos des objets des mathématiques est formulé de manière plus générale dans les *Premières Réponses*[1]. La réalité, c'est la possibilité d'exister impliquée dans tout objet d'une perception claire et distincte. Le réel, pour Descartes, c'est le possible : ce qui peut exister, ce qui est capable ou susceptible d'exister.

Il convient de préciser que l'ensemble de ce que Descartes appelle chose, à quoi il confère la réalité, ne comporte pas seulement ce qui est pensé comme substance (ce que pourrait laisser croire le mot *'chose'*), mais aussi ce qui est pensé comme propriété ou mode ou qualité de substance[2]. Quand Descartes, dans la *Troisième Méditation,* dit qu'il ne sait pas si le froid est une qualité réelle *(realis qualitas), 'realis'* est l'adjectif qui correspond au substantif latin *'res'* traduit par *'chose',* et la qualité réelle, c'est du réel, c'est-à-dire du possible. Même s'il est vrai que Descartes, comme nous allons le voir, a quelque arrière-pensée en employant cette expression de 'qualité réelle', le texte a toute sa cohérence et toute sa signification sans cette arrière-pensée.

Le réel — *'res'* ou *'realis qualitas'* — c'est ce que je peux penser comme susceptible d'exister, ou comme une propriété, un mode ou une qualité de quelque chose qui est susceptible d'exister, non pas nécessairement hors de moi, mais indépendamment de mon acte de représentation.

'Non res', c'est ce qui n'est pas une chose ou une qualité réelle, ce qui ne peut pas être pensé comme susceptible d'exister ainsi. Le texte français de la *Troisième Méditation* rend l'expression latine *'non res'* par « des êtres chimériques, qui ne peuvent exister ». On pourrait voir là, au premier abord, une périphrase de traducteur peu rigoureux et peut-être infidèle. C'est plus probablement l'un de ces petits changements

1. *Sixième Méditation* (AT IX-1, 57 ; VII, 71, 14-16) ; *Premières Réponses* (AT IX-1, 92 ; VII, 116, 22-24). Cf. aussi *Principes de la philosophie*, I, § 71 (AT IX-2, 58-59).

2. Cela sera explicité dans les *Principes de la philosophie*, I, § 48 (AT IX-2, 45).

introduits par l'auteur pour éclaircir ses propres pensées. « Qui ne peuvent exister » : c'est l'essentiel. « Des êtres chimériques »? L'exposé de Lilli Alanen nous invite à être attentif. Il y a chimère et chimère. Il y a le centaure et le cercle carré. La différence entre les deux sortes de chimères est éclairante si l'on veut saisir la spécificité de l'idée matériellement fausse. Des chimères comme le centaure et le cheval ailé, Descartes dit, et Lilli Alanen nous l'a expliqué, « les chimères même n'ont point en elles de fausseté »[1]. Du centaure, de la sirène ou du cheval ailé, j'ai en effet l'idée comme de choses tout à fait susceptibles d'exister, qui pourraient être si Dieu les créait. Et Descartes dit à Burman : « Tout ce qui dans une chimère peut être clairement conçu est un être véritable... On ne lui donne le nom d'être feint qu'à partir du moment où nous supposons qu'il existe. »[2] Mais il y a des chimères dont la fausseté est antérieure à tout jugement d'existence, parce que leur idée est en soi contradictoire. Tel est le cercle carré. Telles sont aussi, peut-être, selon la définition de la *Troisième Méditation,* les qualités sensibles si, des idées qui nous semblent venir des sens, nous ne savons pas si elles sont des idées de choses, ou non *(rerum an non rerum)*. On voit ce que signifie *'non res'* : cela ne signifie pas une chose non existante, mais quelque chose qui ne peut pas exister.

Dans le contexte de la réflexion sur la fausseté matérielle des idées, le sens du mot *'res'* et de *'non res'* se trouve restreint. En définissant tout à l'heure *'res'*, le réel, de manière générale, nous avons dit que la réalité était possibilité d'existence, non pas nécessairement hors de moi, mais indépendamment de mon acte de représentation; car la chose pensante est une chose et ses modes sont aussi quelque chose. Mais ici, lorsque Descartes demande si nos idées de choses sensibles représentent quelque chose de réel ou non, étant donné que ces idées sont recensées parmi les idées que nous avons des choses corporelles, c'est-à-dire étendues, et dans leur étendue, extérieures à moi, la question est plus précisément de savoir, ou plutôt l'on remarque qu'on ne

1. *Lettre à Clerselier,* 23 avril 1649 (AT V, 354).
2. *Entretien avec Burman* (AT V, 160).

peut pas savoir si ces idées représentent quelque chose qui est susceptible d'exister ou d'appartenir comme une propriété, un mode ou une qualité à quelque chose qui pourrait exister hors de moi. Le sens du mot *res* se trouve restreint ici à la réalité conçue comme étendue et extérieure, à la *res extensa*. Mais il demeure que le concept de réalité n'est pas équivalent à celui d'existence. Nous ne savons pas, du reste, si les choses corporelles existent.

Il faut reconnaître que la manière dont la *Troisième Méditation* présente l'exemple du froid et l'intervention de l'idée de privation troublent plus qu'elles n'éclairent la réflexion. Pour illustrer sa notion de fausseté matérielle, Descartes veut donner un exemple qui « parle » aux lecteurs de son temps, dont beaucoup sont préoccupés par un certain problème que nous dirions aujourd'hui scientifique : on se demandait si le froid est quelque chose de positif ou bien seulement la privation de chaleur, auquel cas rien ne correspondrait dans le monde existant à l'idée de froid, mais seulement une absence. Une telle conception du froid donne à l'idée du froid senti comme quelque chose, alors que ce n'est rien qu'une absence dans le monde existant, une certaine fausseté. A partir de cet exemple, développé à l'intérieur d'une supposition, le lecteur peut donner à la notion de fausseté matérielle un certain contenu. Mais cette allusion à un problème scientifique, peut-être pédagogiquement bonne en un certain sens en son temps, nous transporte dans la perspective réaliste de la science qui ne met pas en question l'existence de la réalité extérieure, et cet exemple risque de nous inciter à penser que l'idée est matériellement fausse si rien ne lui correspond effectivement dans le monde existant. Or la pensée du couple froid-chaud par rapport à l'idée de privation, et la question de savoir si l'une de ces qualités n'est que la privation de l'autre qui seule correspondrait à quelque chose de réel dans la chose existante, ne sont pas du tout essentielles à la réflexion philosophique que mène ici Descartes. Les deux idées, celle de chaleur comme celle de froid, peuvent aussi bien être matériellement fausses, et cela sans qu'il s'agisse de voir en elles les idées d'une simple privation d'autre chose. La notion de privation n'est pas équivalente à ce que désigne l'expression latine *'non res'*, non chose, chimère qui ne peut exister. Le repos, qui est privation de mouvement, est-il pour Descartes une chimère ? Certainement pas, puisque les *Regulae* mettent au nombre des natures simples dont nous avons l'intellection ces privations ou négations que sont le néant, l'instant ou le repos[1]. L'exemple du froid nous détourne de l'essentiel et risque nous mettre sur une fausse piste, celle qui consiste à penser en termes de réalité existante. Le texte de la *Troisième Méditation* n'impose absolument pas cette lecture, mais il en laisse planer le risque.

Les *Quatrièmes Réponses* ne sont pas toujours sur ce point aussi éclairantes, du moins aussi immédiatement éclairantes qu'on pourrait le souhaiter. C'est précisément qu'Arnauld, reprenant l'exemple donné par Descartes, part d'hypothèses concernant l'objet de l'idée en posant que cet objet existe ; et Descartes en lui répondant se place parfois, pour un temps, au point de vue d'Arnauld, point de vue que la *Troisième Méditation* rendait possible par le choix de l'exemple.

Mais certains articles des *Principes*[2] et surtout la mise au point de l'*Entretien avec Burman*[3] confirment la lecture qu'il convient de faire de la *Troisième Méditation* et le lieu de la fausseté matérielle, en deçà de l'affirmation d'existence. Si la couleur, la blancheur par exemple, dit Descartes, est pensée comme une chose *(res)*, une qualité *(qualitas)*, « même si je ne rapportais pas cette idée à aucune chose extérieure, même si je disais ou supposais qu'il n'existe rien de blanc », il y a possibilité d'erreur sur la nature même de cette couleur, la blancheur, sur la blancheur même, en soi, *in abstracto*. L'erreur dans l'idée matériellement fausse ne concerne pas le rapport de ce qu'elle représente à quelque chose qui existe, mais la nature de ce qui est représenté : peut-être ce contenu représenté n'est-il même pas susceptible d'appartenir à quelque chose qui pourrait exister hors de moi. Quand nous disons que nous voyons un cahier rouge, voir un cahier rouge est peut-être aussi chimérique que concevoir un cercle carré. *Res* ou *non res,* je ne

1. *Regulae,* XII (AT X, 420).
2. *Principes de la philosophie,* I, § 68, 71 (AT IX-2, 56 ; 58-59).
3. *Entretien avec Burman* (AT V, 152).

sais pas, je ne puis le discerner ; et ce caractère chimérique est soupçonné indépendamment de toute considération d'existence. On voit à quel point la fausseté est intérieure à l'idée.

3) Ces idées dites matériellement fausses sont-elles alors, à proprement parler, des idées ? Si les idées sont comme les images des choses, ou comme des images de choses, y a-t-il idée de ce qui n'est pas chose ? ou de ce dont je ne sais pas si c'est quelque chose ? Ce qui représente ce qui n'est pas quelque chose est-il une idée ? Est-ce que cela a la nature représentative de l'idée ?

Certes, même si une couleur rapportée aux corps extérieurs n'est pas quelque chose, l'idée de cette couleur, elle, est bien quelque chose en tant que mode de la pensée ; et c'est parce que nous avons réduit la chose, dans le contexte de la *Troisième Méditation,* à la chose corporelle, que de l'idée d'une couleur on ne sait si elle représente quelque chose ou non. Elle n'en est pas moins quelque chose, comme mode de la chose pensante. Mais n'a-t-elle alors de l'idée que la réalité formelle (selon la terminologie de la *Troisième Méditation*) ? N'avons-nous que la réalité formelle d'une idée dont la réalité objective est problématique, c'est-à-dire une idée dont la nature d'idée est problématique ?

Tellement problématique qu'on peut être tenté de la nier et penser que Descartes est amené finalement à la nier. Margaret Wilson, dans son *Descartes*[1], voyait non pas dans les *Méditations,* mais dans certains articles de la première partie des *Principes,* tel l'article 71, la négation de tout caractère représentatif de la sensation. La possibilité d'une telle négation serait ouverte, selon Jean-Marie Beyssade[2] — mais seulement ouverte — dans les *Quatrièmes Réponses,* différentes en cela de la *Troisième Méditation.* Lorsque Descartes écrit « je ne l'appelle fausse, que parce qu'étant obscure et confuse, je ne puis discerner si elle représente quelque chose qui, hors de mon sentiment, soit positive ou non » (« an

1. Margaret D. Wilson, *Descartes,* Londres, Routledge, 1978, chap. III, 2.

2. Jean-Marie Beyssade, *Descartes on Material Falsity,* communication présentée à l'Université de Iowa, avril 1989, in *Minds, Ideas and Objects,* ed. Ph. Cummins and G. Zoeller, 1992.

mihi quid exhibeat quod extra sensum meum sit positivum, necne » : si, oui ou non, elle m'exhibe quelque chose qui soit positif hors de mon sentiment, AT IX-1, 182 ; VII, 234), on peut se demander si l'interrogation porte sur le fait de représenter ou sur le caractère positif de ce qui est représenté. Dépourvus de tout caractère représentatif, les sentiments ou sensations glisseraient, dans la classification du début de la *Troisième Méditation,* du côté des affections et des volitions qui en elles-mêmes ne sont pas à proprement parler des idées, même s'il y a une idée de ces affections ou volitions. Dans le cas des sensations, l'inconsistance de la réalité objective retentit sur la réalité formelle. Nous n'avons plus la forme d'une idée, la structure représentative. Les idées matériellement fausses seraient de fausses idées.

Il semble toutefois impossible de tenir les sensations simplement pour des modes de la chose pensante et de ne pas leur reconnaître, comme le souligne Lilli Alanen, un minimum de réalité objective. Il y a bien un contenu des perceptions sensibles, par quoi le jaune diffère du rouge et du froid. Et dans les *Quatrièmes Réponses,* la phrase présentée à l'instant comme problématique est suivie d'une autre phrase qui, en précisant le contenu du jugement dont l'idée est l'occasion, nous montre que l'interrogation portait sur le caractère positif ou non de ce qui est représenté, et non sur le fait de représenter ou de ne pas représenter : « C'est pourquoi j'ai l'occasion de juger que c'est quelque chose de positif, quoique peut-être ce ne soit qu'une simple privation. » Mais si l'on accorde qu'il y a un contenu représentatif, que veut dire *'représenter'* ?

C'est alors que les commentateurs introduisent des distinctions pour essayer de cerner le mieux possible la pensée de Descartes.

Raul Landim distingue de la fonction représentative des sensations leur fonction référentielle, qui consiste seulement à désigner une existence extérieure. Il n'est pas le seul à avoir éprouvé la nécessité de certaines distinctions. Margaret Wilson qui, dans son *Descartes,* pour mieux comprendre la *Troisième Méditation,* dissociait du caractère représentatif, maintenu dans les *Méditations* pour toute idée, le contenu représenté, dont elle pensait d'abord que dans les sensations il se réduit à rien, est amenée à distinguer ensuite, dans un article plus récent[1], deux aspects de la représentation, un aspect de présentation et un aspect de référence, dont l'union fait l'ambiguïté de la notion de représentation chez Descartes et parfois l'équivocité du terme.

Ainsi, lorsque Descartes dit dans les *Quatrièmes Réponses* que les idées du froid et de la chaleur, par exemple, « se rapportent à d'autres choses qu'à celles dont elles sont véritablement les idées » (AT IX-1, 180; VII, 233; « se rapportent à », *referantur,* peut-être vaudrait-il mieux traduire « sont rapportées à »), cela veut dire qu'elles sont référées à quelque chose d'extérieur qui est autre que ce qu'elles présentent. Elles sont en effet rapportées ou référées au froid pensé comme la propriété d'un corps, alors qu'elles présentent un sentiment de froid. De même, si nous considérons la formule qui, dans la *Troisième Méditation,* définit la fausseté matérielle « représenter ce qui n'est rien comme si c'était quelque chose », *non rem tanquam rem repraesentare* (la définition de la fausseté matérielle sera modifiée, mais cette proposition garde son sens), il y a justement un double sens du mot *'représenter'*. Représenter ce qui n'est rien signifie y renvoyer, s'y référer, sans le présenter. Représenter comme quelque chose signifie présenter un certain contenu. La formule contient une équivoque et, après tout, c'est peut-être aussi pour cette raison que Descartes lui en a préféré une autre pour définir la fausseté matérielle.

Maintenant, qu'est-ce qui justifie chez ces commentateurs cette idée de référence ? Qu'est-ce que l'aspect référentiel de nos sensations ?

Avec Raul Landim, on peut mettre en avant, dans nos sentiments ou sensations, une conscience de passivité et même de contrainte vécue comme sentiment d'une causalité étrangère. La description du sentir, dans les *Méditations* et dans les *Principes,* souligne une conscience d'adventicité, qui sera une des composantes de la preuve de l'existence des corps. Cette conscience d'adventicité, dont le bien-fondé est mis en question par le doute méthodique, mais qui est validée au terme du cheminement métaphysique, est constitutive du sen-

1. Margaret D. Wilson, « Descartes on the representationality of sensation »; J. A. Cover et M. Kulstad (Eds), *Central Themes in Early Modern Philosophy,* Indianapolis Hackett Publ., 1990.

tir. Il est de la nature du sentiment d'éprouver cette causalité extérieure, cette extériorité de la cause, dont le sentiment par lui-même ne peut rien connaître. « Il y a je ne sais quoi dans les objets (c'est-à-dire dans les choses telles qu'elles soient) qui cause en nous ces pensées qu'on nomme sentiments. »[1] C'est ce que nous devons nous borner à dire si nous exprimons, selon la formule latine[2] que nous traduisons littéralement : « cela précisément qui est contenu dans notre perception et dont nous sommes intimement conscients ». Bien que le sentiment, dans sa confusion et son obscurité, ne me permette pas de distinguer le caractère réel ou non réel du contenu singulier représenté en lui, il n'en comporte pas moins en lui-même une référence, irrésistiblement éprouvée et susceptible d'être clairement et distinctement perçue, à un objet possible. Le sentiment renvoie à quelque chose hors de moi ; il s'y réfère, sans le représenter, sans l'exhiber ; il le désigne, sans plus. Descartes reconnaîtra que nos sentiments sont des signes, signes de l'existence des corps et, par leur diversité, signes de diversité dans les corps, sans qu'on puisse, d'un sentiment en lui-même, tirer quelque connaissance de ces corps.

Des signes, et non des idées ? Descartes continue à les appeler idées et à distinguer, dans les *Principes,* les sentiments des affections et des appétits. Et en effet l'aspect référentiel des sensations, que Raul Landim distingue d'un aspect représentatif, peut être tenu, comme le fait Margaret Wilson, pour un aspect de la représentation. Cette référence indéterminée à quelque chose d'extérieur à moi, même quand l'existence n'en est pas encore assurée, donne à la sensation un minimum de réalité objective qui en fait bien une idée. L'indétermination de la référence donne à une telle idée une sorte de fausseté, la fausseté matérielle, parce que l'impossibilité où nous sommes de tirer du sentiment en lui-même la moindre connaissance en fait matière à erreur. Mais cette idée matériellement fausse n'en est pas moins une idée.

1. *Principes de la philosophie,* I, § 70 (AT IX-2, 57).
2. *Principia Philosophiae,* I, § 66 (AT VIII-1, 34).

Je conclus rapidement, en remarquant que, dans ce bras mort dont je parlais pour commencer, l'eau continue à circuler. Ce n'est pas tout à fait un bras mort, cette voie ouverte n'est pas sans apport positif.

L'apport concerne la nature de l'idée, dont on interroge la structure représentative, mais aussi la connaissance des corps, que Descartes s'efforce de clarifier en distinguant ce qui est intelligible de ce qui ne l'est pas. « Le principal but de ma Métaphysique, dit Descartes à Mersenne, est de faire entendre quelles sont les choses qu'on peut entendre distinctement. »[1] La connaissance des corps ne s'élabore pas, dans les *Méditations,* de manière continue ; elle se fait de manière dispersée, et d'abord à l'occasion d'autres choses. Ordre des raisons, et non des matières, et cela selon la voie analytique, avec des diversions et des reprises, comme est la voie de l'invention. Le passage de la *Troisième Méditation* qui nous a occupés prolonge l'analyse du morceau de cire et annonce, plus que celle-ci, la distinction de ce qu'on appellera les qualités premières et les qualités secondes. Descartes nous habitue progressivement à former du corps, qui est moins aisé à connaître que l'esprit, une idée claire et distincte, c'est-à-dire à séparer le clair et distinct de l'obscur et confus, de l'obscur et confus que le métaphysicien des *Méditations* et de la première partie des *Principes* essaie pourtant de saisir précisément dans son obscurité et confusion, et que Descartes physicien s'efforcera, notamment dans la quatrième partie des *Principes,* de rendre aussi intelligible.

Nous n'avons été tous les trois, aujourd'hui, que métaphysiciens.

1. *Lettre à Mersenne,* 30 septembre 1640 (AT III, 192).

VI

L'existence de Dieu

La réponse de Descartes à Caterus

WILLIS DONEY

Dans la présentation que Descartes fait de sa preuve *a priori* dans la *Cinquième Méditation,* il y a trois sortes de problèmes que les commentateurs passent parfois sous silence et qui m'occuperont ici. Dans chaque cas, je présenterai d'abord le problème aussi clairement que possible et ensuite j'étudierai quelques faits importants relatifs à la solution du problème que nous trouvons dans les *Premières Objections et Réponses.*

I

Dans la *Cinquième Méditation,* nous trouvons, pour la première fois dans les *Méditations,* la notion de natures ou essences vraies et immuables. Une compréhension de cette notion est importante pour de multiples raisons. Premièrement, cette idée est introduite dans le contexte d'une discussion à propos de l'essence de la matière et des particularités touchant « les figures, le nombre, le mouvement et choses semblables », et il est clair d'après le contexte que ces natures sont supposées fonder les vérités des mathématiques (AT VII, 63-64 ; Beyssade, 177)[1]. Aussi une compréhension de cette idée est-elle importante pour saisir les idées de Descartes au sujet des vérités nécessaires des mathémati-

1. Les références de la version française des *Méditations* se rapportent à l'excellente traduction de Michelle Beyssade : *Les Méditations métaphysiques,* Paris, Le Livre de Poche, 1990.

ques. Deuxièmement, en proposant un critère pour distinguer les idées qui révèlent les natures vraies et immuables des autres qui sont forgées ou acquises par les sens, Descartes semble aussi proposer un critère pour les idées qui, selon ses propres termes, sont « trouvées en moi » ou qui sont « produites par ma pensée », idées qui, d'après la terminologie de la *Troisième Méditation,* sont innées. Un lien entre les idées innées et les natures vraies et immuables est explicité dans la *Lettre à Mersenne* du 16 juin 1641 (AT III, 383). Distinguant les idées innées des idées adventices et factices, Descartes donne tout d'abord des exemples d'idées innées — les idées de Dieu, de l'âme, du corps et du triangle — puis il donne cette précision : « et en général toutes celles qui représentent des essences vraies, immuables et éternelles ». On a grandement besoin d'un critère pour les idées innées dans les *Méditations* puisque la marque de distinction donnée dans la *Troisième Méditation* (à savoir qu'elles proviennent « de ma propre nature ») est un critère qui n'est guère utilisable (AT VII, 38 ; Beyssade, 93).

Troisièmement — et c'est là le plus important pour notre propos — cette idée (de natures vraies et immuables) est utile pour répondre à ce que Descartes considère comme l'objection la plus forte contre sa preuve *a priori.* Cette objection qu'il pose dans la même lettre à Mersenne est que, l'existence étant ajoutée à un ensemble d'attributs, l'idée de Dieu est une idée factice et que sa soi-disant « preuve » est une *petitio principii.* Il y a là quelque chose de proche de la critique de saint Anselme par saint Thomas d'Aquin et de l'objection de Caterus à propos du composé « lion existant »[1].

Cependant, aussi importante que soit cette notion, il n'y a que deux phrases dans la *Cinquième Méditation,* et même dans toutes les six *Méditations,* qui l'examinent explicitement. Dans la première phrase, Descartes nous dit qu'il trouve en lui-même « innumeras ideas quarumdam rerum, quae (...) suas habent veras et immutabiles naturas » (AT VII, 64). Grammaticalement, l'antécédent de '*quae*' peut être aussi

1. Saint Thomas d'Aquin présente sa critique célèbre, entre autres, dans *Summa Theologiae* I, qu. 2, 1. Caterus soulève l'objection « lion-existant » vers la fin des *Premières Objections* (AT VII 99-100 ; IX-1, 79-80).

bien *'ideas'* que *'rerum',* et on ne voit pas très bien lesquelles les deux, *'ideae'* ou *'res',* sont supposées avoir des natures vraies et immuables. Le français est lui aussi ambigu : se rapportant à « d'innombrables idées de certaines choses », la traduction continue en disant qu ' « *elles* ont leurs propres natures, vraies et immuables » (Beyssade, 177, je souligne) et *'elles'* peut se rapporter à *'idées'* ou à *'choses'*. Nous ne trouvons pas non plus une réponse précise dans la seconde phrase : « Quand, écrit Descartes, j'imagine par exemple un triangle, encore que peut-être une telle figure n'existe et n'ait jamais existé nulle part au monde hors de ma pensée, il y a pourtant à coup sûr une certaine nature ou essence ou forme déterminée de cette figure, immuable et éternelle, qui n'a pas été forgée par moi et ne dépend pas de mon esprit... » (AT VII, 164 ; Beyssade, 179).

L'expression « de cette figure » dans la phrase « une certaine nature ou essence ou forme déterminée de cette figure » peut être entendue de deux manières. On peut considérer qu'elle veut dire : « le triangle que j'ai imaginé » ou bien « un (ou le) triangle lui-même ». On peut alors avancer que, pour Descartes, le triangle qui a été imaginé est une idée d'un triangle et donc qu'il n'est pas exclu que ce qui a une nature vraie et immuable soit une idée[1]. Alquié et Kenny ont soutenu que, pour Descartes, ce ne sont pas *ideae* qui doivent être supposées avoir ces natures puisque les idées sont nécessairement dépendantes de l'esprit et que tel n'est clairement pas le cas pour ce qui a une nature vraie et immuable[2]. Mais cet argument ignore un des sens du mot *'idea'* chez Descartes. Si l'on prend *'idea'* pour la *res cogitata,* il n'est pas acquis que l'idée, prise en ce sens, soit nécessairement dépendante de l'esprit. Quoi que ces commentateurs aient pensé de ce que Descartes aurait dit, il reste une question ouverte dans la *Cinquième*

1. Cette possibilité n'est pas évidente dans une traduction anglaise récente qui écrit : « There is a determinate nature, or essence, or form of the triangle » (*The Philosophical Writings of Descartes,* II, 45, trad. de John Cottingham *et al.,* Cambridge, Cambridge University Press, 1984).

2. F. Alquié (éd.), *Œuvres philosophiques,* 3 t., Paris, Garnier, 1963-1973 ; FA II, p. 470, n. 2 ; Anthony Kenny, *Descartes : A Study of his Philosophy,* New York, Random House, 1968, p. 150-151.

Méditation : les porteurs des natures vraies et immuables sont-ils *ideae* ou *res* ?

A la suite de la seconde phrase, Descartes propose un critère pour ce qui a une nature vraie et immuable. Après avoir dit que le triangle qu'il a imaginé a une nature vraie et immuable, il écrit :

> ... comme cela ressort de ce qu'on peut démontrer de ce triangle diverses propriétés, à savoir que ses trois angles sont égaux à deux droits, qu'au plus grand angle est opposé le plus grand côté, et choses semblables, que maintenant, que je le veuille ou non, je reconnais clairement même si je n'y ai aucunement pensé auparavant quand j'ai imaginé un triangle ; et par conséquent elles ne sauraient avoir été forgées par moi (AT VII, 64 ; Beyssade, 179).

Le critère proposé ici peut être formulé de deux manières que je tiens pour équivalentes. *X* a une nature vraie et immuable si et seulement si des vérités nécessaires à propos de *X* peuvent être découvertes par une démonstration. Ou bien : *X* a une nature vraie et immuable si et seulement si, concernant *X*, il est possible qu'il y ait des conséquences imprévues, involontaires et invariables. A partir de la seconde formulation, on a créé un nom pour ce critère : le critère des conséquences inattendues et invariables[1]. Telle quelle, aucune de ces deux formulations n'est claire ou satisfaisante. Elles réclament des explications sur l'idée de « démonstration » et sur celle de « conséquence ». Mais, pour nous, elles sont suffisamment claires pour qu'une objection assez évidente apparaisse : il semble que des idées qui, selon Descartes, pourraient être construites et qui ne contiendraient pas des natures vraies et immuables se trouveraient avoir, selon le critère proposé ici, des natures vraies et immuables.

L'objection peut être illustrée par plusieurs exemples. Bien que Descartes dise dans ce passage que le triangle imaginé a une nature vraie et immuable, il semble qu'il voudrait dire que l'idée d'un triangle pourpre est construite et que cette idée n'a pas une nature

1. Voir Margaret Wilson, *Descartes,* Londres, Routledge & Kegan Paul, 1978, p. 168 sq. ; Walter Edelberg, The Fifth Meditation, *The Philosophical Review,* octobre 1990, p. 493-533.

vraie et immuable. Cependant, il semble que cette idée d'un triangle pourpre pourrait avoir des conséquences imprévues et invariables, à savoir : précisément ces conséquences que Descartes utilise pour montrer que son idée d'un triangle a une nature vraie et immuable. Voici un contre-exemple de ce type utilisé par Margaret Wilson :

> Supposons que je définisse le terme 'Onk' par : 'la première forme vivante non terrestre découverte par un homme'. Il est possible que ce concept ait des implications que je n'ai pas d'abord perçues en lui, mais que après réflexion, il semble bien que l'on ne puisse pas lui refuser. Car en définissant 'Onk', je peux très bien ne pas avoir réfléchi sur la question des conditions nécessaires pour que quelque chose soit une forme vivante. Mais cela étant, je vois que la reproduction et la capacité à assimiler de la nourriture sont des conditions nécessaires ; par conséquent, 'Onk a une capacité de reproduction' et 'Onk assimile de la nourriture' sont des vérités nécessaires *volens nolens*, comme Descartes peut le dire. Mais est-ce que 'Onk' a une vraie et immuable nature ? S'il en est ainsi, certains exemples d'idées factices donnés par Descartes en auront une aussi (par exemple l'idée de l'hippogriffe)[1].

Burman semble soulever une objection semblable lorsqu'il considère l'affirmation de la *Cinquième Méditation* à propos des natures vraies et immuables : « Mais dans ces conditions même une chimère ne sera pas un être feint, puisque d'elle aussi je peux démontrer diverses propriétés » (AT V, 160 ; Burman ne nous dit pas quelles sont les propriétés auxquelles il songe). Il semble aussi que même l'idée d'un lion actuellement existant peut subir avec succès le test, car quelqu'un peut estimer savoir ce qu'est un lion mais ignorer qu'un lion est un mammifère.

II

Dans les *Premières Réponses,* Descartes donne plus de détails sur cette idée des natures vraies et immuables et plusieurs commentateurs se sont servis de ce passage pour nous montrer un moyen de faire face à l'objection soulevée à l'instant. Deux contributions ont été apportées

1. *Op. cit.,* p. 172.

à ce sujet et elles diffèrent notablement. La première est celle de Margaret Wilson[1]. D'après elle, Descartes peut se défaire des contre-exemples gênants puisque dans les *Premières Réponses* il propose ce qu'elle appelle un « critère différent » pour déterminer la présence d'une nature vraie et immuable. Elle découvre le second critère — qu'elle appelle le critère de l'indécomposabilité pour le distinguer du critère des « conséquences imprévues et involontaires » de la *Cinquième Méditation* — dans les premières affirmations du passage des *Premières Réponses* : « Les idées qui ne contiennent pas de vraies et immuables natures, mais seulement de feintes et composées par l'entendement, peuvent être divisées par le même entendement, non seulement par une abstraction ou restriction de la pensée, mais par une claire et distincte opération, en sorte que les choses que l'entendement ne peut pas ainsi diviser n'ont point sans doute été faites ou composées par lui » (AT VII, 117; IX-1, 92). Dans une seconde affirmation, Descartes donne des exemples pour illustrer ce qu'il a dit : « Lorsque je me représente un cheval ailé, ou un lion actuellement existant, ou un triangle inscrit dans un carré, je conçois facilement que je puis aussi tout au contraire me représenter un cheval qui n'ait point d'ailes, un lion qui ne soit point existant, un triangle sans carré et, partant, que ces choses n'ont point de vraies ou immuables natures » *(ibid.)*. Wilson formule le critère exposé dans ce passage comme suit : « Une idée contient une nature vraie et immuable si et seulement si elle ne peut pas être décomposée en ses parties, non seulement par une abstraction mais par une opération claire et distincte de l'esprit »[2]. Il semble que le critère peut aussi être formulé négativement : X n'a pas une nature vraie et immuable si et seulement si X a des parties qui peuvent être distinguées par une opération claire et distincte de l'esprit.

Ce critère n'est pas clair. Qu'est-ce qu'une « partie » ? Mais il est assez clair que ce critère pourrait faire face aux exemples importuns mentionnés plus haut. On peut supposer que l'idée d'un triangle pourpre a des « parties », « être pourpre » et « être triangulaire », et

1. *Op. cit.,* p. 173.
2. *Op. cit.,* p. 173.

on peut distinctement concevoir une chose pourpre qui n'est pas triangulaire et une chose triangulaire qui n'est pas pourpre. Le « Onk » de Wilson semble avoir des « parties » séparables (« être non terrestre » et « être un être vivant » pour en mentionner deux) et nous pouvons concevoir un être vivant qui ne soit pas non terrestre (l'homme par exemple) et un objet non terrestre qui ne soit pas un être vivant (la lune). Je suppose que nous pourrions éliminer la chimère de Burman puisqu'elle est un composé de parties remplaçables, c'est-à-dire de parties des divers animaux dont on dit qu'elle est composée[1]. Et le composé « lion actuellement existant » est distinctement décomposable en « exister actuellement » et « être un lion » car nous pouvons concevoir quelque chose existant actuellement et qui n'est pas un lion et, comme Descartes le remarque dans le passage cité, un lion qui n'existe pas.

Or, si Descartes propose ce critère, il reste qu'il semble aller de Charybde en Scylla. De même que des contre-exemples peuvent être apportés pour montrer qu'il ne peut logiquement pas accepter le critère énoncé dans la *Cinquième Méditation*, de même aussi il semble que des contre-exemples peuvent être élaborés pour montrer qu'il ne peut logiquement pas accepter le critère de l'indécomposabilité, parce que le nouvel ensemble de contre-exemples renferme des idées qui, d'après lui, contiennent des natures vraies et immuables et qui ne font cependant pas droit au critère. Les définitions en géométrie sont un des points en question. Certaines de ces définitions et les idées qui leur correspondent contiennent des propriétés ou des « parties » qui peuvent être distinguées et conçues séparément. Et même, ce sont précisément ces idées que, telle l'idée du triangle, Descartes considère comme les modèles des idées contenant des natures vraies et immuables. Si, par exemple, « triangle » est défini comme un « polygone à

1. Ce n'est pas la réponse que Descartes donne à Burman (AT V, 160). Dans ce passage énigmatique, il semble qu'il donne à comprendre que l'idée d'une chimère possède en fait une vraie et immuable nature. Dans ce cas, la distinction entre les idées factices et les idées possédant de vraies et immuables natures est effacée. Pour une autre interprétation de ce passage, voir E. M. Curley, *Descartes against the Sceptics*, Oxford, Blackwell, 1978, p. 150.

trois angles », il semble qu'une division puisse être effectuée entre les parties : « être polygonal » et : « être une figure à trois angles » simplement en pensant à un polygone qui n'a pas trois angles. Wilson soulève cette objection quand elle s'interroge : « si je peux penser à un lion sans l'existence, ne puis-je pas également penser à une figure ayant des angles mais qui ne soit pas un *tri*angle ? »[1]. Elle conclut : « aucun des deux critères de Descartes pour distinguer les natures immuables [c'est-à-dire séparer les idées qui, selon lui, contiennent des natures vraies et immuables de celles qui n'en contiennent pas] ne le fait réellement »[2].

Dans un article récent, « La *Cinquième Méditation* », Walter Edelberg est plus optimiste quant à la possibilité de laver Descartes de l'accusation de confusion[3]. Contre Wilson, il soutient que le critère donné dans les *Premières Réponses* est le même que celui de la *Cinquième Méditation* et ce, quoiqu'il indique que, dans les *Premières Réponses,* nous trouvons une précision ou une restriction qui n'est pas dans la *Cinquième Méditation,* à savoir que les possibles conséquences imprévues et invariables ne sont pas des conséquences d'une partie de l'idée en question. Cette réserve permettrait de faire face aux contre-exemples du premier type. Les conséquences imprévisibles de l' « Onk » de Wilson, c'est-à-dire la reproduction et la capacité à assimiler de la nourriture, seraient des conséquences d'une partie de l'idée, à savoir de « être une forme vivante ». Des idées d'objets géométriques, telles que l'idée du triangle, subissent le test avec succès puisque, dans le cas du triangle, la propriété « avoir la somme de ses angles égale à deux droits » n'est pas une conséquence de l'une ou de l'autre de ses parties.

Laquelle de ces interprétations est correcte ? Quoiqu'on puisse être tenté d'accorder à Margaret avec Wilson que la notion cartésienne d'une nature vraie et immuable n'est pas entièrement claire et distincte, il est difficile d'accepter que la notion soit aussi confuse qu'elle le représente. Elle découvre le critère de l'indécomposabilité dans les premières

1. *Op. cit.,* p. 173.
2. *Loc. cit.*
3. *Op. cit.,* p. 510-513.

phrases du passage des *Premières Réponses* et elle soutient que, dans les phrases suivantes, Descartes « simplement change de sujet » et revient au critère de la *Cinquième Méditation.* Cependant, elle omet de signaler le fait intéressant que, dans ces phrases, Descartes admet qu'il y a effectivement une nature vraie et immuable du composé « triangle-inscrit-dans-un-carré » : « Si je considère un triangle inscrit dans un carré, non afin d'attribuer au carré ce qui appartient seulement au triangle, ou d'attribuer au triangle ce qui appartient au carré, mais pour examiner seulement les choses qui naissent de la conjonction de l'un et de l'autre, la nature de cette figure composée ne sera pas moins vraie et immuable que celle du seul carré et du seul triangle » (AT VII, 118 ; IX-1, 93). Or cette affirmation contredit ce que, selon Wilson, Descartes affirme ou donne à entendre dans les premières phrases où elle découvre le critère de l'indécomposabilité. Wilson aurait pu bien sûr essayer d'expliquer la prétendue contradiction en affirmant que des critères différents sont en œuvre. Mais il reste le problème de comprendre comment Descartes n'aurait pas remarqué cette contradiction qui se serait présentée dans trois phrases contiguës.

Edelberg nie que, dans les premières phrases, Descartes affirme clairement et sans ambiguïté, ou donne à entendre, que l'idée d'un triangle inscrit dans un carré ne possède pas une vraie et immuable nature, et donc il indique une voie qui permettrait de le disculper. Contrairement à ce qui est donné à comprendre dans la traduction récente de Cottingham, il est en fait possible de lire la phrase de la façon que suggère Edelberg. Descartes écrit, et je répète le passage cité : « Lorsque je me représente un cheval ailé, ou un lion actuellement existant, ou un triangle inscrit dans un carré, *je conçois facilement* que je puis aussi tout au contraire me représenter un cheval qui n'ait point d'ailes, un lion qui ne soit point existant, un triangle sans carré, et partant, *que* ces choses n'ont point de vraies ou immuables natures » (AT VII, 117 ; IX-1, 92)[1]. Ce qu'on peut comprendre ici est que, réfléchissant sur certains faits, il est possible de concevoir que l'idée d'un triangle inscrit dans un carré ne

1. En latin : « facile intelligo (...) nec proinde illa veras et immutabiles *naturas habere* » (je souligne).

contient pas de vraie et immuable nature, et il n'est pas nécessaire qu'il s'ensuive de cette affirmation que l'idée ne contient pas de telle nature. La charité demande une telle interprétation.

Cependant je ne peux accepter le remaniement de cette phrase auquel procède Edelberg : « [Descartes] veut faire (...) l'affirmation plus faible que, si après avoir réfléchi on trouve qu'il est possible de penser à quelque chose qui soit *F* mais non *G*, l'évidence ne donne pas le droit de conclure que l'idée a une vraie et immuable nature, ou est innée. »[1] A mon avis, l'affirmation dans cette phrase est plus puissante. Il semble que, (dans la terminologie d'Edelberg) après avoir réfléchi sur le fait qu'il est possible de penser à une chose qui est *F* mais non *G*, on a raison de supposer que l'idée *ne contient pas* de vraie et immuable nature — non pas selon Edelberg qu'on n'a aucune raison de supposer qu'elle contient une telle nature. Mon affirmation s'accorde avec le texte et ne contredit pas l'affirmation ultérieure que l'idée contient une vraie et immuable nature. La raison donnée au commencement du passage, à savoir que d' « être inscrit dans un carré » n'est pas une conséquence nécessaire d' « être triangulaire », n'est ni décisive ni imprescriptible, et cette raison est écartée quand on réfléchit sur un autre fait, à savoir que ce composé a des conséquences nécessaires, qui ne sont pas attribuables à l'un ou l'autre des composants ; par exemple, que l'aire du carré est au moins deux fois celle d'un triangle inscrit à l'intérieur. Donc il me semble que ni l'interprétation d'Edelberg, ni celle de Wilson, n'est acceptable telle quelle mais que celle d'Edelberg est plus proche de la vérité.

III

On peut poser une seconde question à propos des deux phrases qui ouvrent la discussion sur l'existence de Dieu de la *Cinquième Méditation* (AT VII, 65-66 ; Beyssade, 181-183). Dans la question purement formelle du début, Descartes nous promet « un argument qui prouve l'existence de Dieu » ; et, dans la troisième phrase, il indique que cette

1. *Op. cit.*, p. 512.

promesse a été remplie dans les deux premières phrases : « il est vrai qu'au premier abord cela n'est pas tout à fait transparent et présente quelque apparence de sophisme ». Ce qui n'est manifestement pas « transparent et présente quelque apparence de sophisme », c'est la preuve de l'existence de Dieu dans les deux premières phrases. Et, à première vue, on peut admettre cette lecture de ce passage et de ceux qui le suivent : Descartes énonce succinctement sa preuve dans les deux premières phrases ; et dans ce qui les suit, il tente d'expliquer et de défendre sa preuve en considérant et en répondant à un certain nombre d'objections éventuelles. Mais lorsque nous dégageons une preuve de l'existence de Dieu du début de ce passage — passage que j'appelle (A) — la preuve que nous obtenons semble être fallacieuse. Après avoir dégagé l'argument, je présenterai une objection qui peut être soulevée et je reviendrai alors aux *Premières Réponses* où Descartes indique un moyen de prévenir cette objection.

Je citerai (A) en indiquant les endroits d'où trois prémisses peuvent être dégagées :

> Maintenant, si [A1] de cela seul que je peux tirer de ma pensée l'idée de quelque chose il s'ensuit que tout ce que je perçois clairement et distinctement appartenir à cette chose lui appartient effectivement, ne peut-on pas aussi, à partir de là, avoir un argument qui prouve l'existence de Dieu ? Ce qui est sûr, c'est que [A2] je ne trouve pas moins en moi son idée, à savoir celle d'un être souverain et parfait, que l'idée de n'importe quelle figure ou de n'importe quel nombre ; et [A3] je ne connais pas moins clairement et distinctement qu'il appartient à cette nature d'exister toujours, que je connais que ce que je démontre d'une figure ou d'un nombre appartient aussi à la nature de cette figure ou de ce nombre ; et par conséquent, quand bien même tout ce que j'ai médité ces jours derniers ne serait pas vrai, l'existence de Dieu devrait atteindre en moi le même degré de certitude qu'ont eu jusqu'à présent les vérités mathématiques *(ibid.)*.

Dans la question purement formelle du début, Descartes énonce un principe qui, selon lui, est mis en œuvre aussi bien par les démonstrations mathématiques que par sa preuve de l'existence de Dieu. En relation avec la discussion cartésienne du rôle des propositions générales dans des inférences telles que celle du *cogito,* on peut se demander si le principe est destiné à être une première étape ou une prémisse dans l'argument (A). Ayant cela à l'esprit, il n'y a pas d'objection à en faire une première étape :

(A1) Si je peux produire une idée de quelque chose *(alicujus rei)* par mon esprit, tout ce que je perçois appartenir clairement et distinctement à cette chose *(ad illam rem)* lui *(ad illam)* appartient réellement.

Si nous détachons l'argument de l'existence de Dieu de son analogue mathématique, nous obtenons une seconde prémisse :

(A2) Je trouve en moi l'idée de Dieu ou d'un être souverainement parfait.

Ici les termes 'Dieu' et 'être souverainement parfait' sont liés. Descartes est enclin à user de ces termes de manière interchangeable et passe librement et sans arrêt ni raison de « Un être souverainement parfait existe » à « Dieu existe » et inversement. On peut alors se demander à propos de ce passage si l'ajout : « ou un être souverainement parfait » est une partie essentielle de l'argument. Ou bien : l'argument peut-il être avancé sans cette addition ? D'évidentes reformulations de cet argument, ici, dans les *Premières Réponses* (AT VII, 115-116 ; IX-1, 91), et dans les *Secondes* (AT VII, 150 ; IX-1, 117), ne contiennent pas cette expression ni rien de semblable. Mais, comme cela pourrait constituer une modification, je laisserai la prémisse dans l'état logiquement peu satisfaisant dans lequel elle est présentée.

En écartant encore la comparaison avec les idées des objets mathématiques et en tenant sans grand danger pour identiques « connaître quelque chose clairement et distinctement » et « percevoir quelque chose clairement et distinctement », nous pouvons poser une troisième prémisse :

(A3) Je perçois clairement et distinctement que l'existence appartient à cette nature *(ad ejus naturam)* [1].

1. Pour notre propos, les différentes restrictions cartésiennes quant au sens de l'existence censée appartenir à la nature divine, ou à son genre, sont sans conséquences, et j'ai employé simplement le terme 'existence'.

Dans la dernière partie de (A), où Descartes tire manifestement une conclusion, la conclusion n'est pas, comme on pourrait l'attendre, « l'existence appartient à Dieu » ou « Dieu existe », mais un jugement complexe à propos de la certitude de l'existence de Dieu. Néanmoins, une conclusion à propos de l'existence de Dieu est clairement donnée à entendre. Pour répéter ce qui a été dit plus haut : on nous a promis une telle preuve dès le début, dans la question purement formelle, et la phrase qui suit (A) indique que cette promesse a été tenue. Je poserai donc une conclusion qui est donnée à entendre :

(A4) Donc l'existence appartient à Dieu.

Et on peut considérer qu'il y a là une manière de dire que « Dieu existe ».

Il peut maintenant être objecté que j'ai dénaturé la conclusion déduite en (A). La conclusion est plutôt : « il est certain jusqu'à un certain point que Dieu existe » et non : « Dieu existe » ou une proposition qui entraîne que Dieu existe. On peut aussi soutenir qu'une telle proposition n'est pas clairement donnée à entendre dans le passage en se basant sur le fait que Descartes ne croit pas que l'argument avancé ici puisse être avancé pour prouver l'existence de Dieu avec une certitude métaphysique. Ma réponse à cette objection s'effectue en deux temps. Tout d'abord, je n'ai pas dit que la conclusion « Dieu existe » est posée en (A), mais plutôt qu'elle est donnée à entendre; et la raison que j'ai donnée me semble être solide. Ensuite l'argument montrant que la conclusion « Dieu existe » n'est pas donnée à entendre contient une contradiction passablement évidente. La raison apportée, à savoir que, pour Descartes, l'argument énoncé ici ne peut pas être utilisé pour prouver avec une certitude métaphysique que Dieu existe, semble signifier, quand on l'a explicitée, que, d'après Descartes, l'argument *en faveur de l'existence de Dieu* énoncé ici ne peut pas être utilisé pour prouver avec une certitude métaphysique que Dieu existe. Il est remarquable que, lorsque Gueroult paraphrase (A), l'argument qu'il expose conclut : « Ainsi Dieu existe. »[1]

1. M. Gueroult, *Descartes selon l'ordre des raisons,* 2 t., Paris, Aubier, Montaigne, 1953, I, p. 334-335.

Une objection en forme de dilemme peut être soulevée contre cet argument. Le premier terme du dilemme est : ou bien le mot *'res'* en (A1) est supposé signifier la même chose que *'natura'* en (A3), ou bien il ne l'est pas. S'il ne l'est pas, il y a clairement un sophisme dans l'argument. Que l'existence soit perçue appartenir à une certaine nature ne serait pas la même proposition que « l'existence est perçue appartenir à une certaine chose » et cette proposition est requise si nous devons employer (A1) pour obtenir la conclusion que l'existence appartient à Dieu. Si, d'un autre côté, nous supposons que *res* en (A1) est supposé signifier la même chose que *natura* en (A3), (A1) devient : « Si je peux produire par ma pensée une idée d'une certaine nature, tout ce que je perçois clairement et distinctement appartenir à cette nature appartient à cette nature. » Encore une fois, il semble que nous n'obtenons pas la conclusion attendue, car, selon cette interprétation, la conclusion que nous obtenons est que l'existence appartient à la nature de Dieu et il semble qu'on ne puisse pas passer de « l'existence appartient à la nature de Dieu » à « l'existence appartient à Dieu ». Cette seconde remarque a été faite par l'auteur ou les auteurs des *Secondes Objections* à propos d'un argument semblable à (A) exposé dans les *Premières Réponses* : « Il faudrait conclure : Donc (après que nous avons assez soigneusement observé ce que c'est que Dieu), nous pouvons dire ou affirmer avec vérité, qu'il appartient à la nature de Dieu qu'il existe... » (AT VII, 127 ; IX-1, 100).

Dans les *Premières Réponses,* Descartes nous montre comment cette objection peut être contrecarrée. Quand il rejette la remarque de Caterus selon laquelle l'argument de la *Cinquième Méditation* est le même que celui qui critique saint Thomas, il produit le jugement suivant en forme de syllogisme qu'il dit avoir tiré de son argument de la *Cinquième Méditation* :

> Mon argument a été tel : ce que nous concevons clairement et distinctement appartenir à la nature, ou à l'essence, ou à la forme immuable et vraie de quelque chose, cela peut être dit ou affirmé avec vérité de cette chose ; mais après que nous avons assez soigneusement recherché ce que c'est que Dieu, nous concevons clairement et distinctement qu'il appartient à sa vraie et immuable nature qu'il existe ; donc nous pouvons affirmer avec vérité qu'il existe (AT VII, 115-116 ; IX-1, 91).

Il y a là manifestement un *descendant* de l'argument (A). Il y a quelques différences minimes. Le pluriel 'nous' remplace le singulier 'je'. Le principe sous-entendu dans la question purement formelle devient explicitement une prémisse. La phrase « l'être souverainement parfait » disparaît. *'Idea'* est éliminé et *'natura'* est qualifié de « vraie et immuable ». Il n'y a pas d'équivalent de (A2), mais la remarque effectuée alors — à savoir que l'idée de Dieu est « trouvée en moi » — est sous-entendue dans la qualification de *'natura'* par vraie et immuable. Ces modifications semblent mineures et elles peuvent s'expliquer par le fait que Descartes entreprend de se prémunir contre son adversaire par un argument « en forme ».

Mais il y a une différence qui semble importante : une distinction est introduite dans les *Premières Réponses* entre une chose et sa nature et cette distinction n'est pas effectuée dans la question purement formelle de la *Cinquième Méditation* : « De cela seul que je peux tirer de ma pensée l'idée de quelque chose il s'ensuit que tout ce que je perçois clairement et distinctement appartenir *à cette chose* lui appartient effectivement... » (je souligne). Et il semble que l'introduction d'une telle distinction est précisément ce qui est requis pour que l'argument échappe au sophisme. (A1) devrait être modifié pour obtenir : « si je peux produire par ma propre pensée l'idée de quelque chose, tout ce que je perçois clairement et distinctement appartenir *à la nature de cette chose* appartient à cette chose effectivement » (je souligne). (A1) en conjonction avec (A2) et (A3) produit (A4). Et c'est en fait le changement de l'argument que nous trouvons dans les *Premières Réponses.*

Lorsque Descartes nous dit que l'argument donné dans les *Premières Réponses* est son argument dans la *Cinquième Méditation,* ce n'est pas vrai à strictement parler. Nous trouvons dans les *Premières Réponses* une modification et un changement qui n'ont pas d'antécédent dans la *Cinquième Méditation.* Que penser de cette différence ? Pourrions-nous dire que l'argument des *Premières Réponses* est simplement une exposition plus précise de l'argument que Descartes avait dans l'esprit mais qu'il a exprimé de manière floue et imprécise dans la *Cinquième Méditation* ? Ou devrions-nous dire avec Alquié que différentes conceptions sont exposées dans les deux textes — une conception essentialiste dans la *Cinquième Méditation* et substantialiste dans les *Objections et Réponses* ?[1] Je ne tenterai pas de répondre à cette question ici. Ma conclusion est, plus modestement, qu'il y a une distinction dans les *Premières Réponses* qui n'a pas de contrepartie dans la *Cinquième Méditation* et que cette distinction peut être utilisée pour rectifier l'argument apparemment fallacieux de la *Cinquième Méditation.*

IV

Il y a enfin une troisième et dernière question relative à l'endroit de la preuve de l'existence de Dieu dans la *Cinquième Méditation* ou, comme Gueroult a formulé le problème : où réside la preuve ?[2] Comme je l'ai signalé, Descartes nous donne à entendre que sa preuve est exposée succinctement en (A) et que la discussion qui suit consiste en une explication et une défense d'un argument qui a déjà été exposé. Néanmoins, dans la discussion qui suit, nous rencontrons un argument avec la conclusion « Dieu existe », et certains commentateurs ont considéré que cela constituait la preuve ontologique de Descartes. Je citerai le passage dans lequel l'argument est exposé — je l'appelle (B) — et j'indiquerai les endroits où trois prémisses — (B1), (B2), (B3) — peuvent être extraites :

> [B1] En effet, bien qu'il ne soit pas nécessaire que je tombe jamais dans aucune pensée de Dieu, pourtant, chaque fois qu'il me plaît de penser à un être premier et souverain et de tirer son idée pour ainsi dire du trésor de mon esprit, [B2] il est nécessaire que je lui attribue toutes les perfections, même si, à ce moment-là, je ne les énumère pas toutes et si je ne prête pas attention à chacune d'elles ; et cette nécessité suffit pleinement pour qu'ensuite, quand je remarque [B3] que l'existence est une perfection, [B4] je conclue à juste titre *(recte concludam)* que l'être premier et souverain existe... (AT VII, 67 ; Beyssade, 187-189).

1. FA II, p. 543, n. 2 ; p. 576, n. 1.
2. FA II, p. 347 sq.

Au début de (B), Descartes passe de la « pensée de Dieu » à : « penser à un être premier et souverain » et il sous-entend que ces expressions sont interchangeables. De là, j'extrais une première prémisse (implicite) de l'argument :

(B1) Dieu est un (ou l')être premier et souverain.

Quoiqu'une question de référence puisse être soulevée, il semble qu'il est affirmé :

(B2) Un être premier et souverain a nécessairement toutes les perfections.

Ensuite nous avons la proposition :

(B3) L'existence est une perfection.

Et la conclusion est : « Je conclus à juste titre que l'être premier et souverain existe. » Puisque, d'après (B1), « un être premier et souverain existe » et « Dieu existe » sont équivalents, une conclusion s'impose clairement :

(B4) Donc Dieu existe.

Dans les commentaires, aussi bien anglais que français, les commentateurs ont considéré que la preuve de l'existence de Dieu est en (B). Dans son livre *The Ontological Argument,* Jonathan Barnes cite (B) et expose l'argument ainsi :

(1) Dieu a nécessairement toutes les perfections ;
(2) L'existence est une perfection ;
Donc (3) Dieu existe[1].

Cela est très proche de l'argument que j'ai tiré de (B). Barnes appelle l'argument simplement et sans restriction : « l'argument ontologique de Descartes »[2]. Commentant des passages antérieurs, il dit : « cela ressemble beaucoup plus au compte rendu d'une intuition qu'à un argument »[3]. D'une manière similaire, Martial Gueroult

1. J. Barnes, *The Ontological Argument,* Londres, Macmillan, 1972, p. 16.
2. *Op. cit.,* p. 17.
3. *Op. cit.,* p. 16.

cite (B) et trouve la « démonstration propre » ou le « corps de la preuve » dans un syllogisme semblable à l'argument que j'ai extrait de (B) :

Majeure : Dieu a, nécessairement, toutes les perfections ;
Mineure : L'existence est une perfection ;
Conclusion : Dieu a nécessairement la perfection d'exister[1].

L'exposé de Gueroult du premier passage diffère de celui de Barnes. A propos de (A), il écrit : « démontrer ou énoncer la condition qui rend valable une démonstration, ce n'est pas effectuer cette démonstration même »[2]. Mais il favorise (B) pour une raison semblable à celle de Barnes : il soutient que, de même qu'une démonstration de l'égalité des trois angles d'un triangle à deux droits ne consiste pas en un argument identique à celui qui est trouvé en (A), de même aussi la démonstration cartésienne de l'existence de Dieu ne peut être située en cet endroit[3].

Dans les *Premières Réponses,* il n'y a rien de semblable à l'argument de (B). Quand Descartes tente d'expliquer et de défendre son affirmation que l'existence appartient à la nature vraie et immuable de Dieu, il formule ce qui est parfois appelé son « argument de la toute-puissance ». J'appellerai (C) ce passage dans lequel il expose son argument.

> Mais, si nous examinons sérieusement, savoir, si l'existence convient à l'être souverainement puissant, et quelle sorte d'existence, nous pourrons clairement et distinctement connaître, premièrement qu'au moins l'existence possible lui convient, comme à toutes les autres choses dont nous avons en nous quelque idée distincte, même à celles qui sont composées par les fictions de notre esprit. Et après, parce que nous ne pouvons penser que son existence est possible, qu'en même temps, prenant garde à sa puissance infinie, nous ne connaissions qu'il peut exister par sa propre force, nous conclurons de là que réellement il existe, et qu'il a été de toute éternité. Car il est très manifeste, par la lumière naturelle, que ce qui peut exister par sa propre force, existe toujours ; et ainsi nous connaîtrons que l'existence nécessaire est contenue dans l'idée d'un être souve-

1. *Op. cit.,* I, p. 350-351.
2. *Op. cit.,* I, p. 348.
3. *Op. cit.,* p. 348-349.

rainement puissant, non par aucune fiction de l'entendement, mais parce qu'il appartient à la vraie et immuable nature d'un tel être ; et nous connaîtrons aussi facilement qu'il est impossible que cet être souverainement puissant n'ait point en lui toutes les autres perfections qui sont contenues dans l'idée de Dieu, en sorte que, de leur propre nature, et sans aucune fiction de l'entendement, elles soient toutes jointes ensemble et existent dans Dieu (AT VII, 119 ; IX-1, 94)[1].

Je ne me prononcerai pas sur les multiples interprétations possibles de ce passage difficile (trois d'entre elles semblent acceptables)[2]. Pour notre propos, il suffit de noter que les arguments en (B) et en (C) diffèrent de manière frappante. En bref, la principale différence est que, en (B), il y a une déduction de l'existence à partir de la perfection, tandis que, en (C), l'existence est dérivée de l'attribut de la toute-puissance. Dans les *Premières Réponses,* il n'y a pas de référence à la perfection de Dieu et l'attribut de la toute-puissance n'est pas mentionné dans la *Cinquième Méditation.*

Cette différence frappante étant donnée, il s'ensuit que, dans les interprétations des commentateurs que j'ai mentionnées, on ne peut pas dire de Descartes qu'il donne dans les *Premières Réponses* une démonstration ou une preuve semblable à celle de la *Cinquième Méditation.* De fait, quelques commentateurs ont soutenu que la preuve des *Premières Réponses* est totalement différente de celle de la *Cinquième Méditation.* Gilson, pour sa part, attache une grande importance à une transformation qu'il trouve dans le raisonnement de Descartes dans les *Premières Réponses* : « La formule décisive des *Premières Réponses* implique... une transformation... si profonde que Descartes va se trouver, à partir de ce moment, sans prédécesseur connu... »[3]. Néanmoins,

1. Ce passage diffère de celui du manuscrit que Descartes a confié à Mersenne. Voir *Lettre à Mersenne,* 4 mars 1641 (AT III, 329-330), *Lettre à Mersenne,* 18 mars 1641 (AT III, 336-337).

2. Deux de ces interprétations se trouvent dans Kenny, *op. cit.,* p. 151 sq. et dans mon article L'argument de Descartes à partir de la toute-puissance, *Recherches sur le XVII*e *siècle,* VII, p. 59-68, et Geneviève Rodis-Lewis, *Méthode et métaphysique chez Descartes,* New York, Garland Publishing, 1987, p. 301-310.

3. E. Gilson, *Etudes sur le rôle de la pensée médiévale dans la formation du système cartésien,* Paris, Vrin, 1978, p. 226.

dans les *Premières Réponses,* Descartes prend la peine d'indiquer que ce qu'il dit ici ne diffère pas substantiellement de ce qu'il a dit auparavant. Dans la phrase qui suit immédiatement (C), il écrit : « Toutes lesquelles choses sont manifestes à celui qui y pense sérieusement, et ne diffèrent point de celles que j'avais ci-devant écrites, si ce n'est seulement en la façon dont elles sont ici expliquées, laquelle j'ai expressément changée pour m'accorder à la diversité des esprits » (AT VII, 119-120; IX-1, 94). Puisque le raisonnement de (C) diffère de celui de (B), il suit de ce que Descartes écrit ici qu'ils doivent être mis au compte de la « méthode d'explication » et que Descartes considère que ni (B) ni (C) ne constituent une partie essentielle de la preuve.

Où donc est alors cette preuve ?

Ce qui ne change pas sensiblement entre la *Cinquième Méditation* et les *Premières Réponses,* c'est l'argument de (A) et ce que j'ai appelé son « descendant » dans les *Premières Réponses.* On peut alors objecter que cet argument ne constitue pas la preuve de Descartes : il ne semble pas en effet démonstratif. (A3) et (A4) semblent être la même proposition ou être logiquement équivalentes et ce dont on a besoin, c'est d'une raison pour accepter l'une ou l'autre d'entre elles[1]. Mais si nous supposons que Descartes utilise cet argument dans ce passage pour exposer une intuition, à savoir sa perception claire et distincte que l'existence appartient à la nature de Dieu, il n'est en définitive pas surprenant que son argument ne semble pas démonstratif. Je prends donc pour l'idée réfléchie de Descartes que l'endroit de sa preuve est, dans la *Cinquième Méditation,* en (A). On peut alors fournir les points suivants d'explication et de clarification :

1 / J'ai dit que c'était l'idée réfléchie de Descartes et il peut être objecté que, au cours de la réponse à Caterus qui soutient que son argument est semblable à l'argument critiqué par saint Thomas d'Aquin, Descartes change d'idée. L'argument en (B) est, à bien des

1. Le sens dans lequel l'argument ne semble pas démonstratif est élaboré dans mon article The geometrical presentation of Descartes's a priori proof, Michael Hooker (éd.), *Descartes Critical and Interpretative Essays,* Baltimore, The Johns Hopkins University Press, 1978, p. 1-25.

égards, semblable à l'argument de saint Anselme que Caterus lui attribue et on peut supposer que, par souci de s'éloigner lui-même de cet argument, il dénature l'attitude qu'il avait prise dans la *Cinquième Méditation*[1]. Il peut en être ainsi, mais, comme je l'ai signalé, Descartes, dans la *Cinquième Méditation* — et avant les observations de Caterus — nous donne de bonnes raisons de croire que sa preuve est présentée succinctement en (A) et que ce qui suit est une explication et une défense de cette preuve par le biais d'interrogations et de réponses à de possibles objections.

2 / Dans les *Secondes Réponses,* Descartes indique aussi que, pas plus le raisonnement en (B) que celui en (C) ne sont des éléments essentiels de sa preuve, et il fait cette remarque supplémentaire qu'aucun raisonnement de cette sorte n'est un élément nécessaire de la preuve. Le cinquième postulat de l'*Exposé géométrique* écrit :

> Je demande qu'ils s'arrêtent longtemps à contempler la nature de l'être souverainement parfait... Car de cela seul, et *sans aucun raisonnement,* ils connaîtront que Dieu existe ; et il ne leur sera pas moins clair et distinct, sans autre preuve, qu'il leur est manifeste que deux est un nombre pair, et que trois est un nombre impair, et choses semblables. Car il y a des choses qui sont ainsi connues sans preuves par quelques-uns, que d'autres n'entendent que par un long discours et raisonnement (AT VII, 163-164 ; IX-1, 126-127).

Dans la présentation de la preuve qui suit, Descartes réaffirme que la « conclusion peut être connue sans preuve par ceux qui sont libres de tous préjugés, comme il a été dit en la cinquième demande » (AT VII, 167 ; IX-1, 129). L'idée exprimée ici est que le raisonnement que nous trouvons en (B) et en (C) peut être utilisé pour conduire celui qui ne possède pas une vision tout à fait claire à l'intuition dans laquelle, d'après Descartes, réside sa preuve mais qu'un tel raisonnement n'est pas indispensable.

3 / En ayant attribué à Descartes l'idée que sa preuve consiste en une perception claire et distincte ou en une intuition, je peux sembler m'être moi-même contredit : j'ai en effet tiré de (A) un argument et

1. Voir FA II, p. 534, n. 1.

trouvé un *descendant* de cet argument dans les *Premières Réponses*. Comment est-il possible que la preuve puisse consister en une intuition et, en même temps, être formulée sous la forme d'un argument ? Je crois qu'il n'y a pas de contradiction dans ce que j'ai dit parce qu'un argument peut être utilisé pour exposer une intuition. Ainsi, ayant une intuition de *P,* je peux exprimer mon intuition sous la forme de l'argument suivant : « Tout ce dont j'ai une intuition est vrai ; j'ai une intuition de *P* ; *P* est donc vrai. »

4 / Finalement, je ne veux pas donner à entendre que Descartes a toujours accepté ce que j'ai appelé son « idée réfléchie ». Dans les *Cinquièmes Objections,* Gassendi objecte que : « Comme on reconnaît par après que le triangle possède cette propriété (d'avoir les trois angles égaux à deux droits), parce qu'on le prouve par une démonstration, de même, pour reconnaître que l'existence est en Dieu, on doit le prouver par une démonstration » (AT VII, 325). Dans sa réponse, Descartes semble être d'accord avec Gassendi lorsqu'il remarque que « la démonstration qui prouve l'existence en Dieu est beaucoup plus simple et plus évidente... » (AT VII, 384 ; IX-1, 384 ; dans ce passage, Descartes ne dit pas à Gassendi ce qu'est cette démonstration)[1].

1. Trad. de Thierry Bedouelle, revue par Florence Delpeuch.

Descartes, interprète de l'objection de saint Thomas contre la preuve ontologique de l'existence de Dieu dans les *Premières Réponses*

KONRAD CRAMER

Dans l'ébauche d'une lettre adressée à la comtesse palatine Elisabeth, Leibniz écrit, au sujet de la démonstration que donne la *Cinquième Méditation* de l'existence de Dieu, les propos suivants :

> Le raisonnement est encore plus court. C'est que Dieu est un être qui possède toutes les perfections, et par conséquence il possède l'existence, qui est du nombre des perfections. Donc il existe. Il faut avouer que ce raisonnement est un peu suspect, parce qu'il va trop vite. Cependant il est difficile de trouver le nœud de l'affaire, et je vois que quantité d'habiles gens, qui ont fait des objections à Monsieur Descartes, s'en sont éloignés. Quelques uns ont cru qu'il n'y avait point d'idée de Dieu, par ce qu'il n'est pas sujet à l'imagination, supposant qu'idée et image est la même chose. (...) Quelques autres demeurent d'accord qu'il y a une idée de Dieu, et que cette idée renferme toutes les perfections, mais ils ne sauraient comprendre comment l'existence s'en suive : soit par ce qu'ils ne demeurent pas d'accord que l'existence est du nombre des perfections, ou par ce qu'ils ne voyent pas comment une simple idée ou pensée peut inferer une existence hors de nous[1].

A travers le second volet de cette dernière alternative, Leibniz vise sans aucun doute la critique que Caterus, tout en suivant Thomas d'Aquin, a faite, dans les *Premières Objections,* de la démonstration de

1. Gottfried Wilhelm Leibniz, *Sämtliche Schriften und Briefe,* herausgegeben von der Preussischen Akademie der Wissenschaften, Zweite Reihe, *Philosophischer Briefwechsel,* vol. 1, p. 435.

l'existence de Dieu avancée dans la *Cinquième Méditation.* Pour conclure sa considération critique de cette démonstration, Caterus constate

> De même, encore que je connaisse clairement et distinctement l'être souverain, et encore que l'être souverainement parfait dans son concept essentiel enferme l'existence, néanmoins il ne s'ensuit pas que cette existence soit actuellement quelque chose, si vous ne supposez que cet être souverain existe ; car alors, avec toutes ses autres perfections, il enfermera aussi actuellement celle de l'existence ; et ainsi il faut prouver d'ailleurs que cet être souverainement parfait existe (AT IX-1, 80, 11-18).

Trois choses d'égale importance sautent aux yeux si l'on regarde cette dernière prise de position contre la démonstration de l'existence de Dieu avancée dans la *Cinquième Méditation,* démonstration qui n'a été appelée 'ontologique' que plus tard, apparemment par Kant. Cette prise de position critique part de deux prémisses qui impliquent déjà deux concessions décisives à l'égard de la démonstration de l'existence de Dieu de la *Cinquième Méditation,* et d'une supposition qui ne fait partie que tacitement de l'argument de Caterus.

Quant à cette supposition, qui n'est pas mentionnée dans le texte cité, elle consiste en ce que la proposition méthodologique principale de l'épistémologie cartésienne, à savoir sa règle générale, est considérée comme vraie par Caterus. En effet, il avait écrit auparavant : « Enfin je conviens avec ce grand homme, en ce qu'il établit pour règle générale, que les choses que nous concevons fort clairement et fort distinctement sont toutes vraies » (AT IX-1, 77, 3-6).

Quant aux prémisses qui entrent explicitement dans son argument critique, la première concède désormais à Descartes ce que Caterus avait fortement mis en doute plus haut, à savoir que nous sommes effectivement en mesure de connaître de façon claire et distincte l'être absolument ou infiniment parfait, l'*ens perfectissimum.* Il écrit : « Mais demeurons d'accord de ce principe et *supposons* que quelqu'un ait l'idée claire et distincte d'un être souverain et souverainement parfait » (AT IX-1, 78, 13-16, souligné par nous). Il paraît évident que cette supposition est introduite par Caterus uniquement et seulement d'un point de vue stratégique et, pour ainsi dire, *for the sake of argument.*

Car, en vue de mettre en doute l'optimisme cartésien afin de mettre en évidence la qualité logique de l'idée d'un être infiniment parfait d'être une idée claire et distincte, Caterus avait déjà développé la question suivante :

> Mais maintenant voyons si ce qu'il veut inférer de cette règle est véritable. Je connais, dit-il, clairement et distinctement l'Etre infini ; donc c'est un être vrai et qui est quelque chose. Quelqu'un lui demandera : Connaissez-vous clairement et distinctement l'Etre infini ? Que veut donc dire cette commune sentence, laquelle est connue d'un chacun : l'infini, en tant qu'infini, est inconnu ? (AT IX-1, 77, 15-20).

Et l'on se souviendra que Caterus, en vue de renforcer ce scepticisme, avait cité l'argumentation de saint Thomas contre Damascène (AT IX-1, 77, 27 sq.) dans laquelle le Docteur Angélique nie, selon Caterus, que l'idée de l'infini soit est connue clairement et distinctement des hommes. Donc, il semble également évident qu'avec la remarque ironique : « Je sais que Monsieur Descartes répondra facilement à celui qui l'interrogera de la sorte ; je crois néanmoins que les choses que j'allègue ici, seulement par forme d'entretien et d'exercice, feront qu'il se ressouviendra de ce que dit Boece, qu'il y a certaines notions communes, qui ne peuvent être connues sans preuve que par les savants... » (AT IX-1, 78, 2-8). Caterus confirme, d'une part, ce qu'il venait de dire, à savoir qu'il est *valde dubitabile* que nous disposions d'une idée claire et distincte de l'*ens perfectissimum*. Mais, d'autre part, il est également évident que Caterus n'entend pas attaquer la preuve ontologique sur la base de ce doute. Pourquoi pas ? La réponse à cette question est aussi simple que décisive, car elle montre très bien la position de la tradition thomiste officielle prise par Caterus : même si nous étions capables — en tenant compte, bien sûr, de la finitude de notre connaissance — de former une idée claire et distincte de l'être qui est l'ensemble de toutes les perfections, la preuve ontologique devrait s'effondrer. C'est sur la base de cette conviction que Caterus, pour contester la validité du passage de l'idée de Dieu à l'existence de ce qui correspond à cette idée, à savoir à l'existence de Dieu, a pu concéder à Descartes qu'en tant qu'idée de l'être le plus parfait, l'idée de Dieu pourrait même être prise comme une idée claire et distincte, dont il est vrai de dire, d'après la règle générale qu'indique le critère cartésien de la vérité, la chose suivante : « Ce que nous concevons clairement et distinctement appartenir à la nature ou à l'essence ou à la forme immuable et vraie de quelque chose, cela peut être dit ou affirmé avec vérité de cette chose » (AT IX-1, 91, 32-35).

La seconde prémisse explicitement concédée par Caterus à la preuve de la *Cinquième Méditation* est la proposition affirmant que le concept essentiel de l'être infiniment parfait contient l'existence, c'est-à-dire que l'expression verbale 'existence' désigne une des perfections qu'il faut penser en concevant l'être infiniment parfait par son idée claire et distincte. Quant à cette prémisse, elle est sans doute considérée comme une proposition vraie par Caterus. En cela, il suit de nouveau saint Thomas ou au moins une des interprétations possibles de sa fameuse proposition : *Deus est suum esse*[1]. En considérant comme vraie cette prémisse, Caterus s'oppose — avec Descartes — à la critique empiriste de Gassendi et d'autres, critique qui nie à l'expression verbale d'existence la qualité logique de désigner une des perfections possibles qui peuvent entrer dans le concept descriptif de quelque chose.

Pourtant, même de ces deux prémisses et de la supposition mentionnée auparavant ne découle pas, selon Caterus, ce que la démonstration ontologique tend à inférer de la pure idée de Dieu, à savoir une existence de Dieu qui soit indépendante de toute pensée de cette existence. C'est exactement cette conviction négative que Caterus a en commun avec saint Thomas, si l'on suit sa propre interprétation de l'objection que saint Thomas a faite contre la démonstration donnée par saint Anselme dans le *Proslogion*[2]. La réflexion décisive de saint Thomas se trouve dans la formulation suivante citée, en conséquence, par Caterus :

> Dato etiam quod quilibet intelligat hoc nomine Deus significari hoc quod dicitur, scilicet illud quo maius cogitari non potest ; non tamen propter hoc sequitur quod intelligat id quod significatur per nomen esse

1. Cf. saint Thomas, *Summa contra Gentiles,* I, chap. X, 62.
2. Saint Anselme, *Proslogion,* chap. II : « Quod vere sit Deus », chap. III : « Quod non possit cogitari non esse ».

in rerum natura, sed in apprehensione intellectus tantum. Nec potest argui quod sit in re, nisi daretur quod sit in re aliquid quo maius cogitari non potest ; quod non est datum a ponentibus Deum non esse (AT VII, 99, 4-12 ; IX-1, 79, 21-29)[1].

Voilà comment Caterus résume cette réplique de saint Thomas à saint Anselme :

> Encore que l'on demeure d'accord que l'être souverainement parfait par son propre nom emporte l'existence, néanmoins il ne s'ensuit pas que cette même existence soit dans la nature actuellement quelque chose, mais seulement qu'avec le concept ou la notion de l'être souverainement parfait, celui de l'existence est inséparablement conjoint. D'où vous ne pouvez pas inférer que l'existence de Dieu soit actuellement quelque chose, si vous ne supposez que cet être souverainement parfait existe actuellement ; car pour lors il contiendra actuellement toutes les perfections et celle aussi d'une existence réelle (AT IX-1, 79, 30-40).

La critique de la démonstration ontologique que Caterus expose en suivant saint Thomas a donc pour point décisif l'argument suivant. Même si nous présupposons, en premier, que la notion de l'être le plus parfait n'est pas une idée arbitrairement formée par nous *(idea a me ipso facta),* mais la notion d'une nature vraie et immuable, d'une *vera et immutabilis natura,* et si nous présupposons, deuxièmement, qu'à la notion de cet être est inséparablement liée la notion de l'existence — parce que, bien entendu, en tant que notion d'une perfection, la notion de l'existence désigne quelque chose qu'il faut inclure dans la pensée de la notion de ce qui est l'ensemble de toutes les perfections — même si l'on fait donc ces deux présuppositions, il ne s'ensuit pas, comme Descartes le veut, que l'être le plus parfait *existe,* mais uniquement qu'un tel être ne peut être *pensé* autrement qu'en tant qu'existant. En conséquence, de la réflexion de la *Cinquième Méditation,*

1. Saint Thomas, *Summa Theologiae,* I, Question II, art. I, Ad secundum. Sur l'interprétation leibnizienne de l'objection faite par saint Thomas à saint Anselme, cf. Konrad Cramer, Leibniz als Interpret des Einwandes des Thomas von Aquin gegen den ontologischen Gottesbeweis, *Leibniz' Auseinandersetzung mit Vorgängern und Zeitgenossen, Studia Leibniziana,* Marchlewitz & Heinekamp, 1990, p. 72-99.

il ne s'ensuit pas que Dieu existe, parce que sa notion implique celle de l'existence, mais uniquement que, pour cette même raison, Dieu ne peut être pensé sinon en tant qu'existant.

Plus précisément, l'objection signifie que l'argument ontologique de la *Cinquième Méditation* conclut à l'existence de Dieu *(Deum esse)* en tant qu'existence dans l'aperception de la raison *(in apprehensione intellectus),* mais non à l'existence de Dieu dans le domaine des réalités *(in rerum natura)* et indépendant d'une telle aperception. Mais voici justement ce qui importerait ! Par l'existence de Dieu, en effet, que doit prouver une démonstration de l'existence de Dieu, il ne faut pas entendre l'existence de Dieu dans l'aperception de notre raison, mais son existence qui subsiste indépendamment de n'importe quelle référence à notre compréhension : son existence *réelle* à la différence de son existence purement *pensée.* On peut formuler comme suit l'objection que fait Caterus, en recourant à saint Thomas, à l'encontre du raisonnement de la *Cinquième Méditation.* Ce raisonnement part à la fois d'une majeure et d'une mineure, qui sont *(ex hypothesi)* acceptées :

Majeure : dans la notion de Dieu, on pense l'ensemble de toutes les perfections ;

Mineure : dans la notion de l'existence, on pense une des perfections.

Par conséquent :

Conclusion I (CI) : dans la notion de Dieu, on pense la notion de l'existence.

Jusqu'à ce point, le raisonnement formel de la preuve de la *Cinquième Méditation* est parfaitement correct, aux yeux de Caterus aussi ou encore de saint Thomas. Mais la faute décisive qui en fait un sophisme consiste dans le passage de cette première conclusion à une tout autre conclusion :

Conclusion II (CII) : Dieu existe.

Mais justement, de CI ne découle point CII. Quiconque affirme que CI entraîne immédiatement CII ne s'aperçoit pas que le passage *ontologique* à l'existence de Dieu se fait subrepticement par la voie d'une *quaternio terminorum.* Si la notion de l'existence est la notion d'une perfection, il s'ensuit que la notion de Dieu, en tant que notion de la totalité des perfections, contient, comme partie de son contenu logique, la notion de l'existence. Voilà ce que dit CI. Il n'en découle justement pas CII, à savoir le fait que Dieu existe. Avec la nécessité, résultant réellement de ses prémisses, de penser Dieu comme existant, l'argument ontologique, en inférant CII de CI, confond l'existence réelle de Dieu, c'est-à-dire l'existence de Dieu qui est à l'extérieur de toutes les pensées la concernant et indépendante d'elles. En passant de CI à CII, l'argument a, subrepticement et sans s'en rendre compte, modifié le sens du terme d'existence dont il est parti dans la mineure du syllogisme. Dans la mineure, le terme d'"existence' a été conçu comme notion d'une perfection et, par là même, comme une détermination de notre pensée. C'est dans ce sens qu'on a gardé correctement le terme d'"existence' dans CI. En passant pourtant de CI à CII il se produit une modification illégitime de ce sens. Ce qui a été introduit comme *pensée* de l'existence de quelque chose devient dorénavant l'*existence* de ce qui faisait l'objet de la pensée. En suivant cette objection, il faut distinguer, d'une part, la nécessité logique de *penser* Dieu, en vertu de sa notion, *comme* existant, et d'autre part, la conclusion de son existence telle qu'elle est à l'*extérieur* de toutes les pensées possibles ou réelles concernant son existence. Par conséquent, on ne peut légitimer, même dans le cas de la notion de Dieu, c'est-à-dire de la notion de l'être le plus parfait, le passage de cette notion à l'existence de l'objet qui lui correspond. Et cela tout simplement parce que, en principe, on ne peut légitimer le passage de la notion de l'existence de n'importe quoi à l'existence de n'importe quoi.

Dans la tradition de la discussion sur l'argument ontologique, cette objection est appelée l'"objection logique', et cela à cause du contenu propositionnel de la thèse qui est à la base de sa formulation. Voici en quoi il consiste : si on réfléchit tout simplement à la différence — fondamentale pour notre situation épistémique — entre notion et objet, pensée et être et, par conséquent, également entre la pensée de l'être et l'être même, alors le passage de la notion d'un objet à l'existence de l'objet même se révèle être un paralogisme qui, à vrai dire, se décèle facilement. Comme nous l'avons vu, l'objection logique concède, certes, que nous ne pouvons avoir une notion adéquate de Dieu en tant qu'*ens perfectissimum* qu'à condition que, dans cette notion, nous incluions aussi la notion de l'existence comme une des perfections. Mais il faut distinguer entre l'objet que je pense seulement, même en incluant avec nécessité logique l'existence de cet objet pensé, d'une part, et l'existence de l'objet même, d'autre part. Nos notions des objets ne s'identifient pas aux objets mêmes. Or, si dans la notion d'un objet la notion de l'existence est incluse, la détermination conceptuelle de l'existence qui est incluse dans la notion de cet objet ne s'identifie pas non plus à l'existence de l'objet même.

Si cette objection logique contre la démonstration qui prouve l'existence de Dieu à partir de la notion de l'*ens perfectissimum* était réellement contraignante, alors, pour reprendre une formulation de Kant, toute peine et tout effort que l'on consacrerait à ce genre de démonstration seraient inutiles. Dans ce cas, cette objection serait de fait tout particulièrement percutante. Rappelons brièvement la description qu'a faite Leibniz de la situation et que nous avons citée au début de notre développement. L'intention, en effet, de la démonstration ontologique de réfuter ceux qui affirment que nous n'avons point d'idée de Dieu dont nous puissions savoir qu'elle désigne une vraie essence ou nature, cette intention, même achevée, n'aurait pas la moindre conséquence à l'égard de ce que la démonstration entend prouver. Car, même si l'on peut comprendre clairement et distinctement que l'idée de Dieu, conçu comme *ens perfectissimum,* est l'idée claire et distincte d'une vraie essence, il n'en résulte rien du tout pour la démonstration de l'existence de Dieu, parce que, en principe, de l'idée d'un objet on ne peut conclure au référent de l'idée qui se trouve dans la réalité. Et c'est pourquoi Caterus pouvait accepter, d'un point de vue purement stratégique, une proposition comme vraie qui est, en fait, très douteuse, à savoir, que l'idée de Dieu soit claire et distincte. Si l'on s'adresse à ceux qui, comme par exemple Gassendi dans les *Cinquièmes Objections,* affirment que l'on ne peut pas comprendre que le terme d'"existence' puisse désigner une perfection, c'est-à-dire un concept qui entre dans la description de quelque chose, on pourra bien leur prouver que le terme d'"existence' n'est en vérité pas seulement un *prédicat,* mais un *prédicat réel,* à savoir un prédicat de force descriptive : mais même à cette condition, on ne pourra conclure à l'existence de Dieu que *in apprehensione intellectus tantum,* mais *non in re ipsa.* Si, par conséquent, l'objection logique est valable, on ne doit plus réfléchir du tout au statut sémantique de nos concepts de Dieu ni au statut sémantique de l'opérateur de l'existence. Quelle que soit la décision que l'on prend, il est clair *a priori* que, pour des raisons purement logiques, une démonstration *a priori* de l'existence de Dieu, à savoir une démonstration qui part de sa pure notion, est impossible.

Pourtant, cette objection logique est non seulement non contraignante, mais, à la regarder de plus près, elle manque même de sens. C'est ce qu'il va falloir expliquer maintenant en recourant aux réflexions qu'a exposées Descartes dans la *Cinquième Méditation.*

A mon avis, Descartes a dû être plutôt déçu lorsqu'il a lu pour la première fois la critique de Caterus, sagace uniquement en apparence en sa référence à saint Thomas. Cette critique, en effet, le mettait justement en face de cette même situation qu'il avait entendu éviter en s'engageant dans les réflexions de la *Cinquième Méditation.* La justification de l'argument ontologique qu'il donne dans ce contexte est essentiellement une nouvelle justification de cet argument dans le sens où elle a pu mettre en évidence, avec une subtilité jusqu'alors jamais atteinte, que l'objection logique était vaine et caduque. Ce n'est pas le raisonnement visé par l'objection logique, mais bien cette dernière qui est un sophisme. C'est ce que Descartes, d'une manière qu'il faut bien qualifier de géniale, a expliqué dans le § 9 de la *Cinquième Méditation.*

Déjà au début du § 7 de la *Cinquième Méditation,* Descartes avait assimilé aux certitudes mathématiques la structure formelle de la certitudc qu'on peut atteindre par la démonstration ontologique. Il écrit :

> Et je ne connais pas moins clairement et distinctement qu'une actuelle et éternelle existence appartient à sa nature [de Dieu] que je connais que tout ce que je puis démontrer de quelque figure ou de quelque nombre, appartient véritablement à la nature de cette figure ou de ce nombre. Et partant (...) l'existence de Dieu doit passer en mon esprit au moins pour aussi certaine, que j'ai estimé jusques ici toutes les vérités des Mathématiques, qui ne regardent que les nombres et les figures (AT IX-1, 52, 16-24).

Descartes continue lui-même de la manière suivante : « Bien qu'à la vérité cela ne paraisse pas d'abord entièrement manifeste, mais semble avoir quelque apparence de sophisme » (AT IX-1, 52, 24-26). Il faut remarquer tout d'abord que le sophisme, dont l' « apparence » est évoquée dans ce passage par Descartes, n'est pas du tout le sophisme identifié par l'objection logique dans la preuve ontologique. L'apparence du sophisme en question tient à la distinction courante entre existence et essence d'une chose, et non pas à la différence entre une existence seulement pensée et l'existence réelle d'une chose : « Car ayant accoutumé dans toutes les autres choses de faire distinction entre l'existence & l'essence, je me persuade aisément que l'existence peut être séparée de l'essence de Dieu, et qu'ainsi on peut concevoir Dieu comme n'étant pas actuellement » (AT IX-1, 52, 26-30). Dans le cas d'une telle persuasion, il est évident que je n'objecterais pas l'objection logique contre la preuve ontologique de Dieu, mais que je contesterais la seconde des deux propositions qui, comme nous l'avons vu, avaient été *concédées* par cette même objection, à savoir la proposition que le concept essentiel de l'être absolument parfait contient l'existence, et selon laquelle on ne peut, par conséquent, pas concevoir Dieu comme n'étant pas actuellement. Mais la séparation de l'essence et de l'existence serait mal fondée dans le cas de Dieu, et seulement dans ce cas unique.

> Mais néanmoins, lorsque j'y pense avec plus d'attention, je trouve manifestement que l'existence ne peut non plus être séparée de l'essence de Dieu, que de l'essence d'un triangle rectiligne la grandeur de ses trois angles égaux à deux droits, ou bien de l'idée d'une montagne l'idée d'une vallée ; en sorte qu'il n'y a pas moins de répugnance de concevoir un Dieu (c'est-à-dire un être souverainement parfait) auquel manque l'existence (c'est-à-dire auquel manque quelque perfection), que de concevoir une montagne qui n'ait point de vallée (AT IX-1, 52, 30-38).

Après avoir ainsi assimilé formellement l'argument ontologique à la démonstration de la somme des angles d'un triangle ou, plus généralement, à un jugement *analytiquement* vrai, Descartes a de bonnes raisons de réfuter, de façon concluante, l'objection logique dans le paragraphe qui suit. Je cite le texte pertinent dans sa totalité, et cela en raison du fait que Descartes, pour des raisons qu'il faudra exposer tout à l'heure, ne répétera pas l'argument qu'il a développé dans ce texte lorsqu'il répliquera à Caterus :

> Mais encore qu'en effet je ne puisse pas concevoir un Dieu sans existence, non plus qu'une montagne sans vallée, toutefois, comme de cela seul que je conçois une montagne avec une vallée, il ne s'ensuit pas qu'il y ait aucune montagne dans le monde, de même aussi, quoique je conçoive Dieu avec l'existence, il semble qu'il ne s'ensuit pas pour cela qu'il y en ait aucun qui existe : car ma pensée n'impose aucune nécessité aux choses ; et comme il ne tient qu'à moi d'imaginer un cheval ailé, encore qu'il n'y en ait aucun qui ait des ailes, ainsi je pourrais peut-être attribuer l'existence à Dieu, encore qu'il n'y eût aucun Dieu qui existât. Tant s'en faut, c'est ici qu'il y a un sophisme caché sous l'apparence de cette objection : car de ce que je ne puis pas concevoir une montagne sans vallée, il ne s'ensuit pas qu'il y ait au monde aucune montagne, ni aucune vallée, mais seulement que la montagne et la vallée, soit qu'il y en ait, soit qu'il n'y en ait point, ne se peuvent en aucune façon séparer l'une d'avec l'autre ; au lieu que, de cela seul que je ne puis concevoir Dieu sans existence, il s'ensuit que l'existence est inséparable de lui et partant qu'il existe véritablement : non pas que ma pensée puisse faire que cela soit de la sorte, et qu'elle impose aux choses aucune nécessité, mais, au contraire, parce que la nécessité de la chose même, à savoir de l'existence de Dieu, détermine ma pensée à le concevoir de cette façon. Car il n'est pas en ma liberté de concevoir un Dieu sans existence (c'est-à-dire un être souverainement parfait sans une souveraine perfection), comme il m'est libre d'imaginer un cheval sans ailes ou avec des ailes (AT IX-1, 52, 1-22).

Quel est le noyau rationnel du raisonnement exposé dans ce texte ? A cette question, je réponds en citant un texte de Kant. Il se trouve dans la *Réflexion* n° 3706 et, ce qui est décisif dans notre contexte, il a été écrit à un moment où Kant était déjà convaincu que la démonstration ontologique était vouée à l'échec. Dans cette réflexion Kant écrit en des termes qui semblent offrir un commentaire du raisonnement de Descartes cité auparavant :

> Si l'on pouvait, parmi les différents prédicats susceptibles de revenir à une chose *(Ding)*, compter son existence comme l'un d'entre eux, on ne pourrait certainement pas demander une preuve qui soit en même temps plus contraignante et plus saisissable pour montrer l'existence de Dieu que la preuve cartésienne.

> Car parmi toutes les choses possibles il en est une dans laquelle se trouvent toutes les réalités qui peuvent se rassembler dans une essence *(Wesen)*. A ces réalités, c'est-à-dire aux prédicats vraiment positifs, l'existence appartient aussi. Par conséquent, à l'essence la plus réelle de toutes revient l'existence, pour qu'elle soit intérieurement possible.
>
> C'est en vain qu'on objecte là-contre qu'une semblable chose possible n'inclut l'existence que dans l'entendement, c'est-à-dire uniquement en ce sens que la chose serait posée dans la pensée et non pas hors de la pensée. Car alors c'est de tous les prédicats pouvant appartenir à une chose possible qu'il faudrait dire, de la même façon : non, ils ne lui appartiennent pas effectivement, c'est seulement dans la pensée qu'ils sont posés en elle.
>
> C'est bien ce qui se passe, quand on rattache arbitrairement à un concept quelque chose qui n'en découle pas nécessairement. C'est ainsi par exemple qu'on pose en pensée à un cheval des ailes, pour en faire un Pégase, et par conséquent ce n'est qu'en pensée qu'un cheval a des ailes. En revanche, là où un prédicat n'est pas lié à une chose de façon arbitraire mais est rattaché à elle en vertu de l'essence des choses mêmes, en ce cas ce n'est pas parce que nous le pensons en elle que le prédicat lui appartient, il est au contraire nécessaire de le penser en elle précisément parce qu'il lui appartient en soi-même. Voilà pourquoi on ne peut pas dire que l'égalité de ses angles à deux droits n'appartient à un triangle que dans la pensée, elle lui appartient en lui-même[1].

Bien sûr, notre notion de Dieu n'est pas Dieu lui-même. Ce fait trivial, pourtant, amène Thomas d'Aquin à inférer à tort que, même s'il faut former une notion en incluant la caractéristique logique de l'existence, on ne peut conclure à l'existence de l'objet que *in apprehensione intellectus tantum*. Descartes et son commentateur Kant nous expliquent pourquoi l'objection logique est un sophisme en elle-même : si, dans la *Cinquième Méditation,* Descartes explique la démonstration ontologique en la comparant avec la démonstration euclidienne de la somme des angles d'un triangle, il entend montrer la chose suivante : de l'analyse de la notion d'un triangle (euclidien) résulte qu'à chaque triangle de ce genre appartient une somme des angles égale à deux

1. Immanuel Kant, *Werke* (Akademie-Ausgabe), vol. XVII, p. 240 sq. Dieter Henrich a attiré l'attention sur cette réflexion en discutant l'objection logique dans son livre : *Der ontologische Gottesbeweis. Sein System und seine Geschichte in der Neuzeit,* Tübingen, 1960, p. 9.

angles droits. C'est pourquoi la démonstration de la somme des angles entraîne le conditionnel généralisé suivant :

(CGI) : Si quelque chose est un triangle, il possède une somme des angles égale à deux angles droits.

De la démonstration de la somme des angles ne découle pas, bien sûr, qu'il existe quelque chose possédant cette somme des angles. Au contraire, il faut interpréter CG ainsi :

(CGI) : Si et uniquement s'il existe quelque chose qui soit un triangle, alors il existe quelque chose qui possède une somme des angles égale à deux angles droits.

En revanche, personne ne peut songer à faire, sur le conditionnel CD, la réserve ultérieure qui suit :

(CGII) : S'il existe quelque chose qui soit un triangle, alors il existe quelque chose qui possède une somme des angles égale à deux angles droits, à condition qu'il possède une somme des angles égale à deux angles droits.

Cette réserve manque de sens. En effet, que quelque chose, si c'est un triangle, possède cette somme des angles, c'est ce qui découle de la pure notion ou de la définition de cette chose.

Par analogie, il est vrai de dire ceci : à condition que, dans la notion de Dieu, l'existence soit incluse comme une partie du contenu logique de cette notion, alors, de la notion de Dieu, l'existence de Dieu découle exactement de la même manière dont, de la notion du triangle euclidien, il découle que la somme de ses angles est égale à deux angles droits. L'argument ontologique entraîne donc non seulement la conclusion :

(C1) Dans la notion de Dieu, on pense la notion de l'existence ;

Mais, en vertu de C1, cet argument entraîne, à lui seul aussi, la conclusion :

(C2) Dieu existe.

Cela présuppose, bien sûr, que l'existence soit une perfection — présupposition concédée explicitement par l'objection logique. Revenons-en à la question de savoir pourquoi il en est ainsi !

S'il est vrai d'un objet *x* que sa notion descriptive ou son concept *C* contient la caractéristique logique de l'existence, alors il est vrai que *x*, qui est décrit par *C*, ne peut pas être pensé comme non existant. Or, si quelque chose, décrit d'une façon logiquement possible, ne peut pas être pensé comme non existant, il s'ensuit que cet état des choses logique est la démonstration de l'existence la plus puissante qui puisse être généralement donnée. Car, d'un objet de la notion duquel il résulte qu'il ne peut être pensé comme non existant, il faut dire : la pensée de sa non-existence est aussi contradictoire que l'idée qu'un triangle euclidien puisse posséder une somme des angles qui n'égalerait pas deux angles droits. Si, par rapport à quelque chose, la pensée de sa non-existence est contradictoire, alors — ce que disent Descartes et son interprète Kant — il est logiquement vrai que cette chose existe et existe nécessairement, parce que la proposition qu'une telle chose n'existe pas serait logiquement fausse.

De façon générale, on peut dire : si l'objection logique était juste, il s'ensuivrait que, sur tout usage que nous faisons des notions, dans des jugements émis en vue de la connaissance d'états de choses objectifs, il faut faire une réserve restrictive d'après laquelle l'usage qu'on fait, dans des jugements ou propositions, de prédicats descriptifs ne permet pas, *en principe,* de connaissance objective. En effet, si nos prédicats descriptifs sont des expressions linguistiques de notions et que les notions sont des déterminations ou des produits de notre pensée, il faudrait, à condition que l'objection logique soit juste, que de cet état des choses et de lui seul découle que, par principe, notre connaissance, en voulant être objective, se trompe. Car l'intention de prêter une référence objective à nos jugements se heurterait fondamentalement au fait que, dans nos jugements, nous désignons les notions par des signes linguistiques. La référence objective de toutes les notions serait alors mise en cause par le seul fait que ce sont des notions. Cette position n'a aucun sens. Il est certes possible que l'on se trompe souvent en voulant acquérir la connaissance d'objets tout en utilisant des notions dans des jugements. Mais l'objection logique contre la démonstration ontologique nie de façon implicite que l'on puisse faire raisonnablement cette réclamation en tant que telle. Car elle a pour conséquence que la référence objective ou plus précisément la pure possibilité de la référence objective d'une pensée est contrariée par le fait qu'elle est une *pensée*. Justement *cette* conséquence est privée de sens, c'est-à-dire que l'objection logique est elle-même, si on la regarde bien, privée de sens.

Par conséquent, tout lecteur des *Premières Réponses* qui a compris ceci à la lecture des arguments développés par Descartes dans la *Cinquième Méditation* ne sera pas étonné de ce que, dans ses Réponses, il ne réagisse même plus à l'objection logique que Caterus lui a faite en se référant (démarche qui paraît historiquement correcte) à la critique que saint Thomas avait lui-même adressée à saint Anselme.

Car Descartes a très bien pu être convaincu que tous les arguments réfutant l'objection logique avaient déjà été suffisamment développés dans le texte de la *Cinquième Méditation* que nous venons de présenter et d'interpréter ci-dessus. Certes, il n'aura pas échappé à Descartes que ces arguments n'avaient pas convaincu le thomiste qu'était Caterus, bien que leur capacité à convaincre ne puisse être remise en cause. Mais pourquoi redire ce qui a déjà été dit avec toute la clarté et la précision qu'il se doit ?

Mais ce qui est de loin plus important et de réelle portée systématique, c'est le fait, qui ne manquera pas de surprendre le lecteur, que Descartes dans sa réponse à Caterus ne considère pas l'objection de saint Thomas comme l'objection logique, mais qu'il lui donne une tout autre signification. C'est ce qui ressort de l'endroit du texte où Descartes introduit la critique qu'il fait de celle de Caterus. Voici en effet ce qu'il écrit :

> Il [Caterus] compare ici derechef un de mes arguments avec un autre de saint Thomas, afin de m'obliger en quelque façon de montrer lequel des deux a le plus de force. Et il me semble que je le puis faire sans beaucoup d'envie, parce que saint Thomas ne s'est pas servi de cet argument comme sien, et il ne conclut pas la même chose que celui dont je me sers ; et enfin, je ne m'éloigne ici en aucune façon de l'opinion de cet Angélique Docteur (AT IX-1, 91, 11-17).

Ce qui, dans cet extrait, mérite le moins d'intérêt, c'est certainement la remarque de Descartes qui veut que l'argument considéré par

Thomas d'Aquin ne lui appartienne pas en propre, mais à quelqu'un d'autre. On peut cependant penser que Caterus non plus n'était pas sans savoir que l'argument considéré par saint Thomas était en fait l'argument du *Proslogion* de saint Anselme. Mais cela ne fait pas avancer notre réflexion. Ce qui en revanche est bien plus digne d'intérêt, c'est cette autre remarque de Descartes qui veut que l'argument considéré par Thomas d'Aquin n'implique pas la même chose que celui qu'utilise Descartes lui-même. Enfin la déclaration de Descartes selon laquelle il est de plus sur ce point en parfait accord avec le Docteur Angélique est d'une importance capitale.

On pourrait dans un premier temps penser que cet accord ne concerne que leur conviction commune selon laquelle l'existence de Dieu doit être démontrée. En effet voici ce que Descartes écrit : « Car on lui [saint Thomas] demande, savoir, si la connaissance de l'existence de Dieu est si naturelle à l'esprit humain qu'il ne soit point besoin de la prouver, c'est-à-dire si elle est claire et manifeste à un chacun ; ce qu'il nie, et moi avec lui » (AT IX-1, 91, 17-21). Toutefois, il n'est pas difficile de voir que cet accord va plus loin. En effet, les remarques de Descartes qui veulent d'une part que l'argument considéré par saint Thomas n'implique pas la même chose que son propre argument, et d'autre part que son argument se trouve en accord total avec les propos tenus par Thomas d'Aquin, ces remarques ne s'opposent pas l'une à l'autre mais forment en réalité un ensemble, d'où il ressort que Descartes considère pertinente la critique que fait saint Thomas à la preuve de saint Anselme. S'il en est ainsi, il s'ensuit que Descartes n'a pu prendre la critique de saint Thomas pour l'objection logique. Car Descartes ne pouvait en aucun cas être d'accord avec cette objection après avoir exposé dans la *Cinquième Méditation* des arguments qui la réfutent.

Il s'agit maintenant d'expliquer ce rapport. Pour cela, il nous faut prendre comme point de départ la remarque perspicace de Descartes selon laquelle l'argument de saint Anselme, tel qu'il a été exposé par saint Thomas dans la *Summa Theologiae,* laisse apparaître au niveau purement formel une erreur. La présence de cette erreur est la raison pour laquelle l'argument de saint Anselme conclut plus que ce que les prémisses permettent. Voici ce qu'en dit Descartes :

> Or l'argument qu'il [saint Thomas] s'objecte à soi-même, se peut ainsi proposer. Lorsqu'on comprend et entend ce que signifie ce *nom Dieu,* on entend une chose telle que rien de plus grand ne peut être conçu ; mais c'est une chose plus grande d'être en effet et dans l'entendement, que d'être seulement dans l'entendement ; donc, lorsqu'on comprend et entend ce que signifie ce *nom Dieu,* on entend que Dieu est en effet et dans l'entendement : où il y a une faute manifeste en la forme, car on devrait seulement conclure : donc, lorsqu'on comprend et entend ce que signifie ce *nom Dieu,* on entend qu'il *signifie* une chose qui est en effet et dans l'entendement (AT IX-1, 91, 21-31 ; souligné par nous).

A cette analyse perspicace fait suite maintenant la remarque systématique décisive de Descartes : « Or ce qui est signifié par un mot ne paraît pas pour cela être vrai » (AT IX-1, 91, 31-33). Que veut nous dire Descartes par cette analyse et la remarque qui y fait suite ? Voici ce que j'en pense : l'argument de saint Anselme, critiqué par Thomas d'Aquin, se révèle être, justement lorsque l'on corrige l'erreur qu'il présente au niveau de la forme, un argument qui ne peut absolument pas être pris pour une preuve d'existence. Et ceci est interdit par l'utilisation même de l'expression 'nom de Dieu' *(nomen Dei)* dans cet argument. D'un simple nom on peut seulement conclure que celui-ci nomme ou désigne quelque chose. Mais de la fonction nominale et signifiante d'un simple nom on ne peut pas conclure que ce qu'il nomme ou signifie soit quelque chose de vrai. Aussi longtemps qu'il n'a pas été démontré qu'un nom n'est pas un simple nom, celui-ci peut être le nom destiné à quelque chose qui n'existe même pas, et il peut même être le nom destiné à quelque chose qui, si on y regarde bien, ne peut, pour des raisons purement logiques, exister. La compréhension d'un nom, aussi longtemps qu'elle n'est que la compréhension de ce nom, n'est pas encore la compréhension que ce qu'il nomme et signifie est quelque chose de réel ou bien même seulement de concevable. C'est ainsi qu'il se pourrait bien qu'aussi longtemps que nous n'avons à notre disposition rien de plus que le nom de Dieu, nous sachions certes qu'il désigne ce qui est aussi bien en réalité qu'en pensée, mais que nous nous trompions malgré tout quand nous pensons qu'il pourrait désigner quelque chose de réel ou même seulement possible. Car on ne peut même pas savoir en considérant seulement la simple fonction signifiante d'un nom si celui-ci possède un référent dans le domaine du possible, c'est-à-dire du concevable. Aussi longtemps que ceci ne peut être montré d'une autre façon qu'en recourant à sa simple fonction nominative, le soupçon persiste qu'il pourrait s'agir d'un simple nom signifiant quelque chose qui n'existe ni ne peut exister.

De cette réflexion il ressort que Descartes ne prend pas la critique que fait saint Thomas à la preuve de saint Anselme pour l'objection logique, mais pour une tout autre objection. On peut appeler cette objection l'"objection sémantique' contre la preuve ontologique de l'existence de Dieu. Il s'ensuit également que Descartes, en attribuant à saint Thomas cette objection-là et non cette objection logique, dépourvue de sens, peut dire à juste titre que, pour ce qui est de l'appréciation de cette objection, il est d'accord avec saint Thomas. Car l'objection, selon laquelle l'idée de Dieu en tant que *ens perfectissimum* pourrait n'être rien de plus qu'une représentation purement nominale, doit également être reconnue comme capitale par celui qui a réalisé que l'objection logique n'est pas pertinente.

L'objection sémantique n'est pas dirigée contre le passage de l'idée de l'être le plus parfait à son existence, mais contre la supposition qui veut qu'avec l'idée qui est à l'origine de ce passage, on aurait justement affaire à une idée et non pas à un nom signifiant quelque chose qui, finalement, ne peut absolument pas être pensé. Si l'on applique cette réflexion au contenu de la critique faite par saint Thomas à la preuve d'Anselme, cette critique, contrairement à l'objection logique, peut se présenter de la manière suivante : Descartes ne considère pas l'opposition des termes employés par saint Thomas dans sa critique à Anselme, à savoir : *esse in rerum natura* et *esse in apprehensione intellectus tantum,* comme l'opposition entre l'existence de la chose même et la simple idée de l'existence de cette même chose, comme c'est le cas pour l'objection logique, mais il l'assimile à l'opposition entre *nomen rei* et *vera atque immutabilis natura rei,* c'est-à-dire à l'opposition entre une dénomination, qui n'est vraiment que nominale et donc totalement insignifiante, et une dénomination qui désigne réellement ce qui est appelé par Descartes une *vera et immutabilis natura aut essentia.* Le fait qu'un nom désigne une idée ne peut ressortir du seul nom. Pour cela il nous faut obtenir la preuve que, pour le sujet, au mot qu'il utilise dans l'intention de désigner quelque chose, correspond une *idea* d'une *vera et immutabilis natura* ou *essentia.* Ainsi Descartes comprend par *esse in apprehensione intellectus tantum* le fait qu'un sujet dispose d'un simple nom qui ne désigne aucune nature vraie et immuable ou bien dont il n'apparaît pas que tel est le cas. Au contraire, le *esse in rerum natura* est assimilé par Descartes à cet *esse* même qui est présenté par une *idea,* dans la mesure où elle est celle d'une *vera et immutabilis natura.*

Bien sûr, cette interprétation, méconnaissant d'une manière productive l'objection de saint Thomas, est pourtant d'un point de vue historique fausse. Mais elle fait, et c'est là son côté positif, d'une objection en vérité dépourvue de sens, à savoir l'objection logique, une objection sensée contre le procédé de la preuve ontologique. Contrairement à l'objection logique, cette objection sémantique se dresse contre la supposition de la preuve ontologique qui veut que son concept de départ, à savoir le concept de l'*ens perfectissimum,* serait une *vera idea* et pas un simple nom signifiant on ne sait trop quoi. Ceci peut également s'exprimer de la manière suivante : contrairement à l'objection logique, l'objection sémantique, elle, se dresse contre la présupposition qui veut que le concept de départ de la preuve ontologique possède une rationalité interne. Elle émet le doute que ce concept, en tant que concept, pourrait être dépourvu de sens.

Il s'ensuit donc pour Descartes que la preuve ontologique se doit en tout premier lieu d'assurer la rationalité interne du concept de Dieu d'où elle émane. Le fait que la représentation de Dieu en tant que *ens perfectissimum* ne soit pas seulement nominale doit être prouvé contre l'objection sémantique en apportant la preuve que cette représentation possède bien la qualité logique d'être une *clara et distincta idea.* En effet, si l'on arrive à prouver cette qualité logique d'une *idea,* on prouve par là même *eo ipso* qu'il s'agit d'une idée d'une *vera et immutabilis natura.*

Ainsi Descartes a su distinguer sa propre preuve ontologique de celle de saint Anselme en se plaçant justement dans cette perspective qui ouvre la critique de saint Anselme comprise comme objection sémantique et non comme objection logique. Voilà ce que Descartes écrit à ce propos :

> Mais mon argument a été tel : ce que nous concevons clairement et distinctement appartenir à la nature, ou à l'essence, ou à la forme immuable et vraie de quelque chose, cela peut être dit ou affirmé avec vérité de cette chose ; mais après que nous avons assez soigneusement recherché ce que c'est que Dieu, nous concevons clairement et distinctement qu'il appartient à sa vraie et immuable nature qu'il existe ; donc alors nous pouvons affirmer avec vérité qu'il existe. Où du moins la conclusion est *légitime*. Mais la majeure ne se peut aussi nier, parce qu'on est déjà tombé d'accord ci-devant, que tout ce que nous entendons ou concevons clairement et distinctement est vrai (AT IX-1, 91, 32-41 ; 92, 1 ; souligné par nous).

Pourtant Descartes admet aussi, ce qui est certainement très étonnant pour le lecteur qui a encore en tête l'optimisme des réflexions de la *Cinquième Méditation,* la chose suivante : « Il ne reste plus que la mineure, où je confesse que la difficulté n'est pas petite » (AT IX-1, 92, 1). La difficulté qui est loin d'être minime et à laquelle se trouve confrontée la mineure de la preuve de la *Cinquième Méditation* consiste à justifier le fait que nous reconnaissons clairement et distinctement que l'existence appartient à la nature vraie et immuable de Dieu. Cette difficulté est visiblement double. Elle résulte d'une part de la puissance de l'objection sémantique. En effet, il ne va pas forcément de soi que nous possédions une idée claire et distincte de Dieu. D'autre part, il ne va pas non plus de soi que le terme 'existence' fasse partie du contenu logique de cette idée, même si elle est claire et distincte.

Ainsi deux doutes, relatifs tous deux au concept de départ de la preuve de l'existence de Dieu qui est issue de la *Cinquième Méditation,* subsistent encore. Et il semble que Descartes lui-même soit prêt à admettre que ses réflexions concernant le concept de Dieu dans la *Cinquième Méditation* ne sont pas encore à la hauteur de l'objection sémantique.

Descartes se met donc en tête de défendre la rationalité interne du concept de Dieu de la *Cinquième Méditation* et avec elle la validité de l'argument ontologique contre l'objection sémantique. Ce plaidoyer restera toujours une partie mémorable de l'histoire de la preuve ontologique. Il n'est toutefois pas difficile de voir qu'avec ce plaidoyer Descartes n'a pas atteint le but qu'il s'était fixé, ce que nous devons encore, au terme de notre analyse, évoquer brièvement.

Au lieu de démontrer directement la qualité logique de l'idée de Dieu en question, l'effort qu'a fait Descartes pour prouver cette qualité l'a conduit à reformuler la même *preuve* ontologique d'une manière nouvelle[1]. Mais cette manière nouvelle ne peut pas être défendue, même si l'on a compris que l'objection logique est fausse. Cette nouvelle démonstration de l'existence de Dieu isole, dans son premier pas, *une* des perfections qui sont renfermées dans le concept de l'*ens perfectissimum,* à savoir la perfection de la *puissance infinie (omnipotestas),* et conclut, dans son second pas, que du *concept* de la puissance infinie s'ensuit logiquement l'*existence,* et même l'existence *nécessaire,* d'un être infiniment puissant. C'est donc l'idée simple et par conséquent claire de la puissance infinie qui renferme nécessairement l'existence de ce qu'elle signifie. Mais si l'on a prouvé de telle manière, à savoir *ontologiquement,* l'existence d'un être infiniment puissant, il est facile de montrer que cet être se donnera toutes les perfections qui forment le contenu logique du concept de l'*ens perfectissimum,* à savoir de Dieu. Voilà pourquoi le *nom* de Dieu, signifiant l'*ens perfectissimum,* doit signifier une *idée,* et en plus une idée *claire* et *distincte,* donc l'idée d'une *vera et immutabilis natura : Ab esse Dei ad posse Dei valet consequentia.*

On ne peut pas approuver cette procédure, parce qu'il est impossible de passer de l'idée de la puissance infinie à son référent, à savoir, à un être qui existe comme infiniment puissant. Mais cette impossibilité n'est pas due au fait que l'objection logique soit correcte, parce que cette objection est fausse, et, plus précisément, dépourvue de sens. Elle résulte, au contraire, du fait que le prédicat de l'existence ne fait pas partie du contenu logique du prédicat de la toute-puissance. Mais avec ces remarques on entrera dans une autre histoire.

1. Cf. Dieter Henrich, *loc. cit.,* p. 12 sq.

Réponse à Willis Doney et à Konrad Cramer
L'existence de Dieu

EMANUELA SCRIBANO

Les conférences de Willis Doney et de Konrad Cramer portent sur deux sujets strictement entreliés : les difficultés de la théorie innéiste et la preuve *a priori* de l'existence de Dieu donnée par Descartes dans la *Cinquième Méditation.* Les deux sujets sont en effet explicitement reconnus comme dépendants l'un de l'autre dans la réponse de Descartes à Caterus, la preuve *a priori* étant valable seulement si l'on peut démontrer que l'idée de Dieu est innée.

La preuve *a priori* dépend donc de la théorie innéiste cartésienne, une théorie que Doney, avec M. Wilson, juge fautive. Les difficultés de la théorie innéiste, notamment la faiblesse du critère formulé dans la *Cinquième Méditation* pour distinguer les idées innées des idées factices, auraient poussé Descartes à formuler, dans la réponse à Caterus, un deuxième critère, qui, malheureusement, s'avère tout aussi faible que le premier. Quant à la preuve *a priori,* Doney est de l'avis que la véritable preuve soit confiée à l'intuition directe de l'existence contenue dans l'idée de Dieu. Celle qu'on nomme couramment, avec Kant, 'la preuve *a priori* cartésienne' (bâtie à partir de la notion d'être très parfait), aussi bien que celle formulée dans la réponse à Caterus (bâtie à partir de la notion d'être tout-puissant), ne seraient en réalité que des formulations argumentatives, et d'ailleurs tout à fait pléonastiques, de la vraie et unique preuve, à savoir de l'intuition de l'existence dans l'idée de Dieu.

La conférence de Cramer a abordé la question de la critique thomiste, dite 'logique', de l'argument ontologique pour soutenir que Descartes transforme la critique thomiste en ce que Cramer nomme une 'critique sémantique'. Cette transformation serait motivée par deux raisons : la première est que Descartes a déjà réfuté la critique logique dans le texte de la *Cinquième Méditation,* et la seconde est plutôt — dirait-on — la mauvaise conscience de Descartes : Descartes, dans la *Cinquième Méditation,* avait subordonné la validité de la preuve *a priori* à la clarté et distinction de l'idée de Dieu, et Descartes lui-même devait être insatisfait des raisons données, voire du manque de raisons, pour soutenir la clarté et distinction de l'idée de Dieu. Cette insatisfaction aurait poussé Descartes à une nouvelle formulation de la preuve *a priori,* qui aurait pour but de démontrer la rationalité de l'idée de Dieu, et de prévenir de cette façon la critique sémantique. Malheureusement, la nouvelle formulation se révèle fallacieuse.

Innéisme et preuve *a priori* constituent donc, à l'avis de Doney et de Cramer, les deux grands problèmes mis en question par Descartes lui-même, sous sollicitation de Caterus.

Avant d'aborder le problème des conséquences que la réflexion sur la clarté et distinction de l'idée de Dieu peut avoir sur la structure de la preuve *a priori,* je voudrais revenir sur la question, posée par Doney, des critères qu'une idée innée, pour être telle, doit satisfaire. Le premier, celui que Doney nomme « le critère des conséquences inattendues » qui devraient suivre d'une idée innée, et le second, celui de « l'indécomposabilité » d'une idée innée. Doney retrouve le second critère seulement dans les réponses à Caterus, comme tentative de remédier à la faiblesse du premier, tel qu'il était présent dans le texte de la *Cinquième Méditation.* Mais, à mon avis, le second critère, tel qu'il se trouve dans la réponse à Caterus, est une amélioration, dans le sens qu'on va voir, d'un critère déjà présent dans le texte de la *Cinquième Méditation,* et évoqué justement à propos de la démonstration de l'existence de Dieu : « Neque enim mihi liberum est Deum absque existentia (hoc est ens summe perfectum absque summa perfectione) cogitare, ut liberum est equum vel cum alis vel sine alis imaginari » (AT VII, 67). Les éléments d'une idée factice peuvent être séparés, je peux concevoir un cheval sans ailes ; au contraire, je ne suis pas libre de décomposer une idée innée, je ne peux pas concevoir qu'un être tout parfait manque d'une perfection. Ce qui, dans la réponse à Caterus, deviendra explicitement un deuxième critère pour reconnaître une idée innée est déjà présent ici, dans le texte de la *Cinquième Méditation,* dans la description de l'idée de Dieu.

La même idée de Dieu est soumise au premier critère aussi, celui des « conséquences inattendues ». De même que l'idée du triangle est une idée innée parce qu'il est nécessaire qu'en définissant le triangle on lui donne toutes les propriétés à partir desquelles on démontrera que ses trois angles sont égaux à deux droits « etiamsi hoc ipsum [le théorème] tunc [au moment de la définition] non advertam », de même l'idée de Dieu supporte le test du premier critère parce que « necesse est ut illi omnes perfectiones attribuam, etsi nec omnes tunc enumerem, nec ad singulas attendam : quae necessitas plane sufficit ut postea, cum animadverto existentiam esse perfectionem, recte concludam ens primum et summum existere » (AT VII, 67-68). Je ne m'étais pas aperçu, quand j'avais défini Dieu comme l'être très parfait, que l'existence était une perfection, ou bien, l'existence n'était pas explicite dans la définition de Dieu ; c'est à cause de cela que la démonstration de l'existence de Dieu à partir de la définition d'être très parfait démontre en même temps que l'idée de Dieu est innée.

Il est vrai que, dans le texte de la *Cinquième Méditation,* Descartes semble confier l'évidence de l'innéité de l'idée de Dieu à l'intuition aussi[1], mais, comme la preuve *a priori* présuppose une équivalence entre l'essence de Dieu et celle des entités de la géométrie, Descartes ne peut pas se passer de soutenir une équivalence stricte entre l'idée de Dieu et l'idée du triangle, par rapport au critère de l'innéité. En principe, on s'attend à ce que Descartes s'engage à montrer que l'idée de

1. AT VII, 68 : « Nam sane multis modis intelligo illam non esse quid fictitium a cogitatione mea dependens, sed imaginem verae et immutabilis naturae : ut, primo, quia nulla alia res potest a me excogitari, ad cujus essentiam existentia pertineat, praeter solum Deum ; deinde, quia non possum duos aut plures ejusmodi Deos intelligere (...) ac denique, quod multa alia in Deo percipiam, quorum nihil a me detrahi potest nec mutari. »

Dieu passe bien les mêmes examens auxquels les idées de la géométrie doivent se soumettre, pour être tenues pour innées.

La question que je vais poser maintenant pour aborder le problème soulevé par Cramer, celui de l'éventuelle insatisfaction de Descartes par rapport à la rationalité, c'est-à-dire à la clarté et distinction de l'idée de Dieu, telle qu'elle avait été posée dans la *Cinquième Méditation,* est la suivante : l'idée de Dieu, soumise aux critères de l'innéisme, révèle-t-elle la même structure que l'idée du triangle, et, par conséquent, l'idée de Dieu se montre-t-elle solide comme celle du triangle — ou, si vous voulez, faible comme celle du triangle — par rapport aux deux critères ? Je veux soutenir qu'elle est bien différente de l'idée du triangle, et que, au moins par rapport au critère de l'inséparabilité des éléments d'une idée innée tel qu'il est formulé dans la *Cinquième Méditation,* elle se montre plus faible que les idées de la géométrie.

Soumettons donc l'idée de Dieu à la demande que les éléments qui composent une idée innée ne soient pas séparables. On ne peut pas séparer l'existence de l'essence de Dieu parce qu'il implique contradiction de penser un « ens summe perfectum absque summa perfectione ». Mais si la contradiction qu'on obtient quand on nie une propriété nommée dans le sujet (nier une perfection à un être qui, par définition, les a toutes) était suffisante pour démontrer que les éléments de la définition sont inséparables, et qu'on est par conséquent en présence d'une idée innée, l'idée du cheval ailé deviendrait elle aussi innée, étant donné qu'il n'est pas possible de nier que les ailes appartiennent à un cheval qui a des ailes. En effet, la comparaison établie par Descartes entre le cheval ailé et l'idée de Dieu est mal posée. Une bonne comparaison devrait concerner ces deux relations : celle entre l'existence et l'ensemble des perfections d'un côté et celle entre les ailes et le cheval ailé de l'autre, tandis que Descartes prétend comparer la relation entre l'existence et toutes les perfections avec celle qui existe entre les ailes et le cheval (sans les ailes). C'est donc grâce à une comparaison bâtie fallacieusement que l'idée de Dieu passe bien l'examen d'innéisme.

Les difficultés de distinguer de cette façon l'idée de Dieu d'une idée factice jaillissent sous la plume de Descartes quand il essaye de défendre la preuve *a priori* contre l'accusation de pétition de principe que Descartes lui-même soulève :

« Neque etiam hic dici debet, necesse quidem esse ut ponam Deum existentem, postquam posui illum habere omnes perfectiones, quandoquidem existentia una est ex illis, sed priorem positionem necessariam non fuisse ; ut neque necesse est me putare figuras omnes quadrilateras circulo inscribi, sed posito quod hoc putem, necesse erit me fateri rhombum circulo inscribi, quod aperte tamen est falsum. Nam, (...) quoties (...) de ente primo et summo libet cogitari (...), necesse est ut illi omnes perfectiones attribuam (...) Cum vero examino quaenam figurae circulo inscribantur, nullo modo necesse est ut putem omnes quadrilateras ex eo numero esse ; imo etiam id ipsum nequidem fingere possum, quamdiu nihil volo admittere nisi quod clare et distincte intelligo. Ac proinde magna differentia est inter ejusmodi falsas positiones, et ideas veras mihi ingenitas, quarum prima et preaecipua est idea Dei » (AT VII, 67-68).

La bonne comparaison pour défendre la rationalité de l'idée de Dieu aurait dû être établie entre l'idée de Dieu et une idée *factice,* tandis que Descartes compare ici la définition de Dieu à une hypothèse *fausse* (que toutes les figures de quatre côtés puissent s'inscrire dans le cercle), avouant implicitement, de cette façon, la difficulté de distinguer efficacement l'idée de Dieu des idées factices, un aveu qui deviendra explicite dans la réponse à Caterus[1]. La difficulté à propos de l'idée de Dieu est justement dans la circonstance que, même si l'existence n'y est pas explicitement nommée, sa définition coïncide explicitement avec l'ensemble de ses propriétés. La liaison qui joint une propriété à l'ensemble des propriétés du défini est pareille pour n'importe quelle idée et quelle définition, pour Dieu comme pour Pégase.

Est-ce que le triangle passe mieux l'examen de l'inséparabilité ? Si Descartes définit le triangle par l'ensemble des propriétés d'une figure de trois angles, la difficulté est pareille. Mais si Descartes, comme il

1. AT VII, 116 : « Sola minor restat [à savoir que l'existence appartienne à la *vraie et immutable nature* de Dieu], in qua fateor esse difficultatem non parvam... »

arrive dans le texte de la *Cinquième Méditation,* définit le triangle à partir d'une de ses propriétés (une figure plane de trois angles), l'idée du triangle supporte le test de l'innéisme beaucoup mieux que l'idée de Dieu. Le critère de l'inséparabilité subit une modification importante : la liaison nécessaire n'est pas entre une propriété et l'ensemble des propriétés (ce qui est vrai pour n'importe quelle définition), mais entre une propriété et toutes les autres, qui sont déduites de la première à l'aide d'un ou plusieurs axiomes.

Quant au critère des conséquences inattendues, même si on accorde que l'existence soit une conséquence inattendue, tirée en force d'une véritable démonstration de la définition de Dieu, il est évident que la démonstration de l'existence de Dieu est différente de la démonstration d'un théorème du triangle. Dans le premier cas, en effet, il s'agit de l'exemplification d'une des perfections infinies nommées dans le sujet, dans le second, il s'agit d'une liaison entre deux concepts — le cas échéant, entre la figure de trois côtés et l'équivalence de ses angles à deux angles droits —, atteinte en joignant à la définition un ou plusieurs axiomes.

Pour que l'idée de Dieu soit comparable à l'idée du triangle, il faudrait que la définition de Dieu, son essence, ne coïncide pas avec l'ensemble de ses propriétés, mais avec une propriété à partir de laquelle, et à l'aide d'un ou de plusieurs axiomes, on puisse déduire les autres. Si ces conditions sont satisfaites, on obtiendra une relation nécessaire des attributs de Dieu entre eux, et non de chaque attribut avec l'ensemble des attributs, et on pourra à bon droit soutenir que l'existence de Dieu découle de sa définition au contraire de ce qui arrive pour les ailes du cheval. Or, la formulation de la preuve *a priori* dans la réponse à Caterus, toute fallacieuse qu'elle soit en tant que preuve de l'existence de Dieu, respecte justement l'analogie avec le triangle : premièrement, elle déduit l'existence non de l'ensemble des perfections de Dieu, défini comme *ens perfectissimum,* mais d'une de ses perfections, la toute-puissance ; deuxièmement elle déduit l'existence de la toute-puissance à l'aide de l'axiome suivant lequel « id, quod propria sua vi potest existere, semper exist[it] » (AT VII, 119).

On peut maintenant avancer quelques conclusions.

I / Les deux formulations de la preuve *a priori* (celle qui porte sur l'existence de l'être très parfait, et l'autre, qui démontre l'existence de l'être tout-puissant) représentent deux tentatives différentes pour justifier le caractère clair et distinct de l'idée de Dieu : la première est, peut-être, une bonne preuve de l'existence de Dieu, mais elle est sûrement une mauvaise preuve du caractère inné de l'idée de Dieu ; la seconde est une bonne preuve de la clarté et distinction de l'idée de Dieu, mais une mauvaise preuve de son existence.

II / Si cette analyse est correcte, elle renforce la thèse de Doney quant à l'endroit où se trouverait la véritable preuve de l'existence de Dieu. Les deux arguments *a priori* pour démontrer l'existence de Dieu — celui de la *Cinquième Méditation,* et celui de la réponse à Caterus — devraient être considérés comme deux tentatives différentes pour justifier la clarté et distinction de l'idée de Dieu, et, en tant que tels, ils ne seraient pas du tout pléonastiques. En effet, bien que les deux arguments prouvent l'existence de Dieu, ils visent en premier lieu autre chose, à savoir l'innéisme de l'idée, ce qui est possible étant donné que la preuve de l'innéité de l'idée de Dieu coïncide avec la preuve que Dieu existe. Si on accordait déjà l'innéité de l'idée de Dieu, on pourrait se passer des deux arguments et confier la preuve de l'existence à l'intuition toute seule, comme il arrive dans le passage (A) souligné par Doney.

III / La réflexion de Descartes sur l'idée de Dieu n'est pas sans conséquence pour la théorie innéiste. Ce qui est en jeu ici, c'est le critère pour une bonne définition des essences. Le critère suivant lequel la définition d'une essence doit être composée d'éléments qui soient inséparables entre eux était déjà présent, comme on l'a vu, dans la *Cinquième Méditation* ; mais dans la réponse à Caterus il reçoit une modification significative : on ne recherche plus une définition dont les éléments soient entreliés, mais une définition à partir de laquelle on puisse déduire les propriétés du défini, propriétés qui, forcément, seront inséparables de la définition donnée, à savoir de la prémisse de laquelle elles suivent nécessairement. Ce qui, dans la *Cinquième Méditation,* pouvait être adéquatement nommé 'le critère de l'inséparabilité des éléments qui composent la définition d'une essence', devient, dans la réponse à Caterus, un critère génétique : on demande de repérer la propriété de laquelle on puisse déduire toutes les autres. Dans cette version, il est évidemment égal que la définition initiale soit simple ou composée. Ce qui intéresse est la possibilité de déduire de la définition toutes les propriétés qui suivent soit de la propriété simple assumée, soit du composé. Si cette modification ne résout pas la contradiction, sur laquelle revenait Doney, dans ce que Descartes dit à propos du triangle inscrit dans le carré, qui est jugé une fois idée factice (en tant que ses éléments sont séparables) et une fois idée innée (en tant qu'on peut déduire de cette figure composée les propriétés spécifiques du triangle inscrit dans un carré), elle aide au moins à l'expliquer. Il s'agit ici d'un conflit entre une première formulation du critère de l'inséparabilité des éléments qui composent une définition, un critère qui se rattache à la simplicité des natures des *Regulae* et par rapport auquel le triangle inscrit est une idée factice, et la nouvelle formulation de ce critère, qui demande une définition génétique des essences, une formulation sortie de la réflexion sur l'idée de Dieu et du triangle, par rapport auquel le triangle inscrit est une idée innée, étant donné qu'on peut tirer de la définition de cette figure composée toutes les propriétés qui lui appartiennent.

IV / Finalement, Cramer soupçonne à bon droit que Descartes est insatisfait des justifications données dans la *Cinquième Méditation* pour défendre la rationalité de l'idée de Dieu.

Il reste encore la question soulevée par Cramer à propos de l'utilisation que Descartes fait de la rationalité de l'idée de Dieu pour repousser la critique thomiste de la preuve *a priori*. Descartes a-t-il *inventé* une nouvelle critique de la preuve dite 'ontologique', la critique que Cramer appelle 'sémantique', et qui demande, pour franchir l'abîme entre la pensée et l'être, que la définition de départ ne soit pas arbitraire ? Je crois que si l'on comprend bien ce qu'entraîne la rationalité ou l'innéité d'une idée, il n'est pas nécessaire de supposer que Descartes attribue à saint Thomas une critique différente de la critique dite 'logique', à savoir de l'interdiction du passage de l'existence contenue dans une définition à l'existence dans la réalité. La question de l'innéité de l'idée de Dieu, à mon avis, est posée par Descartes parce qu'elle rend inefficace et repousse précisément la critique 'logique' de saint Thomas. Si saint Thomas interdit le passage d'une pensée à un étant, il suffira de montrer que, dans les cas de Dieu, on n'est pas dans le domaine de la pure pensée, mais déjà dans le domaine de l'être. Si l'idée de Dieu est innée, comme toutes les idées innées elle vise une essence, et les essences, dans le cadre platonicien dans lequel Descartes les inscrit, sont « quelque chose »[1], à savoir, leur réalité est indépendante de la pensée. La rationalité de l'idée de Dieu est importante tout simplement parce qu'elle pose l'essence de Dieu *a parte rei,* comme le dira Leibniz[2]. Et si une idée innée se pose *a parte rei,* on peut même partager la critique logique, mais elle est impuissante et déplacée vis-à-vis d'une preuve qui puisse démontrer préalablement que l'idée de Dieu est innée. Le problème de Descartes n'est pas de proposer une nouvelle critique de la preuve anselmienne, mais de montrer que la critique thomiste en tant que telle est neutralisée par sa propre formulation de la preuve *a priori.*

Arrêtons-nous maintenant sur la définition génétique de l'essence divine à laquelle Descartes arrive dans la réponse à Caterus. L'attribut qui sert de prémisse pour la déduction de toutes les propriétés divines est la toute-puissance. De cet attribut découlent soit l'existence soit les autres perfections. Cette déduction utilise le schéma que Descartes avait expérimenté dans la seconde preuve *a posteriori* de l'existence de Dieu dans la *Troisième Méditation,* la preuve bâtie en analogie stricte avec la preuve causale de saint Thomas. Dans cette preuve, la recherche de la cause de l'existence de mon être, en tant que j'ai en

1. *Lettre à Mersenne,* 27 mai (ou 3 juin) 1630 (AT I, 151) : « ... Il est certain qu[e Dieu] est aussi bien auteur de l'essence comme de l'existence des créatures : or cette essence n'est autre chose que ces vérités éternelles (...) mais je sais que Dieu est auteur de toutes choses, et que ces vérités sont quelque chose... ». *Meditatio* V (AT VII, 65) : « Quae sane omnes sunt verae, quandoquidem a me clare cognoscuntur, ideoque aliquid sunt, non merum nihil : patet enim illud omne quod verum est esse aliquid... »

2. G. W. Leibniz, « Quod Ens Perfectissimum existit, Scholium », *Die Philosophischen Schriften,* éd. Gerhardt, VII, p. 262 : « Quaeritur autem an sit in nostra potestate tale Ens fingere, sive an talis notio sit a parte rei. »

moi l'idée d'un être souverainement parfait, aboutissait à un être qui, ayant assez de force pour exister par soi, devait avoir aussi la puissance de posséder actuellement toutes les perfections dont il conçoit les idées. Maintenant Descartes démontre que toutes les perfections découlent nécessairement de la toute-puissance divine, parce qu'elle produit, « cause » l'existence de Dieu. En effet, dans la réponse à Caterus, la preuve que l'idée de Dieu est une idée claire et distincte dépend de cette notion de *causa sui* qui, dans la même réponse, engagera Descartes contre les objections que le théologien adressera à la preuve *a posteriori.* Mais la reprise de l'idée expérimentée dans la seconde preuve *a posteriori* — que l'existence et les autres perfections dérivent de la toute-puissance — est possible parce que la notion de *causa sui* était indispensable pour la structure de cette preuve.

Caterus s'était bien aperçu que le passage d'un être *a se* à un être qui, en tant que *a se,* doit avoir assez de force pour se donner toutes les perfections dont il a l'idée est valable seulement si l'*aseitas* de la cause première est interprétée positivement comme *causa sui.* Mais cette interprétation est absurde ; donc, conclut Caterus, le passage de l'être par soi à l'être très parfait n'est pas valable :

« Accipitur enim a se duplici modo. Primo, positive, nempe a seipso ut a causa ; atque ita, quod a se esset, sibique daret esse suum, si praevio delectu sibi daret quod vellet, haud dubie sibi omnia daret, atque adeo Deus esset. Secundo, accipitur a se negative, ut sit idem quod seipso, aut non ab alio ; atque hoc modo, quantum memini, ab omnibus accipitur.

« Nunc vero, si aliquid a se est, id est non ab alio, quomodo probem istud omnia complecti et esse infinitum ? Iam enim non audio, si dicas : si a se est, sibi facile omnia dedisset. Nec enim a se est ut a causa, nec sibi praevium fuit, ut ante deligeret quod esset postmodum » (AT VII, 95).

Caterus est convaincu d'avoir contraint Descartes à renoncer à son argument, ayant montré que celui-ci est valable seulement si on utilise une acception de l'*aseitas* rejeté par tout le monde et évidemment insoutenable. Caterus n'a même pas envisagé la possibilité que Descartes assume l'acception positive de l'*aseitas.* C'est donc contre toute attente que Descartes se lance dans une défense passionnée de la notion de *causa sui,* rendant en même temps hommage à la finesse de Caterus : il a bien vu que sa preuve *a posteriori* tient seulement si on utilise une notion positive de l'*aseitas.* Sur ce point Descartes sera explicite en répondant à la grande reprise des critiques contre la notion de *causa sui* par Arnauld, qui, comme Caterus, n'admet qu'une acception négative de l'*aseitas,* c'est-à-dire le manque de cause : « Quae interpretatio verbi a se [c'est-à-dire l'interprétation négative] si admitteretur, nulla posset ab effectibus haberi ratio ad existentiam Dei demonstrandam, ut recte in primis Objectionibus ab ipsarum Authore probatum est ideoque nullo modo est admittenda » (AT VII, 239).

Face à l'objection de Caterus, Descartes se trouve dans la nécessité soit de renoncer à l'argument *a posteriori,* soit de défendre la notion de *causa sui.* Et il fait son choix.

S'il est vrai, comme Jean-Luc Marion l'a si bien montré, que la notion de *causa sui* fonde la possibilité d'une preuve *a priori* de l'existence de Dieu, il est vrai aussi que Descartes introduit cette notion juste au cœur de la plus classique des preuves *a posteriori,* la preuve causale thomiste. Le bouleversement de la théologie thomiste qui en découle ne pourrait être plus profond. Premièrement, la seconde preuve *a posteriori* de la *Troisième Méditation* utilise, comme la première, l'idée de Dieu : on cherche la cause d'un être en tant qu'il a l'idée de Dieu. Le caractère négatif de la preuve *a posteriori* thomiste est ainsi refusé. Deuxièmement, elle aboutit au concept de *causa sui* qui appartient à la preuve *a priori.* Les deux aspects de l'intervention cartésienne se tiennent strictement, comme d'ailleurs se tenaient strictement les deux aspects de la théologie thomiste que Descartes refuse. Saint Thomas utilisait une interprétation négative de l'*aseitas* : l'être *a se* est l'être qui n'a pas de cause, et cette interprétation se mariait bien avec le refus de la preuve *a priori* motivé par l'impossibilité de connaître l'essence de Dieu. De Dieu, je peux dire ce qu'il n'est pas, notamment, qu'il n'a pas de cause, parce qu'il n'est pas un être fini, les êtres finis ayant tous besoin d'une cause pour exister. Par contre, Descartes transforme l'*aseitas* dans un concept positif et prétend, contre saint Thomas, prouver l'existence de Dieu à partir de son idée claire et distincte. La liaison entre théologie positive et preuve *a priori* qui s'installe dans la théorie cartésienne et qui rend possible de dépasser le niveau négatif de l'*aseitas* aide à comprendre pourquoi Descartes est disposé à accepter la transformation de la causalité efficiente, évoqué dans la notion de *causa sui,* en causalité formelle, dans la réponse à Arnauld[1]. En effet, la causalité formelle — que d'ailleurs un partisan de la théologie négative et *a posteriori* comme Duns Scot avait exclue explicitement à propos du rapport entre l'essence et l'existence de Dieu[2] — garde l'intelligibilité de Dieu, la cause formelle ayant son application privilégiée dans le domaine de l'intelligible par excellence, les démonstrations de la mathématique et de la géométrie, aussi bien que la possibilité d'une preuve *a priori* de son existence. Si l'essence de Dieu est cause formelle de son existence, celle-ci est susceptible d'une démonstration mathématique, précisément la démonstration que Descartes avait proposée dans la *Cinquième Méditation.*

Ce bouleversement du domaine théologique traditionnel de la preuve *a posteriori* est d'un grand intérêt pour l'histoire des preuves de l'existence de Dieu. On peut assumer cette réflexion cartésienne comme point de départ d'une transformation radicale de la preuve *a posteriori.* C'est la transformation qui poussera Kant à soutenir que la preuve '*a contingentia mundi*' est inséparable de la preuve 'ontologique', une thèse que n'importe quel disciple de saint Thomas et de sa preuve causale aurait à juste titre jugée incompréhensible.

1. « ... non puto me hoc in loco posse reprehendi, quod analogia causae efficientis usus sim ad ea quae ad causam formalem, hoc est ad ipsammet Dei essentiam pertinent, explicanda. ... quaerenti cur Deus existat, non quidem esse respondendum per causam efficientem proprie dictam, sed tantum per ipsam rei essentiam, sive causam formalem, quae propter hoc ipsum quod in Deo existentia non distinguatur ab essentia, magnam habet analogiam cum efficiente, ideoque quasi causa efficiens vocari potest » (AT VII, 241-243).

2. In Lib. I Sententiarum, Dist. II, Q. II : « Secunda conclusio de primo effectivo, est ista, quod simpliciter primum effectivum, est incausabile... Et ulterius concluditur, si illud primum est ineffectibile, ergo erit incausabile, quia non finibile, nec materiabile, *nec formabile.* ... quod si est ineffectibile, ergo immateriabile, et non formabile, probatur simul, quia *cuius non est causa extrinseca, eius non est causa intrinseca...* »

Entre analogie et principe de raison : la *causa sui*

JEAN-LUC MARION

La question

L'apparition du concept — si c'en est un — de *causa sui* dans les *Responsiones,* I et IV soulève un nombre considérable de difficultés toutes exceptionnelles. Citons les trois principales. Une question historique d'abord : faut-il en attribuer l'invention à Descartes ? Une question logique ensuite : comment ne s'agirait-il pas d'une simple contradiction dans les termes ? Une question métaphysique enfin : quel rapport entretient le concept historique de la *causa sui* avec, d'une part, l'évolution de ce que l'on a nommé le système de la *metaphysica* et, d'autre part, avec la constitution onto-théo-logique de la métaphysique, que, selon Heidegger, elle caractérise essentiellement ? Mais ces trois questions reposent elles-mêmes sur une interrogation préalable tout aussi redoutable : à supposer en effet que Descartes inaugure bel et bien la *causa sui,* qu'il en dépasse aussi la contradiction obvie et qu'ainsi il fixe un trait inévitable pour toute philosophie qui se constitue comme métaphysique — bref, si Descartes atteint son rôle métaphysique le plus haut avec l'élaboration de la *causa sui,* alors comment expliquer que ce concept précis n'apparaisse non seulement jamais dans le corps des *Meditationes,* non plus que dans la IVe partie du *Discours de la méthode,* ni dans les *Principia,* ni même dans aucune des lettres traitant de métaphysique, mais seulement dans deux des *Responsiones* ? Sans doute connaît-on un autre exemple d'une thèse fameuse et essentielle ainsi marginalisée hors des textes majeurs, la création des vérités éternelles. Mais, justement, le redoublement du paradoxe ne fait que l'accentuer : comment ne pas induire de leur marginalité textuelle la secondarité théorique de ces thèses ? Sans doute pourrait-on retourner l'argument et y trouver l'indice d'une doctrine laissée ésotérique, justement parce qu'elle dévoile le cœur de la philosophie cartésienne. Mais, même et surtout dans cette tactique, il resterait à établir le plus difficile : que la *causa sui* désigne bien le centre (ou l'un des foyers) de la métaphysique cartésienne, exactement comme on l'a finalement démontré pour la création des vérités éternelles.

Notre tâche se dégage donc nettement : il ne s'agit pas d'abord de rassembler systématiquement les éléments épars de la *causa sui*[1], mais d'instituer celle-ci dans une situation aussi centrale que possible par rapport au système (ou quasi-système) de la métaphysique cartésienne. Ce n'est qu'une fois établi et pensé son rôle constitutif que la *causa sui* pourra s'évaluer face à l'histoire des concepts, à la logique et dans l'onto-théo-logie.

Une thèse impensée ou impensable

Nous ouvrirons cependant notre enquête par un double excursus d'histoire des concepts, pour autant qu'ils permettent de mieux cerner l'étrangeté foncière de la thèse d'une *causa sui.* Demandons qui a, le premier, fait un usage positif et dogmatique de la *causa sui.*

Contrairement à un dogme hasardeux, il ne peut s'agir de Spinoza, pour au moins deux raisons. Premièrement, l'usage du thème dans l'*Ethica.* Sans doute le concept fait-il à proprement parler l'ouverture de tout l'ensemble : « Per causam sui intelligo id, cujus essentia involvit existentiam; sive id cujus natura non potest concipi nisi existens »

1. Les exposés de la *causa sui* en général ne sont pas nombreux (voir l'article de P. Hadot s.v. dans J. Ritter, *Historisches Wörterbuch der Philosophie,* Basel/Stuttgart, 1971, t. 1, col. 976 sq.). Pour Descartes, voir E. Gilson, Une nouvelle idée de Dieu, in *Etudes sur le rôle de la pensée médiévale dans la formation du système cartésien,* Paris, 1930, et notre étude *Sur la théologie blanche de Descartes. Analogie, création des vérités éternelles et fondement,* Paris, 1981[1] (et 1991[2]), c. 18, p. 427 sq.

(Ethica, I, déf. 1) ; mais précisément cette définition ne définit pas un concept de *causa sui* ; elle se borne à poser, sans évidemment pouvoir la justifier, une simple équivalence entre, d'une part, ce qu'il fallait penser, le concept hypothétique de *causa sui,* et, de l'autre, l'implication de l'existence dans une essence ou « nature » ; mais cette implication, qui ne se vérifie que dans le cas de l'essence divine intervenant dans l'argument dit « ontologique », ne s'énonce aucunement en termes de cause (ni d'effet) et ne peut donc, du moins immédiatement et avec l'évidence d'une définition, équivaloir à la *causa sui.* Bref, Spinoza procède, pour une fois, en algébriste, puisqu'il établit une égalité entre le connu (essence englobant l'existence) et l'inconnu *(causa sui)* ; ce qui, loin de signifier qu'il pense la *causa sui,* signifie exactement le contraire : il en traitera comme un algébriste use d'une quantité inconnue — comme s'il la connaissait, donc en ne la connaissant pas. Cette assomption de l'inconnu comme s'il était connu trouve d'ailleurs une confirmation éclatante avec la seule autre occurrence significative du terme dans l'*Ethica* : « ... eo sensu, quo Deus dicitur causa sui, etiam omnium rerum causa dicendus est » (I, § 25 sc.). Pour expliquer un concept connu — Dieu cause des choses —, Spinoza se réfère à un concept inconnu et d'ailleurs inconcevable, celui de *causa sui.* Certes, la causalité divine à l'égard de « toutes les choses » offre elle-même une difficulté, puisque la causalité formelle devrait redoubler la causalité efficiente ; mais alors, il conviendrait que le principe d'explication soit d'autant plus clair — ce qui n'est certes point le cas. Qu'on ne réponde pas que Spinoza a, entre-temps, donné une définition positive de la *causa sui* en posant : « Substantiam non potest produci ab alio ; erit itaque causa sui » (I, § 7, dém.). En effet, n'être pas *ab alio* entraîne seulement d'être *a se,* aucunement d'être *causa sui* au sens strict, c'est-à-dire aussi efficient ; si d'ailleurs la *causa sui* n'équivalait qu'à *a se,* elle deviendrait intelligible, mais aussi inutile. Ainsi Spinoza n'utilise-t-il que très rarement — il faut lui rendre cette justice — un concept qu'il ne définit jamais[1].

1. P. Poiret reproche précisément à Spinoza de n'avoir en fait *pas* défini la *causa sui,* mais seulement la nécessité : « "Per *causam sui,* intelligo id cujus essentia involvit existentiam ; sive id cujus natura non potest concipi nisi existens." (...) Haec definitio est falsa (hoc est Spinoza hoc modo falsum habet conceptum *causae sui*) est & captiosa,

Il ne le définit pas, mais pour une excellente raison : parce qu'il le tient pour déjà éclairci et acquis par d'autres que lui. C'est du moins ce qui ressort d'une incise sans ambiguïté du *De Intellectus Emendatione* : « Scilicet si res sit in se, sive, ut vulgo dicitur, causa sui, tum per solam suam essentiam debebit intelligi » (§ 92). Etre en soi, donc s'entendre par sa seule essence, cela se nomme habituellement cause de soi. « ... ut vulgo dicitur... » attribue donc l'usage du concept de droit commun ; et cet usage comun suppose son invention antérieure. Bref, Spinoza n'invente pas plus la *causa sui* qu'il ne la définit — il l'utilise, sans plus.

Jusqu'où remonte l'usage commun sur lequel fait fond Spinoza ? Les repères ici se découvrent sans peine. D'abord Thomas d'Aquin, qui, certes, admet que « ... liberum est quod causa sui est », mais seulement comme une traduction d'Aristote : ἐλεύθερος ὁ αὑτοῦ ἕνεκα καὶ μὴ ἄλλου — « ... est libre, dit-on, l'homme qui n'est pas en vue d'un autre, mais de soi »[1]. Mais lorsqu'il s'agit de l'acception stricte

& deficiens enumeratione (...) Definit *necessitatem,* non causam sui. Falsum est rationem formalem causae sui in hoc consistere, quod *essentia involvat existentiam,* quanquam una eademque res sit. Causae sui ratio in hoc consistit, ut aliquid sibi ipsi se solo sufficiat. Causa habet aliquem respectum ad causatum dicit receptionem a causa <*sic*>. Quando ergo aliquid in se habet se solo sufficientissime id de quo quaeritur, non opus est ut aliunde recipiat a causa aliena : quare dici potest *causa sui.* » Poiret distingue au contraire la *causa sui* comme autosuffisance de la *causa sui* comme direction *(regimen)* libre d'autres choses et enfin la nécessité absolue (ce dont la nature ne peut pas ne pas exister) (*Cogitationes rationales de Deo, anima et malo,* Amsterdam, 1677[1], cité d'après 1685[2], p. 842-843). Sur cette polémique, voir G. Mori, *Tra Descartes e Bayle. Poiret e la Teodicea,* Bologne, 1990.

1. *Contra Gentes,* II, 49, qui reprend Aristote, *Métaphysique A,* 2, 982 *b* 25 sq. Voir *Contra Gentes,* I, 72 : « ... liberum est quod sui causa est ». — Lorsqu'il répond à l'objection que l'Un, « s'il se fait lui-même », sera avant lui-même, ou ne sera pas quand il sera déjà, Plotin échappe immédiatement de la stricte relation causale, en posant que l'Un οὐ γὰρ δύο, ἀλλ' ἕν, donc en métaphorisant la cause de soi (*Ennéades,* VI, 8, 20). Par contre, Proclus semble énoncer catégoriquement que αἴτιον γὰρ αὐτὸ ἑαυτῷ ἐστιν (*Elementatio Theologica,* § 46, éd. E. R. Dodds, Oxford, 1963, p. 46). Quant à la thèse *omnis substantia est causa sui ipsius,* elle concerne la substance comme Principe, non pas comme efficiente (*Liber de Causis,* § 189, éd. P. Magnard *et al.,* Paris, 1990, p. 76). On remarque d'ailleurs que saint Thomas d'Aquin, commentant ce texte, ne parle que d'une *causa formalis (In Librum de Causis Expositio,* § 414, éd. C. Pera, Rome, 1955, p. 131).

J.-M. Narbonne, dans un récent article consacré à « Plotin, Descartes et la notion de *causa sui* » (*Archives de philosophie,* 56, 1993/2), discute avec soin nos analyses anté-

d'une cause de soi, sa critique n'offre plus la moindre ambiguïté — « Idem non est causa sui ipsius »[1] — et s'articule en plusieurs points nets. Premièrement, une cause de soi devrait se précéder elle-même et souffrirait donc d'une contradiction temporelle : « Nec est possibile quod aliquis sit causa efficiens sui ipsius, quia sic esset

rieures de ce thème (*Sur la théologie blanche de Descartes,* Paris, [1]1981 et [2]1991, § 18, et *Sur le prisme métaphysique de Descartes,* Paris, 1986, § 9), pensant trouver chez Plotin et Proclus des prédécesseurs à Descartes. Malgré les arguments qu'il apporte, nous croyons pourtant devoir maintenir l'originalité absolue de Descartes. A supposer — ce qui nous semble douteux encore — que les formules de Plotin et de Proclus puissent littéralement anticiper sur celles de Descartes, il leur manquerait encore les deux points décisifs : le caractère efficient de la *causa sui,* son inclusion dans un principe (celui de la raison bientôt suffisante). Car l'innovation de Descartes n'est pas d'abord ni seulement lexicale, mais bien conceptuelle : il s'agit de soumettre, ne fût-ce que formellement l'essence et l'existence divines à la raison (efficiente) d'un principe. On voit mal comment l'Un plotinien ou proclusien pourrait tolérer pareille sujétion. D'ailleurs, pour Plotin, c'est J.-M. Narbonne lui-même qui nous donne raison : il reconnaît non seulement qui, si « ... Plotin est l'inventeur de la *causa sui* » (*op. cit.,* p. 189), c'est « ... au syntagme près » (*op. cit.,* p. 183) — autant dire qu'il ne l'a littéralement *pas* inventé —, mais aussi que « Curieusement (...) le premier auteur à avoir justifié et commenté cette proposition est aussi le premier à l'avoir mise en doute » (*op. cit.,* p. 189) — autant dire que Plotin n'a exposé la cause de soi que pour la refuser, comme tous les médiévaux après lui. Concernant Proclus, J.-M. Narbonne s'appuie, pour l'essentiel, sur J. Whittaker, dont l'étude « The Historical Background of Proclus' Doctrine of the ΑΥΘΥΠΟΣΤΑΤΑ » (*in* H. Dörries (éd.), *De Jamblique à Proclus. Entretiens sur l'Antiquité classique,* XXI, Fondation Hardt, Genève, 1975, p. 193-237) fait effectivement autorité. Mais ce travail appuie aussi notre thèse, puisqu'il démontre précisément que cette formule : *a)* n'est qu'une « philosophical relic » chez Proclus, *b)* qu'elle ne peut s'appliquer qu'à des étants déjà dérivés, et *c)* jamais à l'Un, qui a « no source either inside or outside » et reste « uncaused » (*op. cit.,* p. 218). J. Whittaker souligne même que sur ce point Proclus pense « ... like the Christians » *(ibid.),* donc anticipe sur les médiévaux, ce que nous soutenions. Dans la discussion qui suit cet article, deux savants, qui en approuvent les conclusions, ajoutent deux arguments d'importance à notre thèse. *a)* J. Trouillard : « Le premier Principe n'est pas autoconstituant parce que l'autoconstitution implique une procession (intériorisée), une dérivation, une dépendance. D'ailleurs la théologie négative de Proclus lui interdit d'attribuer à l'Un la notion de *causa sui,* <*sic*>, que Plotin lui accordait dans *Enn.,* VI, 8 par mode de figure. Selon Proclus, tout autoconstituant est essentiellement double » (*loc. cit.,* p. 234). *b)* M. Beierwaltes : « ... *causa sui* nämlich als Aussage über das absolutes Sein Gottes, kann in diesem Kontexte nicht als *causa efficienti sui ispsius* verstanden werden... » (*ibid.,* p. 235).

1. *Summa theologica Ia,* q. 19, a. 5, *ad resp.* — Voir q. 45, a. 5, *ad* 1 : « Non enim hic homo potest esse causa naturae humanae absolute, quia sic esset causa sui

prius seipso », la cause de soi devrait se précéder elle-même dans le temps[1]. Descartes devra d'ailleurs compter avec cette objection, qu'il se bornera à esquiver, sans la résoudre sérieusement (AT VII, 240, 6-8). Deuxièmement, Dieu ne tolère aucune cause : « Deus non habet causam. » En effet, il ne peut exercer de première cause, véritablement première, qu'autant que lui-même ne s'inscrit pas dans la chaîne des causes à leur tour effectuées : « Deus est prima causa, non habens causam. »[2] D'ailleurs toute la deuxième voie, qui atteint l'être divin par la chaîne des causes, deviendrait immédiatement inopérante si la première cause restait inscrite dans la chaîne causale : Dieu n'est et n'est premier qu'en étant le premier à s'excepter de la causalité ; en effet, précisément parce qu'elle lie un étant à un autre, la relation causale en indique la relativité, la dépendance et donc la finitude. Bref, la causalité produit moins l'intelligibilité qu'elle ne stigmatise la finitude. Troisièmement, il est notable que Thomas d'Aquin ne vise pas ici la causalité en général, mais bien la causalité efficiente : « Nec est possibile quod aliquis sit causa efficiens sui ipsius, quia sic esset prius seipso, quod est impossibile. »[3] Ce point a une importance particulière : si Thomas d'Aquin réfute, comme

ipsius. » Descartes garde un écho de ces formules en 1641 : « Denique non dixi impossibile esse ut aliquid sit causa efficiens sui ipsius ; etsi enim aperte id verum sit, quando restringuitur efficientis significatio ad illas causas quae sunt effectibus tempore priores, vel quae ab ipsis sunt diversae, non tamen videtur in hac quaestione ita esse restringenda » (AT VII, 108, 3-12) ; ou encore : « ... non esse causam efficientem proprie dictam, quod concedo » (240, 10-11).

1. *Summa theologica Ia,* q. 2, a. 3, *ad resp.,* seconde voie. — Voir *Contra Gentes,* I, 18 : « ... non enim ipse <Deus> seipsum componere posset, quia nihil est causa sui-ipsius ; esset enim prius seipso, quod est impossibile » ; I, 22 : « ... sequitur quod aliquid sit sibi ipsi causa essendi. Hoc autem est impossibile, quia prius, secundum intellectum, est causam esse, quam effectum. Si ergo aliquid sibi ipsi esset causa essendi, intelligeretur esse antequam haberet esse ; quod est impossibile... »

2. *Summa theologica Ia,* q. 7, a.7, *ad resp.*, et *Contra Gentes,* I, 22.

3. *Summa theologica Ia,* q. 2, a. 3, *ad resp.* Voir *De Ente et essentia,* V : « Non autem potest esse quod ipsum esse sit causatum ab ipsa forma vel quidditate rei, dico sicut a causa efficiente ; quia sic aliqua res esset causa sui ipsius, et aliqua res seipsam in esse produceret, quod est impossibile » (*Opuscula Omnia,* éd. P. Mandonnet, Paris, 1927, t. I, p. 157).

contradictoire, une causalité de soi expressément efficiente, Descartes aurait dû, pour établir la *causa sui*, la justifier en termes d'abord d'efficience, sans échappatoire vers, par exemple, la causalité formelle. On sait qu'il n'a pu tenir cette ligne. Un point essentiel reste acquis : l'hypothèse de la *causa sui* fut connue et discutée par Thomas d'Aquin, mais pour se voir rejetée comme contradictoire et même dommageable à la connaissance de Dieu.

Or, et c'est le point décisif, il ne s'agit point là d'une position isolée ou propre au thomisme, mais d'une décision de principe ratifiée par les penseurs médiévaux de toutes tendances. D'ailleurs, Anselme avait déjà souligné que « ... summa natura nec a se nec ab alio fieri potuit, nec ipsa sibi nec aliud aliquid illi (...) adjuvit »[1]. Thomas d'Aquin n'avait donc fait que le ratifier en termes plus aristotéliciens. Ce que Duns Scot maintiendra fermement : « ... simpliciter primum effectivum est incausabile (...) : si primum illud est ineffectibile, ergo incausabile, quia non est finibile, nec materiabile, nec formabile. »[2] Ockham, sur ce point au moins, s'accorde avec son adversaire, puisqu'il définit Dieu un « ... ens immortale, incorruptibile, ingenerabile vel incausabile »[3]. Plus impressionnant encore, Suarez, pourtant si souvent enclin à des aménagements avec le ciel, reste ici formellement fidèle à la tradition de la première scolastique : « ... Deum est sine principio et sine causa... » Au point qu'il fixe à la lettre l'argument que Caterus et Arnauld opposeront à l'aséité positive introduite par Descartes : « Nam quod dicitur ex se vel a se esse, licet positivum hoc esse videatur, tamen solam negationem addit ipsi enti, nam ens non potest esse a se per positivam originem et emanationem (...) et hunc modum exponendi sunt aliqui Sancti, cum dicunt Deum sibi causam sui esse, vel substantiae suae

1. *Monologion,* VI, éd. F. S. Schmitt, Edimbourg-Rome, 1938-1961, t. 1, p. 19. D'où : « ... haec essentia prior seipsa non est » *(ibid.)*.

2. *Ordinatio I,* d. 2, p. 1, q. 1-2, n. 57, *Opera omnia,* éd. C. Balic, t. 2, p. 162 sq.

3. *In Sententiarum Lib. I,* d. 3, q. 2, *Opera philosophica et theologica,* éd. S. Brown/G. Gal, Saint-Bonaventure, NY, 1970, t. 2, p. 405.

aut sapientiae. »[1] D'Anselme à Suarez, l'accord se fait donc sur un principe reçu et commun : « ... nihil potest efficere se. » C'est bien sûr à cette formulation suarézienne de ce principe que songe Descartes lorsqu'il écrit à Mersenne : « ... l'axiome ordinaire de l'Ecole : *Nihil potest esse causa efficiens sui* est cause qu'on n'a pas entendu le mot *a se* au sens qu'on le doit entendre. »[2] Les prédécesseurs de Descartes tiennent donc la *causa sui* pour impensable ; comme Spinoza plus tard, ils ne la pensent donc pas. Certes pour des motifs opposés : non parce qu'elle aurait déjà été pensée à fond, mais parce qu'elle n'offre aucun fonds pensable. Bref, jusqu'à Suarez, la *causa sui* reste impensable, et, dès Spinoza, il n'y a plus à y penser. Elle a donc été pensée entre Suarez et Spinoza. Et par le seul Descartes.

1. Suarez, *Disputationes Metaphysicae,* I, s. 1, n. 27, in *Opera omnia,* éd. C. Berton, Paris, 1866, t. 25, p. 11. Voir aussi XVIII, s. 1, n. 7 : « Nam quod dicitur ex se vel a se esse, licet positivum esse videatur, tamen solam negationem addit ipsi enti, nam ens non potest esse a se per positivam originem et emanationem. » L'aséité signifie seulement que « ... in se et essentia claudit ipsum existere ». Et si les « saints » ont pu parler de cause de soi (« ... cum dicunt Deum esse sibi causam sui esse »), cependant « Hae omnes locutiones omnes negative interpretandae sunt ».

Les exemples cités proviennent des *sancti* suivants. D'abord Lactance : « Verum quia fieri non potest, quin id quod sit, aliquando esse coeperit, consequens est, ut quando nihil ante illum fuit, ipse ante omnia ex se ipso sit procreatus (...) "Deus ipse se fecit" » (*Divinae Institutiones,* I, *De falsa religione,* 7, *PL* 6, 152*a* ou éd. P. Monat, SC, Paris, 1986, p. 90) ; la formule finale cite Sénèque, frag. 3, éd. Nisard, Paris, 1877, p. 521. Ensuite saint Jérôme : « Quomodo nomen commune substantiae sibi proprium vindicat Deus ? illa, ut diximus causa : quia caetera ut sint, Dei sumpsere beneficio. Deus vero qui semper est, nec habet aliunde principium, et ipse sui origo est suaeque causa substantiae, non potest intelligi aliunde habere quod subsistit » (*Commentaire de l'Epître aux Ephésiens,* II, sur III, 14, *PL* 26, 488*c*-489*a,* Suarez donne une référence inexacte). Enfin saint Augustin : « Quapropter quae causa illi est ut sapiens sit, ipsa illi causa est ut sit » (*De Trinitate,* VII, I, 2, éd. M. Mellet et T. Camelot, in *Œuvres de saint Augustin,* Paris, 1955, p. 514) ; et aussi « Igitur sempiternae sapientiae sua causa est <Deus> sempiterna » (*83 Questions,* c. 16, éd. G. Bardy *et al.,* in *Œuvres de saint Augustin,* Paris, 1952, p. 66). Suarez a donc bien raison de ne voir dans ces expressions que des énoncés négatifs, réductibles à l'absence de cause en Dieu et non des formulations de la *causa sui.* Il semble probable qu'Arnauld avait ces textes en mémoire dans son objection, reprise de Caterus, en AT VII, 208, 12 sq.

2. Respectivement Suarez, *Disputationes Metaphysicae,* XXIX, s. 1, n. 20, *op. cit.,* t. 26, p. 27 ; et Descartes *à Mersenne,* 18 mars 1641, AT III, 336, 17 sq.

Nous répondons ainsi à une première d'entre nos questions inititales.

Attribuer à Descartes l'invention de la *causa sui,* c'est lui faire un honneur, mais ambigu. Car ou bien la *causa sui* équivaut à l'aséité négative et Descartes n'inventerait rien qu'un mot pour un autre ; ou bien elle équivaut à une cause positive — ce qu'évidemment Descartes soutient — et il s'agit d'une contradiction dans les termes, car aucune chose ne peut se précéder elle-même. Les médiévaux n'ont pas seuls formulé cette objection et ce dilemme, puisque Schopenhauer la reprendra (étrangement à propos de Spinoza) : « ... je ne vois, pour ma part, dans *causa sui* qu'une *contradictio in adjecto,* un avant pris pour un après, un acte insolent d'autorité pour rompre la chaîne infinie de la causalité. » La *causa sui* se suspend à elle-même comme le baron de Münchhausen s'accrochait à ses propres cheveux. Nietzsche répétera la comparaison et la critique : « La *causa sui* est la plus belle autocontradiction pensée jusqu'à ce jour, une sorte de viol logique et d'acte contre-nature. »[1] Sur un point au moins, Anselme et Nietzsche, Thomas d'Aquin et Schopenhauer, Duns Scot et Ockham s'accordent à la lettre — la *causa sui* revient à une contradiction logique. Descartes avait, bien sûr, une claire conscience de cette difficulté, qu'il reconnaît comme évidente : « Quis enim nescit idem nec seipso prius, nec a se ipso diversum esse potest ? » (VII, 108, 13-14). Pourquoi donc, avouant la contradiction patente, en écarte-t-il l'objection comme « nugatoria quaestio » (VII, 108,12-13) ? Quelle exigence théorique le conduit à assumer, mieux à revendiquer, ce qu'il sait, autant que l'immense majorité de ses prédécesseurs et de ses successeurs, recéler une contradiction patente ? Bref, pourquoi Descartes nie-t-il l'évidence ?

Certes, parce qu'une autre évidence l'emporte sur la première évidence d'une contradiction. Mais quelle évidence nouvelle surgit ici pour renverser une telle tradition ? La question n'est plus de savoir si

1. Respectivement Schopenhauer, *De la quadruple racine du principe de raison suffisante,* II, § 8, *Werke,* éd. A. Hübscher, Wiesbaden, 1972, t. 1, p. 9. Et Nietzsche, *Par-delà le bien et le mal,* § 21, éd. Colli-Montinari, VI/2, Berlin, 1968, p. 29 sq., trad. franç. *Œuvres philosophiques complètes,* t. VII, Paris, 1971, p. 38 sq.

Descartes fut le premier à penser la *causa sui* — il l'est indiscutablement —, mais de comprendre pourquoi il prit le risque de soutenir une telle contradiction dans les termes. La réponse à la première question — historique — reconduit à la seconde — logique.

Ce que dicte la raison

Les *Responsiones* introduisent à trois reprises un énoncé universel, qui prend rang de principe. Citons ces trois textes. *a) Iae Responsiones :* « Dictat autem profecto lumen naturae nullam rem existere, de qua non liceat petere cur existat, sive in ejus causam efficientem inquirere, aut, si non habet, cur illa non indigeat, postulare » (AT VII, 108, 18-22) ; *b) IIae Responsiones :* « Nulla res existit de qua non possit quaeri quaenam sit causa cur existat. Hoc enim de ipso Deo quaeri potest... » (164, 28 - 165, 1) ; *c) IV Responsiones :* « ... considerationem causae efficientis esse praecipuum medium, ne dicam unicum, quod habeamus ad existentiam Dei probandam, puto omnibus esse manifestum » (238, 11-14). Ces énoncés convergents reçoivent plusieurs notes communes : le caractère de principe, l'universalité, la régence de l'existence.

Il s'agit d'abord d'énoncés universels portant sur un principe, comme le marque la formule « ... dictat autem profecto lumen naturae... » (VII, 108, 18-20). La lumière naturelle dicte, c'est-à-dire édicte et formule un principe. Dans plusieurs textes français de Descartes, c'est d'ailleurs le propre de la raison de dicter — « ... la raison ne nous dicte point que ce que nous voyons ou imaginons ainsi soit véritable. Mais elle nous dicte bien que toutes nos idées ou notions doivent avoir quelque fondement de vérité »[1].

1. *Discours de la méthode,* AT VI, 40, 6-8; le texte poursuit : « ... elle nous dicte aussi que nos pensées ne pouvant toutes être vraies... » (40, 16-17). Il est intéressant de constater que la traduction latine de E. de Courcelles retrouve en 1644 le lexique des *Responsiones* : « Ratio enim nobis non *dictat* ea quae sic vel videmus, vel imaginamur, idcirco revera existere. Sed plane nobis dictat, omnes nostras ideas sive notiones aliquid in se veritatis continere » (AT VI, 563). Voir, entre autres occurrences du syn-

Cet édit, voire ce *diktat*, s'impose en vertu de son évidence — *omnibus manifestum*; par conséquent, il doit rendre intelligible son universalité. C'est pourquoi Descartes ne l'étend à Dieu qu'en l'aménageant; dans le texte *a)*, le principe ou bien demande la cause de l'existence, ou bien, dans le cas de Dieu, exige *(postulare)* de savoir « pourquoi il n'en a pas besoin » (108, 21); le texte *b)* précise que l'immensité de sa nature est la « causa sive ratio » (165, 2) pour laquelle il n'a pas besoin de cause; enfin le texte *c)* envisage, une fois son existence prouvée, de « dispenser *(exciperemus)* » (238, 17) Dieu de l'enquête sur ses causes efficientes. La tactique cartésienne reste dans tous ces cas la même : l'essence de Dieu le dispense certes d'une cause efficiente, mais, par là même, elle en remplit la fonction, en rend la raison, donc confirme le principe.

La causalité n'intervient ainsi universellement que comme le principe de l'existence, au point que causalité et existence deviennent interchangeables : « ... petere cur existat sive in ejus causam efficientem inquirere » (108, 21-22). La cause est essentiellement *causa cur existat* (164, 29). Toute existence se cause, la cause effectue l'existence comme son effet. C'est donc une ontologie que Descartes déploie par ce principe. Mais comme ce principe doit englober Dieu lui-même à titre de *causa sui*, il provoque aussi une onto-théologie, que nous avons nommée ailleurs l'onto-théologie de la cause, par opposition à une première onto-théologie de la *cogitatio*[1]. Ce rapprochement permet aussi de résoudre une difficulté redoutable : les *Responsiones*, en imposant la *causa sui* que manquent les *Meditationes*, ne deviennent-elles pas incompatibles avec elles ? Tel n'est pas le cas, puisque, si manque dans les *Meditationes* la *causa sui*, le principe qui la suscitera dans les *Responsiones* — toute existence résulte d'une cause — y apparaît déjà, avec la même violence abrupte. Bien plus, ce principe surgit précisément dans

tagme : « Car lorsque nous n'admirons point la grandeur ni la petitesse d'un objet, nous n'en faisons ni plus ni moins d'état que la raison nous dicte que nous en devons faire » (*Passions de l'âme*, § 150, AT XI, 444, 13-16). Chez Descartes, il convient à la raison de *dicter*, c'est-à-dire de prescrire et d'imposer.

1. Voir nos analyses dans *Sur le prisme métaphysique de Descartes*, *op. cit.*, en particulier chap. II.

la célèbre page de la *Meditatio,* III où Descartes introduit trois concepts décisifs, restés pourtant jusqu'alors absents : *causa, substantia, realitas objectiva.* Dans la relance lexicale et conceptuelle de l'ordre des raisons qu'il concède ici, Descartes énonce ainsi le principe : « Jam vero lumine naturali manifestum est tantumdem ad minimum esse debere in causa efficiente et totali, quantum in ejusdem causae effectu » (AT VII, 40, 21-23). Les points communs entre les formulations sont clairs : l'évidence manifeste, qui s'autojustifie comme un principe premier, donc la rupture avec l'ordre des raisons antérieures, mais aussi le lien direct entre la cause (donc l'effet) et l'*esse.* Des différences significatives n'en paraissent pas moins. Et d'abord parce qu'il s'agit dans la *Meditatio,* III de l'être de la cause ou de l'effet, non pas directement de la cause de l'être (ou existence) considéré comme un effet, ainsi que dans les *Responsiones.* Mais cette différence reste, en fait, inessentielle : penser l'être de la cause ou de l'effet présuppose, au moins implicitement, que la relation de la cause à l'effet s'interprète comme ontologique, donc que la cause joue la fonction de dernière instance non seulement pour l'effet, mais pour son être en vertu du sien. Où se trouve donc la différence véritablement significative ?

En ceci que le même principe se trouve appliqué dans la *Meditatio,* III de la manière la plus restrictive, alors que les *Responsiones* le déploient dans toutes ses possibilités. En effet, la *Meditatio,* III n'introduit l'exigence d'une cause pour tout étant considéré comme son effet que sous une double contrainte. *a)* L'être de l'effet ne peut s'entendre que des idées, puisque, en régime de doute hyperbolique, hormis l'*ego,* rien n'existe que les idées de l'*ego* ; à proprement parler, le principe de causalité ne peut encore gérer l'existence, puisqu'elle se définit comme l'être hors de la pensée ; et d'ailleurs la *Meditatio,* III évite de parler, sur ce point, d'*existentia* ou d'*existere* au profit de *realitas* et d'*esse.* Ainsi, seule une région fort bornée des étants (les idées) tombe sous le principe de causalité. La célèbre formule « etiam de ideis » (VII, 41, 3) ne doit pas s'entendre comme un ajout, mais, malgré la lettre, comme un résidu — ce qui reste à la causalité lorsque s'y dérobent « ... iis effectibus, quorum realitas est actualis sive formalis » (40, 2-3). *b)* On induit aisément la seconde contrainte de la première : la *Meditatio* III exerce le principe de causalité sur les idées, considérées comme des effets privilégiés, et particulièrement sur l'idée de Dieu, comme un effet remarquable entre tous ; aussi appelle-t-on correctement cette preuve une preuve par les effets, ou encore *a posteriori*[1]. Mais Dieu, atteint comme *causa ultima* (VII, 50, 6), exerce cette causalité dernière sans lui-même y soumettre son existence ; dans la *Meditatio,* III le principe de causalité ne s'exerce que sur des idées (puis sur l'étant créé et fini, l'*ego*) mais jamais sur l'existence même de Dieu. Dieu cause l'existence, mais existe lui-même sans cause : Descartes maintient la position de Thomas d'Aquin, en restreignant seulement la *secunda via* des étants finis en général aux idées de l'*ego* en particulier. Au contraire, les *Responsiones* poussent le principe d'une causalité de l'existence jusqu'à ses ultimes possibilités : non seulement *nulla res* (VII, 108, 19 = 164, 28) n'existe sans cause, ou *res omnes* (VII, 238, 16) existent en vertu d'une cause (ontologie), mais encore et surtout « ... hoc enim de ipso Deo quaeri potest » (VII, 164, 29) — même pour l'existence de Dieu, « ... etiam ipsius Dei » (VII, 238, 16), une cause est requise (théologie). L'apparition du concept de *causa sui* indique que désormais le principe d'une causalité de l'existence, ou encore le principe de la cause comme raison (suffisante) de toute existence ne souffre plus d'aucune exception. Ce principe n'organise plus seulement une ontologie, mais bien une onto-théologie.

1. La dénomination des preuves comme soit *a priori,* soit *a posteriori* reste d'ailleurs très fragile. D'abord parce que la formule n'apparaît (à notre connaissance) pas dans le texte des *Meditationes* elles-mêmes. Ensuite parce que même le texte le plus clair, les *IIae Responsiones,* reste imprécis : s'il qualifie bien d'*a posteriori* la démonstration par l'idée d'infini, il omet (est-ce à dessein ?) de qualifier réciproquement d'*a priori* l'argument dit « ontologique » qu'il place pourtant en premier rang (AT VII, 167, 12, puis 166, 20) ; et lorsque ces deux qualificatifs interviennent explicitement pour distinguer l'analyse de la synthèse, ils peuvent encore se confondre : la synthèse « ... tanquam a posteriori... » a produit pourtant aussi une preuve « ... magis a priori... » que celle de l'analyse, « ... tanquam a priori inventa... » (AT VII, 156, 6-7 et 155, 24). Cet embarras ne concerne cependant pas l'*a priori* comme tel, puisqu'un autre texte définit celui-ci univoquement comme une propriété des arguments tirés de la métaphysique et de théologie (rationnelle) : « Rationes (...) contra formas substantiales (...) sunt in primis haec a priori Metaphysica, sive Theologica » (*A Regius,* janvier 1642, AT III, 505, 8-11).

Nous pouvons dès lors répondre, quoique encore abstraitement, à une autre de nos interrogations initiales : Descartes maintient entre la *Meditatio,* III et les *Responsiones* la cohérence d'un même principe, mais il en modifie radicalement la portée. D'une exception de l'existence divine envers la causalité, reprise de Thomas d'Aquin, il passe à une sujétion de Dieu lui-même envers la causalité, anticipant sur Leibniz. Le surgissement, si brutal, de la *causa sui* dans le débat avec Caterus (donc, indirectement avec Thomas d'Aquin) offre l'indice d'un événement encore plus décisif : l'émergence du principe de raison suffisante dans sa fonction ontologique, poursuivie jusqu'à une constitution onto-théologique de la métaphysique. D'ailleurs, C. Wolff semble le confirmer, qui reconnaît le principe de raison suffisante dans le *diktat* des *IIae Responsiones* : « ... rationis notionem claram quin habuerit, dubitandum non est. Idem etiam claret ex axiomate primo quod Dei existentiam et animae a corpore distinctionem more geometrico demonstraturus in controversis *Meditationibus de prima Philosophia* subjunctis (...) praetermittit. Dum enim : "Nulla res, inquit, existit, de qua non possit quaeri, quaenam sit causa, cur existat. Hoc enim de ipso Deo quaeri potest (...) quia ipsa ejus naturae immensitas est causa sive *ratio,* propter quam nulla causa indigeat ad existendum", discrimen inter causam et rationem confuse agnovit. »[1] Au détour d'une controverse d'apparence secondaire, c'est donc bien un principe qui surgit : la raison en sa suffisance. Si Descartes endosse la contradiction logique, si patente, de la *causa sui,* s'il se risque — lui toujours si prudent, même et surtout dans les *Responsiones,* I et IV — à contredire explicitement une tradition bien établie, c'est parce que l'accomplissement onto-théologique de sa métaphysique lui importe incommensurablement plus qu'une polémique même avec les plus grands médiévaux. Nous approchons désormais de la troisième question,

1. C. Wolff, *Philosophia prima sive Ontologia,* Francfort/Leipzig, 1730, § 71 ; éd. J. Ecole, Hildesheim, 1962, p. 50. Poiret avait aussi insisté sur ce point : « Ergo Deus ita est a se, ut ratio sive causa qua existit, sit causa omnes alias antecedens, prima et radicalis, unde etiam omnes rerum aliarum existentiae, etsi mediante alia causa quae est placiti, pullulant » (*Cogitationes rationales..., op. cit.,* p. 277).

proprement métaphysique : qu'accomplit donc de si déterminant l'onto-théologie de la cause pour que Descartes insiste à ce point sur la *causa sui* qui lui soumet Dieu ?

Démontrer Dieu « a priori »

Peut-on confirmer, par des arguments historiques et textuels, que l'introduction du concept de *causa sui* équivaut à l'institution onto-théo-logique de la cause comme raison suffisante de toute existence ?

Pour le tenter, nous choisirons comme fil conducteur F. Suarez, au titre de dernier repère scolastique, de maître indirect et d'adversaire direct de Descartes. C'est dans l'horizon suarézien que l'innovation cartésienne de la *causa sui* — comme beaucoup d'autres — devient intelligible. En effet, Suarez ouvre sa dispute consacrée aux « causes de l'étant en commun » par un prologue solennel, qui précède la discussion proprement dite et fixe la position de fond : « ... ipsa causalitas est veluti proprietas quaedam entis, ut sic : nullum enim est ens, quod aliquam rationem causae non participat » — la causalité ne désigne pas une simple relation, mais une propriété universelle de l'étant, en sorte qu'aucun étant ne soit sans rapport à la causalité. Ce qui se résume en une alternative laconique : « ... nullum autem est ens quod non sit vel effectus, vel causa » — être, c'est être une cause ou un effet. On reconnaît ici deux positions cartésiennes : l'universalité de la causalité, son statut ontologique. Mais Suarez anticipe encore plus sur Descartes, lorsqu'il s'agit de définir le statut causal de Dieu. D'une part, suivant la tradition médiévale dominante, il excepte formellement Dieu de la causalité : « ... Deus causam non habet, tamen omnia alia praeter ipsum, causam habent » — ce qui préfigure la *Meditatio,* III. D'autre part, il tente pourtant d'inclure tangentiellement Dieu dans l'empire de la causalité : « ... licet Deus non habet veram et realem causam, quaedam tamen rationes ejus concipiuntur a nobis ac si essent causae aliarum... »[1] En effet certaines

1. Suarez, *Disputationes Metaphysicae,* XII, Prologue, t. 25, p. 372-373.

raisons de Dieu peuvent s'interpréter « comme si, *ac si* » elles en causaient d'autres en Dieu. Ou encore, suivant un autre texte : « Quamvis ergo demus, ens, in quantum ens, non habere causas in rigore sumptas priori modo, habet tamen rationem aliquam suarum proprietatum ; et hoc modo etiam in Deo possunt hujusmodi rationes reperiri, nam ex Dei perfectione infinita reddimus causam, cur unus tantum sit, et sic de aliis. »[1] L'étant, pris logiquement, n'a pas de cause ; ce qui ne l'empêche pas d'admettre des raisons justifiant ces propriétés : ces raisons tiennent donc bien lieu de causes ; de même en Dieu, qui n'a pas de cause, la raison fournie par sa perfection infinie tient lieu de cause pour, entre autres, son unité. On reconnaît ici sans peine trois des positions les plus innovatrices des *Responsiones* : *a)* l'élargissement de la cause « etiam in Deo » anticipe sur les « ... de ipso Deo » (VII, 164, 29), « ... etiam ipsius Dei » (238, 16) cartésiens ; *b)* l'interprétation d'une propriété en Dieu (l'infini) comme une raison, et de cette raison comme une quasi *(ac si)* cause préfigure un semblable coup de force cartésien : « ... non quod indigeat <Deus> ulla causa ut existat, sed quia ipsa ejus naturae immensitas est causa sive ratio, propter quam nulla causa indiget ad existendum » (VII, 165, 1-3), « ... inexhausta Dei potentia sit causa sive ratio propter quam causa non indiget » (236, 9-10), « ... immensam et incomprehensibilem potentiam quae in ejus idea continetur (...) sit plane causa cur ille esse perseveret nec alia praeter ipsam esse possit... » (110, 26-29).

Enfin et surtout *c),* dans l'un et l'autre cas, l'essence divine, d'ailleurs également caractérisée par l'infini, ne se trouve assimilée à une raison, puis à une cause qui dispense de toute cause extérieure, qu'autant qu'elle doit se laisser interpréter à partir de l'empire, supposé universel, de la causalité comme trait suprême de l'*ens in quantum ens.* Dieu ne fait donc plus exception à l'être causal de tout étant : tandis qu'en 1630 la « puissance incompréhensible » exercait une *causa efficiens et totalis* sans s'y soumettre, ce que la *Meditatio,* III maintenait

1. Suarez, *Disputationes Metaphysicae,* I, s. 1, n. 29, t. 25, p. 12.

encore avec la *causa ultima*[1], les *Responsiones* inscrivent, pour la première fois complètement, Dieu dans l' « objet de la métaphysique ». Cette cohérence a un prix : l'interprétation de Dieu, donc de l'infini, à partir de la causalité, donc de ce qui se nommera bientôt le principe de raison suffisante. L'infini, pensé selon la raison suffisante, doit se décliner comme une puissance infinie. L'infini ne rend raison de lui-même que comme puissance : cette modification, moins visible que l'apparition soudaine de la *causa sui,* en livre pourtant la vérité et en assure la possibilité. Si Descartes dépasse décidément les positions de Suarez, il le doit certes à l'introduction de la *causa sui,* mais surtout à l'interprétation résolue de Dieu à partir de la causalité.

Mais la considération de Suarez peut jeter une lumière encore plus claire sur la portée réelle de l'avancée cartésienne. Il faut en effet relever que Suarez, s'il exclut en principe la *causa sui* suivant le consensus de ses prédécesseurs, n'en discute pas moins à plusieurs reprises et non sans complaisance l'impossibilité, semblant n'y renoncer que comme à regret[2]. Or, l'une des mentions les plus significatives de l'hypothèse de la *causa sui* intervient dans un ensemble plus vaste, la *Disputatio,* XXIX, « De Deo primo ente et substantia increata, quatenus ipsum esse ratione naturali cognosci potest »[3], bref la discussion sur la connaissance rationnelle de l'existence de Dieu, telle que les *Meditationes,* III et V et les *Responsiones,* I et IV la mèneront aussi. Suarez y procède en trois sections. La première, examinant la possibilité de démontrer l'existence d'un étant increé quelconque, aboutit à un tel étant, indépendant, cause première[4]. La seconde section recherche si « ... a posteriori demonstrari possit Deum esse » en montrant que l'étant increé est unique ; elle parvient à

1. Respectivement AT I, 150, 22 (voir 146, 4, et « Dieu est infini et tout-puissant », 152, 11) ; 152, 2 et AT VII, 50, 6. Sur l'écart entre ces déterminations de l'essence métaphysique de Dieu, voir nos analyses dans *Sur le prisme métaphysique de Descartes,* chap. IV, § 19-20, p. 257 sq.

2. Sur la tentation suarézienne de céder à l'acception positive de la *causa sui,* voir par exemple *Disputationes metaphysicae,* I, s. 1, n. 29, t. 25, p. 12, et XXIX, s. 1, n. 20, t. 25, p. 27.

3. *Disputationes metaphysicae,* XXIX, titre, t. 26, p. 21.

4. *Disputationes metaphysicae,* XXIX, s. 1, t. 26, p. 22-34.

un étant nécessaire par soi qui est *fons et causa efficiens rerum creatarum*[1] ; on y reconnaît sans forcer le trait le Dieu *causa ultima* (VII, 50, 6) et *fons veritatis* (22, 23) de la voie *a posteriori* suivie tant par les *Meditationes* I et III, que par les *Lettres* de 1630 sur la création des vérités éternelles (AT I, 152, 1-20, 150, 4). Jusqu'ici Suarez, et avec lui Descartes, demeure dans l'horizon parfaitement thomiste d'une connaissance de Dieu par ses effets, à titre de cause non elle-même causée.

Reste la troisième section, qui demande si « ... aliquo modo possit a priori demonstrari, Deum esse ». L'étonnant y surgit d'emblée : Suarez, sans même préciser ce qu'exigerait une démonstration *a priori* de l'existence de Dieu, entreprend de montrer son impossibilité au sens strict *(simpliciter loquendo)* en conséquence du fait que Dieu n'est pas *causa sui.* Voici l'argument : « ... non posse demonstrari a priori Deum esse, quia neque Deus habet causam sui esse, per quam a priori demonstretur, neque si haberet, ita exacte et perfecte a nobis cognoscitur Deus, ut ex propriis principiis (ut sic dicam) illum assequamur. Quo sensu dixit Dionysius, capite septimo *De Divinis Nominibus,* nos non posse Deum ex propria natura cognoscere. »[2] Ce texte absolument décisif appelle plusieurs remarques. *a)* La *causa sui* a ici directement partie liée à la connaissance *a priori,* de même que la *causa ultima* permettait la connaissance *a posteriori* ; ainsi le passage de la *Meditatio* III aux *Responsiones* équivaut au renversement de l'ordre *a posteriori* vers un ordre *a priori.* C'est d'ailleurs ce que l'appendice en ordre géométrique des *IIae Responsiones* confirme très explicitement en plaçant au

1. *Disputationes metaphysicae,* XXIX, s. 2, n. 4, t. 26, p. 35.

2. *Disputationes metaphysicae,* XXIX, s. 3, n. 1, t. 26, 47. — L'expression « ... neque Deus habet causam sui esse... », Dieu n'a pas de cause de son être, ne diffère pas essentiellement de *causa sui,* sinon en ce qu'elle en radicalise le caractère ontologique : il s'agirait de la cause non seulement de soi, mais de son être, voire de l'*esse* en tant qu'il tient lieu d'*essentia* à Dieu selon Thomas d'Aquin. — Quant à la formule de Denys à laquelle Suarez fait ici allusion, elle se trouve en *Noms divins,* VII, 3 : Θεὸν γινώσκομεν οὐκ ἐκ τῆς αὐτοῦ φύσεως (ἄγνωστον γὰρ τουτο) (*PG,* 3, col. 869 *d*). — Citons un autre texte de Suarez liant lui aussi l'*a priori* de la démonstration à l'usage de la *causa* en Dieu : « Sed non video cur deductionem ad impossibile vocet <Fonseca> a priori, cum non sit ex causa, sed per extrinsecum medium » (*Disputationes Metaphysicae,* III, s. 3, n. 9, t. 25, p. 114).

rang de premier axiome, donc d'*a priori* par excellence, la détermination causale non seulement de toute existence en général, mais encore et surtout de l'existence divine elle-même. L'exigence d'une « causa sive ratio » (164, 28-165, 3), donc d'un *a priori* causal, pèse d'abord sur l'existence de Dieu[1]. Il s'ensuit que la preuve de la *Meditatio,* V, habituellement dite « argument ontologique », ne mérite en toute rigueur pas le titre plénier d'*a priori*, parce qu'elle manque la causalité (et la *causa sui*), qui définit le premier *a priori* cartésien sur Dieu. Spinoza l'avait fort bien compris, qui tenta d'identifier cette preuve, de force il est vrai, avec la *causa sui*[2]. *b)* Ce renversement des ordres, Suarez l'a parfaitement vu, mais il ne put l'accomplir, sans doute parce qu'il persistait à tenir la stricte *causa sui* pour un concept contradictoire (Descartes le pensera encore), mais surtout parce qu'il en refusait le présupposé métaphysique : l'interprétation de l'essence divine à partir d'un *a priori* qui la précéderait. En effet, même si Dieu avait (« ... si haberet... ») une cause de son être *(causa sui esse),* donc une *causa sui* tout court[3], Dieu nous resterait imparfaitement connu (« ... neque (...) exacte et perfecte a nobis cognoscitur Deus... »), parce qu'il faudrait alors le connaître à partir de ses principes propres (« ... ex propriis principiis... ») ; or, suivant la doctrine normative des noms divins fixée par Denys, les principes et la nature propres de Dieu ne peuvent définitivement pas se connaître. Suarez voit la possibilité de l'*a priori* par la *causa sui* et, ici au moins, il la refuse. *c)* En guise de connaissance

1. Pour Descartes lui-même, l'*a priori* implique en général la cause : « ... ceux qui savent suffisamment examiner les conséquences de ces vérités et de nos règles pourront connaître les effets par les *causes*; et, pour m'expliquer en termes de l'Ecole, pourront avoir des démonstrations *a priori* de tout ce qui peut être produit dans ce nouveau monde » (*Le Monde,* VII, AT XI, 47, 22-29, nous soulignons).

2. Voir notre étude consacrée à « Spinoza et les trois noms de Dieu », *in* R. Brague et J.-F. Courtine (éd.), *Herméneutique et ontologie. Hommage à Pierre Aubenque,* Paris, 1990, ou « The coherence of Spinoza's Definitions of God », in *Ethics,* I, Proposition 11, *in* Y. Yovel (éd.), *God and Nature. Spinoza's Metaphysics,* Leyde, 1991.

3. L'équivalence entre *causa sui esse,* « cause de son être », et *causa sui,* « cause de soi », ne saurait soulever de difficulté : Dieu est son être pour Descartes (« Deus est suum esse », AT VII, 383, 15 = AT III, 433, 9), comme d'abord pour Thomas d'Aquin (*Summa theologiae,* I*a,* q. 12, a. 2, c.), donc aussi Suarez; par conséquent se causer ou causer son être reviendrait, dans son cas, exactement au même.

a priori, il propose un substitut affaibli : au lieu d'un principe s'imposant à Dieu (la causalité de l'existence), on procédera à partir d'un attribut quelconque, pourvu qu'il soit commun à l'étant en général, pour accéder ainsi à la quiddité divine, puis à son existence : « ... ex quodam attributo quod reipsa est essentia Dei, a nobis autem abstractius concipitur, ut modus entis non causati, colligi aliud attributum, et ita concludi illud ens esse Deum. »[1] L'attribut inféré quasi *a priori* reste le mode d'un étant résolument *non causatum,* hors causalité. La transcendance divine exige de renoncer à l'*a priori* strict de la causalité universelle. Par exemple, de l'immensité on conclut l'immutabilité, dont l'unicité et, finalement, l'existence nécessaire. On peut ici risquer que la preuve de la *Meditatio,* V (et peut-être aussi toutes celles de Spinoza) illustrent exactement cette méthode de l'*a priori* atténué.

La violence faite par Descartes aux conditions de la connaissance de Dieu ressort plus nettement encore, si l'on prête attention aux mises en garde répétées par maints auteurs contemporains. *a)* Mentionnons d'abord F. Vasquez, le rival jésuite de Suarez, plus ferme que ce dernier : « Deum esse, non potest a priori demonstrari, quod etiam convenit propositioni per se notae ; a posteriori tamen et per effectus demonstrari potest » ; comme l'existence divine reste une proposition non évidente, pour nous, *« viatores »*, sa connaissance restera *a posteriori* et d'une évidence inférieure à celle des propositions mathématiques[2]. *b)* On ne négligera pas non plus la position prise par Eustache de Saint-Paul, que Descartes tenait en estime : « Sit igitur prima assertio. Deum esse a priori demonstrari non potest, quia esse divinum est ipsamet essentia Dei et fundamentum omnium attributorum divinorum, cujus nulla causa aut ratio a priori nostro etiam intelligendi modo afferi potest. » On ne saurait le dire plus clairement : l'être divin se confond avec l'essence et les attributs qu'elle fonde en Dieu, il outrepasse donc toute cause ou raison que nous pourrions énoncer avant et sans elle ; par conséquent, il faut en rester à une

1. Suarez, *Disputationes metaphysicae,* XXIX, s. 3, n. 2, t. 26, p. 47.

2. G. Vasquez, *Commentatiorum ac disputationum in Primam Partem S. Thomae,* respectivement d. XIX, q. 2 et q. 3, Ingoldstadt, 1609, p. 91 et 95.

démonstration *a posteriori*[1]. Mais l'auteur le plus significatif, parce que le plus explicite, semble *c)* Scipion Dupleix, dont la *Métaphysique* favorise sans réserve la connaissance « ... *a posteriori,* c'est-à-dire par la preuve tirée des choses postérieures. Car Dieu ne dépendant d'aucune cause supérieure ni précédente, aussi ne peut-il être connu par aucune cause précédente, que nous appelons en latin *a priori* ». Plus précisément encore, « ... il faut nier que la nature, ni la raison, ni la volonté humaine soient principes absolus et tels que Dieu » — et cette absence de principes antérieurs à Dieu en interdit donc la connaissance *a priori* : « ... Dieu est du tout inconnaissable et indémontrable par principes antécédents, parce qu'il n'en a point : ce que les Latins disent *a priori,* et au contraire (...) il n'y a rien de plus manifeste et connaissable *a posteriori* que Dieu même, à savoir par ses merveilles et par ses œuvres. » Cette différence entre deux ordres définit même l'écart de la création, plus essentiel que toute différence ontologique : « De toutes autres choses nous pouvons acquérir la parfaite connaissance, qui s'appelle proprement *Science,* par des principes et causes précédentes, ce que les Logiciens disent en latin *demonstrare a priori* ; mais de Dieu qui est le principe des principes, la première et suprême cause de toutes choses, on n'en peut avoir connaissance (...), si ce n'est *a posteriori.* »[2] *d)* Une semblable opposition à l'innovation cartésienne se confirme dans les Provinces-Unies, en particulier à Leyde : sous l'autorité d'un anticartésien aussi déclaré que J. Revius, y furent soutenues plusieurs thèses qui tentent de critiquer à fond l'introduction de la *causa sui.* Nous n'en citerons qu'une, celle qu'Antoine Dauburgh (d'Alcmar) soutint en février 1647 ; elle affirme très nettement l'argu-

1. Eustache de Saint-Paul, *Summa Philosophiae. Quarta pars quae est Metaphysica,* IVe partie, d. 3, q. 2, « Utrum Deum esse demonstrari possit et quomodo », Paris, 1609[1], cité d'après 1611[2], p. 115.

2. Scipion Dupleix, *La Métaphysique,* Paris, 1610, cité d'après l'éd. R. Ariew, Paris, 1992, respectivement IV, IX, 3, p. 703 ; IV, IX, 4, p. 717 ; et IV, X, 1, p. 762. — Voir aussi, dans un tout autre style, Juste Lipse : « Hoc tantum scio, causam ante omnes causas esse, voluntatem Dei. A qua qui quaerit aliam, vim et potentiam ignorat naturae divinae. Nam causam omnem necessum est, genere quodam, priorem et majorem esse suo effectu : at Deo et ejus voluntate, nihil prius aut majus. Non ergo ulla ejus causa » (*De Constantia,* II, chap. XII, Leyde, 1596, p. 91).

ment dont nous reconstituons le déploiement : « Deum non potest demonstrari a priori, quia ejus esse nullam habet causam per quam a priori demonstrari possit » : Dieu n'admet pas de démonstration *a priori,* parce que son être n'admet pas de cause ; à cette cause manquante ne peut non plus se substituer une essence ou une quiddité (une cause formelle, dans la thématique cartésienne), parce que la question de l'essence ne précède pas en Dieu celle de l'existence, donc que la quiddité en reste inaccessible : « Neque etiam id potest demonstrari per essentiam et quidditatem Dei, tanquam per aliquod prius secundum rationem, quia quaestio *An est* prior est quaestione quid est, ut recte Thomas, *D.<istinctio>*1 [erreur : *Summa Theologiae,* I*a*], q. 2, a. 2, *ad* 2. » D'où le retour à la position classique : « Deus potest demonstrari a posteriori, ab ejus effectibus... »[1] *e)* La confirmation la plus étonnante vient cependant de Spinoza lui-même ; en effet le *Korte Verhandeling* pose le plus clairement qu'il se peut les termes du dilemme affronté (et décidé) par Descartes : « De tout cela suit donc clairement que l'on peut démontrer aussi bien *a priori* qu'*a posteriori* que Dieu est. Encore mieux *a priori,* car les choses qu'on démontre de l'autre façon, on doit les démontrer par une cause externe, ce qui est une imperfection manifeste, puisqu'elles ne peuvent se faire connaître

1. A. Danburgh, *Analectorum Theologicorum Disputatio,* XXXIII. *De Cognitione Dei,* III, sous la présidence de J. Revius, février 1647, respectivement chap. III et IV [p. 2 et 3]. Il ne s'agit pas d'un cas isolé ; en effet, peu après — le 20 mars 1647 — J. Revius fit soutenir par Jean d'Appeldorn (de Daventer) des thèses *De Deo ut est ens a se,* explicitement tournées contre Descartes : « De hac explicatione [a se negative] nullus unquam Theologrum (quod sciam) dubitavit. Solus Cartesius aliam <sc. explicationem>, quam suae Methodo inservire putabat, commentus est. Nempe, Deum a se esse *non negative, (...),* sed *positive* » (*Analectorum Theologicorum Disputatio,* XXV. *De Deo ut est a se,* II, chap. IX) ; ces jugements semblent d'ailleurs très sûrs : Descartes rompt bien ici avec tous les théologiens antérieurs et il introduit bien la causalité efficiente en Dieu pour lui appliquer sa méthode. L'offensive de J. Revius s'est encore poursuivie le 27 mars 1647, par l'intermédiaire de E. Spiljardus, qui conclut ses thèses *De Attributis Dei* en maintenant que « Deum esse a se positive et ut a causa efficiente a limine Theologiae arcendum esse » (thèse XVII et dernière). Il s'agissait donc d'une campagne consciente et organisée contre la nouveauté contradictoire de la *causa sui* cartésienne. Nous devons la communication de ces documents très instructifs à l'érudition et à l'amitié de notre collègue Théo Verkeek (Université d'Utrecht).

par elles-mêmes, mais seulement par des causes extérieures. Dieu cependant, la cause première de toutes choses et aussi la cause de soi *(de eerste oorzaak aller dingen, en ook de oorzaak syns zelf)*, se fait connaître par lui-même. De peu d'importance est donc cette parole de Thomas d'Aquin, suivant laquelle Dieu ne peut pas être démontré *a priori*, et cela précisément parce qu'il n'a pas de cause. » Il va ainsi de soi, pour Spinoza, qu'une preuve *a priori* de l'existence de Dieu demande le recours à la *causa sui*. C'est ce que confirme un autre passage du même traité : « En outre, ils disent encore que Dieu ne peut jamais être démontré *a priori*, parce qu'il n'a pas de cause. »[1] On ne saurait fixer plus clairement la frontière que transgressent les *Responsiones*, ni la rupture qui impose la *causa sui* : Descartes, pour démontrer l'existence de Dieu même à partir de la causalité, doit donc soumettre son essence à un principe antécédent.

Descartes n'impose donc pas historiquement la *causa sui* parce qu'il en aurait clairement surmonté les difficultés logiques, mais il tente d'en atténuer les difficultés logiques parce qu'il *doit* l'utiliser pour violer historiquement l'interdit porté par les médiévaux sur la légitimité d'une connaissance *a priori* de l'existence et donc de l'essence de Dieu. Le viol de cet interdit permet en effet seul d'inclure définitivement et pour la première fois *ipse Deus* dans la constitution onto-théologique de la métaphysique. Nous avons ainsi répondu à une troisième de nos questions initiales.

1. Spinoza, *Korte Verhandeling*, I, 1, § 10 (suivant la traduction de C. Appuhn, *Œuvres de Spinoza*, éd., Paris, 1964, t. 1, p. 48, mais corrigée suivant l'édition critique et la traduction italienne de F. Mignini, *Korte Verhandeling/Breve Trattato*, L'Aquila, 1986, p. 8 (avec un excellent renvoi aux auteurs de notre débat p. 454 sq.). Puis I, 7, § 5, *loc. cit.*, p. 32. Spinoza a parfaitement appliqué son programme dans *Ethica*, I, § 11, où, après avoir répété comme malgré lui la preuve *a posteriori* de Descartes (démonstration 3), il entreprend aussitôt (scolie) de la transposer en une preuve *a priori*, seule conforme à l'ordre géométrique que, contre Descartes, il privilégie : « In hac ultima demonstratione Dei existentiam a posteriori ostendere volui, ut demonstratio facilius perciperetur ; non autem propterea quod ex hoc eodem fundamento Dei existentia a priori non sequatur. » Reste évidemment à savoir si d'un « même fondement » l'on peut ainsi tirer deux preuves en deux ordres différents (voir notre étude citée *supra*, n. 2, p. 323).

Un retour d'analogie

L'audace de son avancée n'échappe, bien entendu, pas à Descartes lui-même. Sa prudence coutumière n'a de cesse d'en vouloir atténuer la violence, au point de presque la renier. En 1648, répondant à une attaque de Revius tout en discutant Regius, il prétend n'avoir jamais écrit : « ... *Deum non modo negative, sed et positive sui efficientem causam dici debere* (...) ut affirmat. Quaerat, leget, evolvat mea scripta : nihil umquam simile in illis reperiet, sed omnino contrarium. » La cause positivement efficiente de soi est-elle vraiment un « monstre » *(portentum)* pour les *Responsiones*[1] ? Il est significatif qu'on ne puisse pas répondre univoquement à cette question. En un premier sens, Descartes a bien récusé que la *causa sui* relève strictement de la causalité efficiente : « ... verbum *sui causa.* nullo modo de efficiente potest intelligi » (VII, 236, 8), « ... Deum non esse causam efficientem sui ipsius » (237, 4-5), « ... non esse causam efficientem proprie dictam » (240, 10). Mais l'aséité devient pourtant bien positive (110, 7, 21, 31), comme l'essence divine (237, 2, 10, et 239, 18). Mais encore le principe qui conduit à la *causa sui* mentionne deux fois au moins l'efficience de la cause (108, 20, et 238, 11). Mais surtout la discussion commence sur une déclaration plus qu'ambiguë : « ... denique non dixi impossibile esse ut aliquid sit causa efficiens sui ipsius » (108, 7, 8), « ... je n'ai

1. *Nota in programma quoddam...,* AT VIII-2, 368, 31-369, 1 — et « ... talibus opiniorum portentis... ». Certes, Descartes pousse ici la dénégation aussi loin que l'honnêteté le permettait, pour résister aux attaques aussi nombreuses que vives (pour ne pas dire plus) provenant de protestants, plus conservateurs en philosophie et en théologie que ses interlocuteurs catholiques habituels. Mais Revius pouvait s'appuyer aussi sur des faits ; ainsi la dispute présidée par A. Heereboord en décembre 1647, *De Notitia Dei naturali,* soutenant que : « ... Deum, non modo negative sed et positive, sui causam efficientem et per potentiam sui ipsius causam conservantem esse... » (rapporté dans *Statera Philosophiae Cartesianae,* Leyde, 1650, p. 245 sq., cité en AT V, 128). Sur ce débat, voir les récentes mises au point de T. Verbeek, *Descartes and the Dutch. Early Reactions to Cartesian Philosophy. 1637-1650,* Southern Illinois UP, 1992 (en particulier chap. 3, 2, p. 40 sq. et 116 sq.), et From « learned ignorance » to scepticism. Descartes and calvinist orthodox, *in* R. Popkin et A. Vanderjagt, *Scepticism and Irreligion in the Seventeenth and Eigtheenth Centuries,* Leiden/New York, 1993.

point dit qu'il est impossible qu'une chose soit la cause efficiente de soi-même » (IX-1, 86) ; en effet, contre Caterus qui redisait que Dieu ne saurait être « ... a se (...) ut a causa » (VII, 95, 12), Descartes commence à récuser cette impossibilité et ouvrir la possibilité du contraire ; on pourrait d'ailleurs presque traduire, en respectant littéralement la double négation : « ... j'ai dit qu'il est possible que quelque chose soit cause efficiente de soi. »[1] Bref, la déclaration d'ouverture est déjà grosse de toute l'indécision des formulations à venir de la *causa sui*. Descartes, précisément parce qu'il institue sans réserve le principe de la causalité efficiente sur toute existence (principe de raison suffisante), aménage presque sans limite le concept d'apparence polémique de la *causa sui*. On peut d'ailleurs s'étonner que Caterus et Arnauld aient presque exclusivement concentré leur attention sur la conséquence (la *causa sui*), sans mettre vraiment en question le principe. Ils permirent ainsi à Descartes de confirmer son innovation, tout en donnant l'apparence d'extrêmes accommodements C'est cette dernière ambivalence qu'il reste à préciser.

De nombreuses concessions tentent de rendre la *causa sui* plus acceptable aux objecteurs. Elle devient par exemple une *causa sui* seulement *quodammodo* ou *quasi*[2]. Entre ces concessions, il faut privilégier celles que Descartes reprend textuellement aux analyses de la causalité par Suarez. *a)* Descartes doit envisager, en Dieu, une *causae dignitas* sans pourtant y importer l'*effectus indignitas* (VII, 242, 5-6). Ces étranges formules viennent directement d'une question de Suarez — « Utrum omnis causa sit effectu suo nobilior » — et de sa réponse : « ... causa principalis numquam potest esse ignobi-

1. Nous ne serons donc pas aussi catégorique que ne le fut F. Alquié, qui connaissait pourtant la prudence retorse de Descartes : « Sur ce point, Descartes est peu exact. Il suffit de relire le texte des *Quatrièmes Réponses* pour voir qu'il est moins éloigné qu'il le dit de l'opinion qu'on lui prête et qu'il ne tient nullement cette opinion pour monstrueuse » (*in* Descartes, *Œuvres philosophiques,* t. 3, Paris, 1974, p. 819, n. 1). D'ailleurs, exceptionnellement, Alquié ne donne ici aucune référence précise, avouant ainsi quelque embarras.

2. *Quodammodo sui causa,* AT VII, 109, 5 ; voir 111, 5 repris en 235, 19 et 22. *Quasi causa efficiens,* 243, 26. Voir *Sur la théologie blanche, op. cit.*, p. 432-437.

lior. »[1] *b)* Descartes défend l'emploi positif de la *causa* en Dieu grâce à l'autorité des théologiens grecs, qui, au contraire des latins opposant *principium* à *causa*, usent indistinctement de ἀρχή et de αἰτία (VII, 237, 24 - 238, 6). En fait, il reprend ainsi à la lettre l'exposé par Suarez du « ... modus loquendi aliquorum Patrum Graecorum, qui etiam in divinis personis Patrem vocant causam Filii, eo quod sit principium ejus »[2]. *c)* De même, Descartes invoque la subtile possibilité théologique que le Père soit *principium* sans que le Fils soit pour autant *principiatum* (242, 8-14) ; ici encore, il recopie presque Suarez : « Licet igitur dicant <Theologi> Patrem esse principium Filii, negant tamen Filium esse principiatum a Patre. »[3] Descartes mesure donc parfaitement les implications de la *causa sui* en théologie révélée, parce que Suarez lui en a déjà ouvert le dossier ; aucune des allusions théologiques des *Responsiones* n'est obscure, insignifiante ou négligeable. *d)* Descartes finit par concéder que la *causa sui* ne relève pas de la simple efficience, mais d'un « ... conceptum quemdam causae efficienti et formali communem » (VII, 238, 24-25) ; malgré le modèle d'une transition continue entre un polygone d'un nombre indéfini de côtés à un cercle, on pourrait légitimement douter qu'il s'agisse là d'un concept authentique et non d'une dénomination vide. Or, il se trouve que Suarez a bel et bien examiné systématiquement la compatibilité, voire l'action réciproque, des quatre causes entre elles ; ainsi causes formelle et matérielle, finale et efficiente, matérielle et finale agissent ensemble et réciproquement ; mais deux incompatibilités demeurent : « ... causa efficiens

1. Suarez, *Disputationes metaphysicae,* XXVI, s. 1, titre et n. 5, t. 25, p. 916 et 918. Comment ne pas songer ici à la version hugolienne de cette thèse ? « L'effet pleure et sans cesse interroge la cause » (*Les Contemplations,* Pleurs dans la nuit).

2. *Disputationes metaphysicae,* XII, s. 1, n. 1, t. 25, p. 373. Voir aussi s. 1, n. 8 : « Et ad hanc verborum proprietatem videntur alludere Sancti, cum dicunt Patrem aeternum esse principium, fontem et originem totius deitatis. Non enim ita loquuntur quia Pater sit principium ipsius naturae divinae, quia juxta fidem Catholicam divina natura non habet principium, quia a nullo procedit » (t. 25, p. 375). Et Thomas d'Aquin, *Summa theologica,* I*a,* q. 33, a. 1 (déjà relevé par E. Gilson, *Index scolastico-cartésien,* Paris, 1913[1], § 74).

3. « *Disputationes metaphysicae,* XII, s. 1, n. 32, t. 25, p. 383.

non potest habere mutuam causalitatem cum materia vel forma. »[1] Bref, la position de repli élaborée par Descartes est certes non contradictoire, douée de sens — du sens discuté et élaboré par Suarez —, mais elle est simplement fausse. Mais une fois encore, même quand il s'oppose à lui, c'est encore dans sa sémantique que parle Descartes.

Mais, parmi toutes les concessions dont Descartes enveloppe l'emprise universelle du principe de raison sur l'existence, la plus symptomatique consiste dans le surprenant recours à l'analogie. Dans la réponse aux objections d'Arnauld, la dernière tactique de Descartes revient à introduire entre la causalité de la *causa sui* et la stricte efficience un écart. Cet écart se décline parfois comme un concept « commun » (AT VII, 238, 25) ou « intermédiaire » (239, 17) entre l'efficience et la formalité, mais avec difficulté, puisque Suarez en avait explicitement récusé la possibilité. Aussi l'écart s'expose-t-il bientôt comme une analogie de la *causa sui* avec la causalité efficiente. Successivement : *a)* la *causa positiva* que devient l'essence divine « ... per analogiam ad efficientem referri posse » (240, 12), peut se référer à l'efficence par analogie avec celle-ci ; *b)* « ... isti omnes modi loquendi, a causae efficientis analogia petiti pernecessarii sunt ad lumen naturale ita dirigendam... » (241, 16-18) ; *c)* « ... analogia causae efficientis usus sim ad ea quae ad causam formalem, hoc est ad ipsam Dei essentiam pertinent, explicanda » (241, 25-27) ; *d)* « ... ipsam rei essentiam, sive causam formalem (...) magnam habet analogiam cum efficiente, ideoquequasi causa efficiens vocari potest » (243, 23-25). Ne pourrait-on pas inférer de ces occurrences d'*analogia* que Descartes retrouve ici, tout naturellement, l'usage théologique du terme lorsqu'il applique *a priori* à Dieu la cause efficiente ? Ne devrait-on pas saluer la cohérence logique et la prudence théologique de sa démarche — toute existence dépend du principe de raison suffisante qui lui assigne une cause efficiente mais, dans le cas de Dieu, avec la réserve d'une analo-

1. *Disputationes metaphysicae,* XXVII, s. 2, n. 19, t. 25, p. 957.

gie? Et d'ailleurs Suarez n'avait-il pas déjà exposé une position semblable[1] ?

Cette interprétation accommodatrice ne tient pourtant pas, pour plusieurs motifs. Premièrement, parce que l'analogie avec la cause efficente d'une autre cause, supposée convenable pour Dieu, ne lèverait aucune des difficultés de la *causa sui* : *a)* la différence réelle entre la cause et l'effet ; *b)* l'antériorité d'une chose (comme cause) sur elle-même (comme effet) ; *c)* la soumission de Dieu à un principe qui lui reste antérieur, pour une preuve *a priori.* Et Descartes ne reviendra jamais sur son initial refus de répondre — « nugatoria quaestio » (108, 12) — à ces apories. Deuxièmement et surtout, l'analogie ici envisagée serait, à supposer qu'on puisse l'admettre comme un dispositif conceptuel nouveau, une contre-analogie. Insistons sur ce point déterminant. En bonne rigueur théologique (et thomiste), l'analogie de *proportio* ou de référence se construit entre des analogués et un terme privilégié, le premier analogué ; mais le premier terme ne domine pas les autres comme une référence commune (comme la santé pour les choses qui s'y rapportent), en sorte de s'exercer comme un principe abstrait ; le premier analogué reste membre de la série et c'est celle-ci en entier qui s'y rapporte (comme au corps sain les choses de la médecine) ; ainsi l'analogie de *proportio* réfère-t-elle tous les termes finis de la série au terme infini et incréé de cette même série. En clair, ou bien la causalité efficiente revient à Dieu seul, et ce serait tous les autres étants qui ne l'exerceraient qu'analogiquement — et Descartes ne raisonnera pas autrement à propos de la substance, stricte en Dieu, analogique pour le fini (*Principia,* I, § 51). Ou bien la causalité efficiente

1. Une interprétation classiquement analogique du concept de principe se rencontre encore chez Suarez. Ainsi « Haec autem ratio principii cum causalitate conjuncta est respectu creaturarum, et convenit tum Deo, tum etiam creaturis. Et hac ratione potest de Deo et creaturis dici secundum analogiam attributionis ; verbi gratia, esse principium efficiens analogice dicitur de Deo et de creaturis, non secundum proportionalitatem tantum, sed propter veram et realem convenientiam, analogam tamen et includentem attributionem, ut inferius explicabimus <*Disputationes,* XXIX sq.> in analogia entis ad Deum et creaturam » (*Disputationes metaphysicae,* XII, s. 1, n. 15, t. 25, p. 379).

appartient strictement aux étants finis, et Dieu s'en excepterait — ce que les médiévaux soutenaient. Reste l'hypothèse ici soutenue par Descartes : la causalité efficiente se dit au sens strict des étants finis et se dit analogiquement de Dieu ; mais il en résulte un renversement prodigieux : Dieu ne se dit selon et comme cause efficiente que par analogie, donc par référence à la causalité finie, seule strictement efficiente ; bref, suivant l'analogie cartésienne, Dieu, l'infini se dit par analogie et référence à l'étant fini, au lieu que, selon l'analogie théologique, le fini se dit par référence à Dieu. L'analogie s'exerce bien, mais inversée : Dieu se dit et se comprend par référence à l'efficience, qui ne s'exerce strictement que dans le fini, désormais érigé au rang d'analogué principal et centre de référence. L'analogie dont use Descartes ne réfère donc pas l'efficience à Dieu, mais Dieu à l'efficience. Loin de compenser ou atténuer l'émergence du principe de raison suffisante dans la *causa sui,* l'analogie, en s'inversant et jouant contre elle-même, confirme que même l'existence de Dieu relève, tangentiellement mais inexorablement, de la *causa sive ratio.*

Dieu en régime causal

Nous pouvons conclure. — Premier résultat : bien qu'elles seules introduisent la *causa sui,* les *Responsiones* ne contredisent pas les *Meditationes,* qui en ignorent pourtant le concept : les unes comme les autres obéissent au même principe *a priori* de causalité, même si elles divergent dans son application, soit au domaine restreint des idées, soit universellement à toute existence. La *causa sui* permet ainsi de dégager une plus grande cohérence interne de la métaphysique cartésienne. — Second résultat : la question purement historique (l'invention de *causa sui*) ne reçoit aucune justification d'une réponse apportée à la question logique (jamais la contradiction obvie du concept n'est levée), mais obéit seulement à une nécessité proprement métaphysique : l'exigence de constituer une onto-théo-logie sans exception à partir de la *causa,* ainsi élevée au rang de *causa sive ratio.* Le principe de raison suffisante ne s'instaure donc pas en résolvant les objections que lui suscite le cas de Dieu, mais en les ignorant; il prouve ainsi son autorité de raison première en ne faisant aucun cas des autres raisons, désormais relatives. — Troisième résultat : la *causa sui* n'introduit pas seulement une ultime et tardive preuve de l'existence de Dieu ; en fait, elle construit la première preuve *a priori* de l'existence de Dieu jamais produite par la métaphysique, non seulement cartésienne, mais en général. Ce renversement de l'*a posteriori* (preuve par les idées, prises comme des effets) à l'*a priori* (preuve par la *ratio sive causa*) signifie non seulement que l'essence divine sera désormais supposée quasi connue, mais surtout qu'elle sera soumise à un principe métaphysique qui la précède. Dès lors, Dieu entre décidément et définitivement dans le « sujet » de la métaphysique : loin d'en rester le principe externe (selon la formule de Thomas d'Aquin)[1], il s'y trouve compris (selon la thèse de Suarez)[2] — au double sens où un principe le précède et le rend intelligible. — Cette dernière conclusion infirme et confirme à la fois l'herméneutique de la métaphysique selon Heidegger. La confirmation va de soi : la *causa sui* énonce bien le nom que doit prendre Dieu, lorsqu'il entre en métaphysique, car il y entre pour se soumettre à l'*a priori* universel de la *causa sive ratio,* cessant du même coup d'exercer lui-même en tant que tel l'*a priori.* Mais ce qui infirme cette confirmation paraît tout aussi clairement : Dieu n'entre peut-être pas vraiment en métaphysique avant que Descartes ne s'en empare, puisque c'est seulement avec la *causa sui* qu'une autre primauté — onto-théo-logique — soumet la transcendance innommée et incompréhensible. Mais, si tel était le cas, il faudrait réviser fondamentalement la question du statut métaphysique de toute la pensée médiévale.

Ce ne serait pas le moindre paradoxe de la *causa sui* cartésienne que de libérer ce qu'elle prétendait surmonter définitivement.

1. En métaphysique (par opposition à la théologie révélée) « ... considerantur res divinae non tanquam subjectum scientiae, sed tanquam principium subjecti » (*Expositio Boethium De Trinitate,* in *Opuscula Omnia,* éd. P. Mandonnet, t. 3, p. 117).

2. *Comprehendere Deum, Disputationes Metaphysicae,* I, s. 1, n. 13, t. 25, p. 6 ; n. 19, p. 9 ; n. 26, p. 25, etc. Voir *Sur la théologie blanche de Descartes,* p. 134 sq.

VII

Les figures de la liberté

Volonté, indifférence et mauvaise foi : Gassendi contre Descartes

ROBERT A. IMLAY

I

A Gassendi qui lui demande péremptoirement de nous expliquer à quoi la volonté peut s'étendre qui s'échappe à l'entendement — « Sed, paucis, dic nobis ad quid se voluntas extendere possit, quod intellectum effugiat » (AT VII, 315) — Descartes répond d'une manière également péremptoire qu'il s'agit de tout cela où il nous arrive d'errer — « Nempe ad id omne in quo contingit nos errare » (AT VII, 376). Et voilà les prémices d'un beau débat ! Car Descartes n'avoue-t-il pas, Gassendi est là pour l'affirmer à sa place en cas de besoin, que nous ne voulons rien dont nous ne concevions quelque chose en quelque façon — « Atque sic fateor quidem nihil nos velle de quo non aliquid aliquo modo intelligamus » (AT VII, 377) ? D'où la conclusion que, n'en déplaise à Descartes, l'entendement est d'une étendue au moins égale à celle de la volonté, car on n'est pas en droit d'exclure la possibilité que l'étendue de celle-ci soit proprement inférieure à l'étendue de celui-là. D'une manière pour le moins consternante on se trouverait dans l'obligation de renverser les termes d'une fameuse thèse cartésienne, à savoir que la volonté a une plus grande étendue que celle de l'entendement, thèse qui constitue d'ailleurs le fond même de l'analyse cartésienne de l'erreur, voire du péché (AT VII, 58 ; IX-1, 46).

Descartes, comme tout le monde le sait, essaie de se tirer d'affaire tant bien que mal en reliant après coup d'une manière nécessaire l'entendement, la faculté de concevoir et la vérité (AT VII, 377-378)[1]. Qui dit concevoir dit concevoir quelque chose de vrai. Par conséquent, il est indiscutable, certes, que nous ne voulons rien dont nous ne concevions préalablement quelque chose et, qui plus est, quelque chose de vrai. Mais la chose n'est pas nécessairement la même dans les deux cas et là où nous voulons quelque chose de faux, étant donné l'impossibilité, du moins chez Descartes, d'un faux objet conceptuel, elle est nécessairement différente (AT VII, 376-377).

Descartes essaie d'élucider tout cela à travers deux exemples dont le premier se rapporte assez malicieusement — car on est censé en reconnaître sans préalable l'irréductible absurdité — à une thèse défendue à un autre endroit par Gassendi lui-même, à savoir que l'esprit est un corps subtil et délié (AT VII, 376-377). Or pour autant que l'on peut se fier à la doctrine cartésienne mentionnée ci-dessus de l'inconcevabilité du faux, une telle thèse ne peut être conçue en tant que telle. Elle peut tout au plus être voulue vraie — chez Descartes cela semble revenir à vouloir la croire — dans la mesure où on porte un jugement favorable à son intention (AT VII, 376-377). Car toujours selon Descartes un jugement quelconque relève de la volonté (AT VII, 57; IX, 45-46). Mais en même temps le conceptuel y trouve son compte d'une manière indirecte; si je porte un jugement selon lequel l'esprit est un corps subtil et délié, je peux et même je dois (étant donné qu'un certain concept reste indispensable au jugement, Descartes aurait dû dire à Gassendi *tu dois, tibi necesse est,* au lieu de « potes ») concevoir que l'esprit est une chose qui pense tandis qu'un corps subtil et délié est une chose étendue (AT VII, 376-377).

Mais pourquoi porter un jugement privé de contenu conceptuel proprement dit, même si les éléments dont il est composé en jouissent chacun à leur tour ? Dans l'exemple que l'on est en train de scruter, à

1. Pourquoi après coup ? Parce que Descartes parle dans la *Quatrième Méditation* d'un entendement qui n'a pas une parfaite connaissance des choses mais n'est pas pour autant dépourvu de connaissance. « ... nihil plane cognoscit, sed generaliter ad omnia quae ab illo non satis perspicue cognoscantur... » Mais une connaissance même imparfaite est, nonobstant, une connaissance. Son manque relatif de perspicuité romprait quand même le lien nécessaire avec la vérité. Voir AT VII, 59; IX-1, 47.

savoir la thèse toute matérialiste de Gassendi, Descartes attribue l'acharnement de celui-ci à l'embrasser au fait qu'il l'avait embrassée auparavant joint à une répugnance toute générale de sa part à changer d'avis — « quia jam ante credidisti, nec libenter de sententia decedis » (AT VII, 377). Cependant, contrairement à ce que Descartes lui-même suggère, telle n'est pas, même et surtout de son propre avis, pour peu que l'on analyse, la seule raison pour laquelle on se livre à cet étrange exercice qui consistera à porter un jugement dont on ne comprend pas soi-même le contenu proprement dit. Ainsi, dans le second exemple dont Descartes fait état — il s'agit en l'occurrence d'une pomme par hasard empoisonnée que l'on juge, d'après la nature agréable de son odeur, sa couleur et même son goût, bonne à manger (AT VII, 377) — ni ce que l'on a cru dans le passé ni la répugnance à changer d'avis, que je sache, n'entrent véritablement en jeu. Si l'on juge de la sorte, c'est probablement parce que par faim ou gourmandise ou les deux à la fois — Descartes n'est pas explicite — on a fort envie de manger la pomme. Et on veut croire en outre que tout ce que l'on désire manger est bon à manger — « utile in alimentum » (AT VII, 377). Ou, du moins, faudrait-il se rabattre sur des mobiles de ce genre à partir de l'instant où on suit Descartes en vidant le jugement en question, à savoir que la pomme est bonne à manger, de tout contenu conceptuel proprement dit. Car il se pourrait aussi bien que l'on veuille croire que la pomme est bonne à manger tout simplement parce que, tout compte fait, on la conçoit de la sorte et que d'autres facteurs qui feraient pièce à cette conception n'entrent pas en ligne de compte.

Une telle explication d'une telle manifestation de la volonté de croire semble d'ailleurs tout à fait possible, ce qui revient à dire que l'on devrait au moins hésiter avant de suivre Descartes en vidant le jugement que la pomme est bonne à manger de son propre contenu conceptuel, quitte à rompre le lien nécessaire qu'il cherche à établir entre la conceptualisation d'un objet et sa vérité. Car il faut soigneusement distinguer à cet égard entre une conceptualisation dont l'objet s'avère faux, ce qui semble, au moins — parti pris doctrinaire mis à part —, tout à fait possible, et une conceptualisation dont l'objet s'avère non seulement faux, mais, qui plus est, *nécessairement* faux. L'impossibilité de celle-ci — si toutefois elle est en effet impossible — n'implique nullement l'impossibilité de celle-là. Il est, par conséquent, fort regrettable que Descartes confonde les deux exemples mentionnés ci-dessus, à savoir la thèse matérialiste de Gassendi, et celui concernant la pomme empoisonnée. La thèse matérialiste de Gassendi, pour peu que l'on soit cartésien, est nécessairement fausse, tandis que la pomme empoisonnée aurait pu ne pas l'être.

Doit-on conclure alors que Gassendi porte avec sa thèse un jugement dépourvu de tout contenu conceptuel proprement dit, quand tel n'est pas le cas de celui qui juge bonne à manger la pomme pourtant empoisonnée ? Une telle conclusion siérait mal avec le ton récriminatoire qu'adopte ici Descartes à l'égard de Gassendi. Car en quoi en effet les procédés de celui-ci, tels que Descartes les décrit lui-même, fourniraient-ils matière à récrimination ? Tout au plus par esprit de conservatisme, voire passéisme, Gassendi voudrait continuer à croire ce qu'il a voulu croire auparavant tout simplement parce qu'il a voulu le croire auparavant et, partant, n'aime pas — ne peut pas ? — changer d'avis. D'ailleurs en l'absence d'aucun heurt entre le résultat d'un tel passéisme et un contenu conceptuel proprement dit — comment pourrait-il y avoir un tel heurt quand celui-ci au dire de Descartes n'existe point ? — une stratégie passéiste donc en matière d'épistémologie en vaudrait au moins une autre. Et si l'on se laisse impressionner, à la manière de Hume ou de quelques évolutionnistes contemporains, par notre survie malgré ou peut-être même à cause d'une telle stratégie pratiquée, inconsciemment certes, en d'autres domaines, on pourrait même dire qu'elle est préférable à d'autres stratégies rivales. Des récriminations à l'intention de Gassendi dans les circonstances qui prévalent ne seraient de mise donc que si, tout en se rendant compte que nécessairement l'esprit n'est pas un corps subtil et délié, celui-ci s'obstinait — par passéisme ou n'importe quel autre mobile — à vouloir le croire. Ce qui reviendrait, inutile de le dire, à doter la thèse matérialiste de Gassendi d'un contenu conceptuel proprement dit. Mais comment pourrait-on la doter de la sorte et en même temps comprendre l'acharnement de Gassendi à vouloir croire que sa thèse nécessairement fausse est, pourtant, vraie ? N'existerait-il pas une volonté de ne pas croire, voire rejeter, ce qui est compris comme étant nécessairement faux tout comme doit exister, du moins selon Descartes, une volonté de croire ce qui est compris comme étant nécessairement vrai — « ex magna luce in intellectu magna consequuta est propensio in voluntate » ? (AT VII, 59 ; IX-1, 4). Par conséquent, pour peu que sa stratégie épistémologique s'avérât irrecevable, voire sujette aux récriminations, il faudrait donc que Gassendi veuille croire en même temps que l'esprit est un corps et qu'il n'en est pas un. D'une posture initiale qui semblait contraindre Descartes bon gré mal gré à innocenter, peut-être même applaudir, la stratégie épistémologique de Gassendi, on le verrait contraint de verser dans l'autre extrême et de la taxer tout simplement d'incohérence volitive.

Avant d'acquiescer à un jugement aussi sévère, on serait bien avisé de cerner la thèse cartésienne mentionnée ci-dessus à laquelle ce jugement est intimement relié, à savoir que d'une grande clarté en l'entendement suit une grande inclination en la volonté. En effet, même si une telle clarté engendre en quelque sorte une telle inclination ou en l'espèce une telle répugnance, rien ne nous oblige à conclure que par là entre en jeu un acte de volonté par lequel on veut croire ou ne pas croire quelque chose. On peut tout au plus conclure — que Descartes y trouve son compte ou non — que, si Gassendi ne croit pas à sa thèse matérialiste, voire la rejette, aucune cause extérieure ne l'a forcé à le faire — « non quod ab aliquâ vi externâ fuerim ad id coactus » (AT VII, 58-59 ; IX-1, 47). Penser autrement équivaudrait à souscrire à une thèse au moins aussi discutable que celle de Gassendi, à savoir que faire ou refuser de faire quelque chose d'une manière volontaire renvoie nécessairement à un acte de volonté par le truchement duquel on veut le faire ou on veut ne pas le faire, en l'occurrence, on veut croire et on veut ne pas croire quelque chose. Or la clarté de l'entendement, tel que Descartes lui-même l'entend, ne laisse aucune place à un tel acte. Voir à la lumière de l'entendement que quelque chose est vrai — ou faux, ajouterions-nous — implique nécessairement et immédiatement que l'on le sait et par conséquent que l'on le croit — ou ne le croit pas, voire le rejette — et tout cela, qui plus est, d'une manière volontaire. En de telles circonstances un acte de volonté qui paraît y convenir s'avérerait en réalité ou superflu ou impossible. Il serait superflu au cas où on croit ou ne croit pas, voire rejette, déjà volontairement quelque chose par la seule entremise d'une illumination de l'entendement — naturelle ou surnaturelle peu importe selon Descartes (AT VII, 57-58 ; IX-1, 46). Il serait impossible au cas où le volontaire s'efface, cédant la place par exemple à la force externe. Car, chose certaine, si une action volontaire quelconque n'implique pas logiquement un acte de volonté correspondant, l'inverse n'est pas pour autant recevable : un acte de volonté implique logiquement que l'action, quelle qu'elle soit, qui en ressort, si toutefois il y en a une, est volontaire.

Alors où en est-on ? Gassendi ne croit pas, voire rejette, volontairement sa propre thèse matérialiste. Mais il n'y a pas pour autant un acte de volonté correspondant. Si un acte de volonté quelconque entre en jeu, c'est celui par le truchement duquel Gassendi veut croire, l'illumination de l'entendement nonobstant, que sa thèse matérialiste, à savoir que l'esprit est un corps subtil et délié, est pourtant vraie. Car rien ne nous apprend que tout ce que l'on croit ou que l'on ne croit pas, voire rejette à bon escient, coïncide avec ce que l'on veut croire. Le cœur, nous apprend Pascal, a ses raisons que la raison ne connaît point. Il aurait pu ajouter qu'il a également ses raisons — ou s'agirait-il plutôt de préjugés ? — qui s'opposent à la raison, en tant que telle et dûment reconnue, mais — l'expression revêt ici sa pleine signification — reconnue de la sorte *à contrecœur*. Et par la même occasion, dans la mesure où il s'agit véritablement de préjugés, cette expression-là pour sa part perd ou plutôt transcende la signification étymologique et toute chronologique que lui attribue Descartes en première instance — préjugé ou *prae-iudicium* — pour revêtir une signification pleinement normative. L'acharnement qu'attribue Descartes à Gassendi à vouloir continuer à croire ce qu'il a voulu croire auparavant tout simplement parce qu'il a voulu le croire auparavant se heurte maintenant — pour peu que l'on soit cartésien — à la fausseté nécessaire et évidente de sa thèse matérialiste. Un tel heurt, inutile de le dire, est d'autant plus néfaste qu'il peut amener l'affirmation moitié verbale moitié réelle — l'exemple de Gassendi est là pour le prouver — d'une telle fausseté. En d'autres termes, la volonté de croire telle que l'on vient de la décrire peut mettre quelqu'un dans un état d'âme pour le moins trouble où l'illumination de l'entendement, tout en s'exerçant, ne dicte plus ses dires, même ou surtout certains de ses dires quasi sincères.

Descartes, donc, aurait raison en de telles circonstances d'attribuer l'erreur à une espèce de dépassement de l'entendement de la part de la volonté. En revanche, il ne s'agit nullement, en quelque manière que ce soit, d'une volonté dépourvue d'entendement. Gassendi, au contraire, comprend très bien ce qu'il veut croire tout en sachant que c'est faux. Le problème est constitué non pas par une volonté aveugle mais par une volonté perverse dont le propriétaire est, partant, de mauvaise foi — du moins si Descartes, l'anti-matérialiste, a raison — parce que celui-là veut par préjugé nier ses propres lumières (AT III, 434)[1]. Et il sera d'autant plus facile de se livrer à une telle perversité ou mauvaise foi si Descartes a raison — ce qui à mon sens est fort douteux — en prétendant qu'une lumière seulement remémorée s'avère moins forte, en langage moins imagé, s'avère moindre en tant qu'évidence, qu'une lumière en quelque sorte vécue (AT VII, 69-70; IX-1, 55)[2]. Car il est pour le moins improbable que l'esprit de Gassendi se fût fixé sur l'évidente et nécessaire fausseté, pour peu que l'on soit cartésien, de sa thèse matérialiste au moment même où il proclame

1. Où dans une *Lettre à Hyperaspistes,* Descartes parle des sceptiques qui nient leurs propres lumières. Et encore la perversité ou la mauvaise foi est censée y être pour quelque chose. « Et sane nunquam negavi ipsos scepticos quamdiu aliquam veritatem clare percipiunt, ipsi sponte assentiri, nec, nisi nomine tenus et forte etiam voluntate ac instituto, in sua illa de omnibus dubitandi haeresi permanere. » Il est piquant d'apprendre que celui qui porte le pseudonyme 'Hyperaspistes' fut probablement un ami de Gassendi.

2. Mais une lumière remémorée n'est-elle pas moins forte qu'une lumière vécue? Aucunement. Une lumière remémorée n'est pas une lumière et *a fortiori* n'est pas une lumière moins forte. Une évidence remémorée, en revanche, est bel et bien une évidence et vaut en tant que telle son archétype. Voir la sage méfiance de Hobbes en ce contexte envers le recours à la métaphore en dialectique (AT VII, 191-192; IX-1, 149).

à qui veut l'entendre qu'un tel esprit n'est pas à discerner d'avec un corps subtil et délié.

Alors que faut-il faire pour extirper une telle perversité ou mauvaise foi ? Suffirait-il, comme le prône Descartes en ce contexte, que je me rappelle qu'il faut m'abstenir de porter un jugement chaque fois que la vérité de la chose n'est pas évidente — « quod recorder, quoties de rei veritate non liquet, a iudicio ferendo esse abstinendum » (AT VII, 62 ; IX-1, 49) ? Une telle stratégie, inutile de le dire, ne serait guère suffisante. Car dans le cas de Gassendi il s'agit, si toutefois Descartes a raison, non pas d'une vérité qui ne soit pas évidente mais plutôt d'une fausseté qui l'est. Qui plus est, il ne pourrait, dans la mesure où il s'agit d'un jugement, être question pour Gassendi de s'abstenir d'en porter un. L'évidence de la fausseté en question lui arracherait en quelque sorte, au contraire, le jugement négatif qui y convient. Il pourrait tout au plus être question pour lui de consentir par une espèce de conversion spirituelle à ne plus vouloir — par préjugé ou d'autres raisons, peu importe — nier ses propres lumières et s'accommoder à l'évidente fausseté, pour peu que l'on soit cartésien, de sa propre thèse matérialiste, une fausseté qu'il est obligé en tous les cas de constater.

Un tel renoncement aurait au moins un et peut-être même deux avantages considérables, l'un intimement relié à l'autre. D'abord et avant tout la perversité et mauvaise foi que l'on a déjà mentionnée serait par ce fait même bel et bien extirpée. Qui plus est, cette espèce de consentement, voire adhésion, au nécessaire qui rappelle, toute proposition gardée, l'*amor fati* des stoïciens tant admirés par Descartes permettrait à celui-ci finalement de réconcilier ce que croit volontairement Gassendi avec ce que ce même Gassendi veut croire. Car, à défaut d'un acte de volonté convenable, un consentement accordé de tout cœur transformerait le volontaire, jusqu'ici défini en des termes négatifs comme absence de cause extérieure, en quelque chose que l'on veut d'une manière positive. En même temps l'empire de la raison ou de la grâce devient le terrain propre et indiscutable de l'intégrité. L'acte honnête, nous apprend Sénèque, s'opère sans injonction, ni contrainte ; il est pur et dégagé de tout élément mauvais — « Omne honestum iniussum incoactumque est, sincerum et nulli malo mixtum. » C'est justement le *« sincerum »* ajouté au « iniussum incoactumque »[1] qui exclurait le genre de perversité et mauvaise foi qu'un Descartes consistant attribuerait à tort ou à raison à Gassendi.

II

Il est temps de revenir à la pomme empoisonnée. Là il ne s'agit point d'une proposition nécessairement fausse qu'il faut reconnaître comme telle malgré soi, mais plutôt d'une proposition fausse d'une manière contingente et pourtant probable à laquelle, nonobstant, on croit ou veut croire à partir de certains indices positifs, à savoir la nature agréable de l'odeur, la couleur, et même le goût de la pomme en question. Car c'est à tort que Descartes assimile, ce me semble, les deux cas du rapport entre le fait conçu et le jugement effectué. Dans le premier cas, le jugement que l'esprit est un corps subtil et délié est muni par le truchement de ses composantes d'un contenu conceptuel de rechange, étant donné, du moins selon Descartes, qu'il n'en a pas un en tant que tel. En revanche, ses composantes (la conception de l'esprit comme chose qui pense, celle du corps, subtil et délié ou non, comme chose étendue) ne constituent aucunement à l'instar de la nature agréable de l'odeur, la couleur et le goût de la pomme des indices positifs de la vérité du jugement qui en ressort. Au contraire, elles le contredisent — chose, soit dit en passant, impossible, à moins que, n'en déplaise à Descartes, le jugement ne possède à plein titre son propre contenu conceptuel qui dépasse celui conféré *ex vi terminorum.* De la même manière la nature agréable de l'odeur, la couleur et le goût de la pomme ne sont point pour leur part, en quelque manière que ce soit, des composantes du jugement que ladite pomme est bonne à manger. Partant, le jugement qui ressort de l'attribution de ces qualités à la pomme est logiquement distinct du jugement à travers lequel on déclare que la pomme est bonne à manger.

1. *Lettres à Lucilius,* II, texte établi par François Préchac et traduit par Henri Noblot, deuxième tirage, Paris, 1965, p. 120-121.

Et le dépassement de l'entendement de la part de la volonté, auquel Descartes relie l'erreur ? Qu'en est-il en ce cas ? C'est que le jugement voulant que la pomme soit bonne à manger n'est fondé sur aucune idée claire et distincte mais constitue au contraire un mauvais usage de l'indifférence de cette même volonté — mauvais parce que, en agissant de cette manière, on court le risque de se tromper comme dans le cas présent ou au mieux d'atteindre tout fortuitement et, partant, sans mérite, voire d'une façon inadmissible, la vérité (AT VII, 60 ; IX-1, 47). Telle est du moins la conviction de Descartes. Laissant de côté son étrange confusion, du moins si l'on peut se fier aux apparences, du fortuit et du probable, on peut à juste titre demander à Descartes son remède au mal en question. Il n'est pas, comme tout le monde le sait, en peine de réponse. Recourant à un genre d'homéopathie, il prétend que la même indifférence de la volonté qui est censée générer ce mal est en mesure de l'extirper. Au lieu de donner libre cours au jugement par l'exercice irresponsable de l'indifférence de la volonté on peut et on devrait le refréner par un exercice responsable de cette même indifférence, quitte à se limiter à se prononcer sur des idées claires et distinctes (AT VII, 59 ; IX-1, 47).

Tout tourne, inutile de le dire, autour de la possibilité d'une volonté indifférente. Gassendi, pour sa part, n'y croit goutte. Partant, il trouve que et le mal tel que le conçoit Descartes et le remède qu'il prône confinent tous les deux tout simplement à la chimère. La volonté selon ce même Gassendi est pour le bien ou pour le mal le fidèle reflet de l'entendement (AT VII, 317). D'où on peut conclure que l'erreur ne consiste pas tant dans le dépassement d'une volonté indifférente par rapport à l'entendement que dans une espèce de dissonance dont les éléments opposés, loin d'être l'entendement et la volonté, sont ces deux-là en harmonie générative d'un côté et la vérité de la chose de l'autre — « in dissonantiâ judicii a re judicatâ, ε et ex eo quidem ortâ quod intellectus illam rem secus quàm sese habeat, apprehendat » (AT VII, 317).

Voilà encore une fois les prémices d'un beau débat ! La réponse du moins officielle de Descartes cette fois-ci, il faut dire les choses telles qu'elles sont, n'est pas à la hauteur d'un tel débat. Il prétend essentiellement que l'indifférence de la volonté mise en cause par Gassendi est quelque chose que l'on doit plutôt expérimenter en soi-même que de se persuader par des raisons — « quilibet apud se debeat experiri, potius quàm rationibus persuaderi » (AT VII, 377). Pas un seul instant la possibilité ne semble lui effleurer l'esprit qu'une telle expérience soit trompeuse. Et cette possibilité devrait être d'autant plus réelle aux yeux de Descartes que, à l'encontre du fait qu'il me semble que je vois, que j'ouïs et que je m'échauffe — « videre videor audire, calescere » — dont il fait état comme exemples d'incorrigibilité dans la *Seconde Méditation,* l'expérience de l'indifférence de la volonté telle qu'il l'interprète prétend établir avec certitude l'existence de l'*objet* de cette expérience et pas simplement l'expérience elle-même (AT VII, 29 ; IX-1, 23). L'objet de cette expérience, si toutefois il existe, sera, certes, en quelque sorte interne, tandis que ce que je vois, ce que j'ouïs et ce qui m'échauffe, si toutefois je vois, j'ouïs et je m'échauffe véritablement, sera en quelque sorte externe. Mais une telle différence ne nous permet aucunement, à la faveur de l'intériorité, de brûler l'étape entre une expérience et son objet.

J'ai parlé ci-dessus de la réponse officielle de Descartes à la critique de Gassendi concernant l'indifférence de la volonté, sous-entendant par là qu'il y en avait une officieuse que Descartes tenait à cœur et qu'il refuse — la raison m'échappe — de divulguer à son interlocuteur matérialiste. Ainsi, il prétend que ce qui a rapport à l'indifférence de la volonté et que nie Gassendi est, pourtant, très manifeste en soi — « quae postea de indifferentia voluntatis negas, etsi per se manifesta sint » (AT VII, 377). Mais il ne veut pas entreprendre la preuve devant Gassendi — « nolo tamen coram te probanda suscipère » (AT VII, 377).

Et quelle est cette preuve ? J'aurai tendance à croire qu'il faudrait se reporter au fameux et sempiternel âne de Buridan pour répondre un tant soit peu convenablement à cette question[1]. Un âne affamé qui se trouve entre deux boisseaux de foin qui sont, pour toutes fins utiles, identiques et connus comme tels — en l'absence de l'indifférence de la volonté — mourrait de faim. Car, raisonne-t-on, pour que l'âne en question choi-

1. Voir à cet égard Nicholas Rescher, *Choice Without Preference : A Study of the Logic and of the History of the Problem of Buridan's Ass, Kant Studien,* vol. 21 (1959-1960), p. 142-175. La solution du problème que nous proposons est celle de Rescher.

sisse l'un des deux boisseaux et pas l'autre, il faudrait qu'il y eût une raison à cela. Mais *ex hypothesi* il n'en est rien. Or, n'en déplaise à Spinoza, il serait absurde, poursuit-on, de croire que l'âne mourrait de faim en de telles circonstances[1]. D'où la conclusion, tirée en substance par Descartes ailleurs, qu'existe bel et bien une indifférence de la volonté[2].

Il s'agit évidemment dans l'exemple d'un choix à faire, tandis que Descartes et par conséquent Gassendi se penchent tous les deux sur un jugement à porter. Mais, comme on l'a déjà noté, le jugement chez Descartes relève de la volonté et Gassendi, probablement pour faire avancer le débat — « hic non disputo » (AT VII, 314) — ne met pas en doute cet élément de la théorie cartésienne du jugement. Partant, la différence entre un choix à faire et un jugement à porter est absolument chez Descartes et hypothétiquement chez Gassendi minime, voire inexistante. Ainsi, si le recours à l'âne de Buridan établit l'indifférence de la volonté dans le premier domaine, on peut logiquement s'attendre à ce qu'il en fasse autant dans l'autre. On comprend du même coup que Descartes, tout en la traitant comme une espèce de donnée immédiate de la conscience, affiche, pourtant, un profond mépris pour cette même indifférence de la volonté qu'il dénomme le plus bas degré de la liberté — « infimus gradus libertatis » (AT VII, 58; IX-1, 46). Sa conviction qu'il s'agit plutôt d'un défaut ou même d'un genre de négation dans la connaissance que d'une perfection — « nullam in ea perfectionem, sed tantummodo in cognitione defectum sive negationem quandam » (AT VII, 58; IX-1, 46) — devient par là également compréhensible. Car, à travers la logique de l'exemple de l'âne de Buridan, l'exercice de cette même indifférence est coupé d'avec les raisons en cause qui *ex hypothesi* se répartissent d'une manière strictement égale entre les deux choses à faire. D'où l'indifférence. Le *liberum arbitrium* est devenu un *arbitrarium arbitrium.*

1. *Ethique,* traduction nouvelle avec notice et notes par Charles Appuhn, 2e éd., Paris, II, p. 234-235. Il s'agit, en effet, du scolie à la proposition XLIX de la deuxième partie de l'*Ethique.* Spinoza répond à la quatrième objection.

2. Voir AT VII, 149; IX-1, 116-117 avec son renvoi au *Discours de la méthode* qui laisse clairement présager que Descartes tirerait cette même conclusion. A vrai dire, la seule chose qui manque là-dedans est une référence explicite à l'âne de Buridan.

Mais existe-t-il véritablement un tel *arbitrarium arbitrium*? L'exemple de l'âne de Buridan n'exclut pas, à moins que je ne me trompe, le recours à un jeu de hasard, par exemple — pile ou face vient naturellement à l'esprit — de la part d'un âne exceptionnellement doué, j'en conviens, pour régler le problème de choix. Et pourvu que le choix de la pile ou de la face comme facteur déterminant ne soit pas lui-même indifférent — d'où le même problème resurgirait à un niveau supérieur *ad infinitum* — on pourrait envisager une situation où il n'y a point d'indifférence, mais l'âne ne meurt pas de faim pour autant. Il suffirait de se figurer à cet effet un âne non seulement précoce mais, qui plus est, inspiré d'une profonde affection pour le souverain en tant que tel et à telle enseigne que par pur sentimentalisme il donne toujours le pas à la face dans le jeu de hasard qui s'y rapporte. Il se peut même que l'esprit de conservatisme, voire passéisme, que Descartes, comme on a déjà noté, attribue à Gassendi dans un autre contexte trouve pleinement son compte, pour ne pas dire sa justification, en celui-ci — je choisis la face cette fois-ci au lieu de vouloir continuer à croire que la pomme est bonne à manger, mais encore une fois c'est parce que je veux continuer à faire ce que j'ai fait dans le passé et, partant, ne veux pas ou ne peux pas changer.

L'indifférence de la volonté n'a donc pas été acquise. D'où la possibilité que, pour autant que l'on sache, Gassendi ait raison de faire de la volonté le fidèle reflet de l'entendement. Si tel est le cas, il faudrait imputer à Descartes deux convictions qui sont mutuellement inconsistantes. D'une part, il croit que la volonté peut à travers l'indifférence déborder l'entendement. D'autre part, dans la mesure où il ne diffère aucunement du commun des mortels en ce qui regarde sa propre constitution psychologique, ce qu'il veut croire par rapport à la pomme empoisonnée — si toutefois il veut croire quoi que ce soit — reflétera nécessairement ce qu'il entend ou croit entendre. Ainsi, si les seuls indices qu'il a à sa disposition sont la nature agréable de l'odeur, la couleur et le goût de cette pomme empoisonnée, il sera pour ainsi dire inéluctable — toujours dans la supposition que Gassendi ait raison — qu'il veuille tenir pour probable sa bonté pour quiconque a faim et veut manger.

Au lieu de taxer Descartes d'inconsistance en la matière il serait possible, certes, de hiérarchiser ses convictions d'une telle manière que son propre jugement de probabilité concernant la pomme empoisonnée lui soit en quelque sorte occulté par sa plus globale conviction, en somme toute métaphysique, concernant l'indifférence de la volonté. Une telle hiérarchisation aurait, en outre, l'avantage non méprisable de nous permettre de comparer la supposée inconscience de Descartes avec la supposée perversité et mauvaise foi de Gassendi qui s'acharnerait, celui-là, à défendre contre vents et marées un matérialisme dont la fausseté nécessaire devrait sauter aux yeux.

Perversité et mauvaise foi d'un côté, inconscience de l'autre. Voilà un échange de bons procédés ! Et pourtant la tare de Descartes, si toutefois tare il y a, est épistémologiquement nettement plus grave que celle imputée à Gassendi. Car une volonté perverse n'est pas, que je sache, une volonté aveugle. Gassendi, tout pervers et entaché de mauvaise foi qu'il soit aux yeux au moins d'un cartésien consistant, ne réussirait pas pour autant à nier ses propres lumières antimatérialistes. Telle fut au moins l'une des conclusions de notre analyse. Et dans la mesure où il y eût réussi, il se serait agi non point de perversité et mauvaise foi mais tout bonnement d'ignorance. Sur Descartes, en revanche, à cause de l'obscurité et la confusion de la conception qu'il croit trouver à sa base, le jugement de probabilité qui en ressort n'aurait pas la même prise sur lui qu'aurait sur Gassendi le refus de son propre matérialisme. D'où la possibilité qu'il le sous-estime, voire l'ignore tout court, surtout après coup et sous l'élan de sa prise de position en faveur d'une indifférence de la volonté dont le moins que l'on puisse dire c'est que ses lettres de créance se font attendre. Ces probabilités une fois occultées d'ailleurs, il faudrait recourir à des démonstrations en règle pour fermer la bouche au pyrrhonien dont la présence hante les *Méditations* jusqu'à leur dernière phrase et, aux yeux de qui, du reste, la croyance en l'existence même de la fameuse pomme et autres choses de ce genre est absolument gratuite. Tout cela expliquerait l'effort hasardeux et herculéen de Descartes pour réintégrer à travers un raisonnement de type déductif un monde qu'il ne peut même en esprit quitter, ce qui exclurait qu'il y eût à le faire aucune obligation épistémologique.

Réponse à Robert Imlay
Ce qui se conçoit et ce qui se comprend

DENIS KAMBOUCHNER

Chacun saura gré à Robert Imlay d'avoir rouvert, par une interrogation incisive, la question du fondement à donner à la thèse cartésienne de l'inégale extension de la volonté et de l'entendement. Alors que cette thèse constitue la clé de voûte de la *Quatrième Méditation,* et que toute la liberté du sujet cartésien y est d'une certaine manière suspendue, l'argumentation cartésienne à son égard paraît en effet toujours trop rapide et elliptique, comme si le point était soit des plus faciles à entendre, soit au contraire de l'explication la plus délicate. Cette rapidité et ce caractère elliptique s'observeront certes aussi bien pour la définition de l'infinité de la volonté, ou pour celle de son indifférence « positive » ; et l'on pourra se demander si ces caractères sont propres au discours cartésien sur cette faculté, ou constitutifs de l'exposition de la psychologie cartésienne tout entière. Quoi qu'il en soit, R. Imlay s'est attaché à mettre en relief sur le point précis dont il s'agit une certaine fragilité de la position cartésienne, majorée par l'obligation où elle se trouve de se faire valoir sur des exemples déterminés. Non seulement, en effet, Descartes doit reconnaître que tout ce qui fait l'objet d'une volition fait aussi l'objet d'une certaine intellection, mais, ce faisant, il devrait selon R. Imlay reconnaître aussi :

a) que l'exemple métaphysique (la thèse matérialiste) et l'exemple pratique (la pomme empoisonnée), dont il se sert pour réaffirmer sa thèse, sont notablement différents ;

b) que, dans l'exemple métaphysique, il n'y a pas défaut d'intellection, mais seulement mauvaise foi de la part de celui (Gassendi) qui soutient la thèse considérée ; et

c) que, dans l'exemple pratique, la volonté ne laisse pas de « refléter » l'entendement. Le même Gassendi à qui l'on prête ici une certaine mauvaise foi métaphysique se trouvera donc avoir raison, et Descartes avoir tort, du point de vue épistémologique.

Une telle conclusion fait évidemment difficulté. Non point certes à raison de la préférence accordée à la position gassendienne : que la thèse de Gassendi (la volonté est une puissance aveugle qui ne fait rien que selon ce que montre l'entendement) puisse être estimée, en dernière analyse, plus forte ou plus vraie que celle de Descartes (que la volonté ne se tient pas souvent dans les limites de l'entendement), c'est là une hypothèse que l'on se gardera d'exclure, dans la mesure où elle conserve quelque signification. Le difficile est plutôt de parler d'inconscience épistémologique, s'agissant d'un auteur — Descartes — réputé, dans la tradition critique française tout au moins, avoir acquis et conservé de ses propres procédés une conscience exceptionnellement vive. De fait, la simple consistance des propositions cartésiennes peut apparaître ici bien supérieure à ce que R. Imlay en a voulu admettre. On tâchera donc, dans un premier temps du moins, de s'en faire le champion *(hyperaspistes)*. Et afin de préciser le sens de la thèse d'après laquelle la volonté est plus étendue que l'entendement, on reprendra brièvement l'analyse des deux exemples utilisés en AT VII, 376-377, en commençant par le plus difficile des deux, qui pour une fois n'est pas le plus spéculatif.

I / Sur l'exemple pratique de la pomme empoisonnée, R. Imlay doute d'emblée qu'il faille suivre Descartes en « vidant le jugement que la pomme est bonne à manger de tout contenu conceptuel proprement dit ». « On pourrait aussi bien, remarque-t-il, vouloir croire que la pomme est bonne à manger parce que, tout compte fait, on la conçoit de la sorte et que d'autres facteurs qui feraient pièce à cette conception n'entrent pas en ligne de compte. » Et vers la fin de son exposé, il est suggéré que Gassendi pourrait bien avoir raison (avec sa thèse d'après laquelle la volonté ne peut s'étendre qu'à ce à quoi s'étend l'entendement) en ce que le jugement de Descartes concernant la pomme *reflète ce qu'il entend ou croit entendre,* à savoir la probabilité (extrême) que cette pomme soit réellement saine et non empoisonnée. R. Imlay semble donc, sur cet exemple, reprendre la position soutenue par Gassendi dans ses *Instances* de 1642, d'après laquelle je veux le fruit tel exactement que je le juge être, et le juge être tel que je le perçois[1]. Un seul point sera concédé à Descartes (que Gassendi laisse dans l'ombre), à savoir que, pour se déterminer à manger le fruit, il faut d'abord le juger *bon à manger (utile in alimentum),* ce qui est autre chose que de le juger, dirons-nous, *appétissant.* C'est en effet pour autant que le caractère appétissant que revêt cette pomme dans sa première expérience sensible (d'ailleurs diversifiée) n'est *pas encore* sa comestibilité ou bonté réelle, que je dois juger de cette dernière en probabilité.

Or, que le jugement à porter sur la bonté de la pomme doive, *faute de mieux,* retenir une probabilité, Descartes aurait été le premier à l'accorder — étant à peine besoin de rappeler ici la seconde maxime de la morale par provision, et la formulation d'après laquelle, « les actions de la vie ne souffrant souvent aucun délai, c'est une vérité très certaine que, lorsqu'il n'est pas en notre pouvoir de discerner les plus vraies opinions, nous devons suivre les plus probables ». Soit la situation suivante : alors que je me trouve avoir grand faim, l'on me propose une pomme qui semble tout à fait saine et appétissante ; je n'ai jamais eu à me plaindre d'avoir consommé des pommes présentant le même aspect, et n'ai aucun lieu de croire que l'on ait mis du poison dans celle-ci : c'est alors tout à fait raisonnablement que je suivrai l'opinion que cette pomme est bonne et me déterminerai à la manger, et au contraire tout à fait déraisonnablement et au risque du ridicule que je la refuserai sous prétexte qu'elle est peut-être empoisonnée. Qu'elle n'ait pas été empoisonnée, c'est ce dont il me sera difficile d'acquérir, avant ingestion, une entière certitude, à moins d'avoir à ma disposi-

1. Contre la *Quatrième Méditation,* Doute III, Instance IV, p. 369 *a* des *Opera Omnia* (1658).

tion, comme le roi, un goûteur. La probabilité qu'elle le soit diminuera encore si je puis me livrer sur les petites parties de la peau et de la chair de cette pomme à une inspection minutieuse qui ne me révélera aucune trace de poison ; mais, si l'on imagine une sorte de poison parfait, c'est-à-dire actuellement indétectable, et susceptible d'être introduit dans le fruit très longtemps à l'avance sans en corrompre la substance, il ne suffira pas, même, à la limite, que j'aie continûment monté la garde auprès de cette pomme, depuis son premier bourgeonnement jusqu'à son transport dans mon assiette, pour être absolument assuré qu'elle n'est pas toxique : il me manquera pour cela la certitude d'avoir veillé de manière absolument continue, et celle que l'arbre tout entier n'a pas été empoisonné avant mon installation, ou par des moyens indirects, auxquels je n'aurais pas songé.

Donc, de cette non-toxicité, je ne peux être absolument certain, mais, d'une part, je puis en avoir une certitude *morale* qui suffit pour m'autoriser à manger la pomme, et d'autre part, je n'ai matériellement guère le choix : je puis refuser de manger cette pomme-ci, mais, sauf à y risquer ma vie à moyen terme, je ne saurais refuser de manger tous les aliments dont je ne suis pas absolument certain qu'ils ne sont pas empoisonnés. Aussi bien cette sorte de contrainte donnera-t-elle à mon comportement lui-même un caractère éminemment prédictible.

Jusqu'ici donc, point de réelle dispute. La dispute commence au-delà. Car, pour Descartes, considérer cette pomme comme bonne à manger signifiera : juger qu'elle l'est *selon toute probabilité,* ou bien : *se juger, s'estimer fondé à la manger.* Mais quiconque n'aura pas été formé à cette circonspection ne se contentera pas d'un tel jugement, ou plutôt, ne s'y arrêtera pas. Ayant grand faim, et trouvant à manger une pomme fort appétissante, nous ne doutons pas un instant qu'elle ne soit bonne, et nous empressons d'y mordre. Et si « ne pas douter qu'elle ne soit bonne » revient au même que de « la juger bonne » (catégoriquement), en cela même, Descartes maintiendra que notre volonté (prise comme faculté du jugement) a passé les bornes de notre entendement, dans l'exacte mesure où nous avons opéré, par rapport à ce dont nous pouvions être certains (que la pomme est très probablement bonne) une conversion de modalité. Or cette conversion n'avait rien d'obligatoire, du moins aux yeux de Descartes, pour qui (*Lettre à Reneri pour Pollot,* avril ou mai 1638, AT II, 35) une chose est de se déterminer à suivre, pour l'action des opinions douteuses (à défaut de plus certaines), autre chose de cesser de les considérer comme douteuses. Par-delà la détermination de la volonté, dit Descartes, l'entendement doit « demeurer libre, et considérer comme douteux ce qui est douteux ».

Comment ce dépassement de l'entendement par la volonté se marquera-t-il dans la pensée même ?

Lorsque vous vous dites : « cette pomme est bonne », naturellement vous *concevez, entendez* ou *comprenez* quantité de choses : ce qu'est une pomme, ce qu'est la bonté d'un aliment en général et d'une pomme en particulier, comme aussi, que cette pomme est appétissante, que toutes les autres pommes que vous avez trouvées appétissantes ont été bonnes, que vous n'avez actuellement aucune raison de croire qu'on ait voulu attenter à la vie de la personne destinée à manger cette pomme, et que, malgré la troublante série de faits réunie par Th. de Quincey dans son incomparable mémoire sur l'*Assassinat considéré comme un des beaux arts,* il n'y a pas de raisons suffisantes de croire que tous les philosophes soient promis à une mort violente. Dans ces conditions, de l'énoncé même : « cette pomme est bonne », on pourra dire que vous le *comprenez,* ou encore que vous *concevez* ce qu'il signifie (vous concevez la bonté de cette pomme). Descartes tombera d'accord de tout cela. Et néanmoins, dira-t-il, *que cette pomme soit bonne,* cela précisément, vous ne le comprenez pas. Situation qui de vrai resterait inintelligible, si *comprendre (intelligere)* était exactement la même chose que *concevoir (concipere),* et *comprendre un énoncé* la même chose que *comprendre l'état de chose désigné par cet énoncé.* Or, ainsi qu'il a été rappelé lors d'une précédente séance de ce colloque, et comme nous devons particulièrement aux remarques de J.-M. Beyssade sur l'*Entretien avec Burman* de ne plus pouvoir l'ignorer, *'intelligere'* et *'concipere'* n'ont jamais désigné chez Descartes la même opération ; ce qui contrarie un préjugé invétéré, grandement favorisé, il est vrai, par les premiers traducteurs de Descartes, lesquels, faute d'un maniement aisé et non équivoque du verbe français *'entendre'*, ont rendu quasi systématiquement *'intelligere'* par *'concevoir'*.

Limitons-nous au point essentiel : en principe, le *'concipere'* cartésien peut toujours être rendu par un 'se représenter' ; le *'conceptus'* (terme auquel se substitue généralement, après les *Regulae,* celui d' *'idea'* : *« idea sive conceptus »,* AT VII, 166, 14 ; *Abrégé géométrique,* axiome X) n'est pas précisément un *concept,* mais plutôt une *représentation* — ce qui est réalisé dans l'esprit du fait qu'il applique son attention à un certain objet. Comme l'a souligné J.-M. Beyssade, au-delà de l'équivalence marquée par la *Règle XII* (AT X, 416, 3 : « concipere vel imaginari »), il restera toujours une certaine affinité, à tout le moins une sorte d'analogie entre le concevoir et l'imaginer ; avec le *concipere,* l'esprit ne *forge* pas nécessairement son objet, mais il se le donne (à penser) ; aussi bien ne semble-t-il pas nécessaire que ce qui est conçu existe hors de la pensée. Bien entendu, ce qui est conçu, en tant que tel, existe tout au moins à titre de *cogitatum* ; bien entendu, l'on ne saurait à proprement parler concevoir une chose (par exemple un cercle carré) dont la nature implique contradiction ; mais il faut convenir que tout ce dont la nature n'enveloppe pas contradiction, et qui est à portée de nos facultés représentatives, est *dans une certaine mesure* concevable (l'existence au moins possible étant réciproquement contenue dans toute *idea sive conceptus* d'une chose).

Il faut dire, « dans une certaine mesure », car une chose peut être conçue plus ou moins complètement, plus ou moins parfaitement, c'est-à-dire plus ou moins clairement et distinctement ; autrement dit, sa représentation peut être en elle-même plus ou moins achevée. Tel n'est pas le cas de l'intellection, qui porte sur un objet *déjà donné* à la pensée, qui s'effectue donc pour ainsi dire *à l'intérieur* de sa représentation ou de son idée, et qui est *appréhension absolue* d'une condition constitutive de cet objet ou relative à lui. Il est d'ailleurs significatif que, du point de vue grammatical, *concipere* admette pour complément un simple substantif, tandis qu'*intelligere* se construit généralement avec une proposition infinitive ; on peut parler, en français comme en latin, de *concevoir* un corps, mais pas de *comprendre* ou d'*entendre* un corps (seulement d'entendre que le corps est étendu, ou d'entendre la nature du corps). C'est dans la mesure où le *conceptus* d'une chose peut contenir de nombreuses déterminations, ou à tout le moins se déterminer par la négation de plusieurs autres, que cette chose peut être conçue plus ou moins distinctement. Mais chacune des conditions qui, d'après ce *conceptus,* se rapportent à cette chose est comprise ou n'est pas comprise ; et, sauf erreur, Descartes ne parle jamais de *comprendre (intelligere) clairement et distinctement quelque chose,* expression qui conserverait un caractère pléonastique.

Ce n'est donc nullement après coup, mais au moins dès la *Règle III,* et d'ailleurs selon la plus ample tradition, que l'*intellectio,* l'acte le plus propre de l'*intellectus,* a été relié à la vérité. Non seulement ce que j'entends ou comprends *(intelligo)* ne peut être que vrai ; non seulement « quidquid intelligo (cum a Deo habeam ut intelligam), procul dubio recte intelligo » *(Meditatio,* IV, AT VII, 58, 17-19) — mais l'intellection, pour qui du moins a reconnu l'existence d'un Dieu vérace, enveloppe la certitude de son objet et de sa propre réalité comme opération. Elle est autovérificatrice, parce qu'elle est en elle-même vérification réflexive. Descartes ne *dit* certes pas de l'intellection ce qu'en dira le Spinoza du *De Intellectus Emendatione* : à la vérité, avec ce dédain de l'explicitation conceptuelle qui le caractérise, il n'en dit jamais grand-chose. Néanmoins, le rapprochement de l'*intellectio* cartésienne et de son équivalent spinoziste sera, dans certaines limites, aussi légitime qu'éclairant.

Revenons donc à notre exemple. Je conçois cette pomme comme bonne, c'est-à-dire, je me la représente comme telle, à l'aide des « vestiges » de mes expériences antérieures dans le même genre. Je comprends ce que veut dire l'énoncé : « cette pomme est bonne », précisément pour autant que je conçois en relation avec lui quelque chose de déterminé, la relation entre cet énoncé et cette représentation m'apparaissant en son genre comme absolument nécessaire et indissoluble. Mais *que cette pomme soit bonne* (absolument), je ne le comprends pas, puisqu'à la moindre réflexion, je m'apercevrai que cette représentation (ou, si l'on préfère, cette connexion prédicative) ne comporte aucune véritable nécessité — autrement dit, que les propres causes ou raisons de la bonté de cette pomme ne sont pas réellement accessibles à ma perception. Je ne le comprends même *absolument pas,* étant admis que, s'agissant d'une chose ou condition précise, il n'existe pas de milieu entre comprendre et ne pas comprendre. Et pourtant, cette connexion prédicative, la bonté de cette pomme, est l'objet même de mon jugement et, précisément parlant, son unique objet ; elle est le *judicatum* lui-même. Donc, le fait est — si je juge en effet, etc. — que dans ce jugement même, par impulsion (habitude, appétit), je m'aventure au-delà de ce que j'entends ou comprends, Descartes étant d'une certaine manière fondé à me dire : « quia ita vis, ita judicas » — « parce que vous le voulez ainsi, vous en jugez de la sorte ».

II / Sur ces précisions, l'on peut revenir à l'exemple métaphysique. Supposons que Descartes ait raison de prêter à Gassendi le jugement (catégorique) d'après lequel l'esprit humain est un corps subtil et délié. Ici encore, il n'est pas et n'a jamais été question de nier que pour effectuer ce jugement, Gassendi ait en effet conçu quelque chose. Puisqu'il est ici question d'esprit et de corps, il a dû à tout le moins former dans sa pensée les deux idées du corps et de l'esprit (ce qui n'est précisément autre chose que les concevoir) ; et il n'a pu manquer de les concevoir *avec* ou *sous* les attributs qui — comme diront les *Principia* — constituent leur essence, à savoir, pour le corps, l'étendue, et pour l'esprit, la pensée. On pourra même dire qu'il n'a pu manquer de *comprendre* que l'esprit est chose qui pense, et le corps, chose étendue, si l'on considère cette pensée et cette étendue comme de simples propriétés constitutives de l'esprit et du corps, ce qui du reste engagera à en dire, comme le fait Gassendi à la fin de ses objections contre la *Seconde Méditation,* que ce sont des choses sur lesquelles tout le monde s'accorde et qui n'offrent aucun intérêt.

Mais, selon Descartes, Gassendi n'aura rien pu comprendre de plus. Il n'aura en aucun cas compris que la pensée constitue l'essence de l'esprit, et l'étendue l'essence du corps ; que l'esprit comme chose qui pense *ne peut pas* être étendu ; que le corps en tant que chose étendue *ne peut pas* penser ; et que ce qui pense *n'a pas besoin* d'être étendu pour être à sa manière propre, ni bien sûr ce qui est étendu, de penser. Bref, ne comprenant pas la pensée et l'étendue comme attributs principaux de l'esprit et du corps, il n'a pu comprendre l'exclusivité de ces attributs, qui doit faire que ce jugement : « l'esprit est un corps subtil », enveloppe une sorte de contradiction dans les termes.

Supposons donc (seconde supposition) que ces principes — les principes de la distinction réelle — soient en eux-mêmes incontestables : alors on ne pourra guère éviter de donner raison à Descartes, pour qui Gassendi, jugeant que l'esprit est un corps subtil, donne son assentiment à une proposition qu'il ne comprend pas, et comprend d'autant moins qu'elle est en elle-même inintelligible. Ici encore, tout malentendu possible viendra de l'inobservation de la distinction entre concevoir et entendre (comprendre) : il ne suffit pas de concevoir l'esprit comme chose qui pense et le corps comme chose étendue (ce qui n'est pas difficile et a lieu à même toute représentation de l'un ou de l'autre, fût-elle la plus confuse), pour *comprendre* que la chose qui pense *ne peut* être étendue, ni le corps, penser. La simple représentation du corps, chose étendue, et celle de l'esprit, chose qui pense, ou même le jugement que le corps est étendu et que l'esprit pense, ne constituent d'ailleurs qu'en un sens très faible les *composantes* du jugement d'après lequel l'esprit est (ou peut être) corps subtil ; car, précisément, ces représentations, ou ces jugements, seront, à un titre qu'il faudrait préciser, les composantes *de tout jugement possible* concernant l'esprit et le corps ; alors que ce qui compte, ici, est la mesure dans laquelle se trouve conçu ou compris *tel contenu de jugement déterminé et singulier,* contenu qui en tant que tel ne se laisse pas réduire à une simple addition de composantes générales, mais constitue en principe à chaque fois une synthèse noétiquement originale.

Maintenant, peut-on croire que Gassendi ne s'en soit pas arrêté à une conception *confuse* de l'esprit comme pensant et du corps comme étendu, et qu'il ait bien *compris* d'une certaine manière l'impossibilité pour l'esprit d'être un corps subtil, mais que pourtant il ait voulu juger le contraire ? Cela paraîtra malaisé. Ou bien, en effet, cette impossibilité (et la vérité des principes de Descartes) aura été par lui *entraperçue* : mais cette entraperception, négligée par Gassendi au bénéfice de ses propres convictions électives, n'est *pas encore* ce qu'on peut appeler une véritable et pleine *intellectio.* Ou bien — contre toute apparence textuelle — cette compréhension a été pleine et véritable, et alors il est moralement impossible que Gassendi ait pu, sauf extravagance avérée, prononcer le jugement contraire. Car, précisément, si simples que soient d'une certaine manière ces principes, leur compréhension n'a pu s'acquérir sans un long travail de destruction des préjugés contraires, et sans une longue méditation des raisons cartésiennes. Or cette méditation, ou ce travail, est l'œuvre de la même volonté à qui il revient de juger de la distinction de l'esprit et du corps — volonté dont il est peu concevable qu'elle se détermine au rebours des lumières qu'elle a *voulu* acquérir. On sera certes tenté de citer ici la *Lettre au Père Mesland,* du 9 février 1645, où il est stipulé (AT IV, 173) qu' « il nous est toujours possible de nous retenir d'admettre une vérité manifeste, pourvu que nous pensions que c'est un bien d'attester par là notre libre arbitre ». Mais de l'évocation cartésienne de cette possibilité de refuser une vérité clairement conçue — de cette évocation qu'il faut bien dire aussi problématique qu'elle est exceptionnelle — à l'idée que tel peut être le fait d'un esprit tel que Gassendi à travers la totalité de son œuvre et malgré ses protestations de sincérité, il reste un pas considérable à franchir. Qui le fera ?

Résumons. Le point essentiel auquel se trouve suspendue la consistance de la thèse cartésienne est donc celui précisément que Gassendi n'a pas saisi, lorsqu'il réduit l'*intellectio* cartésienne à ce qui formait, dans la tradition, la première opération de l'intellect, et que lui-même considère à tous égards comme la plus élémentaire, à savoir l'*appréhension simple (apprehensio simplex).* Comment pouvez-vous, demandera-t-il à Descartes dans les *Instances*[1], déposséder l'entendement de ses deux autres opérations (le jugement et le raisonnement), pour ne lui laisser que l'appréhension, et dire ensuite que la volonté s'étend plus loin que l'entendement — c'est-à-dire, donc, à des choses qui ne sont d'aucune manière appréhendées ? A quoi il faudra répondre qu'il y a erreur dans l'hypothèse : l'*intellectio* cartésienne n'est pas l'opération la plus élémentaire, mais l'opération la plus sophistiquée. Elle n'est pas une opération de premier degré (de la part de l'en-

1. Contre la *Quatrième Méditation,* Doute III, art. 4, p. 368*b*.

tendement, dans son rapport aux choses), mais une opération de second degré (de l'entendement par rapport à ce qu'il conçoit, ou *se représente,* des choses). Elle n'est pas la *première* opération de l'entendement, mais bien plutôt la *dernière* (par rapport à la chose à comprendre). Et précisément parce qu'il s'agit de la dernière, la volonté *peut toujours ne pas l'attendre* pour prendre position à l'égard de l'objet ; ce qui n'a jamais voulu dire qu'elle ne se porte vers rien qui soit représenté à l'esprit, mais seulement qu'elle se porte à quelque chose dont la représentation n'a pas encore été intégralement vérifiée.

A cet égard, sans doute les formulations cartésiennes du type : « Quand je ne contiens pas ma volonté dans les limites de mon entendement, autrement dit quand je l'étends à des choses auxquelles elle est de soi indifférente, ce n'est pas merveille si elle s'égare et si je me trompe », *peuvent sembler* prêter à la volonté errante une pure spontanéité inexplicable. Pourquoi Descartes n'a pas pu éviter une telle apparence, ce peut être en soi un sujet d'interrogation. Mais il est certain que ce n'est qu'une fausse apparence, et que la volonté, au sens cartésien, n'est jamais moins libre que lorsqu'elle donne son assentiment à une représentation incontrôlée. Car, pour ce faire, il ne faut pas croire qu'elle ait à *surmonter* une parfaite indifférence qui ne sera la sienne qu'en tant qu'elle aura d'abord ôté toute valeur à toute proposition imparfaitement comprise. Pour donner cet assentiment, il faudra et il suffira qu'au lieu de se rendre aux conclusions de l'examen le plus soigneux, elle cède à une *impulsion* que cette représentation encore confuse aura excitée en elle *comme automatiquement.* Sans doute est-ce parce que la nature et la production de cette impulsion ne se trouvent éclairées en aucun lieu de la philosophie première, mais plutôt dans l'anthropologie des *Passions de l'âme,* que la réalité propre en est communément négligée.

Pour revenir maintenant sur les exemples choisis par Descartes, force est de remarquer que chacun des deux restera à sa manière litigieux.

Celui de la pomme l'est d'abord par ambiguïté : le fait est-il qu'avec un peu plus d'attention ou de précaution, cette pomme (tirée par le texte français de son être générique de fruit, *pomum,* et pourvue par la même occasion d'un *goût* agréable que ne prévoit pas le latin) pourrait se révéler empoisonnée, ou bien y faudrait-il un examen qui dans l'instant demeure impraticable ? Cela changera beaucoup à la nature de l'erreur commise avec le jugement que cette pomme est bonne, laquelle ne paraîtra formellement caractérisée (comme précipitation du jugement) que dans le premier cas. Car, dans le second cas, où je me décide à croquer plus avant une pomme qui, après m'avoir semblé d'aspect agréable et dépourvue de traces suspectes, me semble agréable *au goût,* sans doute est-ce que je la *prends* du même fait comme *utile in meum alimentum,* sans m'arrêter à la considération d'une différence des deux assertions. Mais qu'après l'avoir jugée *bonne au goût,* je doive *en outre* la juger *utile in meum alimentum* ne semble ni nécessaire, ni usuel, ni naturel, la bonté de goût que j'expérimente dans cette pomme ayant précisément été, d'après la *Sixième Méditation,* instituée de la nature comme indice de cette convenance. En tout état de cause, dans cet ordre pratique, et particulièrement dans ces occasions où, comme dit l'article 142 des *Passions de l'âme,* « nous ne pouvons éviter le hasard d'être trompé » (AT XI, 435), on se demandera si le dépassement de l'entendement par la volonté n'a pas un caractère absolument fatal et constitutionnel, pour autant que, dans l'exécution, dans la pratique, à l'usage, ce que je veux ne pourra manquer de m'apparaître sous d'autres aspects que ceux que j'aurai d'abord envisagés.

Quant à l'exemple métaphysique, il reste à remarquer que Gassendi n'a nulle part dans ses objections *affirmé* que l'esprit soit un corps subtil, mais simplement objecté à Descartes : « *Vous n'avez pas prouvé* que vous-même, chose qui pense, n'étiez pas une sorte de corps plus subtil que le corps grossier ; *comment pouvez-vous être certain* que vous n'êtes pas un tel corps ? » (AT VII, 261) ; « dire que vous êtes une chose qui pense n'est rien dire que de connu, mais comment caractériserez-vous *l'intérieur de votre substance* » ? (AT VII, 276) ; « et comment pouvez-vous vous représenter cette substance même, autrement que comme un corps ? » (AT VII, 265). Jamais ne se trouve sous la plume de Gassendi un énoncé catégorique à cet égard, et, dans ses *Instances* de 1642, le même Gassendi protestera vivement contre l'imputation de ce jugement : « Que l'esprit soit un certain corps subtil, ce n'est nullement ce que je pense *(judico),* moi qui tiens pour article de foi qu'il est incorporel, et qui considère ce qui en apparaît par la lumière naturelle comme trop obscur pour me vanter de connaître par ce moyen la nature de l'esprit ; mais c'est quelque chose que je vous objecte en passant, à vous qui vous vantez de connaître cette nature par la lumière naturelle » (p. 369*a*).

De fait, que l'esprit humain soit une *substance* incorporelle, Gassendi, dont l'épaisseur d'esprit ne doit pas être exagérée, ne sera pas seul à ne pouvoir, en toute bonne foi, le comprendre ; et ce ne sera pas seulement pour avoir considéré qu'aucune substance ne peut se concevoir que sous les espèces d'un certain corps, et refusé d'admettre entre l'intellection de la nature de cette substance et son imagination sous forme de corps aucune différence essentielle. Le procédé même par lequel, selon Descartes, on peut se rendre certain de l'incorporéité de l'esprit n'est pas précisément au-dessus de toute question. Que la notion ou l'expérience que nous avons de la pensée suffise à nous faire connaître que l'esprit, à qui elle appartient, est une substance qui n'a besoin de rien d'autre pour exister, cela, qui fait l'objet de tout le début des *Quatrièmes Réponses,* pourra paraître en soi d'autant plus difficile à entendre que cette notion de la pensée n'a pas été beaucoup spécifiée. Que le cerveau ne soit « de nul usage lorsqu'il s'agit de former des actes de pure intellection, mais seulement quand il est question de sentir ou d'imaginer quelque chose » (*Cinquièmes Réponses,* AT VII, 358), cela ne semble avoir été établi nulle part en toute rigueur. Bref, il faudrait être bien peu inquiet quant au pouvoir de la raison pour ne trouver dans le principe cartésien rien qui fasse obstacle à la pleine compréhension ; et à la limite, laquelle est la plus incompréhensible de ces deux thèses — l'esprit humain est pure substance incorporelle ; l'esprit humain, en tant que substance, est un certain corps subtil —, cela pourra rester en débat.

Les deux exemples, donc, sont litigieux d'une manière ou d'une autre. Peut-être aussi leur conjonction porte-t-elle la marque de l'ironie cartésienne — Descartes semblant dire à l'auteur des *Cinquièmes Objections* : « Si vous mettez à choisir vos fruits autant de soin qu'à choisir vos thèses, vous n'irez pas fort loin dans cette vie ? » Le dialogue de l'âme, *anima,* et de la chair, *caro,* offre un certain nombre d'exemples d'une telle rudesse de la première à l'égard de la seconde. Mais quant à la thèse de la plus grande extension de la volonté par rapport à l'entendement, ne résultant que de l'application, au phénomène de la précipitation judicative, des deux principes d'après lesquels le jugement est un acte de volonté, et l'intellection un acte de second degré par rapport à la simple conception, nulle analyse d'exemples ne suffira à la mettre en cause : il y faudra une mise en question philosophique de ce principe même et de l'axiomatique dont il participe, assortie d'une ou plusieurs hypothèses alternatives. Il y faudra, en un mot, une « philosophie de l'esprit ».

Le discours de la dette chez Descartes

ANDRÉ GOMBAY

1 / Vous n'aurez sans doute pas compté, mais des mots qui ont trait à la dette surviennent plus de vingt fois dans les pages médianes de la *Quatrième Méditation.* Le verbe lui-même, *'debere'* : huit fois. Le nom ou l'adjectif de votre condition lorsqu'on ne vous remet pas ce qui vous est dû, *'privatio'* ou *'privatus'* : sept fois. Et puis il y a les autres membres de la famille — parents un peu plus éloignés, disons — que je vous présenterai tout à l'heure. Ils ne sont pas les moindres, comme vous verrez.

2 / Commençons par le commencement, et voyons comment ce discours s'installe dans notre *Méditation.* Vous vous souviendrez qu'au quatrième paragraphe (AT VII, 54) Descartes constate qu'il est affligé *(obnoxius)* d'innombrables erreurs *(innumeris erroribus)* ; et sa première réaction est de mettre cet état de choses au compte des limites de sa condition : « La puissance que Dieu m'a donnée pour discerner le vrai d'avec le faux n'est pas (...) infinie. » Je cite ici la version française parce qu'elle a le mérite d'exprimer peut-être mieux que le latin une attitude vis-à-vis de l'erreur qu'on pourrait dire propre à la conscience commune. C'est comme s'il y avait du vrai et du faux dans le monde, et parfois je prends l'un pour l'autre. Dieu ne m'a pas donné le pouvoir de discerner le rouge d'avec l'infrarouge non plus.

Or Descartes, ayant eu cette première réaction, va la désavouer. « Cela ne me satisfait pas encore tout à fait » (AT VII, 54). Et la désavouer comment ? En faisant appel (et c'est ici qu'elle fait son entrée dans les *Méditations*) à l'idée de ce qui lui est *dû*. Lorsque je me trompe, je subis une *privatio* — je suis privé « d'une connaissance qui devrait *(deberet)* être en moi d'une manière ou d'une autre » (AT VII, 55). Vous me direz peut-être, où est l'idée de dette dans le bout de phrase que je viens de vous lire ? N'avons-nous pas simplement ici une construction impersonnelle du verbe 'devoir', telle que nous la trouverons par exemple un peu plus tard dans la *Méditation* lorsque Descartes écrira qu'il ne doit pas se plaindre *(nec queri debeo)* de ce que Dieu concoure avec lui pour former les jugements où il se trompe (AT VII, 60) ? Lorsque Descartes dit qu'il ne doit pas se plaindre, il n'entend sûrement pas déclarer qu'il est exempt d'un certain fardeau !

Je répondrai deux choses. D'abord, que l'espace entre les deux '*debere*' — le personnel et l'impersonnel — a radicalement muté au début du XVIIe siècle, donc il faut nous défier de l'idée que nous pouvons aisément les démarquer l'un de l'autre (je touche ici bien sûr au thème principal de ma communication et j'y viens dans un instant). Deuxièmement et plus au niveau du texte, si nous retournons à ce cinquième paragraphe où le terme '*privatio*' fait sa première entrée, nous voyons bien que Descartes l'accouple d'emblée à la notion de dette, et cela de façon tout à fait expresse. Je poursuis ma lecture : « Or *(atque)* en considérant la nature de Dieu, il ne semble pas possible qu'il ait pu mettre en moi une faculté qui ne soit parfaite en son genre, c'est-à-dire qui soit privée *(privata)* de quelque perfection qui lui serait due *(debita)* » (AT VII, 55). '*Privata-debita*' *:* c'est dans le cadre de cet accouplement, et dans le cadre de la question qu'il permet de poser — « comment puis-je donc être privé de ce qui m'est dû ? » — que va se dérouler la *Quatrième Méditation.*

3 / Voilà pour le texte. Et je vais maintenant me demander, comment Descartes a-t-il bien pu se sentir autorisé à croire que, chaque fois qu'il se trompait il était victime d'une privation ; que chaque fois, il y avait envers lui — ou peut-être envers une partie de lui — comme une dette qui n'avait pas été payée ? Après tout, ce n'est pas une pensée qui va de soi. Revenons à mon exemple de tout à l'heure. Il n'y a

pas privation pour moi, disais-je, dans le fait de ne pas distinguer le rouge de l'infrarouge. Mais il y aurait privation à ne pas distinguer le rouge du vert ; et encore plus privation (et c'est là l'exemple canonique de l'Ecole) à être aveugle. Pourquoi ? Parce que la vue, ou le pouvoir de distinguer les couleurs principales du spectre, font partie des aptitudes normales des êtres de mon espèce. Or il ne va sûrement pas de soi de penser qu'une autre de mes aptitudes normales c'est d'être infaillible — et pourtant il faut bien que ce soit exactement ce que Descartes ait pensé, pour pouvoir même envisager d'appeler l'erreur une privation. Et la question se pose donc de savoir, d'où cette pensée lui est-elle venue ?

En fait, il n'y a pas à chercher bien loin son origine — Descartes nous la révèle tout de suite. Elle réside en un certain principe, presque un slogan, qui apparaît à certains moments-charnières des *Méditations* ; principe qui a (je crois) très peu à voir avec la métaphysique ou même avec la philosophie de l'esprit ; mais qui a beaucoup à voir avec les préoccupations du XVIIe siècle européen. Descartes l'invoque dès l'entrée en scène de *'privatio'* (AT VII, 55), le voici :

> *quo peritior est artifex, eo perfectiora opera ab illo proficiscantur*
>
> (plus l'artisan est expert, plus les ouvrages qui sortent de ses mains sont accomplis).

Ce principe (avec sa réciproque : « plus l'artisan est inexpert, plus ses ouvrages risquent d'être imparfaits ») joue un rôle majeur dans Descartes. Il est l'ultime fondement de la doctrine qu'il n'y a pas d'athée géomètre, invoqué donc dès la *Première Méditation* (AT VII, 21), réitéré dans les *Réponses* — par exemple comme ceci : « comme j'ai déjà dit ci-devant, d'autant moins puissant sera celui qu[e l'athée] reconnaîtra pour l'auteur de son être, d'autant plus aura-t-il l'occasion de douter si sa nature n'est point tellement imparfaite qu'il se trompe, même dans les choses qui lui semblent très évidentes » (AT VII, 428). Ce que le croyant sait finalement à la différence de l'athée, c'est qu'il est un *opus* dont l'*artifex* est Dieu — et vous vous souviendrez que c'est la première pensée que Descartes a eue sur lui-même dans la *Troisième Méditation* (AT VII, 51), une fois prouvé que Dieu existait.

Pensée pas très neuve, bien sûr. Mais une chose a quand même muté en elle au tournant du siècle, à savoir l'idée qu'on se fait de l'*opus*-archétype, et par conséquent l'idée qu'on se fait de l'*artifex*. L'*opus*-modèle n'est plus le lit du Livre X de la *République,* il n'est plus la statue ; il est ce que Descartes va appeler un *machinamentum,* ou un *automaton* : il est une machine, une chose qui se meut d'elle-même, une mécanique, une horloge. Et lorsque nous lisons le slogan « plus l'ouvrier est expert plus l'ouvrage est accompli », c'est au faiseur d'horloges qu'il nous faut penser. Faire une créature qui se trompe — même parfois ! — est comme faire une horloge qui ne donnerait pas toujours l'heure juste. L'artisan consommé peut très bien fabriquer une horloge qui ne marque pas les millièmes de seconde ; mais comment pourrait-il (à moins qu'il ne désire tromper !) fabriquer une horloge qui sonne midi à quatorze heures ? Je dirai : ce qui amène Descartes à prendre l'infaillibilité comme une perfection à laquelle il est apte, est tout simplement une vision technologique de la création divine. Dieu fait des horloges, finalement.

4 / Admettons. Mais il reste encore qu'être apte à l'infaillibilité est une chose, avoir droit à cette infaillibilité comme on est détenteur d'une créance, en est une autre. Nous ne sommes guère portés à dire d'une horloge à la mécanique fantaisiste qu'il lui manque une qualité qui lui est *due* ; et nous le sommes encore moins, si nous supposons que notre interlocuteur va entendre le mot 'dû' dans un sens où Descartes n'a pu manquer de supposer que ses lecteurs allaient l'entendre. 'Dû' n'est pas un terme qu'on écrit à la légère en 1641. Et pour saisir pourquoi, il est bon que nous nous tournions — ne serait-ce que brièvement — vers un auteur dont la pensée a dû peser lourd dans l'économie de la *Quatrième Méditation,* encore que Descartes n'en fasse jamais mention : j'entends Grotius.

5 / Ils sont presque contemporains (Grotius est né en 1583) ; et leurs deux vies ont décrit la même orbite géographique, mais en sens inverse — s'entrecroisant brièvement au milieu et puis se rejoignant presque de nouveau à la fin. Descartes est né en France et a vécu le

gros de sa vie adulte en Hollande, pour Grotius c'est l'inverse. En 1635 Grotius devient ambassadeur de Suède à Paris (un poste important : n'oublions pas, c'est la guerre de Trente ans, la France et la Suède sont les deux grandes alliées contre l'Espagne). Ne se sentant pas suffisamment apprécié dans ses fonctions, il se rend à Stockholm en 1645 faire des remontrances à sa souveraine, la jeune reine Christine. Les choses ne tournent pas bien; la reine ne l'écoute pas vraiment; Grotius prend la voile du retour; mais déprimé par son échec, il meurt alors même que son embarcation touche à la côte allemande. Quatre ans plus tard, la reine Christine désirera rencontrer le philosophe français; et lui aussi entreprendra le voyage de Suède; encore une fois les choses ne vont pas bien; et plus heureux peut-être que son prédécesseur, Descartes meurt avant d'avoir pu s'embarquer vers un autre rivage. Seul l'espace de la mer Baltique va séparer la fin de ces deux vies.

Mais elles s'étaient croisées, un quart de siècle plus tôt. En 1621 Grotius se réfugie en France, fuyant la geôle où il purgeait une peine de réclusion à vie, infligée pour avoir eu des idées séditieuses sur Dieu et sur le libre arbitre. On lui permettait un agrément dans sa cellule, la lecture des livres — qu'on lui apportait périodiquement dans une grosse malle. Il s'évadera un jour, caché sous ses lectures; et une fois sauf en France, écrira le tome que nous lisons encore aujourd'hui, le *De Jure Belli ac Pacis*.

C'est un gros livre, qui commence par une explication de ce que veut dire l'un des mots de son titre, à savoir *'jus'*. Les gens lui font dire toutes sortes de choses, remarque Grotius : dans son sens le plus large, tout simplement « ce qui n'est pas injuste » (1.1.3). *'Jus'* peut aussi vouloir dire « loi », « qui (au plus large) est la règle morale nous obligeant à faire ce qui convient » (1.1.9). Et puis il y a un autre sens, où le mot « se rapporte à une personne » : « dans ce sens-là, *'jus'* c'est la qualité morale d'une personne l'autorisant à faire ou à avoir à juste titre une certaine chose » (1.1.4). Cette qualité morale est un « pouvoir » *(potestas)* ; et c'est elle que Grotius va désormais appeler *'jus'* au sens strict et propre du mot *(jus proprie aut stricte dictum)*. Lorsqu'on exerce ce pouvoir en soi-même, il est une « liberté » ; sur autrui, une

« tutelle » : par exemple, un père sur ses enfants. En un mot, donc, le *'jus'* — au sens strict et propre qui lui est maintenant dévolu — est un « creditum, cui ex adverso respondet debitum » (1.1.5). Je vais traduire littéralement : c'est « une créance, à laquelle réciproquement correspond une dette ». (Ma traduction adoucit peut-être même le latin : on pourrait très bien, si on voulait mettre en valeur l'aspect antagoniste de la possession d'un *jus,* rendre *'ex adverso'* par une expression plus forte, par exemple : 'chez une partie adverse'.)

En un merveilleux mouvement d'unanimité, les langues européennes vont donner à ce *jus*-au-sens-strict le nom de la main dont la plupart d'entre nous sont plus habiles à user, et que nous dénommons 'royale'. Les traducteurs de Grotius diront *'Recht',* ou *'right',* ou *'derecha',* ou 'droit'. Et pensez quel enchantement ce dut être — en ce début du XVIIe siècle — pour tout un chacun de se trouver possesseur de toutes ces créances ! Ouvrez le *De Jure* à n'importe quelle page et voyez ce qui vous est dû : l'eau de tout ruisseau ou rivière, pour boire ou vous laver (2.2.12) ; le tison de votre voisin, pour allumer votre feu (2.2.11) ; la restitution de vos mules ou de vos esclaves, s'ils vous ont été enlevés pendant la guerre (3.9.3) ; le sauf-conduit, si vous êtes ambassadeur (2.18.3), etc. Lorsque tant de choses vous sont dues, pourquoi pas l'infaillibilité elle aussi ?

6 / Je reviens donc à Descartes : a-t-il connu Grotius ? Il ne parle jamais de lui, et pour sa part Grotius (au dire d'une de ses lettres, en 1644) croit ne l'avoir jamais rencontré. Mais il est impensable que Descartes n'ait pas connu le *De Jure* et ses idées. Un peu d'historique, si vous voulez. Grotius, fuyant (comme je l'ai dit) la Hollande en 1621, trouve asile à Compiègne chez Nicolas de Pereisc, ce mécène du XVIIe siècle, et c'est là que le *De Jure* est composé. Le livre paraît quatre ans plus tard à Paris, et est réimprimé presque tout de suite — tel étant son succès. Or 1625 à 1628 sont des années que Descartes a vécues à Paris, le plus long séjour que nous lui connaissions dans cette ville ; et selon son premier biographe Baillet il y a rencontré tout ce qui comptait dans le monde de l'intellect et du savoir. C'est alors qu'il se lia d'amitié avec Mersenne qui, lui, fréquentait Pereisc. Plus tard dans le siècle,

Leibniz (par exemple dans son « Opinion sur les Principes de Pufendorf ») verra en Descartes et Grotius les deux grandes figures antagonistes du débat sur les vérités éternelles. Ainsi en 1625 le *De Jure* avait dit : « Quelqu'immense que soit le pouvoir de Dieu, il ne peut faire que deux fois deux ne soient pas quatre » (1.1.10). Cinq ans plus tard Descartes écrira (AT I, 152) que Dieu a été « libre de faire qu'il ne fût pas vrai que toutes les lignes tirées du centre à la circonférence fussent égales ». La lettre s'adresse à Mersenne, un familier du *De Jure* : peut-on croire que Descartes en fût ignorant ?

Je tiendrai donc pour acquis que lorsqu'il multiplie les *'debere'* et les *'debitum'* pour expliquer ce que c'est qu'une *privatio,* Descartes sait très bien que ses lecteurs vont entendre ces mots-là dans leur nouveau sens grotien : où il y a *debitum* il y a créance chez une partie adverse, il y a *jus,* il y a droit. Aussi il n'y a pas à s'étonner que la prose de la *Quatrième Méditation* acquière si vite l'assonance juridique que nous lui reconnaissons. Dans ces pages médianes Descartes va demander s'il a « cause à se plaindre » — « causam conquerendi » (AT VII, 60) ; s'il doit se plaindre — « debeo queri » (AT VII, 60) : *'causa', 'queri', 'conqueri',* ce sont les termes du prétoire. Et finalement le mot canonique lui-même va paraître, dans son nouveau sens strict : *'jus',* accouplé encore à *'conquerendi'* (AT VII, 61) : le droit de se plaindre. Tout cela semble être très bien dans l'atmosphère du nouveau légalisme, l'atmosphère de ces premières heures de la Neuvième Epoque des Progrès de l'Esprit Humain — pour parler à la Condorcet.

7 / Et pourtant à y regarder de plus près, un lecteur grotien de la *Quatrième Méditation* en aura nécessairement trouvé la lecture bizarre, même déconcertante. La *Méditation* parle de dette, de droit ; l'atmosphère est au procès ; mais il y a quand même une anomalie qui n'est pas petite. Dans ce procès, si procès il y avait, la partie défendante serait... Dieu.

Ils y ont réfléchi à cette question, les publicistes du haut XVIIe siècle — la question de savoir si nous, êtres humains, avons des droits sur Dieu. Et ils s'accordent à dire que nous n'en avons pas : comment Dieu qui est immense pourrait-il nous devoir quoi que ce soit ? Ainsi Grotius,

« De[us] summum jus in homines habe[t] » (3.1.15) : « Dieu a un droit suprême sur les êtres humains » (*jus*-suprême d'un côté égale évidemment zéro-*jus* de l'autre). (Notez bien, et j'ouvre ici une demi-parenthèse, que ce dogme du droit suprême a déjà infléchi le cours des *Méditations* bien avant la *Quatrième*. Remettons-nous en tête la théorie du *jus*. Pensons à toutes ces créances que nous détenons, et dont Grotius dresse la liste dans le *De Jure*. Elles portent sur l'eau du ruisseau et le tison de mon voisin ; mais elles portent aussi sur des matières plus importantes, comme par exemple : qu'on nous dise la vérité lorsqu'elle nous concerne. Grotius consacre tout un chapitre (3.1) au mensonge et à la ruse : le crime du menteur, dit-il, est tout simplement qu'il viole le droit à la liberté de jugement de la personne à laquelle il s'adresse (3.1.11). Or supposons que nous n'ayons aucun droit sur Dieu ; donc pas droit sur lui à la liberté de jugement ; donc s'il nous trompait, Dieu ne léserait aucun droit qui soit nôtre, il ne nous ferait aucun tort : pourquoi alors ne nous tromperait-il pas ? Il n'y a guère à s'étonner que la pensée du Dieu trompeur ait tant préoccupé le siècle où les droits sont nés. On la trouve un peu partout : par exemple chez Suarez, dans le *Tractatus de Fide* (1.3.5) ; dans un sermon de John Donne prêché à Saint Paul le jour de Noël, en 1624 ; dans un tome juridique comme le *De Jure* (3.1.15), en 1625 ; dans les *Méditations,* en 1641 ; à Leyde en 1676, où les étudiants en viennent aux mains au sujet de la proposition « Dieu peut-il tromper ? » — l'université va devoir en interdire la discussion ! L'idée du Dieu trompeur n'est pas un souci charrié par le courant sceptique, c'est un remous de la marée montante de la pensée des droits.)

A première vue, pour ce qui a trait à nos droits envers Dieu, le Descartes de la *Quatrième Méditation* semble un strict tenant de l'orthodoxie grotienne. « Mihi nunquam quicquam debuit », dit-il (AT VII, 60) : « Il ne m'a jamais rien dû. » C'est le pendant exact de la thèse du *summum jus*. Et pourtant, il faut bien nous demander si cette orthodoxie, Descartes y adhère *in pectore*. N'oublions pas, il va passer des pages et des pages à montrer qu'encore que ses erreurs soient « innombrables », il n'a pas cause à se plaindre de la nature que Dieu lui a donnée. Ses jugements dépendent du concours de deux facultés, l'entendement et la volonté : a-t-il sujet à se plaindre qu'elles soient défectueuses ? Non pas ; car elles sont sans défaut l'une et l'autre — chacune à sa façon (AT VII, 58). Le penchant à l'erreur chez Descartes provient plutôt de ce que l'une de ces facultés « s'étend[e] plus loin » que l'autre (AT VII, 58). N'a-t-il pas alors à se plaindre de ce déséquilibre ? Non pas ; car il ne lui est pas dû que l'une de ces deux facultés soit plus ample, ou l'autre plus exiguë (AT VII, 60). Mais encore, *étant donné* leur déséquilibre, Dieu n'aurait-il pu mettre en lui quelque mécanisme compensatoire, par exemple « graver dans [s]a mémoire la résolution de ne juger jamais d'une chose sans la concevoir clairement et distinctement » (AT VII, 61) ? Et nous en venons ainsi à l'ultime verdict : oui, si Dieu l'avait fait tel, Descartes serait un être plus parfait — à ne considérer que lui seul ; mais l'univers dans son ensemble est plus parfait de ce que toutes ses parties ne soient pas semblables, même s'il s'ensuit que certaines d'entre elles ne sont pas immunes à l'erreur (AT VII, 61).

Ainsi toute chose pesée, Descartes n'a nul droit à se plaindre.

8 / Toute chose pesée : ce n'est quand même pas là un mince fait. Pourquoi Descartes a-t-il offert le plaidoyer pour Dieu qui occupe presque l'entière *Méditation* ? Il aurait très bien pu s'en dispenser puisque Dieu ne lui doit rien. Or grief après grief a été entendu, pour n'être éconduit qu'après qu'on eut chaque fois soupesé son mérite. Et à aucun moment Descartes ne nous a dit que l'idée même de se plaindre de la constitution que Dieu lui avait donnée fût absurde.

On répondra peut-être que le raisonnement de la *Quatrième Méditation* est mené selon le mode concessif. Certes, Dieu n'a aucune dette envers nous. Mais supposons (par impossible) qu'il puisse en avoir : même alors, on peut montrer qu'il s'en est pleinement acquitté. Donc *à plus forte raison* nous n'avons pas cause à nous plaindre.

Soit... peut-être. Mais le malheur des raisonnements concessifs, c'est qu'on risque de les prendre au sérieux — on risque d'oublier qu'ils sont concessifs. Et dans le cas de la *Quatrième Méditation* cet oubli est presque inévitable, vu la manière dont Descartes défend en fin de compte l'idée que nos erreurs sont des privations. Il faut y insister, c'est une idée que Descartes n'abandonne jamais. Or où il y a privation il y a une dette non acquittée. Question, alors : où est la dette, lorsque je me trompe ? La réponse que nous esquisse Descartes (car ce n'est finalement qu'une esquisse — deux courts passages aux pages pénultièmes de la *Méditation*) est celle-ci : il y a dette de moi à moi. C'est peut-être une idée singulière, mais comment lire les textes autrement ? Selon le premier passage (AT VII, 60), la *privatio* « réside *(inest)* dans l'acte [de jugement] en tant qu'il procède de moi » *(quatenus a me procedit)*. Selon le second (AT VII, 60-61), encore même que Dieu concoure avec moi *(mecum concurrat)* pour former les jugements où je me trompe, « la privation [qui constitue à elle seule la raison formelle de l'erreur] n'a besoin d'aucun concours de Dieu *(nullo Dei concursu indiget)* ». Force est bien de conclure que cette privation, c'est la contribution apportée par l'autre partie du concours, à savoir moi.

Descartes ne nous en dit pas assez pour que nous sachions quelle idée il s'est fait de la dette vis-à-vis de soi. Elle appartient à un héritage que les tenants du *jus* cherchent avant tout à rejeter, un héritage auquel les moralistes ne penseront guère pendant le siècle qui suit. Quoi qu'il en soit, pour revenir au sujet de la dette de Dieu : supposons qu'on vous dise — pas une fois, mais à deux fois — que lorsque vous faites une erreur ce n'est pas Dieu qui manque à sa tâche, c'est vous qui manquez à la vôtre : serez-vous vraiment enclin à croire que la raison pour laquelle Dieu n'a pas failli, c'est qu'en première instance il n'avait pas de tâche du tout ?

9 / Pour ma part, et pour ce qui est des droits de l'homme sur Dieu, je préfère penser qu'il n'y a entre Descartes et les grotiens qu'une communion de surface. J'ai bien sûr contre moi la phrase incontournable : « mihi nunquam quicquam debuit » ; et aussi l'insistance générale de Descartes à proclamer l'infini immense de Dieu. Mais de l'autre côté, il y a tout le ton procédurier de cette *Quatrième Méditation* ; et il y a l'antithèse entre les deux façons de voir nos erreurs à laquelle il est fait appel pour expliquer comment elles sont des privations après tout.

J'espérais — quand j'ai proposé mon sujet aux organisateurs du présent colloque — trouver confirmation de ma conjecture dans l'une ou l'autre des *Réponses* ; mais je n'ai rien trouvé, et c'est donc un peu avec le rouge au front que je vous parle aujourd'hui. Je plaiderais quand même une (petite) circonstance atténuante. Il est, je crois, un philosophe au XVIIe siècle qui a lu la *Quatrième Méditation* un peu comme je propose que nous la lisions ; ou qui a tout au moins eu sur cette question du droit vis-à-vis de Dieu des positions semblables à celles que j'impute à Descartes (malgré la lettre du texte). Ce philosophe n'est pas parmi les objecteurs de 1641 ou de 1642, pour la raison qu'il ne vivait pas encore. Il s'agit de Leibniz. Leibniz n'éprouve nulle gêne à dire que Dieu n'a finalement créé que des automates : les monades *sont* des automates (*Monadologie,* 64) — encore qu'elles ne soient pas des horloges ! Et Leibniz n'éprouve aucune gêne à dire que ces automates ont des droits sur leur créateur, et en particulier le droit d'être créés d'une façon plutôt que d'une autre. Par exemple : « une monade demande avec raison ['demande' a ici le sens fort, courant au XVIIe siècle, de réclamation] que Dieu en réglant les autres dès le commencement des choses, ait égard à elle » (*Monadologie,* 51). Ou encore : « chaque possible [a] droit de prétendre à l'existence à mesure de la perfection qu'il enveloppe » (*Monadologie,* 54). L'harmonie préétablie donc, et le meilleur monde, sont des droits de la monade sur Dieu. La *Monadologie* est écrite un siècle après deux événements qui ont profondément affecté l'Europe au début des années 1600 — l'invention des droits et l'apparition des automates. Et elle est écrite trois quarts de siècle après la *Quatrième Méditation* — qui est, si l'on y songe, le premier grand texte à composer avec les problèmes de pensée auxquels ces deux événements ont donné le jour. N'est-il pas plaisant de croire que sur un point cardinal à tout le moins, relatif à ces problèmes, un texte préfigure l'autre ?

Réponse à André Gombay
Le discours de la dette

HÉLÈNE BOUCHILLOUX

Je remercie André Gombay pour sa conférence qui m'a fait découvrir dans la *Quatrième Méditation* des difficultés que je ne soupçonnais pas ! La question que je voudrais aborder de front dans cette discussion, c'est évidemment la question centrale de votre exposé : faut-il lier la notion de privation à celle d'une dette et, si dette il y a, qui faut-il en rendre comptable ?

Je crois que vous avez raison de vous arrêter sur le paragraphe 6 (dans la traduction du duc de Luynes, AT IX-1, 43-44), qui amorce en effet l'interrogation sur ce qui nous est dû. Descartes vient de régler le problème de ce que j'appellerai la *faillibilité de notre nature* : la nature humaine est sujette à l'erreur en raison de sa finitude. Mais Dieu étant vérace — car le mensonge témoigne, dans son intention sinon dans sa mise en œuvre, d'une incontestable faiblesse (cf. paragraphe 3, AT IX-1, 42-43 ; et *Principes,* I, paragraphe 29, AT IX-2, 20-21) —, il doit nous être toujours possible d'éviter de tomber dans l'erreur en usant correctement des facultés qu'il nous a données. Cependant, de fait, nous commettons de nombreuses erreurs. D'où la nécessité d'expliquer maintenant ce que j'appellerai la *faillibilité d'usage* : dotés des facultés que Dieu nous a données, ne pourrions-nous pas faire en sorte de ne nous tromper jamais, ou bien Dieu ne pourrait-il pas faire en sorte que nous ne nous trompions jamais ? Quoiqu'elle n'implique aucune puissance particulière autre que celle que Dieu nous a attribuée pour parvenir au vrai, l'erreur est ressentie par nous comme une privation.

C'est ici que les difficultés commencent. Avant d'en venir à la discussion de votre thèse, j'esquisse brièvement mon interprétation de la suite du texte. A mon avis, Descartes va montrer deux choses : premièrement, Dieu nous a donné non seulement ce qui est dû à notre nature, mais encore les facultés les plus parfaites qui fussent compatibles avec la finitude de cette nature, donc ce qui nous est dû si nous revendiquons, cette fois, la perfection de l'ouvrage divin — et en ces deux sens, le sens faible et le sens fort, si je puis dire, Dieu ne nous prive de rien — ; deuxièmement, Dieu nous a néanmoins privés de quelque chose qui n'est pas dû à notre nature (sens faible), mais qui est dû à la perfection de notre nature (sens fort) : la connaissance actuelle de nos limites, par laquelle nous saurions d'emblée restreindre l'exercice du jugement à la perception du clair et du distinct. Faut-il donc mettre Dieu en accusation ? La réponse de Descartes est non. Mais, là aussi, la réponse est double : d'une part, on peut invoquer l'incompréhensibilité des desseins de Dieu (qui a en effet permis la défaillance de l'homme en ne lui accordant pas une connaissance actuelle de ses limites) ainsi que l'extension de ces desseins cachés à la totalité de l'ouvrage créé dont la créature humaine n'est qu'une partie ; d'autre part, on peut invoquer le pouvoir qu'a l'homme d'acquérir ce que Dieu lui a refusé. Il n'en est pas irrémédiablement privé, puisqu'il ne tient qu'à lui de suppléer au défaut d'une connaissance actuelle de ses limites par l'habitude intellectuelle de la suspension du jugement contractée dans la pratique de la méditation, et de découvrir ainsi, par sa propre investigation, le fondement de tout l'édifice du savoir humain. L'entreprise métaphysique est inséparable, pour Descartes, et par avance contre Leibniz, de la relégation de toute perspective finaliste, de toute interrogation inopportune sur les fins de Dieu.

J'en conclus que le détour par cette perspective finaliste, dans la *Quatrième Méditation,* n'est nullement une préfiguration de la théodicée leibnizienne, mais au contraire sa répudiation anticipée. 'Pourquoi Dieu a-t-il permis la chute d'Adam ?' est une question théologique que Descartes ne veut pas se charger de résoudre et dont la résolution suppose sans doute d'embrasser toute l'économie de la création. Cette question n'intéresse pas la métaphysique. Il suffit de comprendre, d'abord, comment l'erreur se produit, bien que Dieu nous ait donné les moyens de parvenir au vrai, c'est-à-dire ce qui est dû à notre nature (sans avoir même à revendiquer la perfection de cette nature), et, ensuite, quel est le moyen proprement humain d'empêcher que ne se produise cette erreur que Dieu a permise, sans nous mettre en peine de scruter pourquoi il l'a permise.

J'en viens à présent à la discussion de votre thèse : la notion de privation est liée à celle d'une dette (cela ressort des termes mêmes du texte cartésien) et, cependant, absolument parlant, Dieu ne nous doit rien. J'ai proposé de distinguer deux sens de la privation : premièrement, ce qui me manque de par ma nature, ou ce qui manque à quelque chose de par sa nature : deuxièmement, ce qui me manque ou ce qui manque à quelque chose, de par la perfection de l'ouvrier qui est à l'origine de ma nature ou de la nature de cette chose. Pour Descartes, ces natures sont créées par Dieu — un Dieu dont on sait, depuis la *Troisième Méditation,* par le biais de l'idée de lui que l'on trouve en soi et qu'il y a lui-même mise, qu'il est parfait, c'est-à-dire puissant et vérace. Cette découverte met fin à l'incertitude qui pesait, depuis la *Première Méditation,* sur l'origine de notre nature, de notre essence même comme *res cogitans* et raison. Nous sommes désormais assurés de n'être pas privés de ce qui est dû à notre nature, le pouvoir de discerner le vrai du faux. Mais remarquons que, avant de nous avoir créés, donc absolument parlant, Dieu ne nous doit rien. Il ne nous doit quelque chose qu'après qu'il nous a créés tels que nous sommes — raison ayant en elle l'idée du parfait. L'importante théorie de la création des vérités éternelles nous oblige à affirmer conjointement que, absolument parlant, Dieu ne nous doit rien — nous tenons tout ce que nous avons de sa grâce —, et que maintenant qu'il nous a créés tels que nous sommes, il nous doit tout ce qui est dû à notre nature. Mais, de cette dette-là, Dieu s'est acquitté. Il ne nous a pas privés du pouvoir de discerner le vrai d'avec le faux lorsque nous usons correctement des facultés qu'il nous a départies.

Reste le second sens du mot 'privation', celui qui implique, d'après le paragraphe 6, « la perfection en son genre ». Dieu nous a-t-il accordé la perfection dans l'ordre du fini ? Et d'abord, au nom de quoi nous la devrait-il ? Ici, de nouveau, surgissent un certain nombre de difficultés.

Toujours d'après le paragraphe 6, nous sommes apparemment en droit de l'attendre d'un ouvrier tel que Dieu, la perfection de l'ouvrage croissant en proportion de la perfection de l'ouvrier. Mais est-ce bien par une idée claire et distincte de la nature de Dieu que nous faisons valoir pareille exigence ? En fait, c'est par le biais d'une comparaison avec l'artifice humain que nous nous imaginons qu'il découle de la nature de Dieu qu'il ait dû vouloir et réaliser le meilleur. Sans parler du « non videtur fieri posse ut ille aliquam in me posuerit facultatem quae non sit in suo genere perfecta » (AT VII, 55) (j'insiste sur le « il ne me semble pas »), je note que la proposition à laquelle vous vous référez est hypothétique : « Nam si, quo peritior est artifex, eo perfectiora opera ab illo proficiscantur (...) », et que celle qui en dérive : « nec etiam dubium est quin velit semper id quod est optimum » *(ibid.)* est équivoque. Je n'en veux pour preuve que ce que Descartes dit ailleurs de la différence entre liberté divine et liberté humaine : Dieu ne fait pas les choses parce qu'il voit qu'elles sont bonnes, elles sont bonnes parce qu'il les fait (cf. les *Sixièmes Réponses*), et surtout ce qu'il dit dans la *Lettre à Mesland* du 2 mai 1644 :

> « Je ne sache point avoir déterminé que Dieu fait toujours ce qu'il connaît être le plus parfait, et il ne me semble pas qu'un esprit fini puisse juger de cela. Mais j'ai tâché d'éclaircir la difficulté proposée, touchant la cause des erreurs, en supposant que Dieu ait créé le monde très parfait ; parce que, supposant le contraire, cette difficulté cesse entièrement » (AT IV-113).

Nous revenons au cas de la 'privation' entendue au premier sens. Il faut donc nier que Dieu nous doive la perfection dans l'ordre du fini et qu'il nous *prive* de quelque chose en nous la refusant (il s'agit là d'une simple *négation*). Autrement, il faudrait dire qu'en n'empêchant pas Adam de pécher, Dieu l'a privé d'une lumière qui lui était due, et qu'il a positivement contribué au péché ! Mais la saine métaphysique et la saine théologie réclament de concert qu'on ne transgresse pas la capacité de l'esprit fini en demandant la perfection de l'ouvrage de Dieu.

Pourtant, Descartes va continuer sa *Méditation* comme s'il était vrai que Dieu nous devait en effet la perfection dans l'ordre du fini, comme s'il était vrai qu'il eût en effet cette dette-là à notre égard.

Pourquoi ? Pour montrer, en poussant la requête de perfection au maximum exigible (c'est-à-dire compatible avec la finitude de notre nature), que Dieu ne nous a retiré que la connaissance actuelle de nos limites, afin que nous l'acquérions nous-mêmes. Car il nous a gratifiés d'un entendement parfait en son genre, d'une volonté parfaite en son genre, d'une liberté qui nous rend parfaits dans l'ordre des créatures et nous élève à la dignité de cause seconde concourant avec la cause première divine ; mais il ne nous a pas gratifiés de la lumière qui nous eût permis de ne jamais faillir quoique nous fussions faillibles de notre nature. Toutefois, il nous a laissé le soin de nous rendre attentifs, par la méditation, à ce qui tombe sous notre jugement et à ce qui excède sa juridiction, de telle sorte que nous puissions parvenir, selon la formule qui revient chez Descartes comme un *leitmotiv,* à la parfaite connaissance de tout ce que l'homme peut connaître (cf. notamment la Règle IV et la *Lettre-préface* des *Principes*), c'est-à-dire, précisément, à cette perfection dans l'ordre du fini qui est revendiquée mal à propos quand on l'attend de Dieu et tout à fait à propos quand on l'attend de soi ! La prétendue créance sur Dieu est en fait une créance sur soi. Dieu ne me doit pas la perfection dans l'ordre du fini, mais je me la dois à moi-même par la discipline que constitue la méditation et par la tâche à accomplir que constitue la philosophie enracinée dans la métaphysique. Cette généreuse conquête de la modestie rachète l'orgueil fautif du premier homme.

Les paragraphes 31 et 38 de la première partie des *Principes* confirment cette analyse. D'après le paragraphe 31 (dans la traduction de l'abbé Picot, le latin étant plus concis), Dieu ne nous a pas donné tout ce qu'il pouvait nous donner et qu'il n'était pas tenu de nous donner, mais, comme il nous a donné de quoi pallier cette négation, c'est imperfection et privation de notre part de ne pas le faire. Quant au paragraphe 38, il récuse l'anthropomorphisme de la comparaison de Dieu avec un souverain terrestre, lequel est obligé de prévenir le mal susceptible d'être commis par ses sujets puisqu'il a été érigé pour cela et que son absolutisme même n'est pas indépendant de cette fin, tandis que Dieu n'est comptable de rien, étant naturellement un souverain absolu.

J'ai donc par avance répondu à la seconde question suscitée par votre exposé : s'il y a dette, à qui l'imputer ? A Dieu incontestablement — bien que Dieu ne me doive rien, absolument parlant — si ce qui m'est dû est ce qui est dû à ma nature ; mais de cette dette-là, Dieu s'est largement acquitté et, comme dit Descartes, ici la difficulté (de la cause de l'erreur) cesse entièrement. A moi-même, si ce que je prétends m'être dû est la perfection de ma nature, Dieu y ayant, pour sa part, grandement et gracieusement contribué, mais n'ayant pas voulu que je fusse privé du soin et du mérite d'accomplir ma nature — car n'est-ce pas en me donnant cette perfection sans que j'y eusse œuvré qu'il m'en eût véritablement privé, s'il est vrai que la principale différence entre les hommes et les machines est que ces dernières atteignent d'emblée à la perfection où les premiers ne parviennent que graduellement parce qu'ils y parviennent par l'usage de leur raison ?

Je crois avoir moi-même, par cette courte intervention, considérablement alimenté le discours de la dette que vous déceliez dans la *Quatrième Méditation* de Descartes. Ce discours de la dette est-il spécifiquement grotien ? Faut-il admettre l'hypothèse, certes séduisante compte tenu des trajectoires décrites par la vie des deux philosophes, d'une influence de Grotius sur Descartes ? Je ne puis, en ce qui me concerne, ni la confirmer ni l'infirmer. Tout ce que je peux dire, c'est que Descartes semble reprendre la problématique générale et quelques idées particulières du *De libero arbitrio* de saint Augustin. Cela n'exclut pas d'autres sources d'inspiration. Mais vous notez vous-même avec raison que la notion d'obligation envers soi-même est étrangère à la pensée juridique de l'époque. Peut-être pourrions-nous finalement convenir que le vocabulaire de cette *Quatrième Méditation* est empreint de juridisme, mais que, en revanche, l'intention dissimulée par ce vocabulaire est, de part en part, ironique — car, si nous nous plaignions que Dieu ne nous a point accordé la perfection dans l'ordre du fini qui paraît nous être due compte tenu de sa perfection divine (alors qu'une telle perfection nous interdit justement de pénétrer ses fins), nous verrions cette plainte tourner à notre désavantage et se retourner contre nous qui devons être les propres artisans de notre perfection, compte tenu de toutes les perfections que Dieu nous a gracieusement accordées (précisément à cette fin, la seule connue de nous) !

VIII

L'union substantielle

Le Grand Arnauld
sur la racine et le fruit de l'argument cartésien pour la distinction réelle

STEPHEN VOSS

Quelques racines de l'argument

Je propose de méditer avec, et de répondre à, Descartes et Arnauld à propos de la distinction réelle. Arnauld entre philosophiquement dans le sens de l'argument, en examinant sa racine et son fruit. Ici je le suis ; je ne dis rien directement de l'argument luimême.

L'argument cartésien pour la distinction réelle dans la *Sixième Méditation* (AT VII, 78, 2-20) est, comme le reconnaît Arnauld, à sa racine épistémologique : Descartes tire une conclusion métaphysique d'une prémisse épistémologique. L'intuition qui soutient l'argument tel qu'il apparaît dans la *Sixième Méditation* est la suivante :

Intuition 1. Si je perçois *p* clairement et distinctement, pour une proposition sujet-prédicat *p,* j'ai une connaissance exhaustive de l'essence du sujet de *p*.

Cette confiance en ce que je sais, ou en ce que je perçois clairement et distinctement, est signalée dès la *Seconde Méditation,* où Descartes, ayant vu qu'il est une chose qui pense, demande « Quoi de plus ? »

« J'ai reconnu que j'existe ; je cherche ce que je suis, moi, *ce moi que j'ai reconnu.* Il est tout à fait certain que *la connaissance de cet être* considéré dans ces limites précises ne dépend pas des choses dont je n'ai pas encore *reconnu* qu'elles existent... » (AT VII, 27, 28 - 28, 1 ; nous soulignons).

Descartes souligne le point dans la *Sixième Méditation* : « Par conséquent, *de cela même que je sais que j'existe,* (...) je conclus à juste titre que mon essence consiste en cela seul que je suis une chose qui pense » (AT VII, 78, 11-12 ; nous soulignons). Comme le dit Geneviève Rodis-Lewis : « La séparation prend appui sur la saisie de la pensée par elle-même, en "une conception claire et nette"... »[1] La pensée claire et distincte doit être la règle pour déterminer la vérité de la chose ; de la connaissance à l'être la conséquence est bonne[2].

Cette intuition a été suggérée à Descartes par son enseignement scolastique. Aristote a soutenu qu'afin de savoir qu'une substance possède quelque propriété, il faut savoir d'abord ce qu'est cette substance. Et il a soutenu qu'afin de savoir ce qu'est une substance, il faut savoir ce qu'est son essence. Selon Descartes comme Aristote, une vraie *scientia* concernant une substance peut incorporer la *scientia* concernant son essence.

Descartes filtre son application du principe scolastique à la proposition « Je suis une chose qui pense » par son mode d'appropriation de la scolastique dans les *Regulae*. Dans le sens de cette œuvre, si je perçois que je suis une chose qui pense, il faut que je perçoive la nature *je*. Si elle est une nature simple, ma perception en est exhaustive ; « ... nous nous trompons s'il nous arrive de juger que nous ne connaissons pas totalement l'une de ces natures simples... »[3]. Et lorsque l'expérience présente à l'entendement une nature composée, l'entendement en peut avoir une intuition de manière à éviter

1. G. Rodis-Lewis, *L'œuvre de Descartes,* Paris, J. Vrin, 1971, I, p. 336, citant l'Abrégé des *Méditations* (AT IX, 9, 28-10, 1) ; le latin dit : « ut quam maxime perspicuum de ea conceptum » (AT VII, 13, 7-8), et Michelle Beyssade traduit, « une conception aussi transparente que possible » : Descartes, *Méditations métaphysiques,* Paris, Livre de Poche, 1990. Pour les *Méditations* j'utilise sa traduction.

2. « ... en cet endroit, où il n'est question que des pensées qui sont des perceptions claires et distinctes, (...) je dis que la pensée d'un chacun, c'est-à-dire la perception ou connaissance qu'il a d'une chose, doit être pour lui la règle de la vérité de cette chose... » (AT IX-1, 208, 10-17) ; « ... a nosse ad esse valet consequentia... » (AT VII, 520, 5).

3. Trad. Brunschwig. Latin : « nos falli, si quando aliquam ex naturis istis simplicibus a nobis totam non cognosci judicemus » (AT X, 420, 23-25).

l'erreur[1]. Si la nature *je* est composée, alors si je perçois distinctement que je suis une chose qui pense je perçois distinctement la nature *je,* et par cela seul je perçois chaque nature composante dans le composé, car si je perçois quelque chose distinctement, je la distingue des autres choses, et chacun de ses composants l'un de l'autre (AT X, 400-401, 425-426). Donc j'ai une connaissance exhaustive de la nature *je,* c'est-à-dire (AT VI, 33, 4-5), de *mon essence.*

L'idée même d'une distinction réelle se filtre dans les *Regulae* par la conception de la perception distincte, clarifiée là par un modèle visuel. « A dire vrai, la manière dont il faut utiliser l'intuition intellectuelle nous apparaît dès que nous la comparons avec la vision oculaire. (...) les artisans qui travaillent à des œuvres de précision, et qui ont l'habitude de diriger attentivement leur regard sur chaque point, acquièrent à l'usage le pouvoir de discerner parfaitement les choses les plus petites et les plus fines... » (AT X, 400, 24-401, 7).

En 1641 Descartes utilise la même comparaison pour expliquer à l'Hyperaspistes la faculté intellectuelle de faire des distinctions (AT III, 434, 18-435, 13). Cette comparaison avec l'acuité visuelle est à la racine de la thèse métaphysique mûre de la *distinction* réelle entre l'esprit et le corps. L'artisan peut enseigner à l'apprenti à voir que deux choses sont vraiment distinctes ; or l'intuition intellectuelle est *plus* digne de confiance que l'est la vision (AT VII, 33, 19-21 ; V, 137, 26-138, 11) ; donc la Méthode peut enseigner au philosophe à comprendre que deux natures sont vraiment distinctes (AT X, 425-427).

Descartes a révisé, ou clarifié, son intuition dans les *Premières Réponses,* auxquelles Arnauld a eu accès lorsqu'il a écrit ses objections :

Intuition 2. Si je perçois *p* clairement et distinctement, et si je comprends complètement le sujet de *p,* j'ai une connaissance exhaustive de son essence.

1. « ... naturas illas, quas compositas appellamus, a nobis cognosci, vel quia experimur quales sint, vel quia nos ipsi componimus. (...) Ubi notandum est, intellectum a nullo unquam experimento decipi posse, si praecise tantum intueatur rem sibi objectam, prout illam habet vel in se ipso vel in phantasmate... » (AT X, 422, 23-423, 4).

Comprendre une chose complètement, c'est comprendre que c'est « une substance revêtue des formes, ou attributs, qui suffisent pour me faire connaître qu'elle est une substance » (AT VII, 222, 1-4), une entité distincte de toute autre chose, plutôt que la comprendre « par une abstraction de l'esprit qui conçoit la chose imparfaitement » (AT VII, 120, 15 - 121, 14).

L'auteur des *Quatrièmes Objections* a seulement vingt-huit ans, mais l'habilité qui va le faire devenir « le grand Arnauld » est déjà évidente. Descartes dit à Mersenne que les objections d'Arnauld sont les meilleures qu'il a reçues, « à cause qu'il est entré plus avant qu'aucun autre dans le sens de ce que j'ai écrit... » (AT III, 331, 1-9). Je vais indiquer deux façons par lesquelles Arnauld avance philosophiquement dans le sens des *Méditations* — vers une clarification de la nature de mon essence, et du statut de l'homme : en bref, vers une réponse définitive à la question ancienne *Que suis-je ?*

Une connaissance exhaustive de mon essence ?

En premier lieu, Arnauld révoque en doute la prémisse que ma connaissance de moi-même est « complète et adéquate, en telle sorte que je sois assuré que je ne me trompe point, lorsque j'exclus le corps de mon essence... »[1]. Il utilise une analogie. Je peux percevoir clairement et distinctement qu'un triangle est rectangle (c'est-à-dire qu'il a un angle droit), et douter ou même nier qu'il soit pythagoricien (c'est-à-dire que le carré de son hypoténuse soit égal aux carrés des autres côtés). Mais être pythagoricien appartient à l'essence d'un triangle rectangle, et être étendu pareillement peut appartenir à mon essence (AT VII, 201, 24 - 202, 4).

Descartes prend très au sérieux l'objection du triangle. Sa réponse paraît étrangement déroutante. Au mieux elle est incomplète. Néan-

1. AT IX 157, 12-14, remplaçant l'"entière' de Clerselier par 'adéquate'. Le latin : « completam et adequatam, ita ut certus sim me non falli, dum ab essentia mea corpus excluso » (AT VII, 201, 11-12).

moins elle signale une puissance inattendue dans la position de Descartes.

Descartes explique que son argument n'exige point que j'aie une connaissance *adequatam* (dans le français de Clerselier, « entière et parfaite », AT IX-1, 171, 24) de moi-même, c'est-à-dire, une connaissance qui contient en soi toutes et chacune de mes propriétés (AT VII, 220, 8-10). Il exige seulement que je n'aie pas conçu une chose « par une abstraction de l'esprit qui conçoive la chose inadéquatement », ou que j'aie pu la « concevoir complètement », selon les mots des *Premières Réponses*[1].

Descartes croit que Arnauld se trompe. Selon Descartes, Arnauld l'interprète comme exigeant une connaissance de toutes et chacune de ses propriétés. Henri Gouhier est d'accord avec Descartes[2]. Mais *ils* se trompent. Comme nous l'avons vu, Arnauld interprète Descartes comme exigeant d'une connaissance « complète et adéquate » précisément qu'elle assure « que je sois assuré que je ne me trompe point, lorsque j'exclus le corps *de mon essence* » ; et Descartes a prétendu en effet que la connaissance de soi-même gagnée dans la *Seconde Méditation* contient une connaissance exhaustive, pas de toutes et chacune de ses propriétés, mais précisément de son essence : « Je conclus à juste titre que mon essence consiste en cela seul que je suis une chose qui pense. »[3] Gouhier a-t-il été égaré par une parenthèse, ajoutée seulement lors de la traduction par Clerselier d'Arnauld ? Descartes a-t-il ajouté la parenthèse lui-même pour clarifier sa plainte contre Arnauld ? Arnauld avait écrit : « Ac primum quidem, ut vera sit illius syllogismi propositio, non de quacunque, etiam clara et distincta, sed tantummodo de adaequata rei cognitione, intelligi debet » (AT VII, 200, 4-5). Clerselier a traduit : « Et premièrement, afin que la majeure de cet argument soit vraie, cela ne se

1. « Per abstractionem intellectus rem inadaequate concipientis », « complete intelligere » (AT VII, 120, 20-21 et 28). Le français de Clerselier : « par une abstraction de l'esprit qui conçoive la chose imparfaitement », « concevoir pleinement et parfaitement » (AT IX-1, 95, 1-2 et 11).

2. *La pensée métaphysique de Descartes* (3e éd., Paris, J. Vrin, 1978), p. 386, 395.

3. « Recte concludo meam essentiam in hoc uno consistere, quod sim res cogitans » (AT VII, 78, 11-12).

doit pas entendre de toute sorte de connaissance, ni même de toute celle qui est claire et distincte, mais seulement de celle qui est pleine et entière (c'est-à-dire qui comprend tout ce qui peut être connu de la chose) » (AT IX-1, 156, 1-5).

Descartes prétend qu'il existe de nombreuses différences entre les cas du *je* et du triangle. Nous n'allons considérer que la première, ainsi exposée : « ... encore que peut-être par un triangle on puisse entendre une substance dont la figure est triangulaire, certes la propriété d'avoir le carré de la base égal aux carrés des côtés n'est pas une substance, et partant, chacune de ces deux choses ne peut pas être entendue comme une chose complète, ainsi que le sont l'esprit et le corps » (AT VII, 224, 10-15). La réponse est doublement déroutante. Premièrement, Arnauld souhaitait comparer la propriété pythagoricienne à la propriété d'être étendu — pas en tant que choses complètes, mais comme prétendant à une partie de l'essence d'une chose complète. Selon son raisonnement, de même que je peux être certain que ceci est un triangle rectangle, et douter qu'il soit pythagoricien, je peux être certain que je suis une chose qui pense, et douter si je suis étendu.

La comparaison d'Arnauld avec le cas du triangle rend clair le fait que l'acuité intellectuelle requise pour distinguer l'esprit du corps inclut la capacité de comprendre le rapport entre deux propriétés essentielles, une capacité non requise lorsque l'artisan distingue visuellement deux parties d'une machine.

Deuxièmement, et curieusement, Descartes nie ce qu'il vient généreusement d'accorder — à savoir que l'on peut comprendre le triangle comme une chose complète. Mais je veux suggérer qu'une réponse puissante se cache juste au-dessous des eaux agitées de ces paroles déroutantes.

Dans les *Premières Réponses,* Descartes avait choisi une prémisse assez restreinte pour établir la distinction réelle — un principe qui permettait la dérivation d'une conclusion métaphysique d'une prémisse épistémologique dans le cas d'une chose que je comprends être une substance. C'est pourquoi Descartes complaisamment aide Arnauld à interpréter le triangle comme une *substance triangulaire.* Car autrement le triangle et le *je* sont crucialement dissemblables, et l'objection échoue.

Ensuite, l'objection d'Arnauld exige que la propriété pythagoricienne soit une partie de l'essence du triangle. Ceci paraît entièrement en accord avec la position de Descartes lui-même dans la *Cinquième Méditation,* quelques pages avant l'argument pour la distinction réelle. « Ainsi, quand j'imagine par exemple un triangle, encore que peut-être une telle figure n'existe et n'ait jamais existé nulle part au monde hors de ma pensée, il y a pourtant à coup sûr une certaine nature ou essence ou forme déterminée de cette figure, immuable et éternelle, qui n'a pas été forgée de mon esprit... » (AT VII, 64, 11-16). De plus, on peut apprendre les propriétés de l'essence d'une figure géométrique : « ... une attention plus scrupuleuse rend manifeste que l'existence ne peut pas plus être séparée de l'essence de Dieu que, de l'essence du triangle, la somme des trois angles égale à deux droits... » (AT VII, 66, 7-11).

Pourtant, le concept d'un triangle dans la *Cinquième Méditation* est celui d'un objet abstrait, non d'une substance triangulaire. Et nous allons voir que l'objection d'Arnauld *exige* que son triangle soit un objet abstrait. Je suggère que Descartes le reconnaît, bien que peut-être sans grande clarté, et que ce fait explique son subit revirement en niant qu'on puisse comprendre le triangle d'Arnauld comme chose complète.

Pourquoi faut-il que le triangle d'Arnauld soit un objet abstrait ? Son objection exige que la propriété pythagoricienne soit une partie de l'essence du triangle. Et si l'on considère n'importe quel objet triangulaire concret qui est étendu dans l'espace tridimensionnel, on peut voir facilement que la propriété pythagoricienne ne fait pas partie de son essence. Car toute l'essence de chaque chose complète étendue, c'est simplement d'être étendue. Donc aucune substance étendue n'est essentiellement pythagoricienne. N'importe quelle substance étendue qui est si déformée qu'elle cesse d'être pythagoricienne, tout en restant étendue, continue d'exister. Donc il faut que chaque triangle essentiellement pythagoricien soit un objet abstrait.

L'étude des triangles de la *Cinquième Méditation* fait partie des mathématiques pures, discipline qui, comme le dit Descartes dans la *Première Méditation,* se soucie peu de savoir si les choses qu'elle traite sont dans la nature ou non (AT VII, 20, 26-27). Les mathématiques pures conçoivent des substances ordinaires, mais délibérément de façon inadéquate, par une abstraction de l'esprit. Ainsi en effet on les peut définir. Voir, premièrement, les *Regulae* :

> ... s'il s'agit d'un nombre, imaginons un sujet quelconque que puissent mesurer plusieurs unités ; laissons l'entendement *ne réfléchir, pour le moment, qu'à la multiplicité de ce sujet* (...). De même, si nous traitons d'une figure, pensons que nous traitons d'un sujet étendu, *conçu sous ce rapport seulement qu'il est figuré* (...). On a déjà rappelé, en effet, que la ligne et la surface ne tombent pas sous la représentation comme réellement distinctes du volume, ni comme réellement distinctes l'une de l'autre ; mais si on les considère à l'état simple, *en tant qu'abstraites par l'entendement* [ut per intellectum abstractae], elles ne sont alors pas plus des espèces diverses de la quantité, que ne sont, en l'homme, des espèces diverses de la substance animal et vivant (AT X, 445, 23 - 446, 5 ; 448, 26 - 449, 4 ; nous soulignons).

Ainsi Descartes peut écrire à Gibieuf, en 1642, au milieu d'une discussion de l'argument pour la distinction réelle : « Lorsque je considère une figure, sans penser à la substance ni à l'extension dont elle est figure, je fais une abstraction d'esprit... » (AT III, 475, 5-7).

Il s'ensuit de la façon particulière dont les mathématiques pures posent les questions qu'on peut percevoir clairement et distinctement l'information qui suffit pour répondre à ces questions et cependant douter de leurs réponses. D'où la frustration et le charme simultanés de cette discipline. Peut-être une caractéristique des mathématiques pures est qu'on peut percevoir clairement et distinctement une vérité d'un de leurs objets et rester dans le doute quant à une partie de l'essence de cet objet.

Descartes est *tenté* de prétendre que nous pouvons en effet connaître exhaustivement l'essence d'un triangle rectangle si nous percevons clairement et distinctement qu'il est un triangle rectangle. A vrai dire, il prétend que si nous percevons clairement et distinctement qu'il est pythagoricien, il faut que nous sachions qu'il est rectangle. Peut-être ceci traduit sa propre expérience géométrique : lorsque René Descartes comprend le contenu d'un théorème proposé, il peut avoir une intuition de sa vérité. En effet il dit que sa méthode rend facile l'accès à la connaissance de la vérité ; afin de « découvrir la conclusion (...) n'y soit nulle part requise une plus grande force d'esprit que pour opérer la plus simple inférence » (AT X, 399, 24 ; 429, 21-27)[1]. R. G. Collingwood suggère que Samuel Alexander tire précisément cette sorte de conséquence pour l'épistémologie des faits de son propre génie :

> L'esprit d'Alexander a été, de fait, un esprit d'une puissance et énergie extraordinaire, et son caractère d'une simplicité et candeur extraordinaire. Les difficultés intellectuelles ne signifièrent rien pour lui ; il a résolu les problèmes presque aussitôt qu'il a soupçonné leur présence ; l'effort pour tenter de démêler un problème, afin de le saisir par le bon bout et de défaire dans un ordre logique les nœuds dont il a été composé, a été une chose apparemment inconnue de lui. Lorsqu'il a décrit la connaissance comme la seule 'coprésence' d'un esprit avec un objet, je peux supposer qu'il donnait un compte vrai de ses propres expériences. (...)
>
> Est-ce que cela est, selon ma propre expérience, un compte vrai de la connaissance ? Non. (...) Comment cela pourrait être pour des penseurs plus puissants, je ne vais pas tenter de le dire ; mais pour un penseur lent et faible comme moi il n'existe rien, lorsque je pense avec rigueur et efficacité, qui soit pareil à une 'coprésence' avec un 'objet' quelconque[2].

A son honneur, Descartes résiste à la tentation. Il avoue que nous pouvons comprendre clairement et distinctement qu'un triangle est rectangle sans savoir qu'il est pythagoricien (AT VII, 224, 22-25). Même après mille ans un mathématicien peut découvrir des propriétés

1. Le point s'élabore dans les *Regulae* XI et XVII.

2. « Alexander's was, in fact, a mind of extraordinary power and energy, and his character one of extraordinary simplicity and candour. Intellectual difficulties meant nothing to him ; problems were solved almost as soon as their presence was suspected ; the labour of trying to get a problem disentangled, so that one could grasp it by the right end and untie in their logical order the knosts of which it was composed, was a thing with which he seemed unacquainted. When he described knowledge as the mere 'compresence' of a mind with an object I can suppose that he was giving a truthful account of his own experience. (...)
« Is that, according to my own experience, a true account of knowledge ? It is not. (...) How it may be with more powerful thinkers I will not try to say ; but with a slow and feeble thinker like myself there is nothing, when I am thinking hard and efficiently, that is like 'compresence' with any 'object' whatever. » R. G. Collingwood, *An Essay on Metaphysics,* Oxford, Oxford University Press, 1940, p. 176-178.

dans le triangle que nous n'avons jamais conçues (AT V, 151, 24-152, 2). Nous ne pouvons point gagner une connaissance exhaustive du triangle. Mais n'est-ce pas avouer que nous ne pouvons pas gagner une connaissance exhaustive de son essence ?

Nous éclaircissons l'idée de l'essence d'une chose concrète

Nos réflexions sur les propres paroles de Descartes suggèrent une réponse plausible à l'objection d'Arnauld. Il faut que le triangle d'Arnauld soit à la fois concret et abstrait. Puisque l'inférence de l'épistémologie à la métaphysique est valide pour les substances mais pas nécessairement pour des objets abstraits, il faut que le triangle soit une chose concrète. Mais puisque aucune chose concrète n'est essentiellement pythagoricienne, il faut que ce triangle soit un objet abstrait.

Mais il faut se demander, en faveur d'Arnauld, quelle justification peut avoir Descartes de soutenir que cette inférence est valide pour les substances mais pas nécessairement pour des objets abstraits. Pourquoi la réponse que je viens de mettre dans la bouche de Descartes n'est-elle pas *ad hoc* ? Si je ne peux pas percevoir clairement et distinctement que l'inférence est valide pour les substances même si elle ne l'est pas pour des objets abstraits, l'argument pour la distinction réelle échoue.

Je suggère une réponse qui pourrait avoir attiré Descartes. Peut-être une substance étendue a-t-elle une essence d'une façon différente qu'un objet mathématique en a une.

Dans quels cas un attribut est-il inclus dans l'essence d'une chose ? Descartes dit à Arnauld que si la chose peut exister sans l'attribut, il n'est pas inclus dans l'essence de la chose (AT VII, 219, 25-26), et il dit à l'Hyperaspistes que rien ne peut être dépourvu de sa propre essence (AT III, 423, 22-23). Ces textes suggèrent des réponses comme les suivantes : 1 /la chose ne peut pas exister sans l'attribut ; 2 /il est impossible de dépouiller la chose de l'attribut ; 3 /la chose nécessairement cesserait d'exister si on la privait de l'attribut.

Ces réponses suggèrent que l'épreuve fondamentale pour découvrir si un attribut fait partie de l'essence d'une chose est la suivante : déterminer si priver la chose de l'attribut nécessairement détruirait la chose. Elles rendent clair que cette conception de l'essence d'une chose exige une compréhension de ce qui se passerait si la chose était privée de quelque attribut. Mais ceci est précisément ce que l'on ne peut point concevoir dans le cas d'un objet mathématique. C'est inintelligible de parler d'ôter la propriété pythagoricienne d'un triangle rectangle, et c'est inintelligible de demander si ôter un certain attribut du triangle rectangle le détruirait.

Dans le cas des objets mathématiques, il est impossible de déterminer si une propriété est essentielle en demandant si l'objet pourrait continuer sans cette propriété. Par conséquent on peut suggérer une thèse pour les objets mathématiques qui serait inconcevable pour des choses concrètes : que toutes leurs propriétés sont essentielles. Si les objets mathématiques ont des essences, ils les ont d'autre façon que la façon dont les objets concrets, comme les corps et les esprits, ont des essences. Ce point suggère une nouvelle révision de l'intuition qui soutient l'argument pour la distinction réelle :

Intuition 3. Si je perçois *p* clairement et distinctement, et si le sujet de *p* a une essence de la façon dont une substance a une essence, j'ai une connaissance exhaustive de son essence.

L'argument qui repose sur cette intuition est invulnérable à l'objection du triangle. D'ailleurs, l'intuition elle-même ne paraît plus *ad hoc*. Peut-être peut-on même la percevoir clairement et distinctement.

La question devient plus claire. Descartes ne croit pas que nous ayons une vue magique de l'essence entière de l'esprit. Mais il croit qu'une connaissance exhaustive de l'essence de l'esprit *est impliquée par* le type de perception claire et distincte qu'il a gagné dans la *Seconde Méditation*. Gouhier exprime nettement la nature conditionnelle de la connaissance qu'a Descartes de son essence : « De la connaissance à l'être la conséquence est bonne si l'on part d'une connaissance de l'être. (...) Je n'ai pas expérimenté et je n'expérimenterai jamais toutes les pensées dont une âme est capable ; mais si les pensées particulières que j'ai occasion d'expérimenter me découvrent l'essence de l'âme, je sais parfaitement que la substance dont l'essence est de penser ne contient aucune propriété relevant d'une autre essence. »[1] Cette « conséquence » est que j'ai une connaissance de mon essence suffisante pour en exclure l'extension et chaque autre propriété, sauf la pensée. Nous pouvons maintenant clarifier cette conséquence à propos de ma connaissance de mon « essence » : d'une part, si une chose cesse d'être étendue, il faut qu'elle cesse d'exister ; d'autre part, je perçois si clairement et distinctement que je pense que je sais qu'il n'existe aucune autre propriété dont la perte me fasse cesser d'exister. Donc, en particulier, je sais que je ne suis pas une chose d'un type tel qu'il faille que je cesse d'exister lorsque je cesse d'être étendue.

Des fruits : un argument qui prouve trop ?

Mais maintenant Arnauld objecte que l'argument pour la distinction réelle prouve trop. Son objection est aussi déroutante et incomplète que la réponse de Descartes que nous venons d'examiner. Néanmoins là, encore, la confusion superficielle signale une reconnaissance d'un principe important. Dans la *Sixième Méditation,* Descartes décrit l'homme, pas comme un esprit, mais comme le composé de l'âme et du corps. Tout en le sachant, Arnauld objecte avec une apparente perversité qu' « on peut ajouter (...) que l'argument proposé semble prouver trop, et nous porter dans cette opinion de quelques platoniciens (laquelle néanmoins notre auteur réfute), que rien de corporel n'appartient à notre essence, en sorte que l'homme soit seulement un esprit, et que le corps n'en soit que le véhicule, d'où vient qu'ils définissent l'homme *un esprit usant ou se servant du corps* » (AT VII, 203, 14-19).

Si Descartes rejette l'opinion platonicienne que l'homme soit un esprit, comment l'argument pour la distinction réelle pourrait-il nous y reporter ?

1. Henri Gouhier, *Pensée métaphysique,* Paris, Vrin, p. 397.

Arnauld ne l'explique pas, mais je suggère qu'il croyait que Descartes ne pouvait plus maintenir que l'homme est le composé de l'âme et du corps. Descartes lui-même fournit la meilleure illustration de la difficulté, dans les *Notae in Programma* de 1648. Descartes y dit à Regius que l'homme « ... est composé de corps et d'âme ». Il amplifie le point d'une analogie : « ... un homme habillé peut être considéré comme un certain tout composé de cet homme, et de ses habits » ; et même si l'homme est la « principale partie » du composé, ses vêtements en sont une autre partie aussi, distincte de l'homme (AT VIII-2, 351). L'analogie menace la position du composé. Car aucun métaphysicien ne peut considérer l'homme-plus-vêtements comme chose complète avec sa propre nature ou essence ; tout métaphysicien considérerait ce « composé » plutôt comme deux entités, l'homme et les vêtements, ayant certes un certain rapport, car l'homme en s'habiller « se sert » de ses vêtements. Pareillement, le savant se sert du livre, mais il est inutile de s'interroger sur la nature ou l'essence du « composé » savant-plus-livre, car l'on se trompe métaphysiquement en croyant à une telle chose. Pareillement aussi, comme Descartes le concède à Gassendi, « ... tandis que [l'esprit] est uni au corps il s'en sert comme d'un instrument... » (AT VII, 354, 4-5). Arnauld en conclut que le composé homme doit s'évanouir, ne laissant qu'une âme qui se sert d'un corps. La réponse de Descartes est double : 1 / il existe une étroite union joignant l'âme et le corps ; et 2 / leur composé a sa propre nature. Descartes a soutenu une union entre l'âme et le corps, « au point que je compose avec lui quelque chose d'un » (AT VII, 81, 4-5)[1]. Nul semblable rapport n'existe entre le savant et le livre, et c'est pourquoi il n'y existe que le savant « se servant » du livre. En deuxième lieu, Descartes raisonne par analogie : « Celui qui dirait que le bras d'un homme est (...) réellement distinct du reste de son corps ne nierait pas pour cela qu'il est de la nature de l'homme entier... » (AT VII, 228, 5-12). Par analogie, l'âme et le corps également appartiennent à la nature de l'homme.

Dans une lettre de 1642 à Regius, Descartes lie ces points sur

1. Cf. AT VI, 59, 12-18.

l'union et sur la nature du composé, dans le même but : « L'union qui les joint n'est pas accidentelle, mais essentielle, puisqu'un homme sans elle n'est pas un homme » (AT III, 508, 21-23). L'homme retient sa propre nature ou essence, et elle inclut l'union qui lie les deux composants de l'homme. Puisque l'homme a sa propre essence, sa position métaphysique paraît sauvegardée.

Si Descartes peut assurer le statut de l'homme il doit remercier Arnauld. Descartes avait souvent parlé de l'entité composée, dès les *Regulae* (AT X, 411, 17-21) et aussi récemment que la *Sixième Méditation.* Mais Descartes n'a tenté de spécifier l'essence de l'homme qu'après les *Réponses* à Arnauld.

Mais je mets en question le succès de la réponse de Descartes. Il ne nous dit rien de l'essence de l'homme sauf qu'elle inclut l'union de l'âme et du corps. Pourquoi ce rapport peut-il engendrer une chose, tandis que les rapports entre la personne et ses vêtements, et entre le savant et son livre, ne le peuvent pas ?[1]

L'essence d'une chose fournit la base métaphysique pour déterminer ses autres propriétés. Ainsi pensait Aristote : il tient sa théorie de l'homme comme animal rationnel pour la base de la biologie humaine. Cela autorise des démarches biologiques valables pour les animaux en général, et par là les recherches particulières sur les mouvements, sensations, etc., des hommes. Cela autorise aussi des démarches spécifiques valables seulement pour les animaux rationnels, et par là les recherches sur la caractéristique différentielle de la rationalité. En tant que nous comprenons les concepts *animal* et *rationnel,* nous avons accès aux démarches scientifiques pour l'étude de l'homme.

C'était également l'avis de Descartes que la science dépend d'une connaissance de l'essence. Ainsi, la portée des réponses que la physique peut proposer se délimite par son propos révolutionnaire de prendre l'étendue comme l'essence des substances physiques, car

1. Voir S. Voss, Descartes : The End of Anthropology, John Cottingham (éd.), *Reason, Will and Sensation,* Oxford, Oxford University Press, 1994, section IIIC.

tout ce que d'ailleurs on peut attribuer au corps présuppose de l'étendue[1].

La définition aristotélicienne de l'homme est *per genus et differens*. Celle de Descartes est méréologique, par les composants de l'homme et le rapport qui en constitue l'homme. Aristote décrit l'homme comme animal rationnel ; Descartes décrit l'homme comme constitué de deux composants — l'un rationnel, l'autre comme un animal.

La définition de Descartes est inutile pour une science de l'homme. Combien pèse l'entité prétendue âme-plus-corps ? A-t-elle une localisation ? Lorsque les funérailles de sa femme tirent de « véritables larmes » des yeux d'un homme qui « sent cependant une joie secrète dans le plus intérieur de son âme » (*Passions de l'âme*, § 147, AT XI, 440-441), est-ce que l'homme est triste ? Quand l'âme pense et le cerveau reste inoccupé, est-ce que l'homme pense aussi ? On peut formuler des règles pour répondre à de telles questions. Mais des règles différentes engendreront des réponses différentes, et Descartes ne tente jamais de certifier clairement et distinctement aucune règle comme engendrant la vérité touchant l'entité composée.

De plus, certaines règles plausibles pour mettre en place une science de l'homme entraînent des contradictions. Lorsqu'un homme est triste, est-ce qu'il pense ? Lorsqu'un homme s'assoit à son bureau, est-ce qu'il est étendu ? Toutes ces propositions ont des conséquences. Une chose qui pense est un *esprit*. Une chose étendue est un *corps*. Un homme peut-il être un esprit ou un corps ? Une chose qui pense peut-elle être une chose étendue ? (AT VII, 27, 13-14 ; 78, 18 ; 423, 25-424, 6).

Le problème fondamental est d'établir une raison métaphysique pour les prédications scientifiques touchant l'homme. L'essence de l'homme cartésien n'autorise qu'un tout petit rang de vérités négatives

1. *Principia* I, § 53. Cf. aussi AT VII, 444, 18-21 : « ... examinant tous les modes, tant du corps que de l'esprit, je n'en ai remarqué pas un, dont le concept ne dépendit entièrement du concept même de la chose dont il est le mode. » Ceci parce que l'extension est une nature qui « recipit » (AT V, 221, 23) ou « potest admittere » (AT VIII-2, 348, 27) tous les modes que peut avoir une chose étendue.

touchant l'homme : si l'union échoue, il faut que l'homme cesse d'exister ; puisque l'union est fragile, l'homme est corruptible[1].

La difficulté n'est pas que l'homme est une entité composée. Les sciences traitent avec succès de nombreux êtres composés. Mais si un savant affirmait seulement que les grenouilles se composaient de cellules, il ne pourrait jamais répondre aux demandes les plus simples. Cette grenouille, est-ce qu'elle vient de sauter ? Cette grenouille, est-ce qu'elle vit ? Avons-nous ici une grenouille ou plusieurs ? Tout au contraire, chaque herpétologue considère une grenouille autrement que comme une simple collection de cellules. Les aristotéliciens traitent une grenouille comme un animal avec une certaine entéléchie ; les cartésiens comme une certaine sorte de machine. Si l'on conçoit les grenouilles par l'entéléchie ou par la machine, on conçoit un genre intelligible, et par là certifie des démarches pour déterminer la vérité concernant l'espèce.

Descartes ne propose qu'une seule règle au savant étudiant l'homme : pour n'importe quel phénomène humain que vous désirez étudier, déterminer si c'est un phénomène de l'âme, ou du corps, ou de leur union. Ses échanges avec Arnauld et Regius ne modifient pas cet avis ; il recommande la règle dès le *Traité de l'Homme* (AT XI, 119, 5 - 120, 3) et encore dans la *Description du corps humain* (AT XI, 223, 10 - 225, 5) et les *Passions de l'âme* (AT XI, 328, 15 - 329, 11). Un savant qui applique cette règle peut gagner une connaissance de l'âme ou du corps ou de l'union, mais ceci n'est pas une connaissance de l'homme. Il y a trois sortes de vérités humaines : les vérités touchant l'âme, le corps, et le rapport entre les deux — comme il y a trois sortes de vérités touchant des savants utilisant des livres. Mais il n'y a pas une science de « l'âme-plus-corps », de même qu'il n'y a pas une science du « savant-plus-livre ».

Une dernière intuition épistémologique suffit pour engendrer la conclusion d'Arnauld que l'homme n'est qu'une âme qui se sert d'un corps. Il serait spéculatif de l'attribuer à Descartes, puisqu'il ne l'expose

1. « ... quod compositum humanum sit ex natura sua corruptibile... » (AT III, 422, 9-13). Voir Voss, « Descartes : The End of Anthropology », section VIIA.

jamais, mais l'intuition suivante est entièrement en harmonie avec son dédain pour les entités occultes et avec sa détermination de principe de tirer des conclusions métaphysiques de prémisses épistémologiques[1] :

Intuition 4. Si une essence ne rend pas possible une science des choses qui possèdent cette essence, de telles choses n'existent pas.

Arnauld a vu que l'homme doit rejoindre toutes les autres entités occultes balayées par la métaphysique cartésienne des âmes et des corps. Etant donné la distinction réelle, il n'y a pas de science de l'homme ; étant donnée l'intuition 4, il n'y a pas d'homme. A la place parmi les objets de *scientia* que l'homme jadis a occupée, il ne reste qu'une âme rationnelle, se servant d'un corps que, du préjugé de notre enfance, nous avons coutume d'appeler humain.

Si une inférence à partir de l'épistémologie permet l'argument pour la distinction réelle, c'est aussi une telle inférence qui permet une conséquence inattendue et peut-être désastreuse. Descartes avait promis dans le *Traité de l'Homme* : « Je vous montre comme ces deux natures doivent être jointes et unies, pour composer des hommes qui nous ressemblent » (AT XI, 120, 1-3). Arnauld possède une explication de la raison pour laquelle il n'a pas tenu sa promesse. Car, ayant assigné les essences humaines à l'âme et au corps, réellement distinctes, Descartes ne peut plus trouver le chemin pour reconstituer le tout des parties[2].

1. Ainsi Lilli Alanen, Descartes' dualism and the philosophy of mind, *Revue de métaphysique et de morale* (1989) : « ... there is no Cartesian science of man, only a science of the human body » (p. 399) ; « Scientific knowledge is restricted to what can be accounted for in terms of extension and related notions ; metaphysical knowledge to immaterial things (*e.g.*, the mind or God), and generally, to the foundations of knowledge ; as to our own nature and condition as embodied minds and agents, we have only our senses and commonsense to rely on » (p. 405).

2. Je remercie Jean-Marie Beyssade, Michelle Beyssade, Offer Binder, Olivier Boissel, Vere Chappell, Paul Hoffman, Gareth Matthews, Odette Menyard, Marleen Rozemond, Karen Voss et Kenneth Winkler.

L'homme cartésien

VERE CHAPPELL

L'homme dans les « Méditations »

Qu'est-ce que l'homme selon Descartes ? La réponse à cette question est donnée explicitement dans la *Sixième Méditation.* Un homme, y lit-on, est un « compositus ex mente et corpore » (AT VII, 82), un être composé constitué d'un esprit et d'un corps. Les composants d'un homme sont eux-mêmes deux choses différentes. Ils sont non seulement hétérogènes de nature, n'ayant rien en commun, mais aussi distincts l'un de l'autre, en ce sens que chacun peut exister seul, à part de l'autre.

Le fait, cependant, qu'un homme est composé de deux choses différentes ne veut pas dire qu'il n'est pas en lui-même une seule chose. L'esprit de l'homme, dit Descartes, n'est pas simplement « logé » dans son corps « ut nauta adest navigio » (AT VII, 81), mais est « uni » (AT VII, 85) avec lui, et lui est « conjoint très étroitement », en sorte qu'ils constituent *unum quid* (AT VII, 81).

Cette idée de « l'union et comme du mélange de l'esprit avec le corps » n'est pas expliquée davantage dans les *Méditations.* Il est clair, toutefois, qu'un aspect ou qu'une conséquence principale en est l'interaction causale de ces deux parties humaines (AT VII, 83). Descartes n'entreprend pas de prouver que cette interaction a lieu. Il la considère plutôt comme un fait évident, et cite des exemples nombreux de cas dans lesquels, d'une part, les choses qui arrivent dans le corps d'un homme donnent lieu à des événements dans son esprit, les perceptions des sens et les sentiments ; et, d'autre part, les actions mentales, c'est-à-dire les volontés, amènent des mouvements de son corps.

Une chose que Descartes ne dit pas dans les *Méditations* au sujet des êtres humains est qu'ils sont des substances individuelles. Et il n'y appelle jamais un homme *'ens completum'* ou *'ens per se',* qui sont les termes qu'il prend pour synonymes de *'substantia'* (AT VII, 120-121 ; AT VII, 226). Chacun des composants de l'être humain, l'esprit et le corps, est une substance, un être complet, et un être par lui-même ; mais l'être composé qu'ils constituent, apparemment, ne l'est pas. Quelle que soit l'union de l'esprit et du corps qui fait un homme, Descartes évite de dire qu'il en résulte la formation d'une substance nouvelle.

Les textes postérieurs aux « Méditations » sur l'unité de l'homme

Telle est la conception de l'homme qui est présentée dans les *Méditations.* Dans les écrits postérieurs Descartes est revenu sur ce sujet, souvent en réponse aux questions qui lui étaient posées par ses lecteurs. Dans la plupart des cas, ses déclarations postérieures concordent parfaitement avec celles des *Méditations* : non seulement les mêmes avis sont exprimés mais le même langage est utilisé pour les exprimer. Cependant, en plusieurs textes, Descartes fait des remarques sur l'homme qui diffèrent de ce qu'il avait dit précédemment. Ce sont des remarques qui suggèrent non simplement un vocabulaire différent mais une conception différente, une conception, en outre, qui s'oppose à la position exposée dans les *Méditations.*

Les textes dont il s'agit peuvent être divisés en deux groupes. Dans ceux du premier groupe, Descartes emploie la terminologie de l'aristotélisme scolastique, « le langage des Ecoles ». Il dit que l'esprit et le corps humains ne sont pas simplement unis mais sont *substantiellement* unis, et qu'ils composent une chose qui est *unum per se.* Il dit que l'âme est la *forme* et même la *forme substantielle* d'un homme, et qu'elle *informe* ou est *la forme* du corps humain ou de sa matière. Il parle même des êtres humains comme d'*entia per se.* On trouve la plupart de ces textes dans les réponses que Descartes a faites à Arnauld, dans deux lettres qu'il a envoyées à Regius pendant l'hiver de 1641-1642, et dans deux *Lettres à Mesland* écrites en 1645 et (peut-être) 1646. Il y a aussi un texte de ce genre dans les *Principes,* et encore un dans chacune des deux *Lettres,* celle *à Dinet* de 1642 et celle *à Clerselier* du 2 mars 1646.

Dans les textes du deuxième groupe, Descartes soutient que l'union du corps et de l'âme dans un être humain est une « idée primitive », un fait ultime ou irréductible que l'on peut utiliser pour expliquer, par exemple, le pouvoir qu'a l'âme de mouvoir le corps et l'occurrence des perceptions des sens, mais qui ne peut pas lui-même être expliqué, ni peut-être même analysé, bien qu'on le connaisse bien. Les textes de ce genre se trouvent dans deux *Lettres à Elisabeth* du printemps de 1643, dans les *Principes,* et dans une *Lettre à Arnauld* de 1648.

Dans tous ces textes Descartes met plus d'insistance sur l'unité de l'homme qu'il ne l'avait fait dans les *Méditations.* (Je renverrai quelquefois à ces textes en les appelant 'textes postérieurs aux *Méditations* sur l'unité', ou, pour abréger, 'TPMU'.) Descartes en effet semble y soutenir que l'esprit et le corps sont unis, et qu'un être humain est une seule chose, en un sens plus fort ou plus strict que celui qui se trouvait dans la première position. La conception de l'homme qui est exprimée dans ces textes peut même sembler incompatible avec sa première conception.

Trois stratégies d'interprétation

Ces textes posent un problème pour les interprètes de la philosophie de Descartes. Il y a, en gros, trois stratégies pour traiter ce problème. La première est de prétendre que la conception de l'homme qui est exprimée dans ces textes est incompatible avec ce qui est dit dans les *Méditations.* On conclut alors, soit que Descartes a été coupable d'inconséquence, soit qu'il a changé d'avis après avoir achevé les *Méditations* au printemps de 1640 et avant de rédiger ses réponses à

Arnauld environ un an plus tard. La deuxième stratégie est de trouver dans ces textes une conception de l'homme qui est différente de, mais n'est pas incompatible avec, la position antérieure. C'est alors cette conception qu'on lit rétrospectivement dans la *Sixième Méditation,* qui ainsi s'accomplirait et se clarifierait dans les textes ultérieurs pour révéler sa vraie signification. La troisième stratégie est de montrer que, en dépit des apparences, il n'y a aucune base dans ces textes pour attribuer à Descartes une conception de l'homme différente de celle qu'il a avancée dans les *Méditations.*

Tous les commentateurs qui ont considéré ce problème sont d'accord sur les points suivants. A diverses reprises partout dans ses œuvres, Descartes affirme la dualité des êtres humains. A diverses reprises aussi, et souvent aux mêmes endroits, il affirme l'unité de l'homme. Appelons la doctrine qu'un homme est composé de deux choses différentes 'le dualisme', et la doctrine qu'un homme est une seule chose unitaire 'l'unitarisme'. Chacune de ces doctrines a à la fois une version ou une formulation qui est forte ou dure, et une qui est faible ou douce. Les deux doctrines dans leurs formes fortes ou dures sont incompatibles l'une avec l'autre : accepter l'une, c'est être obligé logiquement de rejeter l'autre. Mais le dualisme dur est compatible avec l'unitarisme doux, et l'unitarisme dur est compatible avec le dualisme doux.

On est de plus d'accord que le dualisme de Descartes est plus accentué dans la *Sixième Méditation* que son unitarisme, bien que ce dernier s'y trouve en quelque mesure ; et aussi que son unitarisme est plus accentué dans les TPMU que dans les *Méditations.* La question sur laquelle les commentateurs sont en désaccord concerne la forme dans laquelle chacune de ces doctrines est affirmée ou entendue dans chacun de ces contextes. Est-ce le dualisme dur ou doux que Descartes affirme dans la *Sixième Méditation* ? Est-ce l'unitarisme dur ou doux qui est avancé dans les TPMU ?

Ceux qui suivent la première stratégie supposent que Descartes affirme le dualisme dur dans les *Méditations* et l'unitarisme dur dans les *Quatrièmes Réponses* et textes associés. Ils prétendent donc que la première doctrine est incompatible avec la seconde. Cette stratégie incompatibiliste a été adoptée, *inter alia,* par Tad Schmalz dans un écrit publié récemment dans la *Philosophical Review*[1]. En prenant comme prémisse l'incompatibilité des deux doctrines, Schmalz soutient que Descartes, alors qu'il « decided to embrace [the] newly developed view of mind-body union » qui est exprimé dans la correspondance avec Elisabeth, a dû décider aussi « to reject the simple dualism » qu'il avait trouvé convaincant dans ses écrits antérieurs (p. 295).

La deuxième stratégie pour traiter le problème des TPMU a été suivie par nombre de spécialistes de Descartes, tant britanniques et américains que français. Selon leur interprétation, la doctrine qui a été exprimée dans les *Quatrièmes Réponses* et dans *Les lettres à Regius* et *à Mesland* est l'unitarisme dur ; et puisqu'ils reconnaissent que cet unitarisme dur est incompatible avec le dualisme dur, ils allèguent que la position de Descartes dans la *Sixième Méditation* n'est pas le dualisme dur (comme il serait naturel, ils en conviennent, de le supposer), mais seulement sa version faible ou douce. Deux avocats récents de cette stratégie sont Paul Hoffman dans son article « The Unity of Descartes's Man » et John Cottingham dans « Cartesian Trialism »[2]. Hoffman et Cottingham ne mettent pas l'accent sur les mêmes traits spécifiques de la position unitarienne qu'ils attribuent à Descartes, en partie parce qu'ils se concentrent sur des textes différents, ceux du premier groupe qu'on a distingué ci-dessus dans le cas d'Hoffman, ceux du deuxième groupe dans le cas de Cottingham. Mais les auteurs font tous deux de Descartes un unitarien dur, et travaillent à amollir son dualisme, en essayant de le mettre en accord avec ce qu'ils tiennent pour sa thèse principale.

Les avocats de la troisième stratégie, au contraire, trouvent le dualisme de Descartes fondamental, et cherchent à mettre la doctrine des TPMU en accord avec lui. Leur Descartes est avant tout dualiste dur en ce qui concerne les êtres humains ; et ils trouvent cette doctrine non

1. Tad M. Schmalz, Descartes and Malebranche on Mind and Mind-Body Union, *Philosophical Review,* 101 (1992), p. 281-325.

2. Paul Hoffman, The Unity of Descartes's Man, *Philosophical Review,* 95 (1986), p. 339-370 ; J. Cottingham, Cartesian Trialism, *Mind,* 94 (1985), p. 218-230.

seulement dans les *Méditations,* mais aussi dans les écrits qui les ont suivies, y compris la correspondance. D'après cette stratégie, la position qui est exprimée dans les TPMU est au mieux l'unitarisme doux ; et il n'y a rien dans ces textes qui soit opposé à, ou qui exige la réinterprétation de la *Sixième Méditation.*

Cette troisième stratégie est celle que je préfère, et mon but dans cette communication est de la développer et de la défendre. Je n'ai pas de la place pour considérer tous les textes pertinents, donc je me propose de limiter la réflexion à ceux du groupe aristotélicien. Je vais examiner d'abord chacun de ces textes, en cherchant à montrer qu'il n'y a pas de justification pour les lire comme exprimant une position unitarienne dure. Deuxièmement, je présenterai deux considérations générales qui prouvent, à mon avis, que Descartes n'a jamais eu l'intention de professer autre chose que l'unitarisme doux. Enfin, j'explorerai la nature de cette unité que je crois que Descartes a voulu attribuer aux êtres humains.

Explication des textes

1 / *Les Quatrièmes Réponses.* — C'est le plus ancien des textes qu'il faut examiner, ayant été rédigé en mars 1641. Dans ses objections, Arnauld avait suggéré que l'argument de Descartes pour la distinction du corps et de l'esprit « prouve trop », en ce qu'il mène à l'opinion platonicienne que l'homme est simplement « un esprit usant ou se servant du corps » (AT VII, 203 ; IX-1, 153). Descartes répond en soutenant qu'il avait, dans la *Sixième Méditation,* non seulement établi que l'esprit et le corps de l'homme sont réellement distincts, mais aussi « montré *(probavi)* » que les deux sont « substantiellement uni[s] » (AT VII, 228 ; IX-1, 177). Descartes se sert de cette expression, '*substantialiter unita*' trois fois, et de l'expression associée, '*unio substantialis*' une fois, pour caractériser le rapport esprit-corps dans ses réponses à Arnauld. Il avait bien sûr utilisé les termes 'union' et 'uni' dans la *Sixième Méditation,* mais les qualificatifs 'substantielle' et 'substantiellement' apparaissent pour la première fois dans les *Quatrièmes Réponses.*

Que signifie cette addition ? Certains avocats de l'interprétation unitarienne dure ont prétendu que l'union substantielle est celle dont le produit est une substance, alors que le produit d'une union non substantielle est une entité de quelque autre sorte[1]. Bien entendu, l'unité qui appartiendrait à l'homme, s'il était une seule substance, est plus forte que celle qu'il aurait s'il était un *compositus* de deux substances distinctes. Si telle est bien l'union substantielle pour Descartes, alors il est évident qu'il a rendu son unitarisme plus dur en attribuant cette union aux êtres humains.

Mais Descartes ne dit jamais, ni dans ce texte ni ailleurs dans ses écrits, que les choses qui sont unies substantiellement forment une substance, ou que l'esprit et le corps humains le fassent. Et jamais il ne dit que les choses en union substantielle constituent une *'res completa'* — terme dont il vient de dire à Arnauld qu'il le prend pour synonyme de *'substantia'*.

En effet, si nous faisons attention aux mots que Descartes emploie effectivement en répondant à Arnauld, il est difficile d'éviter la conclusion non seulement que cette expression 'union substantielle' ne veut pas dire 'union qui produit une substance', mais aussi que le mot 'substantielle' n'ajoute rien au sens d''union'. Il semble bien que Descartes n'a pas utilisé 'substantielle' pour restreindre ou modifier l'union dont il s'agit, mais simplement pour marquer son importance. Voici exactement ce que Descartes dit : « dans la (...) *Sixième Méditation,* où j'ai parlé de la distinction de l'esprit d'avec le corps, j'ai aussi montré qu'il lui est substantiellement uni » (AT VII, 228 ; IX-1, 177). Mais la conclusion qu'il énonce dans cet ouvrage est simplement que l'esprit est uni avec le corps, ou lui est *arctissime conjunctum*. S'il a parlé précisément et sans mentir là, et s'il le fait encore ici, il s'ensuit que les termes 'substantiellement uni' et 'uni' ont tout à fait le même sens pour Descartes. Autrement dit, il s'ensuit qu'être uni substantiellement n'est pas être uni en quelque façon spéciale qu'on n'a pas jusqu'ici identifiée, mais simplement être uni

1. Voir P. Hoffman, *op. cit.,* p. 346, et Schmalz, *op. cit.,* p. 288-289 et 294-295. Cf. E. Gilson, *Commentaire du « Discours de la méthode »,* Paris, 1925, p. 435 sq.

en la même façon, quelle qu'elle soit, que celle que l'on a déjà remarquée dans les *Méditations*.

En tout cas, Descartes l'assure à Arnauld, le fait que l'esprit et le corps sont unis substantiellement ne nous empêche pas de concevoir l'esprit clairement et distinctement comme une chose complète — c'est-à-dire, il n'empêche pas l'esprit d'être une substance indépendante et distincte du corps. Donc, même si l'union substantielle était différente de, et plus forte que l'union simple, elle ne serait pas assez forte pour affaiblir le dualisme dur de la *Sixième Méditation*.

En outre, l'objectif global de la réponse de Descartes à Arnauld est de défendre son argument pour la distinction de l'esprit et du corps, et de fixer le statut de chacun d'eux comme une substance, c'est-à-dire, comme un être qui est indépendant et complet en lui-même. Il est, en bref, de renforcer le dualisme qui est affirmé dans les *Méditations*. Il serait donc tout à fait malvenu pour lui de faire quelque chose ici qui tendrait à affaiblir ce dualisme, comme le ferait certainement quelque mouvement en direction d'une forme plus dure de l'unitarisme. En vérité, Descartes ne s'inquiète pas beaucoup de l'accusation de platonisme portée par Arnauld, et il ne voit pas de besoin de changer d'avis, ni de développer une nouvelle conception de l'unité esprit-corps pour le réfuter. Il pense que l'unité qu'il a déjà affirmée dans les *Méditations* est suffisante pour montrer qu'il n'est pas platonicien, et qu'on ne doit qu'attirer l'attention sur cette unité pour répondre à Arnauld — attirer l'attention sur elle, non la remplacer par quelque substitut plus puissant.

2 / *Les Lettres à Regius*. — Ces deux lettres contiennent la plus riche provision de locutions aristotéliciennes sur l'homme qui se trouve dans le corpus cartésien. Non seulement l'union de l'âme et du corps y est appelée 'substantielle', mais on y dit que l'être humain est un *ens per se* et qu'il n'est pas un *ens per accidens*. En outre, c'est dans une de ces lettres qu'on dit que l'âme humaine est la forme substantielle de l'homme.

Regius était disciple de Descartes. Mais son enseignement des doctrines cartésiennes à l'Université d'Utrecht avait causé une controverse considérable, et Regius lui-même était attaqué. Descartes a rédigé ces lettres pour l'aider à répondre à ses critiques.

Regius avait notamment dit qu'un être humain est un *ens per accidens*. Cette appellation peut sembler juste, étant donné la thèse cartésienne qu'un homme est un être composé, bien que ce ne soit pas une expression que Descartes lui-même emploie. Mais elle s'est avérée un chiffon rouge pour les collègues aristotéliciens de Regius, y compris le recteur de l'Université, Voetius. « Il eût été difficile de mettre (...) quelque chose de plus choquant », écrit Descartes dans la première des deux lettres (AT III, 460 ; V, 85). Il ne dit pas, pourtant, que la déclaration de Regius soit fausse. Et il n'entreprend pas la tâche théorique de corriger l'opinion de Regius, mais la tâche pratique de contrôler les effets de sa parole. Le conseil qu'il donne ne relève pas de la philosophie mais de la rhétorique. Son but n'est pas la vérité mais d'éviter que « les théologiens s'offensent encore » (AT III, 461 ; V, 87).

En fait, Descartes se révèle tout disposé à sacrifier la vérité à la convenance. Après avoir reconnu que Regius a appelé l'homme un *ens per accidens,* il lui conseille de dire à ses adversaires qu'il « n'a pas dit pour cela que l'homme est un être par accident » ; et qu'il « entendait bien qu'il est un être par lui-même » (AT III, 460 ; V, 86). Nulle part dans cette lettre Descartes ne suggère que Regius doit *croire* qu'un être humain est un *ens per se,* encore moins qu'il le croit lui-même.

Descartes reprend la déclaration de Regius, qu'un être humain soit un *ens per accidens,* dans la deuxième de nos lettres. Quand vous dites cela, écrit Descartes, « je sais bien que vous n'entendez rien d'autre que [l'homme] est un composé de deux choses réellement distinctes ». Mais cette locution, continue-t-il, « n'est pas d'usage en ce sens dans les Ecoles ». Donc Descartes conseille à Regius d' « avouer bonnement » qu'il n'a pas « bien compris ce terme de l'Ecole », et de « déclarer » qu'il croit « que l'homme est un véritable être par soi, et non par accident » (AT III, 492-493 ; V, 112-113).

Mais que signifie ce conseil ? Descartes ne dit pas à Regius qu'il doive accepter l'opinion que les scolastiques exprimeraient par ces mêmes mots. Et il ne propose pas non plus à Regius de mentir, de feindre faussement d'accepter l'opinion des scolastiques. Sa proposition est simplement que Regius emploie la terminologie des scolastiques pour exprimer sa propre conviction au sujet de l'homme, conviction dont Descartes indique qu'elle est aussi la sienne.

Et qu'est-ce que cette conviction ? Les mots qui suivent la formulent : c'est « que l'âme est unie au corps réellement et substantiellement » (AT III, 493 ; V, 113). Descartes considère ensuite ce que cela veut dire. D'une part, il veut dire que l'esprit et le corps sont unis « non par [l]a position et [l]a disposition », car c'est là une opinion qui, déclare Descartes, en parlant pour son propre compte, « n'est pas vraie » *(ibid.)*. Regius ne doit pas donner plus d'explication, dit-il, puisque personne ne le fait. D'autre part, il suggère que Regius peut suivre son propre exemple dans les *Méditations,* et expliquer l'union esprit-corps « en disant : nous percevons que la sensation de la douleur, ainsi que toutes les autres, ne sont pas des pensées pures de l'âme distincte du corps, mais des perceptions confuses de l'âme unie réellement au corps. Car, continue-t-il, si un ange se trouvait dans le corps d'un homme, il n'aurait pas nos sensations, il ne percevrait que les mouvements causés par les objets extérieurs, et se distinguerait, par là, d'un homme véritable » *(ibid.)*.

Il est clair que Descartes ne s'est pas engagé, au moins à cet endroit de sa lettre, dans aucune doctrine sur l'homme qu'il n'ait déjà exposée dans les *Méditations.* Il est vrai qu'il se sert d'un exemple différent pour illustrer sa conception de l'union esprit-corps — l'ange dans un corps humain par opposition au pilote dans un navire. Mais la signification des deux exemples est la même, bien que ni l'un ni l'autre ne nous éclaire beaucoup sur le type d'union que Descartes conçoit entre l'esprit et le corps — point que je reprendrai ci-dessous.

La discussion qu'on vient d'examiner, dans laquelle Descartes commente l'usage par Regius de l'expression *ens per accidens,* a lieu vers le commencement de la deuxième lettre. Ensuite Descartes tourne son attention sur un texte particulier dans lequel Voetius avait critiqué les thèses de Regius. Il conseille à Regius de répondre à cette critique par une lettre ouverte, dont il entreprend ensuite de fournir une version préliminaire détaillée, afin que Regius sache exactement ce qu'il aura à dire. (Il écrira, dit-il, *partim gallicè,* pour que Regius ne soit pas tenté d'employer ses mots exacts en répondant à Voetius !) Presque tout le reste de la lettre, quelque 14 pages dans l'édition d'Adam et Tannery, consiste en cette version préliminaire — ce scénario — de la réponse que Descartes a composée à l'usage de Regius.

Or le fait remarquable est que chacune des phrases qui traitent de l'homme dans cette lettre, excepté celles que nous venons de considérer, tombe dans les limites de ce scénario. Celles-ci comprennent la seule phrase en laquelle on appelle l'âme humaine la forme substantielle d'un homme (AT III, 505 ; V, 129), aussi bien que celle en laquelle on réduit la portée de la polémique contre les formes substantielles pour exclure ce seul exemple qui a « cette prérogative » (AT III, 503 ; V, 125). Elles comprennent aussi les phrases suivantes, qui sont citées bien fréquemment par les commentateurs de Descartes :

> Nous assurons (...) que l'homme est composé d'une âme et d'un corps, non par la seule présence des deux ou leur voisinage immédiat, mais par une véritable union substantielle (...) Si nous avons dit que l'homme est un être par accident, c'est par rapport à ses parties, à savoir l'âme et le corps : (...) Mais en tant que l'on considère l'homme en lui-même comme un tout, nous ne manquons pas de dire qu'il est un, qu'il est un être existant par soi, et non par accident... (AT III, 508 ; V, 134).

La conséquence est que l'on ne peut prendre aucune de ces phrases pour exprimer une opinion au sujet de l'homme que Descartes aurait lui-même soutenue. Descartes n'utilise par ces phrases pour communiquer ses propres pensées. En fait, il ne les *utilise* point, à parler strictement : il se contente de les *mentionner*. Et il ne propose pas à Regius de les utiliser pour communiquer des pensées, celles de Descartes ou même les siennes. Ce sont plutôt les phrases qu'il croit que Regius doit employer dans le but pratique d'apaiser ses ennemis.

En résumé, les deux lettres à Regius ne fournissent aucune raison de supposer que Descartes ait soutenu aucune opinion scolastique ou aristotélicien ne concernant l'unité de l'homme, ou même qu'il ait soutenu aucune opinion au sujet de l'homme qu'il n'ait déjà déclarée explicitement dans la *Sixième Méditation*. En particulier, ils ne fournissent aucune raison pour supposer que Descartes ait jamais pris l'âme humaine pour la forme substantielle d'un être humain, ou qu'il ait pensé un homme comme un *ens per se,* au moins dans le sens strict et communément entendu de ce terme, ou qu'il ait compris l'union esprit-corps en telle façon qu'elle soit incompatible avec la nature composée de l'homme et la distinction réelle de l'esprit et du corps.

Cette conclusion sur les *Lettres à Regius* est confirmée par la *Lettre à Dinet,* dans laquelle il donne un compte rendu détaillé des événements d'Utrecht. Dans cette lettre Descartes dit que la discussion entre Regius et ses adversaires fut purement verbale ; et en outre il attribue explicitement à Regius l'avis que l'âme humaine est la forme substantielle du corps : il n'y a pas même l'apparence qu'il le reconnaisse comme son propre avis (AT VII, 585-587).

3 / *Les Lettres à Mesland.* — Il s'agit de deux des lettres que Descartes a adressées à Mesland en 1645 (ou peut-être en 1645 et 1646) au sujet de la transsubstantiation. Elles sont d'importance non seulement pour le langage aristotélicien qu'elles utilisent pour parler des êtres humains, mais parce qu'elles avancent un avis sur le corps humain qu'on ne trouve pas ailleurs dans le corpus cartésien. Selon quelques commentateurs récents, cet avis est indubitablement aristotélicien en son contenu — Hoffman l'appelle « l'hylomorphisme » (p. 342 sq.) — indépendamment du langage dans lequel il est présenté. Et il entraîne, allèguent-ils, une conception de l'unité de l'homme plus forte que celle que l'on a traditionnellement associée au dualisme cartésien — une conception unitarienne dure.

Il y a une occurrence de l'expression 'unie substantiellement' dans ces lettres ; mais le principal terme aristotélicien qu'elles contiennent est 'forme' et ses variantes. On y dit que l'âme humaine *informe* le corps humain (ou la matière qui le compose). On y dit que l'âme de Jésus-Christ *informe* la matière de l'hostie eucharistique (ou des particules du pain et du vin dont elle consiste) — ce qui, d'après la doctrine catholique, revient à dire que l'âme de Christ informe le corps de Christ. Et l'on y dit que l'âme d'un homme est la *forme* de son corps. Il est remarquable que Descartes n'utilise ces termes de cette façon presque nulle part ailleurs dans ses écrits. Il y a un texte qui se trouve dans une *Lettre à Clerselier,* rédigée vers le même moment que la deuxième de nos *Lettres à Mesland,* aussi au sujet de la transsubstantiation, dans laquelle Descartes dit que l'âme de Jésus-Christ informe la matière de son corps. Et dans une phrase de la quatrième partie des *Principes* il est dit que l'âme humaine informe tout le corps, bien que l'usage de ce mot en ce contexte-là n'ait certainement pas d'importance. (Notez que l'on n'utilise pas ce mot dans la traduction française de cette œuvre en 1647.)

Si, cependant, nous examinons l'usage que Descartes fait vraiment de ces expressions aristotéliciennes dans les deux *Lettres à Mesland,* il semble bien clair qu'il ne leur attache nulle signification spéciale. Il y a six exemples dans lesquels il utilise les termes 'forme', 'informer', et 'uni substantiellement' pour caractériser le rapport de l'âme à quelque chose de matériel, soit le corps lui-même soit la matière qui le compose. (Trois d'entre eux concernent le rapport de l'âme de Jésus-Christ soit à la matière en général soit aux « particules de pain et de vin » qui composent l'hostie eucharistique — un cas spécial s'il en est !) Mais entremêlés avec ces six exemples il y en a huit dans lesquels on dit que l'âme est « jointe » ou simplement « unie » ou « en union » avec le corps ou sa matière — c'est-à-dire, dans lesquels les termes utilisés sont exactement ceux dont Descartes s'était servi dans la *Sixième Méditation.* Il est difficile d'éviter la conclusion que Descartes emploie ces expressions diverses indifféremment, et que son choix de l'une au lieu d'une autre est dépourvu de toute signification sémantique. Certes on pourrait supposer que ces manières différentes de parler désignent des rapports différents. Mais à l'évidence ce n'est pas le cas : il y a quelques cas où les expressions de l'une et l'autre sortes sont employées pour décrire le même exemple. Ainsi la différence est simplement verbale, c'est une affaire de vocabulaire. Pour Descartes, dire que l'âme humaine « informe » un corps est simplement dire qu'elle lui est « unie » ou « jointe ».

Il ne faut pas s'étonner que Descartes emploie la terminologie scolastique dans ces lettres, au lieu de se limiter au vocabulaire des *Méditations* — lequel en tout cas il retient aussi. Car son correspondant était un père Jésuite, formé dans le langage des Ecoles. Ce n'est pas qu'il ait eu à déguiser ou même amollir ses opinions vraies en écrivant à Mesland, qui s'était montré très ouvert à la philosophie de Descartes. Mais Descartes avait l'habitude d'adapter son langage aux dispositions et aux attentes de son auditoire, une habitude qu'il a non seulement fréquemment pratiquée dans ses écrits, mais encore explicitement justifiée parfois, comme dans sa *Lettre à Regius* de janvier 1642 (AT III, 491 ; V, 111-112).

Quant à la doctrine concernant le corps humain que Descartes présente dans ces lettres, la première chose à remarquer est qu'elle fait partie d'un traitement plus ample du sujet de la transsubstantiation que Descartes, dans une autre *Lettre à Mesland,* paraît désavouer. « Pour l'explication de la façon dont Jésus-Christ est au saint Sacrement, écrit-il, il est certain qu'il n'est nullement besoin de suivre celle que je vous ai écrite, pour l'accorder avec mes principes. Aussi ne l'avais-je pas proposée à cette occasion, mais comme l'estimant assez commode pour éviter les objections des hérétiques » (AT IV, 216). Bien sûr, il se peut que Descartes dissimule dans cette lettre, en cherchant à détourner les critiques qu'on faisait alors de ses principes, en partie justement à cause de leurs implications pour la doctrine traditionnelle de la transsubstantiation. Et en tout cas il se peut qu'il n'ait pas l'intention de désavouer la portion de son explication qui concerne le corps des hommes ordinaires. Mais le simple fait qu'il a écrit en cette manière à Mesland doit nous faire hésiter à conclure que cette doctrine des corps soit celle que Descartes lui-même accepte — surtout puisque, comme je l'ai noté ci-dessus, elle n'apparaît nulle part ailleurs dans ses écrits.

Et même si Descartes exprime ici son propre avis, il s'avère qu'il n'a pas le contenu aristotélicien, ou n'implique pas la version dure de l'unitarisme, que des commentateurs comme Hoffman prétendent. Pour le voir nous n'avons qu'à exposer précisément cette doctrine — ce que je crois que ces commentateurs n'ont pas fait suffisamment.

Descartes commence sa discussion sur « le corps d'un homme », en la première de nos deux lettres, en distinguant cette idée de celle du « corps en général ». « Quand nous parlons d'un corps en général, dit-il, nous entendons une partie déterminée de la matière, & ensemble de la quantité dont l'univers est composé. Mais, quand nous parlons du corps d'un homme, (...) nous entendons [seulement] toute la matière qui est ensemble unie avec l'âme de cet homme » (AT IV, 166). D'où il paraît que la question que Descartes se pose concerne ce qui fait en premier lieu de quelque chose un corps humain. Etant donné la matière, sous quelles conditions constitue-t-elle le corps d'un homme ? Mais il répond aussi, et en effet il le fait dans la même phrase, à une question différente, concernant ce qui explique l'identité d'un corps humain à travers le temps. Etant donné le corps d'un homme, sous quelles conditions est-il le même corps quelque temps plus tard (ou est-il maintenant le même corps qu'il était quelque temps auparavant) ?

La discussion qui suit est consacrée pour sa plus grande partie à cette deuxième question, et la réponse que Descartes y fait est claire. Un corps humain est « le même corps, dit-il, *idem numero,* pendant qu'il demeure joint et uni substantiellement à la même âme » (AT IV, 166). Pour parler plus précisément, sa thèse est ici qu'un corps humain x, existant à un moment m_1, est (numériquement) le même corps humain qu'un corps humain y, existant à un moment postérieur m_2, si et seulement si x et y sont unis tous deux avec la même âme humaine — c'est-à-dire, si et seulement si x est uni avec une âme humaine a_1, et y est uni avec une âme humaine a_2, et a_1 et a_2 sont (numériquement) la même âme humaine.

Mais quels que soient ses mérites comme thèse philosophique, cette doctrine sur l'identité diachronique du corps humain ne contient rien de spécifiquement aristotélicien. Car elle peut être combinée aussi facilement avec le dualisme cartésien dur ou même avec le platonisme extrême qu'avec l'hylomorphisme aristotélicien : certainement, elle n'implique pas une conception aristotélicienne du corps. Donc s'il y a une telle conception dans les *Lettres à Mesland,* elle doit se trouver dans la réponse de Descartes à la première des deux questions, la question concernant ce qui fait en premier lieu de quelque chose un corps humain.

Mais que signifie exactement cette réponse ? Il pourrait sembler que Descartes dise qu'il est nécessaire métaphysiquement qu'une quantité de la matière *x* est un corps humain si et seulement si *x* est uni avec une âme humaine. Pourtant, ce ne peut pas être ce qu'il entend. Car on ne peut pas supposer que Descartes accepte qu'être uni avec une âme humaine soit ou métaphysiquement nécessaire ou métaphysiquement suffisant pour être un corps humain. On ne peut pas supposer qu'il accepte d'en faire une condition métaphysiquement nécessaire, à cause de son engagement à la doctrine biologique qu'un corps humain, pris en lui-même et indépendamment de toute âme, est néanmoins un organisme vivant, un individu autonome qui est entièrement capable d'accomplir toutes les fonctions vitales d'un animal sans raison. C'est là un engagement qui est manifesté abondamment durant toute la carrière de Descartes — autant dans sa tardive *Description du corps humain* que dans son précoce *Traité de l'Homme,* et dans le *Discours de la méthode* au milieu. Donc, quelle que soit la proposition que Descartes désire exprimer ici, elle ne peut pas être la proposition que, nécessairement, *x* est un corps humain seulement si *x* est uni avec une âme humaine.

Mais on ne peut pas supposer non plus que Descartes accepte qu'être uni avec une âme humaine soit métaphysiquement suffisant pour être un corps humain. Ce qu'il dit dans ces mêmes *Lettres à Mesland* concernant l'âme et le corps de Jésus-Christ le montre. Il est vrai qu'il nous dit que l'âme de Jésus-Christ est unie avec — il dit « informe » — la matière de l'hostie pendant l'Eucharistie, c'est-à-dire avec le pain et le vin. Et il indique que c'est par le fait de cette union que cette matière devient le corps de Christ. Mais il remarque aussi que ce corps ne devient pas ainsi un corps humain vivant possédant « tous les membres extérieurs, et leur quantité et matière » (AT IV, 169). Pour que cela arrive, l'union devrait être causée non surnaturellement, simplement « par la force des paroles de la consécration », mais naturellement. Et pour cela à son tour « les particules de ce pain et de ce vin auraient dû se mêler avec le sang de Jésus-Christ et s'y disposer en certaines façons particulières » (AT IV, 168). Elles auraient dû être « assemblées avec plusieurs autres qui composassent tous les organes du corps humain nécessaires à la vie » *(ibid.)*. Donc ce n'est pas simplement l'union avec une âme qui fera de quelque chose un corps humain. Il est aussi nécessaire que la matière, dont il s'agit, ait certaines propriétés physiques — qu'elle ait la grandeur et la forme justes, et la configuration convenable des parties. En effet, avoir ces propriétés physiques paraît être la seule chose nécessaire pour être un corps humain selon Descartes, auquel cas cette condition est à la fois suffisante et nécessaire. Le cas humain est ainsi tout à fait différent de celui de Jésus-Christ. Il est vrai que les particules du pain et du vin se transforment en le corps de Christ, simplement en étant informées par l'âme de Christ. Mais ce corps n'est pas un corps que tout être humain puisse posséder : il n'est pas même le corps que Christ avait lorsqu'il était homme — pas le corps qu'il avait « quand il est monté au ciel » (AT IV, 169).

Le résultat est que la position des *Lettres à Mesland* concernant la nature d'un corps humain, distinguée de son identité diachronique, n'est pas après tout originale ou unique par rapport au reste du corpus cartésien. Et, en particulier, aucune thèse spécialement aristotélicienne ne s'y trouve. Un philosophe aristotélicien prendrait un corps humain tout seul pour déficient métaphysiquement en quelque sorte, et tiendrait qu'il doit être uni avec une âme pour se qualifier comme être au sens plein. Hoffman, par exemple, dit que le corps est, d'après la doctrine aristotélicienne, « actualisé » par l'âme — et, selon son interprétation, telle est aussi la position de Descartes (p. 358). Ça suggère donc qu'un corps en lui-même est une entité simplement potentielle, de sorte que même si nous avons une quantité de matière avec la grandeur et la forme convenables et dont les parties sont correctement disposées, nous n'aurions pas un corps humain proprement dit, à moins qu'on ne fasse entrer une âme humaine pour l' « informer ». Mais il n'y a pas de base dans ces lettres pour attribuer à Descartes une telle position.

Je conclus donc que les *Lettres à Mesland* ne fournissent nulle preuve, non plus que ne le font les réponses à Arnauld et les *Lettres à Regius,* que Descartes ait jamais adopté une position dure sur l'unité humaine, ou même une position substantiellement différente de celle qu'il a affirmée dans la *Sixième Méditation.*

Considérations générales

Je propose maintenant de présenter deux considérations générales qui démontrent, me semble-t-il, que Descartes n'a jamais été unitarien dur au sujet de l'homme, qu'il n'a jamais amolli son dualisme, et qu'il n'a jamais changé d'avis sur la relation entre l'esprit et le corps humains par rapport à ce qu'il a déclaré dans les *Méditations.*

1 / *Les principes de la métaphysique cartésienne.* — La première de ces considérations est que l'interprétation unitarienne dure de la position de Descartes est exclue logiquement par les principes fondamentaux de sa métaphysique. Ces principes ne sont pas tous expressément déclarés dans les *Méditations* ; on ne trouve les formulations de certains que dans les *Premières, Secondes, Troisièmes* et *Quatrièmes Réponses,* et dans les *Principes.* Mais il n'y a pas de doute que Descartes a accepté ces principes pendant qu'il rédigeait les *Méditations,* et que sa pensée y était guidée par eux.

Voici quelques-uns de ces principes fondamentaux. (P1) Chaque substance individuelle finie est indépendante de chaque autre : elle n'a pas besoin de quelque autre substance finie pour exister. (P2) Chaque substance finie a exactement un attribut principal ou essence. (P3) Chaque propriété non transcendantale d'une substance finie est un mode de son attribut principal[1]. (P4) Nulle propriété non transcendantale n'est un mode de plus d'un attribut principal. (P5) Il n'y a que deux attributs principaux des substances finies, la pensée et l'étendue. (P6) Une substance dont la pensée est l'attribut principal est un esprit, et une substance qui a l'étendue pour attribut principal est un corps. (P7) Les esprits humains et les corps humains sont, respectivement, des esprits et des corps.

De ces principes suivent, comme théorèmes, que (T1) les esprits et

1. Par 'propriété non transcendantale' j'entends 'propriété autre que les plus générales qui se peuvent rapporter à toutes : à savoir celles (...) de la substance, de la durée, de l'ordre et du nombre' ; voir *Principia,* I, § 48 (AT VIII-1, 22 ; IX-2, 45).

les corps humains sont des substances individuelles finies, dont les attributs principaux sont, respectivement, la pensée et l'étendue; (T2) toutes les propriétés non transcendantales des esprits et des corps sont les modes, respectivement, de la pensée et de l'étendue; et (T3) il n'y a aucune propriété non transcendantale d'un esprit ou d'un corps qui soit à la fois une propriété d'un esprit et d'un corps. Si l'on accorde de plus qu'un être humain ou est ou possède à la fois un esprit et un corps, il suit encore que chaque homme comprend deux substances qui sont réellement distinctes et essentiellement diverses l'une de l'autre. Ainsi, quelle que soit la manière dont l'esprit et le corps d'un homme se joignent, l'homme lui-même est toujours une entité composée dont les deux parties retiennent leurs identités séparées.

On en peut tirer les corollaires que voici. (C1) Un homme n'est pas lui-même une substance individuelle. (C2) Il n'y a nulle essence humaine, nul attribut principal seul ou simple de l'homme en tant que tel, bien qu'on puisse dire qu'il possède à la fois la pensée et l'étendue en une manière dérivative, puisque ce sont les essences de ses deux composants, ou bien qu'il a l'essence composée qui consiste en la pensée et l'étendue ensemble. (C3) L'homme n'a nulle propriété non transcendantale qui soit particulière à lui comme homme, c'est-à-dire, il n'a aucune propriété qui ne soit aussi et premièrement une propriété appartenant ou bien à son esprit ou bien à son corps en eux-mêmes.

Du point de vue aristotélicien, au contraire, un être humain est une substance individuelle; il a une essence à son propre titre; et il a des propriétés qui lui appartiennent directement, et qui ne sont propriétés, à proprement parler, ni de son esprit ni de son corps. Cette position aristotélicienne contredit chacun des trois corollaires cartésiens qu'on vient d'énumérer. Il y a aussi une autre difficulté qui gêne celui qui veut attribuer à Descartes à la fois cette position et la doctrine que l'esprit et le corps humains sont eux-mêmes des substances individuelles, comme la plupart des récents commentateurs unitariens durs paraissent le faire. C'est que la combinaison résultante violerait le principe fondamental de substance de Descartes, le principe P1 noté ci-dessus, qu'une substance n'a besoin de nulle autre substance pour exister. Car accepter cette combinaison, c'est accepter que l'homme soit une substance qui a besoin non seulement d'une mais de deux autres substances pour exister, à savoir l'esprit et le corps appartenant à cet homme. Car l'esprit et le corps sont les parties essentielles d'un homme ; il ne pourrait pas exister ou être homme s'il manquait ou de l'un ou de l'autre. Bien entendu, Descartes ne prétend pas que toute partie humaine soit essentielle : il reconnaît qu'un homme peut perdre un bras ou une jambe sans perdre son être. Mais il est essentialiste méréologique en ce qui concerne le corps entier, de même que l'esprit. La déclaration suivante, bien qu'elle se trouve dans le discours qu'il a composé pour Regius, exprime incontestablement son propre jugement : « L'union, qui joint ensemble le corps de l'homme et son âme, n'est pas pour lui un accident, mais son essence même, puisque sans elle l'homme ne serait pas un homme » (AT III, 508 ; V, 134-135).

2 / *Les textes postérieurs aux « Méditations » sur la dualité de l'homme.* — La deuxième considération qui va contre l'attribution de toute position unitarienne dure à Descartes est le fait qu'il réaffirme explicitement, et en fait renforce, le dualisme dur de la *Sixième Méditation* dans deux textes assez longs qu'il a rédigés pendant la même période où il écrivait au sujet de l'unité humaine à Arnauld, à Regius, et à Mesland.

Le premier texte se trouve dans les *Sixièmes Réponses,* écrites en 1641 trois ou quatre mois après que Descartes a composé sa réponse à Arnauld. Ici Descartes dit de nouveau que les êtres humains sont des entités composées, mais aussi il identifie un genre spécial d'unité qui s'applique à ces entités, unité qu'il distingue ensuite de l'unité qui caractérise les êtres simples tels que les substances seules. Il y a, écrit-il, « deux façons [en lesquelles] les choses dont nous avons différentes idées, peuvent être prises (...) pour une seule et même chose : c'est à savoir, ou en unité et identité de nature, ou seulement en unité de composition » (AT VII, 423 ; IX-1, 226). Il explicite ensuite qu'à son avis « la chose qui pense et celle qui est étendue [ne sont pas] une même chose en unité de nature, [mais] plutôt (...) en unité de composition, en tant qu'elles se rencontrent toutes deux en un même homme » (AT VII, 423-424 ; IX-1, 226). Une page après, il avertit que « tout autant de fois que nous (...) rencontrons ensemble (...) la pensée et le mouvement corporel dans un même homme, nous ne devons pas pour cela estimer qu'elles soient une même chose en unité de nature, mais seulement en unité de composition » (AT VII, 425; IX-1, 228). Et finalement, pour conclure sa discussion de ce sujet, il déclare :

> ce sont les mêmes hommes qui pensent et qui ont des corps. Et (...) cela se fait par la composition et l'assemblage de la substance qui pense avec la corporelle; (...) [I]l (...) y a (...) de [la] répugnance à penser que des choses que nous concevons clairement et distinctement comme deux choses diverses, soient faites une même chose en essence et sans aucune composition... Et partant, si Dieu a donné à quelques corps la faculté de penser (comme en effet il l'a donnée à ceux des hommes), il peut, quand il voudra, l'en séparer, et ainsi elle ne laisse pas d'être réellement distincte de ce corps (AT VII, 444-445; IX-1, 242).

L'autre texte se trouve dans les *Notae in programma quoddam,* une brochure que Descartes a rédigée pendant l'hiver de 1647-1648 en réponse à un placard publié par Regius, qui avait alors cessé d'être disciple et était devenu adversaire de Descartes. Regius avait notamment déclaré que rien ne peut « empêcher que l'esprit, ou la pensée, ne puisse être un attribut qui convienne à un même sujet que l'étendue » (AT VIII-2, 343). A quoi Descartes répond que les « attributs qui constituent la nature des choses », comme le font la pensée et l'étendue, ne peuvent pas être dits convenir « à un seul et même sujet : car c'est de même que si l'on disait qu'un seul et même sujet a deux natures diverses; ce qui enferme une manifeste contradiction, au moins lorsqu'il est question, comme ici, d'un sujet simple, et non pas d'un sujet composé » (AT VIII-2, 349-350). Il souligne ensuite « la différence qu'il y a entre les êtres simples et les êtres composés ». Cet être est composé, dit-il, « dans lequel se rencontrent deux ou plusieurs attributs, chacun desquels peut être conçu distinctement sans l'autre ». Et il conclut en réitérant sa conviction que ce sujet « est composé dans lequel nous considérons l'étendue jointe avec la pensée, c'est à savoir l'homme, qui est composé de corps et d'âme » (AT VIII-2, 350-351). C'est bien exactement la conviction que Descartes avait exprimée dans la *Sixième Méditation.*

La nature de l'unité de l'homme

Dans cette présentation j'ai soutenu que l'unité que Descartes attribue aux êtres humains est relativement douce, assez douce pour être compatible avec le dualisme cartésien dur. Mais je n'ai pas fait grand-chose pour spécifier la nature de cette unité. On ne doit pas s'étonner de cette omission, en considérant le peu que Descartes lui-même fait pour caractériser l'unité de l'homme en termes positifs. Il est vrai qu'il indique parfois ce que cette unité n'est pas : elle n'est pas une « unité de la nature », comme nous venons de le révéler, et l'esprit humain n'est pas simplement « présent » à ou « logé » dans le corps, ou uni avec lui « par la seule présence des deux ou leur voisinage immédiat ». Il se sert aussi de deux comparaisons négatives, de deux exemples de paires de choses dont le rapport de l'une à l'autre est différent de celui des composants d'un homme : ceux d'un marin (ou d'un pilote) dans son navire et d'un ange dans un corps humain. Mais ces contrastes ne nous en disent que peu sur ce qu'est, positivement, l'unité de l'homme.

Il y a, bien sûr, un aspect particulier sous lequel Descartes dit que ses deux exemples ne ressemblent pas aux « vrais » hommes, le même aspect dans les deux cas. Ni le pilote ni l'ange n'ont de sensations corporelles ou d'appétits, comme les esprits humains. Le pilote et l'ange aperçoivent l'entité matérielle à laquelle ils sont joints. Mais les perceptions qu'ils en ont sont distinctes et purement intellectuelles, alors que les sensations par lesquelles l'esprit humain reçoit les renseignements de son corps sont « façons confuses de penser ». Ainsi l'ange « n'aurait pas nos sensations, il ne percevrait que les mouvements causés par les objets extérieurs » via des « pensées pures » (AT III, 493 ; V, 114). Et le pilote « aperçoit par la vue si quelque chose se rompt dans son vaisseau » : en sorte que l'esprit, s'il était pareil au pilote, « lorsque [son] corps est blessé, ne sentirai[t] pas pour cela de la douleur, (...) mais apercevrai[t] cette blessure par le seul entendement » ; et « lorsque [son] corps a besoin de boire ou de manger, [il] connaîtrai[t] simplement cela même, sans en être averti par des sentiments confus de faim et de soif » (AT VII, 81 ; IX-1, 64).

Mais que signifie cette différence entre le *compositus* esprit-corps humain et les ensembles consistant du pilote plus le navire, et de l'ange plus le corps humain ? Simplement ceci : que certains genres de rapports causaux existent entre les esprits humains et les corps qui ne se trouvent pas dans les autres deux cas. Ce n'est pas que le pilote n'ait pas du tout de rapport causal avec son navire, ou que l'ange n'en ait pas avec le corps dans lequel il est logé. Dans le *Discours,* où Descartes cite aussi l'exemple du pilote, il reconnaît au pilote le pouvoir de causer des mouvements en son navire (AT VI, 59). Et les pensées distinctes du pilote et de l'ange sont toutes deux causées en partie par les choses qui ont lieu dans leurs corps associés. C'est évident dans le cas des perceptions visuelles du pilote de son navire. Mais cela vaut aussi pour les perceptions purement intellectuelles de l'ange. Car même si, comme Descartes l'exprime dans les *Principes,* l'esprit a les pensées distinctes « de soi seul » (AT VIII-1, 317 ; IX-2, 312), de telles pensées ne peuvent pas avoir pour leurs objets les mouvements particuliers des corps sans que ces mouvements aient quelque rôle causal dans leur production.

Donc la différence entre les hommes et ces autres cas doit se trouver dans la nature des rapports de causalité qu'ils impliquent. Les esprits et les corps humains interagissent de telle manière que les perceptions confuses se produisent ; alors que le pilote et l'ange sont rapportés à leurs partenaires matériels de telle manière qu'ils ont d'eux des perceptions distinctes. Bien entendu, l'esprit humain aussi a parfois des pensées distinctes de son corps. Ce qui distingue les êtres humains n'est pas que toutes leurs perceptions sont sensations corporelles ou appétits, mais que ces façons confuses de penser se trouvent en eux seulement.

Il y a bien d'autres différences entre les êtres humains et les deux exemples que Descartes invoque. Ainsi, un pilote peut quitter son navire, et un ange pourrait sortir du corps humain qu'il habiterait, simplement en voulant le faire. Mais un esprit humain qui est actuellement uni avec un corps ne peut pas se séparer de ce corps à volonté, quoique Dieu pourrait l'en séparer maintenant et la mort l'en séparera un jour dans l'avenir. Mais cette différence aussi se ramène aux rapports de causalité qui existent en ces cas différents.

Cela ne nous dit pas grand-chose encore sur la nature de l'union esprit-corps dans les êtres humains. Descartes n'explique pas pourquoi l'action du corps sur l'esprit aboutit parfois à une perception confuse, ni n'éclaire exactement ce en quoi consiste l'être confus d'une perception. Il dit qu'il y a « une grande différence entre ces passions », c'est-à-dire, entre les sentiments et les appétits confus, et « et les connaissances ou pensées distinctes que nous avons » (*Principia,* § 190 ; AT VIII-1, 317 ; IX-2, 312). Mais Descartes ne fait rien pour expliquer cette différence ou même la décrire.

D'autre part, il est utile de savoir que l'unité spéciale qui caractérise un homme est fonction seulement des rapports causaux qui relient son esprit et son corps. J'ai dit ci-dessus que l'interaction causale des esprits et des corps est un aspect ou une conséquence de leur union dans les êtres humains. Il apparaît maintenant que cette interaction, ou la capacité à une telle interaction, est tout ce qu'il y a dans l'unité de l'homme, et que l'union de l'esprit et du corps est tout à fait une affaire de leur être rapportée en certaines façons. Si oui, donc l'effort de Descartes, dans ses *Lettres à Elisabeth,* d'expliquer l'interaction de l'esprit et du corps sur la base de leur union est voué à échouer, comme le font les efforts de quelques commentateurs récents pour défendre Descartes à cet égard.

Cette conclusion est confirmée, comme je crois, par la lecture exacte des textes postérieurs aux *Méditations* sur l'unité du deuxième groupe que j'ai distingué ci-dessus, ce qui comprend des textes des *Principes* et des *Lettres à Elisabeth.* Je n'ai pas eu de la place ici pour prendre ces textes en considération, mais je les examine dans la suite de cet essai ; et j'y cherche à trancher cette question concernant la relation correcte entre l'unité et l'interaction de l'esprit et du corps dans l'homme cartésien[1].

1. Je voudrais remercier Jean-Marie Beyssade, Annie Bitbol-Hespériès, Paul Hoffman et Stephen Voss, qui m'ont donné des commentaires précieux sur des versions antérieures de cet essai.

Réponse à Vere Chappell
L'union substantielle

ANNIE BITBOL-HESPÉRIÈS

Vere Chappell vient de terminer son exposé en notant qu'il n'avait « pas fait grand-chose pour spécifier la nature de cette unité », c'est-à-dire l'unité de l'âme et du corps. Sans doute est-ce parce que Descartes lui-même, dans une lettre du 12 janvier 1646, à Clerselier avait avoué : cette « union qui est entre l'âme et le corps, de laquelle je n'ai pas encore traité »[1].

Comment expliquer cette remarque de Descartes ? Peut-elle simplement s'interpréter comme l'expression d'une mauvaise humeur teintée de lassitude envers Gassendi, qui a manifesté dans ses très longues objections une incompréhension des *Méditations* ? Nous ne le croyons pas. Alors, faut-il la prendre à la lettre ? Dans ce cas, force est de constater que le terme 'union' est absent des titres des *Méditations,* et que celui de la sixième insiste sur « la réelle distinction entre l'âme et le corps de l'homme »[2]. Cependant, le thème de l'union est abordé dans *L'abrégé* des six *Méditations,* lorsque Descartes affirme que la *Sixième Méditation* « montre que l'âme de l'homme est réellement distincte du corps, et toutefois qu'elle lui est si étroitement conjointe et unie qu'elle ne compose

1. Cf. *Lettre à Clerselier* servant de réponse à un recueil des principales instances faites par Gassendi contre les précédentes réponses (AT IX-1, 213).

2. « De l'existence des choses matérielles, et de la réelle distinction entre l'âme et le corps de l'homme » (AT IX-1, 57). « De rerum materialium existentia, et reali mentis a corpore distinctione » (AT VII, 71).

que comme une même chose avec lui »[1]. Or cet abrégé, écrit après les *Méditations*[2], ne nous semble pas, sur ce point, contredire la rédaction de la *Sixième Méditation.* En effet, après l'affirmation de la certitude de l'existence des choses corporelles, plus de la moitié de cette méditation[3], s'attache au thème de l'union, constitutive de l'unité de l'homme, malgré la distinction entre âme et corps, et explique, par rapport à cette union, le fait que les corps nous apparaissent comme revêtus de qualités sensibles. Et c'est la présence en l'homme de l'imagination et surtout des sentiments[4], (qui visent aussi ce que plus tard on appellera sensations)[5],

1. Remarquons que latin ne dit pas « que comme », et le « une même chose » correspond à « unum quid ». Cf. AT IX-1, 11-12. Cf. aussi, dans la *Sixième Méditation,* « unum quid », en AT VII, 81, traduit par « comme un seul tout », en AT IX-1, 64.

2. Cf. *Lettre à Mersenne,* du 24 décembre 1640 (?), et du 31 décembre 1640, respectivement en AT III, 268 et 271-272.

3. A partir de « Toutefois elles [il s'agit des "choses corporelles" dont l'existence vient d'être prouvée], ne sont pas entièrement telles que nous les apercevons par les sens » (AT IX-1, 63). Cf. « Non tamen... », en AT VII, 79. La *Sixième Méditation* commence en IX-1, 57 ou VII, 71, pour s'achever en IX-1, 72 ou VII, 90.

4. L'imagination et le sentiment sont introduits dans la *Seconde Méditation,* dans la définition de la « chose qui pense » (« res cogitans ») et repris au début de la *Troisième Méditation.* Cf. respectivement AT IX-1, 22 ou VII, 28 et IX-1, 27 ou VII, 34.

5. Descartes n'utilise pas le terme de « sensation » dans les textes français qu'il consacre à l'analyse de ce phénomène. Le texte latin des *Méditations* et des *Réponses,* use du terme latin de *'sensus',* qui vise à la fois les sens, les sentiments, les sensations et les perceptions. Le terme *'sensatio'* est en revanche présent dans la correspondance de Descartes. Ainsi, nous l'avons relevé dans l'importante *Lettre à Plempius* pour Fromondus du 3 octobre 1637 (où apparaît en outre pour la première fois le thème de l'illusion des amputés dans l'œuvre de Descartes), et dans la *Lettre à Arnauld* du 4 juin 1648. Cf. respectivement AT I, 420, où Descartes utilise ce mot de 'sensatio' en reprenant le vocabulaire utilisé par son correspondant Fromondus (Froidmont), et AT V, 192. Ce sont les *cartésiens* Louis de La Forge et Gérauld de Cordemoy qui donnent dans leurs œuvres les premières utilisations du terme 'sensation'. Cf. l'édition des *Œuvres philosophiques* de Gérauld de Cordemoy, *Six discours sur la distinction et l'union du corps et de l'âme,* et notamment le *Discours six, De la distinction du corps et de l'âme,* p. 172 de l'édition critique présentée par P. Clair et F. Girbal, Paris, PUF, 1968, et cf. la note 14, p. 327. Cette édition reprend le texte de la publication de Paris de 1704 de cet ouvrage paru pour la première fois en 1666. Louis de La Forge (auteur de figures pour le *Traité de l'Homme* de Descartes), utilise le mot de 'sensation' dans son *Traité de l'esprit de l'homme,* paru pour la première fois en 1665-1666. C'est seulement vingt ans après la mort de Descartes, après 1670, que l'emploi du mot 'sensation' se généralise. L'œuvre de Malebranche, *La recherche de la vérité,* en témoigne.

qui établit que l'âme et le corps sont unis. Le terme 'union' est d'ailleurs utilisé dans le texte de la *Sixième Méditation,* lorsque Descartes souligne que « tous les sentiments de faim, de soif, de douleur, etc., ne sont autre chose que de certaines façons confuses de penser, qui proviennent et dépendent de l'union et comme du mélange de l'esprit avec le corps »[1].

La nature de cette union n'est pas commentée davantage. La répétition des termes 'conjoint', 'uni'[2], 'mêlé', avec les précisions 'très étroitement'[3], 'si étroitement'[4], de même que la répétition des mots 'composé du corps et de l'âme'[5], 'composé de l'esprit et du corps'[6], rappelle cette union. L'enjeu de la dernière méditation relativement à l'union est par ailleurs souligné dans plusieurs passages des réponses faites par Descartes aux objections sur la question de l'union de l'âme et du corps. Et c'est à la suite des *Méditations,* dans les *Quatrièmes Réponses* aux objections d'Arnauld que Descartes dira, à trois reprises, que l'esprit est substantiellement uni au corps, avant de reprendre le terme d' 'union', et d'introduire le qualificatif de 'substantielle', pour caractériser cette « étroite liaison de l'esprit et du corps »[7]. Une lettre

1. AT VII, 81 (« ab unione et quasi permixtione mentis cum corpore »), et IX-1, 64.

2. Cf. AT VII, 73, « conjuncta », que le duc de Luynes, dont la traduction a été revue par Descartes, traduit par : « conjoint et uni », en AT IX-1, 58. Cf. aussi, VII, 85, « unitam », « unie », en AT IX-1, 68.

3. Cf. AT VII, 78, « ... corpus, quod mihi valde arcte conjunctum est », que le duc de Luynes traduit : « ... un corps auquel je suis très étroitement conjoint », en AT IX-1, 62.

4. Cf. AT VII, 81 : « sed illi arctissime esse conjunctum et quasi permixtum... », ce qui donne, dans la traduction du duc de Luynes : « mais, outre cela que je lui suis conjoint très étroitement et tellement confondu et mêlé, ... » (AT IX-1, 65).

5. Cf. AT VII, 81, « ... ex corpore et mente sum compositus », « composé du corps et de l'âme » (AT IX-1, 65).

6. Cf. AT VII, 82 : « ... composito ex mente et corpore », « ... composé de l'esprit et du corps » (AT IX-1, 65). Cf. également AT VII, 83, « ad compositum ». La traduction française du duc de Luynes, revue par Descartes, insiste : « composé de l'esprit et du corps », en AT IX-1, 66. Cf. aussi, AT VII, 89, « ... ut ex mente et corpore compositi », « en tant qu'il est composé de l'esprit et du corps », en AT IX-1, 70.

7. Cf. AT VII, 219, ou AT IX-1, 171, et AT VII, 228, où l'expression *'substantialiter unitam'* est écrite aux lignes 2-3 et 14-15, et où *'unio illa substantialis'* figure à la ligne 14. Cf. IX-1, 177 pour la traduction. Descartes a adressé ces réponses à Mersenne le 18 mars 1641, cf. AT III, 334.

à Regius[1] (devenu professeur de médecine à l'Université d'Utrecht, après avoir été influencé par la cinquième partie du *Discours de la méthode,* et les *Essais,* et par ailleurs destinataire d'une copie manuscrite des *Méditations*)[2], redit la nature « substantielle » de cette union. Dans cette lettre, habituellement datée de janvier 1642, Descartes affirme que « l'âme est réellement et substantiellement unie au corps »[3], expression reprise dans la proposition de réponse à la septième thèse de médecine[4]. L'expression d' 'union substantielle' se retrouve dans la

1. Henry de Roy, dit Regius, qui avait notamment étudié la médecine aux Pays-Bas, puis avait fréquenté les universités de Paris, Montpellier et Padoue, obtînt une chaire de médecine à l'Université d'Utrecht, grâce au succès remporté par les leçons particulières de physiologie dans lesquelles il appliquait les principes du *Discours de la méthode* et des *Essais.* Le 18 août 1638, Regius en informa Descartes, qui écrivît à ce sujet à Mersenne, le 23 août : « J'ai reçu cette semaine des lettres d'un Docteur que je n'ai jamais vu ni connu, et qui néanmoins me remercie fort affectueusement de ce que je l'ai fait devenir professeur en une université où je n'ai ni ami ni pouvoir », cf. AT II, 334. Le 9 mars 1639, Regius décrivit à Descartes le succès remporté par « les leçons publiques et particulières » qu'il faisait « de la Médecine, suivant les principes de *sa* Philosophie *qu'il a* puisés dans *ses* excellents ouvrages, ou appris de la bouche de M. Reneri ». La rencontre de Regius avec Descartes projetée à ce moment-là fut différée, mais Regius et Descartes échangèrent quelques lettres. A partir du printemps 1640, alors que Descartes a remis une copie manuscrite des *Méditations* à Regius, la correspondance entre Regius et Descartes concerne des questions médicales, dont on sait qu'à l'époque elles n'excluaient pas quelques considérations sur l'âme.

En octobre 1991, j'ai participé à la journée d'études sur Descartes et Regius, et ai présenté une communication, à la maison Descartes d'Amsterdam, sur la pensée médicale de Descartes et Regius. J'y ai notamment analysé la *Physiologia* de 1641 de Regius, et montré ses larges emprunts à la cinquième partie du *Discours de la méthode,* à la *Dioptrique,* aux *Météores,* et à la correspondance échangée avec Descartes. Cf. « Descartes et Regius, leur pensée médicale », article en cours de publication aux Pays-Bas.

2. Cf. la *Lettre à Regius* du 24 mai 1640, dans laquelle Descartes remercie Regius et Emilius d'avoir « examiné et corrigé » le texte des *Meditationes.* Il s'agit donc des toutes premières « objections » auxquelles Descartes répond avant d'examiner les thèses de médecine que Regius lui a envoyées. Cf. AT III, 63.

3. Cf. « ... et mentem corpori realiter et substantialiter esse unitam » (AT III, 493).

4. En effet, le recteur Gysbertus Voetius avait conseillé à Regius, pour des raisons d'apaisement (tant les nouveautés enseignées par Regius, ainsi la circulation du sang, pouvaient troubler la quiétude de l'Université), de publier ses idées sous la

Lettre à Mesland du 9 février 1645, complément de la fin des *Quatrièmes Réponses* sur la question de la transsubstantiation[1]. Que signifie exactement l'union substantielle, expression que Descartes emprunte à la scolastique, comme l'a montré E. Gilson[2] ? La *Sixième Méditation* et les *Réponses* en rendent-elles compte, et comment ? Alors, la phrase de la réponse à Clerselier pour Gassendi que nous avons citée au début de notre exposé est-elle l'indice d'une difficulté réelle, liée sans doute aussi à l'emploi du verbe traiter utilisé pour rendre compte de l'union ?

Avant d'aborder ces points, je dirai que je suis reconnaissante à Vere Chappell d'avoir rectifié les interprétations de certains commentateurs de langue anglaise sur cette question difficile de la philosophie de Descartes[3]. J'avoue toutefois que je ne suis pas sûre qu'il faille s'attarder sur les versions fortes ou dures, ou inversement faibles ou douces de l'unitarisme ou du dualisme, pour caractériser la pensée de Descartes. Je me demande d'ailleurs si Descartes n'aurait pas dit à ce sujet ce qu'il a répondu, avec une insolence que je ne souhaite pas reprendre à mon compte, à Gassendi : « Or que cela (...) semble dur ou mou, il m'importe fort peu... »[4] Je crois que la vraie difficulté réside dans l'union d'une « chose qui pense »[5] avec un corps,

forme de disputations publiques, plutôt que de faire éditer un livre. Regius décida donc, dans ce contexte, de soumettre à Descartes les thèses qu'il faisait soutenir par ses étudiants. De sorte que la relation qui s'établit entre Descartes et Regius est celle de maître à disciple, ce dont témoigne le ton des lettres qu'ils échangent à partir du 24 mai 1640, et qui concernent précisément les modifications que Descartes propose à Regius d'introduire dans les thèses qu'il lui a soumises.

1. AT IV, 166. Sur la notion de transsubstantiation, cf. J.-R. Armogathe, *Theologia cartesiana* (La Haye, Martinus Nijhoff, 1977), p. 7-9, et sur l'exposé des variations de l'explication catholique sur la transsubstantiation, p. 9-40. La thèse de Descartes à ce sujet est analysée p. 41-81.

2. Cf. E. Gilson, *Index scolastico-cartésien,* Paris, Vrin, 1979, p. 304-305.

3. Cf. notamment Stephen Voss, « The disappearance of Cartesian man », texte présenté à la Conférence de Reading (Grande-Bretagne), en septembre 1991, que je remercie Vere Chappell de m'avoir communiqué. Cf. également Paul Hoffman, The unity of Descartes's man, *Philosophical Review,* 95, n° 3 (1986), p. 339-370.

4. Cf. édition Alquié des *Œuvres philosophiques* de Descartes (3 t., Paris, Garnier, 1967) : FA II, p. 827 (AT VII, 380, 12-13).

5. Cf. *Seconde Méditation* (AT IX-1, 21-22).

c'est-à-dire dans l'union d'une « chose complète », avec une autre « chose complète », pour reprendre la fin des *Premières Réponses*[1], ce qui correspond à l'union de deux « substances »[2] réellement distinctes.

Revenons donc à la question de l'homme, telle qu'elle est posée dans les *Méditations,* et les *Réponses* aux *Objections,* et à la signification de l'union substantielle entre l'âme et le corps.

Posée explicitement dans la *Seconde Méditation,* la question : « Mais qu'est-ce qu'un homme ? » (AT IX-1, 20. « Sed quid est homo » ?), trouve sa réponse, après les jalons posés dans la *Troisième Méditation*[3], dans la *Sixième Méditation,* en deux moments complémentaires[4] me semble-t-il : Vere Chappell s'est appuyé, au début de son exposé, sur le premier, en AT VII, 82, ou IX-1, 65, d'où il a extrait : « composé de l'esprit et du corps »[5]. Le deuxième moment est selon nous, en AT VII, 88, ou IX-1, 70, où Descartes évoque « la nature de l'homme, en tant qu'il est composé de l'esprit et du corps ». Dans le premier moment, le « composé de l'esprit et du corps » est posé en relation avec le *je,* avec le *moi.* Certes il s'agit de ce *moi* qui, dans la *Seconde Méditation*, a affirmé l'âme comme principe de connaissance. Dans le deuxième moment, il s'agit de l'homme. Et le passage du *moi* aux considérations sur l'homme en général, ce glissement du *je* ou du *moi,* à l'*homme,* précédant l'utilisation du 'nous' à la fin de cette méditation (AT VII, 89-90 ; IX-1, 71-72), doit, me semble-t-il, être rappelé afin de comprendre le mouvement de cette *Sixième Méditation.* En outre la définition, plus générale de « la nature de l'homme, en tant qu'il est composé de l'esprit et du corps », se situe, dans la *Sixième Méditation,* après le rappel de « la puissance et la bonté de Dieu »

1. C'est la fin des *Premières Réponses* (AT IX-1, 95).

2. Cf. les *Quatrièmes Réponses* (AT IX-1, 172).

3. Cf. le passage : « Pour ce qui regarde mes parents, desquels il semble que je tire ma naissance... », en AT VII, 50 ou IX-1, 40.

4. C'est là une illustration du fait que Descartes suit « l'ordre des raisons », non celui « des matières ». Cf. en particulier la *Lettre à Mersenne,* 24 décembre 1640 (?) (AT III, 266-267).

5. Cf. AT VII, 82, ce qui correspond à la version française en AT IX-1, 65.

(AT IX-1, 70). Elle intervient aussi après l'évocation, à partir de l'exemple du sentiment de douleur, causé par l'union, comme Descartes l'a exposé auparavant, que Dieu aurait pu « établir la nature de l'homme de telle sorte que ce même mouvement dans le cerveau fit sentir toute autre chose à l'esprit ». Mais Descartes, avant Leibniz, souligne que les modalités de cette union sont les meilleures que nous pouvons souhaiter (AT VII, 87-88; IX-1, 69-70). Dieu intervenait en AT IX-1, 65[1], pour désigner *ma nature* au sens étroit, c'est-à-dire justement l'union, sans toutefois que le terme d'union soit mentionné, mais l'intervention divine, qui permet l'union de l'âme et du corps, était simplement posée, sans que l'aspect relatif à la théodicée[2] soit précisé.

Union de l'âme et du corps, donc, dans la *Sixième Méditation,* pour définir la nature de l'homme. Union voulue par Dieu, et qui est, chez l'homme, la condition des appétits et des sentiments. L'intervention de Dieu, qui a effectué cette union, nous paraît être le premier point à noter. Ainsi l'union reçoit un élément d'explication traditionnellement qualifié de « métaphysique »[3].

Ajoutons en outre que les deux occurrences de l'expression *'compositus mente et corpore',* 'composé de l'esprit et du corps', qui viennent d'être comparées s'agissant du lieu où intervient la définition de l'homme, ont été précédées, dans cette *Sixième Méditation,* par une autre, très voisine : « moi-même tout entier en tant que je suis com-

1. « ... des choses que Dieu m'a données, comme étant composé de l'esprit et du corps. »

2. Cet aspect, souligné par M. Gueroult, a été repris par G. Rodis-Lewis, dans *L'œuvre de Descartes,* Paris, Vrin, 1971, t. I, p. 352. G. Rodis-Lewis a ensuite développé ce thème dans Hypothèses sur l'élaboration progressive des Méditations de Descartes, *Les Archives de philosophie,* 50 (1987), p. 122. La *Quatrième Méditation,* comme la *Sixième Méditation* sont, selon G. Rodis-Lewis, d'élaboration tardive, et sont des théodicées. Leur lien a été souligné par Gueroult, au tome II de *Descartes selon l'ordre des raisons, op. cit.,* p. 127-131 par exemple. Ce thème de la théodicée est important dans la construction de la *Sixième Méditation,* puisque, dans la suite, Descartes examine la question de savoir si Dieu est responsable des erreurs issues de l'union, à partir notamment de l'analyse du cas de l'hydropique.

3. Cf. Jean-Luc Marion, *Sur le prisme métaphysique de Descartes,* Paris, PUF, 1986.

posé du corps et de l'âme ». Le texte latin dit : « me totum, quatenus ex corpore et mente sum compositus » (AT VII, 81 ; IX-1, 65). Deux remarques sur cette phrase : d'abord relevons la précision « tout entier »[1], qui montre que Descartes insiste autant sur l'union, condition de l'unité de l'homme, que sur la distinction de l'esprit et du corps, ou de l'âme et du corps. Ensuite, disons que la traduction de 'mens' par 'âme' ne doit pas nous arrêter, car nous savons que Descartes, « ne considère pas l'esprit comme une partie de l'âme, mais comme cette âme tout entière qui pense »[2].

Cette affirmation, qu'il n'y a pas d'autre âme que la pensée, manifeste l'originalité de Descartes et témoigne de la rupture qu'il introduit dans le champ du savoir. Des passages de la *Seconde Méditation* (AT IX-1, 20), comme des *Réponses* aux objections de Gassendi (AT VII, 355-357), ainsi que la lettre de mai 1641 adressée à Regius (AT III, 369-370) attestent de cette rupture en soulignant « l'équivoque qui est dans le mot d'*âme* » (AT VII, 355). La lettre de mai 1641 à Regius, relative à l'éradication de la « triple âme », ou des « trois âmes », à laquelle Descartes s'emploie, est exemplaire à cet égard. Exemplaire parce que Descartes, à ce moment, essaie de minimiser la portée de son désaccord avec Regius, en observant que cette controverse est « plutôt une question de nom » (AT III, 369). Exemplaire aussi, parce qu'elle surgit dans des thèses médicales, et que la plupart des traités médicaux posent l'existence des trois âmes chez les hommes. Comme le rappelle Ambroise Paré : « ... il y a trois manières de corps qui ont âme, par laquelle ils vivent : le premier et le plus imparfait est celui des plantes, le second, des bêtes, et le tiers des hommes. Les plantes vivent par l'âme végétative, qui est cause de trois choses, à savoir mourir, croître, et engendrer, les bêtes par l'âme

1. « Totum » et « tout entier » apparaissent en AT VII, 78 et IX-1, 62.

2. Cf. *Cinquièmes Réponses,* IV (AT VII, 355-357). Cf. aussi l'*Abrégé* des six *Méditations,* en AT IX-1, 9-10. Ainsi, la traduction française de 1647 ajoutera, par exemple, « l'esprit ou l'âme » en AT IX-1, 68, où le latin ne dit que « mens » (AT VII, 85). Cf. également en AT VII, 85, « sive ad mentem », traduit par « de l'esprit ou de l'âme », en AT IX-1, 68, et AT VII, 86, où le mot 'mens', à nouveau décliné, est encore traduit par « l'esprit ou l'âme », en AT IX-1, 68.

sensitive, et les hommes outre ces deux, par l'âme raisonnable et intellectuelle. »[1] L'âme principe de vie[2] est une affirmation très banale dans les traités médicaux du XVIIe siècle, et l'*Anthropographie* de Jean Riolan (le fils) l'illustre. La traduction française de cet ouvrage, publiée en 1629, indique : « L'homme est composé de deux natures grandement différentes, de l'âme et du corps, celle-là jointe au corps est le principe de vie et de toutes les actions, et partant la forme et la perfection de l'homme. »[3]

Le thème de l'élimination de ces fonctions non intellectuelles de l'âme constitue le motif philosophique de la médecine cartésienne, présente aussi dans la *Sixième Méditation*[4]. Ainsi, Descartes définit une nouvelle *anthropologie.* Nous reprenons ce terme non seulement en

1. Cf. les *Œuvres* d'Ambroise Paré, Paris, chez G. Buon (1585), le 24e livre de la génération, p. IX.CCCCVI. Cf. sur ce point également le *Commentaire du Canon d'Avicenne* par Sanctorius (dont Regius fut l'élève à Padoue), p. 692-693 de l'édition vénitienne de 1626. Dans l'édition de ce texte, que nous avons consultée à la Bodleian d'Oxford, la numérotation de ces pages est celle que nous indiquons, mais une erreur existe dans la reliure de ce folio.

2. Cf. le livre issu de notre thèse : *Le principe de vie chez Descartes,* Paris, Vrin, 1990.

3. Les *Œuvres anatomiques de M. Jean Riolan,* le tout rangé, corrigé, divisé, noté et mis en français, par M. Pierre Constant, Paris, Denys Moreau (1629), avec privilège du Roy, t. I, liv. I, chap. I, p. 3.

4. Les préoccupations médicales de Descartes sont présentes dans la *Sixième Méditation,* notamment par l'analyse de la douleur, expliquée par « la physique » (AT VII, 87 ; IX-1, 69), par exemple de l'hydropique (cf. AT VII, 85 ; IX-1, 68), par les comparaisons homme malade / homme en pleine santé (cf. AT VII, 84 ; IX-1, 67). L'enjeu de discussions anatomiques n'est pas non plus absent du texte des *Méditations,* avec en particulier les indications sur le « sens commun » (AT VII, 86 ; IX-1, 69), qui renvoient aux amples débats médicaux et théologiques à ce sujet et prolongent, dans l'œuvre de Descartes, la cinquième partie du *Discours de la méthode* et le quatrième discours de la *Dioptrique.* Sur l'importance des considérations médicales du *Discours de la méthode* et de la *Dioptrique,* cf. notre article en cours de publication, « Descartes et Regius, leur pensée médicale ». C'est dans la *Lettre à Meyssonier* du 29 janvier 1640 que Descartes parle du *conarium* comme « principal siège de l'âme » (AT III, 19). Dans la *Lettre à Mersenne* du 24 décembre 1640 (?), Descartes identifie le *conarium* (épiphyse ou glande pinéale) au siège du sens commun, « c'est-à-dire de la pensée et par conséquent de l'âme » (AT III, 264). On sait que le traité de *L'Homme* évoquait la « glande H », et que la *Dioptrique,* sans la nommer, parlait d' « une certaine petite glande, qui (...) est proprement le siège du sens commun » (AT VI, 129).

référence à E. Gilson[1], et à Geneviève Rodis-Lewis[2], mais aussi parce qu'il n'y a aucun anachronisme à l'employer, puisque P. Constant, traducteur de l'*Anthropographie* de Riolan fils, écrit en 1629 : « Quelques-uns séparent l'anthropologie en deux parties, la psychologie et la somatologie, pour ce que l'homme est composé de deux natures : une spirituelle, qui est l'âme, l'autre matérielle qui est le corps. »[3] La nouvelle anthropologie[4] de Descartes se constitue à partir du *Traité de l'Homme,* non publié, que la cinquième partie du *Discours* résume et complète[5]. Elle se poursuit avec les *Méditations* et les *Réponses,* s'achève avec le traité des *Passions de l'âme.*

Le *cogito* du *Discours de la méthode* avait prouvé l'existence de l'âme raisonnable (ou de l'esprit), comme entièrement distincte (ou distinct) du corps. L'union entre l'âme et le corps était signalée, sans être développée, dans le *Discours de la méthode,* puisque la fin de la cinquième partie rappelait que « l'âme raisonnable... ne peut aucunement être tirée de la puissance de la matière », avant d'indiquer qu'elle devait être « jointe et unie » très étroitement avec le corps, « pour composer un vrai homme » (AT VI, 59). Les thèmes de la distinction et de l'union de l'âme et du corps étaient donc évoqués dans le *Discours.* Descartes reprend ces thèmes dans les *Méditations,* en insistant particulièrement sur la distinction. Car cette distinction, selon l'aveu même de Descartes, n'avait pas été suffisamment expliquée dans le *Discours,* parce que le doute était atténué dans cet ouvrage rédigé en langue vulgaire[6]. Il revient donc aux

1. Cf. E. Gilson, Anthropologie thomiste et anthropologie cartésienne, *Essais sur le rôle de la pensée médiévale dans la formation du système cartésien,* Paris, Vrin, 1975, p. 245-255.

2. Geneviève Rodis-Lewis a publié un recueil d'articles sous le titre *L'anthropologie cartésienne,* Paris, PUF, 1990.

3. Il s'agit d'une des premières occurrences de ce mot en français, comme nous l'avons souligné dans *Le principe de vie chez Descartes, op. cit.,* p. 12.

4. Nous sommes donc en désaccord avec Stephen Voss, qui dans sa communication au colloque de Reading, de septembre 1991, a dénoncé l'échec de Descartes pour traiter des hommes dans son nouveau monde, et a écrit : « ... *no Cartesian anthropology is possible* ». Cf. The disappearance of Cartesian man, *op. cit.*

5. En insérant notamment un développement sur les bêtes-machines.

6. Cf. *Lettre à Mersenne,* mars 1637 (AT I, 349-350).

Méditations métaphysiques d'étudier de façon approfondie la distinction de l'esprit et du corps. La *Sixième Méditation,* son titre l'indique, s'attache à établir « l'existence des choses matérielles et la *réelle* distinction entre l'âme et le corps de l'homme »[1]. La complexité de sa construction, « remarquable échantillon de contrepoint philosophique », selon l'expression de M. Gueroult[2], qui y consacre le deuxième tome de son étude *Descartes selon l'ordre des raisons,* est notamment soulignée par l'opposition célèbre de Martial Gueroult à Etienne Gilson. Gilson souligne que comme « la preuve de l'existence du monde extérieur n'a d'autre fin que d'établir la distinction réelle de l'âme et du corps, il faut aller jusqu'à dire que la preuve de leur distinction s'appuie sur le fait de leur union ». De sorte que la métaphysique cartésienne aboutit à ce que Gilson a appelé « le paradoxe cartésien »[3]. Martial Gueroult récuse cet enchevêtrement, s'emploie à montrer que Descartes n'a commis aucun paralogisme, insiste sur le *nexus rationum,* et va jusqu'à dire que « 'le paradoxe cartésien' n'est qu'un mythe »[4]. Nous ne pouvons bien sûr reprendre ici tous ces développements riches et complexes, mais nous les rappelons car ils définissent, selon nous, le véritable enjeu de la question de l'union substantielle par rapport à la dualité des substances pensante et corporelle dans la *Sixième Méditation.*

De cette distinction réelle de l'âme et du corps, Descartes affirme, dans les réponses à Gassendi qu'il ne l'a pas « simplement avancée », mais qu'il l'a « démontrée très clairement » (« sed demonstravi », AT VII, 357). Distinction fondamentale que Vere Chappell a commentée longuement et sur laquelle je ne reviens pas davantage, sauf pour rappeler que l'esprit est « entièrement indivisible » (AT VII, 85 ; IX-1,

1. Nous soulignons.

2. M. Gueroult, *Descartes selon l'ordre des raisons,* Paris, Aubier-Montaigne, 1968, t. II : « L'âme et le corps », p. 21.

3. Cf. *Anthropologie thomiste et anthropologie cartésienne, op. cit.,* p. 245. Gilson revient sur cette question dans Spinoza interprète de Descartes, *Etudes sur le rôle de la pensée médiévale dans la formation du système cartésien, op. cit.,* p. 298-315. C'est surtout cet article que Gueroult dénonce.

4. Cf. *Descartes selon l'ordre des raisons,* t. II : L'âme et le corps, *op. cit.,* p. 110-116 notamment.

68), et que l'âme garde l'intégrité des sensations même en cas de mutilation corporelle, comme l'illustre l'exemple de l'illusion des amputés dans la *Sixième Méditation* (AT VII, 85-86 ; IX-1, 68)[1].

Comment l'âme et le corps, qui ne sont pas seulement différents, « mais même en quelque façon contraires »[2], peuvent-ils être unis, et de façon substantielle ?

La *Sixième Méditation* affirme que « tous ces sentiments de faim, de soif, de douleur, etc. (...) proviennent et dépendent de l'union et comme du mélange de l'esprit avec le corps ». De sorte que cette union qui joint l'âme et le corps, est substantielle au sens où, comme Descartes lui-même l'écrit à Regius, « elle n'est point accidentelle, mais essentielle, puisque sans elle l'homme n'est point homme »[3]. Et Gueroult, en écho, note que cette union n'est pas une « liaison plus ou moins extérieure et accidentelle »[4]. Cette interprétation de l'union substantielle est en outre soulignée, dans le texte même de la *Sixième Méditation* par la comparaison célèbre qui caractérise l'union de l'âme et du corps.

En effet, Descartes dit que dans ce corps réduit à l'étendue, et vivant « seulement par la disposition de ses organes »[5], l'âme « n'est pas logée (...) ainsi qu'un pilote en son navire ». Cette comparaison,

1. L'exemple de l'illusion des amputés apparaît, avec une occurrence du mot *'sensatio'*, comme nous l'avons signalé, dans la *Lettre à Plempius* pour Fromondus, 3 octobre 1637 (AT I, 420). Le cas de la jeune fille, qui se plaint de douleurs dans les doigts, alors qu'on lui cache son amputation de la main et du bras par des bandages, et qu'on lui bande les yeux lors des soins, est l'exemple que cite Descartes dans la lettre latine précitée. Cet exemple se retrouve à l'article 196 de la quatrième partie des *Principes de la philosophie.* L'exemple de l'illusion des amputés figure aussi dans *Cartesius,* cf. *Excerpta varia* (AT XI, 649).

2. Cf. *Abrégé* des six *Méditations* (AT IX-1, 10).

3. Cf. *Lettre* de janvier 1642, réponse à la septième thèse (AT III, 508).

4. Cf. *Descartes selon l'ordre des raisons, op. cit.,* t. II, p. 134. Et lorsque les *Sixièmes Réponses* définissent les degrés du sens, elles renvoient, s'agissant des sentiments, qui en représentent le second degré, à la *Sixième Méditation* dont elles reprennent les termes, puisque les sentiments, dont celui de la douleur, sont dits « provenir de l'union, et pour ainsi dire du mélange de l'esprit avec le corps ». Cf. *Sixièmes Réponses,* point IX (AT IX-1, 236-237).

5. L'expression est reprise dans la *Sixième Méditation* (AT IX-1, 67). L'expression est reprise et commentée dans les *Quatrièmes Réponses* (AT IX-1, 178-179). Sur cette expression, cf. notre livre, *op. cit.,* p. 40.

reprise de la critique thomiste de la formule attribuée à Platon, selon laquelle l'âme conserverait dans le corps l'indépendance substantielle que garde le pilote à l'égard du navire qu'il dirige, comme l'a montré E. Gilson[1], était déjà présente dans la cinquième partie du *Discours* (AT VI, 59). Reprise dans la *Sixième Méditation,* elle y est aussi commentée par le parallèle établi entre la blessure du corps, qui ne serait aperçue que par l'entendement seul, comme le pilote constate, sans la ressentir aucunement, une rupture en son bateau.

La signification de l'union substantielle comme opposée à une union accidentelle est en outre confirmée lorsque, dans les réponses aux quatrièmes objections, Descartes revient sur la *Sixième Méditation.* Il affirme qu'il y a « parlé de la distinction de l'esprit d'avec le corps » et « aussi montré [*probavi,* dit le texte latin], qu'il lui est substantiellement uni ». Il évoque, sans la rappeler, la « preuve »[2] du sentiment et dit que « cette union substantielle n'empêche pas qu'on ne puisse avoir une claire et distincte idée du concept de l'esprit comme d'une chose complète » (AT IX-1, 177).

Alors que la distinction esprit/corps a été « démontrée » (AT VII, 357), l'union, qu'elle soit ou non qualifiée de « substantielle », est « prouvée ». Il semble d'ailleurs qu'il faille comprendre « éprouvée », puisque la suite de ces *Quatrièmes Réponses* renvoie, comme preuve, à « cette étroite liaison de l'esprit et du corps que nous expérimentons tous les jours » (AT IX-1, 177)[3]. La *Lettre à Elisabeth* du 28 juin 1643 utilise d'ailleurs le verbe 'éprouver' au sujet de l'union[4]. Avant ce texte établissant l'équivalence sémantique entre 'prouver' et 'éprouver' s'agissant de l'union, cette interprétation pouvait être tirée de la *Lettre à Regius* de janvier 1642. Descartes y écrit que « l'âme est réellement et substantiellement unie au corps », et affirme qu'il s'agit d'une « véritable union, telle que tous les philosophes l'admettent, quoi-

1. Cf. le *Commentaire du « Discours de la méthode »*, par E. Gilson, Paris, Vrin, 1976, p. 430-431.

2. « Pour preuve de quoi » dit le texte, ce qui renvoie au *probavi* latin.

3. Cf. la *Lettre à Elisabeth*, 28 juin 1643 (AT III, 691-692).

4. Cf. « ... la notion de l'union que chacun éprouve toujours en soi-même... » (AT III, 693-694).

qu'on n'explique point quelle est cette union » (AT III, 493). De sorte que Descartes conseille à Regius de s'en dispenser, à moins d' « expliquer »[1] cette union, comme lui Descartes l'a fait dans sa « métaphysique »[2], par le renvoi à l'exemple du sentiment de la douleur. La *Réponse* à Arnauld, comme la *Lettre à Regius* prouvent donc l'union substantielle par le même renvoi à la *Sixième Méditation.* Et la lettre à Regius illustre la spécificité de l'union âme/corps chez le « vrai homme » *(vero homine)*[3], par la comparaison avec l'ange, qui, s'il était uni au corps humain, « n'éprouverait pas de sentiments comme nous » *(non sentiret ut nos),* « mais percevrait seulement les mouvements causés par les objets extérieurs » (AT III, 493)[4]. Ainsi l'ange, auquel un corps serait adjoint, serait comme le « pilote en son navire »[5].

Les difficultés durables qu'a Regius pour maintenir ensemble, d'une part la radicale distinction de l'âme et du corps, et d'autre part leur « mélange » (« quasi permixtio », AT VII, 81), leur union substantielle, sont l'exemple même de ce que redoutait Arnauld quand il trouvait que Descartes « semblait prouver trop » (AT IX-1, 176), et

1. Le texte utilise le verbe *explicare.*

2. « Cependant, vous pouvez l'expliquer *(explicare),* comme je l'ai fait dans ma Métaphysique, en disant que nous percevons que les sentiments de douleur, et tous autres de pareille nature, ne sont pas de pures pensées de l'âme distincte du corps, mais des perceptions confuses de cette âme qui est réellement unie au corps » (AT III, 493).

3. Cette spécificité est constatée par les *Sixièmes Réponses,* lorsque Descartes écrit : « ... ce sont les mêmes hommes qui pensent et qui ont des corps » (AT IX-1, 242). Un écho à cette phrase se trouve dans la *Lettre à Elisabeth* du 28 juin 1643, lorsque Descartes écrit : « ... une seule personne, qui a ensemble un corps et une pensée... » (AT III, 694).

4. Cf. le commentaire de Gilson sur l'ange, dans *Anthropologie thomiste et anthropologie cartésienne, op. cit.,* p. 246-247.

5. G. Rodis-Lewis a donc raison de contester l'accusation d' « angélisme » portée par J. Maritain, à l'encontre de la philosophie cartésienne, dans *Le songe de Descartes,* Paris, Buchet-Chastel, p. 30 et 275. Cf. *Descartes, textes et débats,* Paris, Librairie générale française, 1984, p. 371, où G. Rodis-Lewis dénonce également l'interprétation du « fantôme dans la machine » *(Ghost in the machine).* Cette interprétation du dualisme cartésien, très connue en Grande-Bretagne et aux Etats-Unis parmi les adeptes de la 'philosophie de l'esprit' *(philosophy of mind),* est issue de l'ouvrage de G. Ryle, *La notion d'esprit,* trad. à Paris, chez Payot, du livre *The concept of mind,* paru en 1949.

qu'après avoir ainsi opposé le corps et l'âme, il serait difficile de les unir. La lettre de juillet 1645 de Descartes à Regius en témoigne, lorsque Descartes relève la double erreur de Regius : « Auparavant, en considérant l'âme comme une substance distincte du corps, vous avez écrit que l'homme était un être par accident. Présentement, considérant au contraire que l'âme et le corps sont étroitement unis dans le même homme, vous voulez qu'elle soit seulement un mode du corps, erreur qui est pire que la première » (AT IV, 250)[1]. Alors que cette deuxième erreur compromet l'immortalité de l'âme, dont Descartes tire précisément la possibilité de la dualité des substances[2], le premier reproche de Descartes à Regius vise la discussion épistolaire de la fin décembre 1641 - fin janvier 1642 (AT III, 460 et 492-493), lorsque Regius avait déduit le caractère « accidentel » de l'homme de la radicale dualité des substances posée par Descartes. Descartes s'était indigné et avait demandé à Regius de proclamer que l'homme est un « vrai être par soi, et non par accident », et que « l'âme est réellement et substantiellement unie au corps » (AT III, 493). Ainsi, l'union substantielle s'oppose à l'union accidentelle, sans que l'on puisse préciser davantage la nature « substantielle » de cette union. Et c'est dans le projet de rédaction de la quatrième thèse soumise par Regius, que Descartes, qui a rejeté les formes substantielles, et a été suivi sur ce point par Regius dès la *Physiologia* de 1641[3], écrit que l'âme est « la

1. Traduction de F. Alquié, *Œuvres philosophiques,* Paris, Garnier, 1967, t. III, p. 583.

2. Sur ce point en particulier, cf. l'*Abrégé* des *Méditations,* et l'évolution du titre des *Méditations.*

3. Cf. la *Physiologia* de 1641, et notamment la thèse 14 de la première partie de la première disputation. La participation de Descartes à la rédaction de nombreuses thèses de la *Physiologia* s'affirme par exemple à la thèse 14 de la première partie de la première disputation, par l'affirmation de la singularité du statut de l'âme rationnelle (ou raisonnable — *anima rationali*), puisque Regius pose : « ... nous ne reconnaissons comme matière de tous les corps que la substance corporelle, et ne lui superposons aucune forme substantielle et réellement distincte. » Il ajoute, mais seulement entre parenthèse : « à l'exception de l'âme rationnelle (ou raisonnable), requise pour former l'homme ». C'est dans le premier discours des *Météores* que Descartes avait, avec une prudence qu'il citera en exemple à Regius, en janvier 1642, écrit qu'il ne « croyait pas nécessaires » les formes substantielles (AT III, 492).

seule forme substantielle de l'homme », « vraie forme substantielle de l'homme » (AT III, 503 et 505). Vere Chappell soutient que l'emploi de ce vocabulaire par Descartes relève d'une stratégie d'ordre rhétorique, et qu'il n'engage pas sa philosophie.

Vere Chappell dénonce ainsi l'interprétation de P. Hoffman[1], mais ne mentionne pas que G. Rodis-Lewis a défendu la thèse de « l'union substantielle » comme « pièce constitutive du cartésianisme »[2]. Je suis sensible à cette interprétation de Vere Chappell, qui témoigne du double souci qui anime Descartes : d'abord réduire la portée de son désaccord avec Regius, parce que celui-ci diffuse dans les thèses de médecine les idées cartésiennes[3], ensuite faire des concessions, au moins au niveau du vocabulaire, en utilisant des expressions empruntées à la scolastique, pour éviter de troubler la paix dans l'Université d'Utrecht. Je le crois d'autant plus que cette lettre prolonge la discussion engagée avec Regius en mai 1641 sur l'âme. A ce moment, Descartes a rejeté la conception de la « triple âme » encore admise par Regius, en disant qu'il s'agissait d'une dispute portant plutôt sur « une question de nom qu'une question réelle » (AT III, 369). Après cette déclaration prudente témoignant d'un souci de conciliation, Descartes n'en a pas moins affirmé le caractère un et raisonnable de l'âme dans l'homme[4], et défini la « force végétative dans l'homme par une certaine disposition des

1. Cf. P. Hoffman, The unity of Descartes's man, *op. cit.,* p. 345 et p. 350.

2. Cf. *L'œuvre de Descartes, op. cit.,* t. I, p. 354. Cf. aussi, *L'individualité selon Descartes,* Paris, Vrin, 1950, notamment dans le chapitre III, consacré à l'individu humain, la section sur l'unité de l'individu.

3. Dans l'étude que j'ai faite des thèses de médecine réunies sous le titre de *Physiologia,* avec Regius pour nom d'auteur, j'ai montré que Descartes était le coauteur volontairement « masqué », occulté, de très nombreux passages de la *Physiologia.* En effet Regius emprunte directement et largement à la cinquième partie du *Discours de la méthode,* l'explication de la circulation du sang et du mouvement du cœur, par exemple, et à la *Dioptrique,* l'affirmation que « c'est l'âme qui sent et non le corps ». J'ai en outre identifié un emprunt aux *Météores,* et ai relevé l'insertion, dans la *Physiologia,* de paragraphes entiers relatifs aux modifications suggérées par Descartes dans les lettres qu'il a adressées à Regius. Cf. « Descartes et Regius, leur pensée médicale », article en cours de publication aux Pays-Bas, en 1993.

4. Cf. « Anima in homine unica est, nempe rationalis » (AT III, 371).

parties du corps » (AT III, 372). C'est seulement au début de la polémique avec le recteur Voetius que Descartes conseillera à Regius de renoncer à enseigner des thèses cartésiennes[1].

La même analyse, témoignant de certaines concessions faites par Descartes en vue de réduire son opposition à la philosophie scolastique, peut-elle être conduite au sujet de l'emploi par Descartes du verbe 'informer' pour caractériser l'action de l'âme sur le corps ? Car dans la lettre en français à Mesland du 9 février 1645 (sur laquelle nous allons revenir), où Descartes parle du corps d'un homme « joint et uni substantiellement à la même âme » (AT IV, 166), il n'utilise plus la notion de « forme substantielle », mais use du verbe 'informer' (AT IV, 167) au sujet de l'action de l'âme sur le corps. Ce verbe, déjà utilisé en latin au début de la Règle XII[2], figure dans l'édition latine des *Principes,* à l'article 189 de la quatrième partie (AT VIII-1, 315). Or l'édition française des *Principes* rend compte de ce que « l'âme humaine *informe* tout le corps » (AT IX-2, 310) par : « encore que notre âme *soit unie* à tout le corps », faisant du verbe 'unir' le synonyme d' 'informare'. De sorte que lorsque Descartes reprend des expressions tirées de la scolastique, il en modifie la signification. Car la notion de « forme substantielle » appliquée à l'âme, comme l'emploi du verbe 'informer', renvoient à l'usage scolastique de l'union de l'âme avec le corps, où l'âme, substance incomplète comme le corps auquel elle s'unit, devient la forme substantielle de la substance com-

1. On sait que Regius fait soutenir des thèses de médecine inspirées par les écrits de Descartes, ou corrigées directement par Descartes, dans lesquelles il aborde donc, par exemple, avec la singularité de l'âme rationnelle, la circulation du sang et le mouvement du cœur selon les préceptes de la cinquième partie du *Discours de la méthode.* Or Descartes, devant l'opposition de Voetius, conseille à Regius de renoncer à ces innovations, et « d'expliquer ses leçons de médecine selon les préceptes d'Hippocrate et de Galien, et rien de plus ». Descartes confirme cette attitude quelques mois plus tard, en juin 1642 : « Vous ne devez pas même mêler dans vos leçons mes sentiments avec ceux de Galien et d'Aristote. » Cf. respectivement la lettre d'avril 1642 (AT III, 559) et celle de juin 1642 (AT III, 566).

2. Cf. *Regulae ad directionem ingenii* (AT X, 411). Au sujet de la règle XII, cf. le commentaire de J.-L. Marion dans *Sur l'ontologie grise de Descartes,* Paris, Vrin, seconde édition, 1981, chap. III.

plète qu'est l'homme[1]. Pour confirmer que l'emploi des expressions d' 'union substantielle', ou de 'forme substantielle' n'engage pas la philosophie de Descartes, il nous semble qu'il faut aussi invoquer l'absence de ces expressions dans les *Principes de la philosophie*[2], et la correspondance avec la princesse Elisabeth. Ainsi ni la lettre du 21 mai 1643, ni celle du 28 juin 1643, pourtant expressément consacrées à « expliquer la façon dont » Descartes conçoit « l'union de l'âme avec le corps » (AT III, 664) n'en font par exemple mention. Ce constat vaut également pour le traité des *Passions de l'âme,* où Descartes parle de « l'étroite alliance qui est entre l'âme et le corps »[3], avant d'affirmer que « l'âme est véritablement jointe à tout le corps »[4].

L'attitude de Descartes visant à reprendre des expressions scolastiques en leur donnant un autre sens, comme c'est le cas lorsqu'il use des expressions d' 'union substantielle' ou de 'forme substantielle', se manifeste d'ailleurs souvent dans les textes mêmes où il emprunte le vocabulaire traditionnel. Ainsi, au sujet de la dualité des substances affirmée par Descartes, qui recouvre l'affirmation que le corps et l'âme, considérés chacun en tant que substance, sont chacun une substance complète[5]. Ensuite parce que Descartes ne va pas jusqu'à dire que l'homme est substance[6]. Les *Réponses* aux *Quatrièmes Objections* sont d'ailleurs complétées sur ce point par les *Sixièmes Réponses,* où Descartes écrit que l'union qui caractérise l'homme résulte de « la composition et l'assemblage de la substance qui pense avec la corporelle » (AT IX-1, 242). Dans cette « unité de composition » (AT VII, 243;

1. Cf. E. Gilson, *Index scolastico-cartésien,* Paris, Vrin, 1979, textes 431-432, p. 277-278, et 466-467, p. 304-305.

2. Cf. *Principes,* II, § 2. Le titre est : « Comment nous savons aussi que notre âme est jointe à un corps. » Dans cet article on lit : « ... plus étroitement uni à notre âme » (AT IX-2, 64). Le latin disait dans le titre, et aussi dans l'article « arcte conjunctum », (AT VIII-1, 41). Cf. aussi II, § 3 (AT VIII-1, 41 et IX-2, 64) et IV, § 190 (AT VIII-1, 317) : « ... intime conjuncta » et IX-2, 312, « étroitement unie ».

3. Cf. *Passions de l'âme,* I, § 28 (AT XI, 350).

4. Cf. *ibid.,* § 30 (AT XI, 351).

5. Cette affirmation se trouve notamment dans les *Quatrièmes Réponses* (AT VII, 222-223; IX-1, 172-173).

6. Cf. l'édition Alquié des *Œuvres philosophiques,* t. II, *op. cit.,* p. 663, n. 2.

IX-1, 226)[1], la nature de chacune des deux substances demeure distincte. La *Sixième Méditation* signalait, comme nous l'avons rappelé au début de notre exposé, que l'union était voulue par Dieu, ce que la fin de l'abrégé géométrique des *Secondes Réponses* confirmait (AT IX-1, 132). A la fin des *Sixièmes Réponses,* Descartes ajoute que Dieu qui a « donné à quelques corps la faculté de penser (comme en effet il l'a donnée à ceux des hommes), peut, quand il voudra, l'en séparer » (AT IX-1, 242). L'union, indécomposable pour les hommes qui l'éprouvent, peut seulement être désunie par Dieu.

L'union de l'âme et du corps, ou de l'esprit et du corps, ainsi définie par Descartes, est originale par rapport à la tradition philosophique et théologique, comme sont nouvelles les définitions de l'âme et du corps données par Descartes[2]. Et il faut souligner la constance de Descartes dans la défense de sa conception de l'union, malgré l'utilisation d'un vocabulaire parfois directement emprunté à la tradition scolastique. Pourtant, dans cet ensemble de textes consacrés à l'union, parfois qualifiée de 'substantielle', comme nous venons de le voir, un extrait de la correspondance de Descartes, déjà édité, et longuement commenté par Vere Chappell, semble poser problème. Il s'agit de la lettre française au P. Mesland du 9 février 1645, lettre destinée, selon le souhait de Descartes, à demeurer confidentielle[3], et concernant la

1. G. Rodis-Lewis signale que Descartes ne parle jamais de 'troisième substance'. Cette expression, qu'utilise notamment M. Gueroult, est issue du commentaire d'E. Gilson sur l'unité de composition, « union de deux substances distinctes pour en former une troisième », dans *Anthropologie thomiste et anthropologie cartésienne, op. cit.,* p. 250. Cf. G. Rodis-Lewis, *L'œuvre de Descartes, op. cit.,* t. I, p. 353.

2. Cf. *Notes sur le placard de Regius,* où Descartes écrit : « Car je suis le premier qui ai considéré la pensée comme le principal attribut de la substance incorporelle, et l'étendue comme le principal attribut de la substance corporelle » (AT VIII-2, 348).

3. Cf. AT IV, 165. J.-R. Armogathe note que Mesland semble avoir respecté ce souhait de Descartes. Il signale que « c'est sur les minutes de Clerselier que furent diffusées les copies, comme le P. Poisson nous l'apprend ». J.-R. Armogathe précise que les *Lettres à Mesland* « connurent, par les bons soins de Clerselier, une large diffusion : mais Clerselier eut la prudence de ne pas les publier, et elles ne furent imprimées qu'en 1811 dans les *Pensées de Descartes sur la religion et la morale,* (...), puis dans l'*Histoire de la philosophie cartésienne,* de Francisque Bouillier, 3e éd., 1868 ». Cf. *Theologia cartesiana, op. cit.,* respectivement p. 73 et 71.

délicate question de la transsubstantiation. Mais sans doute est-ce d'une part en raison de ce contexte relatif à l'explication de la transsubstantiation dans l'Eucharistie[1], et d'autre part en raison de la qualité du destinataire de la lettre, puisque Mesland est un père jésuite[2], que Descartes, plus que dans tout autre texte relatif à l'union, insiste sur le verbe 'informer'. Descartes écrit en effet que le corps humain se voit conférer son unité, son identité *numero,* par l'union avec l'âme qui l'informe (AT IV, 166), interprétation qu'il soutiendra à nouveau au même correspondant un peu plus tard (AT IV, 346).

L'union de l'âme et du corps, prouvée, éprouvée par les sentiments, les sensations, est donc abordée dans la *Sixième Méditation,* puis commentée. Et Descartes, dans la *Lettre à Elisabeth* du 21 mai 1643 (AT III, 664) en écho à la citation qui a constitué notre point de départ, justifie n'avoir « quasi rien dit » de l'union de l'âme humaine au corps dans les *Méditations,* parce que son « principal dessein » était de « prouver » leur distinction. C'est dans cette lettre que Descartes distingue trois « notions primitives » sur lesquelles « nous formons » toutes nos connaissances de l'âme, du corps, et de leur union (AT III, 665)[3]. Et, un

1. Au sujet de « la façon dont on peut concevoir que le corps de Jésus-Christ est au Saint Sacrement », Descartes, se référant à la fin des *Quatrièmes Objections,* rappelle les mots, issus du Concile de Trente : « ea existendi ratione quam verbis exprimere vix possumus » (« cette façon d'exister que nous ne pouvons qu'à peine exprimer par des mots »). Bien que s'affirmant comme « n'étant point théologien de profession », Descartes se trouve autorisé à aborder la question soulevée par son correspondant, par la rédaction conciliaire incluant le *vix* (à peine), cf. AT IV, 165. Ces paroles du Concile seront reprises dans la lettre de 1645 ou 1646 au même correspondant, en AT IV, 344.

2. Le P. Mesland, qui a rédigé un abrégé des *Méditations,* est un jésuite favorable à la philosophie de Descartes. Rappelons l'importance de la relation entre Descartes et les Jésuites, dans la mesure où Descartes souhaite recourir à la protection des Jésuites. Sur ce point, cf. J.-R. Armogathe, *Theologia cartesiana, op. cit.,* p. 68-70.

3. Sur la troisième notion primitive, cf. H. Gouhier, *La pensée métaphysique de Descartes,* Paris, Vrin, 1962. C'est en se fondant sur la *Lettre à Elisabeth* du 21 mai 1643 que J. Cottingham a introduit dans le monde anglo-saxon l'interprétation qu'il a qualifiée de *'Cartesian trialism'.* Cf. l'article portant ce titre, paru dans la revue *Mind,* 94 (1985), p. 218-230, et en particulier p. 219. Cet article a été repris dans l'ouvrage sur Descartes que J. Cottingham a publié chez Blackwell, à Oxford, en 1986. Rappelons que cette *Lettre à Elisabeth* est complétée par la lettre du 28 juin 1643 à la même correspondante (AT III, 691-694).

mois plus tard, lorsque Descartes revient sur la distinction âme/corps, et sur leur union, c'est pour avouer, dans la lettre du 28 juin 1643 à la même correspondante, qu'il reconnaît la difficulté, « pour l'esprit humain », de « concevoir bien distinctement, et en même temps, la distinction d'entre l'âme et le corps, et leur union ; à cause qu'il faut, pour cela, les concevoir comme une seule chose, et ensemble les concevoir comme deux, ce qui se contrarie » (AT III, 693). De l'union de l'âme et du corps, substances de nature différente, mais qui interagissent[1], dépendent les sentiments, sur lesquels Descartes a commencé à *méditer,* puis à *répondre* et correspondre, et auxquels il va, à la demande d'Elisabeth, consacrer le traité des *Passions de l'âme.*

1. Cf. sur ce point, en relation avec la *Sixième Méditation, L'entretien avec Burman* (AT V, 163) ou, dans l'édition traduite et annotée par J.-M. Beyssade, Paris, PUF, 1981, p. 88-89, avec la note renvoyant à la *Lettre à Arnauld* du 29 juillet 1648, au sujet de l'action de l'esprit sur le corps, que des expériences très certaines et très évidentes (« certissima et evidentissima experimenta ») nous font connaître tous les jours (AT V, 222).

Formes et qualités dans les *Sixièmes Réponses*

DANIEL GARBER

Les *Sixièmes Objections,* comme les *Secondes Objections,* ont été recueillies par le P. Mersenne, et ont pour objet de présenter les opinions d'un groupe de philosophes et de théologiens qui appartiennent au cercle de Mersenne[1]. La première objection que Mersenne et ses amis présentent contre les *Méditations* dans les *Secondes Objections* concerne la distinction réelle entre le corps et l'esprit ; Mersenne et ses amis ne comprennent pas comment Descartes peut exclure la possibilité que la pensée soit une sorte de mouvement, et pourquoi un corps ne peut pas penser (AT VII, 123). Descartes, bien sûr, s'efforce de répondre à cette question dans les *Secondes Réponses* (comme aussi dans les *Troisièmes, Quatrièmes* et *Cinquièmes Réponses*). Mais, évidemment, cela ne satisfait pas Mersenne, puisque dans les *Sixièmes Objections,* la question se pose encore (AT VII, 413). Dans les *Sixièmes Objections* Mersenne suggère même que les Pères de l'Eglise croyaient que « la pensée se pouvait faire par des mouvements corporels » (AT VII, 413). Les *Sixièmes Objections* finissent par une « addition » *(appendix)* et une lettre « des philosophes et géomètres à M. Des-

1. Descartes a écrit les *Sixièmes Réponses* entre le 23 juin 1641 (quand il se plaint qu'il n'a pas reçu toutes les feuilles que Mersenne lui a envoyées) et le 22 juillet ; cf. les *Lettres à Mersenne* à ces dates (AT III, 340 et 415). Il semble que Descartes ait reçu les objections de Mersenne peu à peu ; il a les mises en ordre lui-même, et il est bien probable qu'il a ajouté quelques phrases aux textes de Mersenne. Cf. *Lettre à Mersenne,* 22 juillet 1641 (AT III, 415).

cartes » dans laquelle leurs réserves sont encore manifestes : « Quelque soin que nous prenions à examiner si l'idée que nous avons de notre esprit, c'est-à-dire si la notion ou le concept de l'esprit humain ne contient rien en soi de corporel, nous n'osons pas néanmoins assurer que la pensée ne puisse en aucune façon convenir au corps agité par de secrets mouvements (...). Nous avons lu plus de sept fois vos *Méditations* avec une attention d'esprit presque semblable à celle des anges, et (...) néanmoins nous ne sommes pas encore persuadés » (AT VII, 420-421)[1]. Finalement le problème est le suivant : pour Mersenne et ses amis, les arguments de Descartes ne sont pas convaincants. Quoiqu'ils n'aient pas d'objections spécifiques à faire, ils ne sont pas convaincus.

Descartes prend au sérieux cette inquiétude. Mais plutôt que de présenter une version de plus de l'argument en faveur de la distinction réelle entre le corps et l'esprit, comme ailleurs, Descartes présente dans les *Sixièmes Réponses* quelque chose de tout à fait différent : une sorte de biographie intellectuelle, une histoire ou fable dans laquelle il raconte comment il a découvert que le corps et l'esprit sont distincts, que la pensée et l'étendue sont différentes, et comment il a surmonté sa tendance naturelle à les confondre. Nous discuterons ce texte en détail plus tard. Mais, pour le moment, je voudrais signaler quelque chose de très intéressant dans ce texte. Après que Descartes eut raconté comment dans sa jeunesse il avait confondu le corps et l'esprit, il écrit : « Mais après que j'eus suffisamment considéré toutes ces choses, et que j'eus soigneusement distingué l'idée de l'esprit humain des idées du corps et du mouvement corporel, et que je me fus aperçu que toutes les autres idées que j'avais eues auparavant, soit des qualités réelles, soit des formes substantielles, en avaient été composées, ou formées par mon esprit, je n'eus pas beaucoup de peine à me défaire

1. Il semble que l'addition soit un sommaire des objections faites par le RP de La Barde; la lettre qui suit semble être d'une source différente. Les deux documents sont distincts des textes que Mersenne a rassemblés comme *Sixièmes Objections,* et il semble que Descartes les a ajoutés lui-même aux textes de Mersenne. Cf. *Lettre à Mersenne,* 23 juin 1641 (AT III, 385), et *Lettre à l'abbé de Launay* (?), 22 juillet 1641 (?) (AT III, 420).

de tous les doutes qui sont ici proposés » (AT VII, 442-443). Très bizarre. Dans une discussion sur la distinction entre le corps et l'esprit, Descartes introduit une question apparemment très différente, une question très importante que Mersenne et ses amis ne semblent jamais avoir mentionnée, celle des formes substantielles et qualités réelles. Pourquoi ? Et quelle relation y a-t-il entre cette question et la question de la distinction entre le corps et l'esprit ? Je voudrais commencer par une brève discussion de l'histoire de ces problèmes dans la pensée de Descartes avant les *Méditations.* Après cela, je reviendrai aux *Sixièmes Réponses,* premièrement à la question de la distinction entre l'esprit et le corps, et ensuite à la discussion sur les formes et qualités.

Formes et qualités avant les « Méditations »

La doctrine scolastique de la forme et de la matière est d'une grande complexité, en raison du grand nombre d'écoles concernées et des nombreuses positions en jeu. Mais, le plus souvent, Descartes ne s'intéresse pas aux subtilités de la pensée scolastique. Alors qu'il s'apprête à recevoir les objections aux *Méditations,* Descartes, plein de confiance, écrit dans une *Lettre à Mersenne* du 11 novembre 1640 : « Pour la philosophie de l'Ecole, je ne la tiens nullement difficile à réfuter, à cause des diversités de leurs opinions ; car on peut aisément renverser tous les fondements desquels ils sont d'accord entre eux ; et cela fait, toutes leurs disputes particulières paraissent ineptes » (AT III, 231-232). Ce qui intéresse Descartes, ce sont les fondements de la pensée scolastique, et ces fondements, c'est la doctrine du corps en termes de forme et de matière.

La matière est, en général, le sujet des propriétés d'une chose, ce qui reste constant quand une chose change d'une espèce à une autre. Mais la notion de forme substantielle est un peu plus complexe. Par elle-même, la forme est ce qui s'ajoute à la matière pour composer une substance complète. Mais, pour les scolastiques des XVIe et XVIIe siècles, la forme substantielle est ce dont dérive la façon caractéristique qu'ont les différentes sortes de substances de se comporter, et par conséquent, la chose qui explique le comportement des substances. Ainsi, Descartes écrit à Regius dans une lettre de janvier 1642 : « Elles ont été introduites [à savoir, des formes] par les philosophes seulement pour expliquer les actions propres aux choses naturelles, actions dont cette forme est prise pour le principe et la source » (AT III, 506). Soit donc, par exemple, la pesanteur d'une pierre, la tendance qu'a un corps à tomber vers le centre de la terre (ou vers le centre de l'univers). On considère la pesanteur comme une qualité (que Descartes considère souvent comme une qualité réelle) qui dérive de la forme substantielle qui lui appartient. Descartes caractérise donc la doctrine scolastique de la pesanteur dans une *Lettre à Mersenne,* 13 juillet 1638, de la manière suivante : « La plupart la prennent pour une vertu ou qualité interne en chacun des corps qu'on nomme pesants, qui le fait tendre vers le centre de la terre ; et [ils] pensent que cette qualité dépend de la forme de chaque corps, en sorte que la même matière qui est pesante, ayant la forme de l'eau, perd cette qualité de pesante et devient légère, lorsqu'il arrive qu'elle prend la forme de l'air » (AT II, 223).

Les qualités réelles que nous venons de mentionner sont bien liées aux formes substantielles. Le plus souvent, Descartes s'intéresse à des qualités comme la pesanteur *(gravitas)* qui suivent directement des formes substantielles des corps pesants comme la terre et l'eau. Mais quelque chose de bien semblable se trouve dans un contexte un peu différent dans les *Réponses.* Il s'agit des « accidents réels », accidents ou qualités comme couleur, goût, odeur, qui restent dans l'hostie lors de la transsubstantiation (cf. *Quatrièmes Réponses,* AT VII, 248-249 ; et *Sixièmes Réponses,* AT VII, 434-435). Ces accidents réels sont des qualités qui peuvent exister indépendamment de la substance, en un sens, et peuvent aller d'une substance à l'autre, comme dans la transsubstantiation, où le pain devient le corps de Christ ; quoique la substance change, elle garde toutes les qualités du pain.

La physique et la métaphysique de Descartes s'opposent radicalement à la conception des formes et des qualités selon l'Ecole. D'après Descartes, c'est bien connu, il n'y a rien dans le corps que l'étendue. Il prétend donc que toute chose dans le corps doit être expliquée par des modes de l'étendue, à savoir la grandeur, la figure et le mouvement des corps plus petits qui composent un corps plus grand. Par conséquent, il n'y a pas de formes substantielles dans le monde de Descartes[1]. Et puisque les seules qualités qu'il reconnaît sont des modes de l'étendue, il n'y a pas de place pour des qualités qui peuvent se détacher d'une substance, et s'attacher à une autre[2].

Typique des attitudes de Descartes dans les écrits de sa jeunesse est le texte suivant qui se trouve dans *Le Monde* :

> « Lorsque [la flamme] brûle du bois, ou quelque autre semblable matière, nous pouvons voir à l'œil qu'elle remue les petites parties de ce bois, et les sépare l'une de l'autre, transformant ainsi les plus subtiles en feu, en air, et en fumée, et laissant les plus grossières pour les cendres. Qu'un autre donc imagine, s'il veut, en ce bois, la forme du feu, la qualité de la chaleur, et l'action qui le brûle, comme des choses toutes diverses ; pour moi, qui crains de me tromper si j'y suppose quelque chose de plus que ce que je vois nécessairement y devoir être, je me contente d'y concevoir le mouvement de ses parties » (AT XI, 7).

Descartes dit ici assez explicitement qu'on doit rejeter les formes parce qu'elles ne sont pas requises pour l'explication des choses ; on peut expliquer toutes celles qui se présentent dans le bois brûlant seulement en termes de matière étendue en mouvement, et il ne faut pas mentionner quoi que ce soit d'autre. D'ailleurs, les formes et les qualités scolastiques sont elles-mêmes très, très obscures. Descartes écrit encore dans *Le Monde* :

> « Que si vous trouvez étrange que, pour expliquer ces éléments, je ne me serve point des qualités qu'on nomme chaleur, froideur, humidité et sécheresse, ainsi que font les philosophes, je vous dirai que ces qualités me semblent avoir elles-mêmes besoin d'explication, et que, si je ne me

1. Au moins, il n'y a pas de formes dans le monde inanimé. Descartes maintient explicitement parfois que l'âme humaine est la forme substantielle du corps ; cf. *Lettre à Regius,* janvier 1642 (AT III, 503, 505).

2. Dans les *Réponses* aux *Quatrième Objections* d'Arnauld, Descartes écrit qu'il est possible qu'il y ait des accidents réels que Dieu peut séparer d'une substance, même si on ne peut pas comprendre comment il peut le faire ; cf. AT VII, 249. Cependant, cela semble être en contradiction avec ce qu'il écrit ailleurs, par exemple dans les *Sixièmes Réponses* (AT VII, 434-435).

trompe, non seulement ces quatre qualités, mais aussi toutes les autres, et même toutes les formes des corps inanimés peuvent être expliquées, sans qu'il soit besoin de supposer pour cet effet aucune autre chose en leur matière, que le mouvement, la grosseur, la figure, et l'arrangement de ses parties » (AT XI, 25-26)[1].

Mais même si Descartes attaque ses professeurs avec hardiesse dans *Le Monde,* il est très important de noter que cette attaque est restée inédite durant toute la vie de Descartes. En général, dans ses écrits publiés, Descartes évite de s'opposer expressément aux doctrines scolastiques[2]. Le traitement de ces questions dans le *Discours* et les *Essais* de 1637 est typique. La seule mention des formes et des qualités dans tout le livre se trouve dans le passage suivant des *Météores,* que Descartes lui-même cite souvent comme un exemple de la prudence qui s'impose en ce qui concerne les questions scolastiques. Descartes écrit : « Sachez (...) que, pour ne point rompre la paix avec les philosophes, je ne veux rien du tout nier de ce qu'ils imaginent dans les corps de plus que je n'ai dit, comme leurs formes substantielles, leurs qualités réelles, et choses semblables, mais qu'il me semble que mes raisons devront être d'autant plus approuvées, que je les ferai dépendre de moins de choses » (AT VI, 239)[3]. Il y a ici un argument à l'encontre des formes et des qualités, mais seulement un argument implicite, à savoir qu'elles ne sont pas nécessaires pour expliquer aucune des choses dans le monde. En même temps, comme il est souvent très politique de le faire, Descartes est capable de nier (comme il le fait de temps en temps) qu'il rejette la philosophie de l'Ecole. Il est très important de se souvenir qu'à l'époque où Descartes écrivait ses premières œuvres, nier la thèse métaphysique fondamentale aristotélicienne de la forme et de la qualité était lourd de controverse. En 1624,

1. Pour une discussion générale des attaques de Descartes contre les formes et les qualités, cf. mon livre, *Descartes' Metaphysical Physics* (Chicago, 1992), chap. 4.

2. Au moins après la condamnation de Galilée.

3. Ces mots ont été choisis avec beaucoup de soin, et Descartes les a cités parfois ; voir *Lettre à Regius,* 1642 (AT III, 492), et *Quatrièmes Réponses* (AT VII, 248). D'ailleurs, il est intéressant de noter que, dans ce livre, Descartes ne dit pas que l'essence du corps est l'étendue, et que le soleil est au centre du système planétaire.

le Parlement de Paris avait condamné et exilé un groupe de philosophes dissidents pour s'être opposé à la philosophie d'Aristote en public; la négation de la doctrine des formes et des qualités était au cœur du mécontentement officiel[1]. Et dès la fin de l'année 1641, après que les *Méditations* eurent été publiées, le théologien hollandais Gisbertus Voëtius attaquait la philosophie de Descartes, pour une bonne part à cause de ses implications pour la métaphysique aristotélicienne de la matière et de la forme. Descartes savait bien que tout défi à la métaphysique telle qu'elle était acceptée dans les écoles pouvait être la cause de difficultés très graves, et il voulait éviter effectivement de tels problèmes.

Mais dans les *Sixièmes Réponses,* on trouve, pour la première fois, une attaque publique et expresse contre les formes et les qualités, et un argument bien différent des arguments figurant dans les textes antérieurs.

Esprit et corps dans les « Sixièmes Réponses »

Comme je l'ai indiqué au commencement de cette conférence, ce sont les difficultés de la doctrine de la distinction entre l'esprit et le corps qui provoquent l'attaque contre les formes et les qualités dans la réponse de Descartes. Mais, pour comprendre les remarques concernant forme et qualité dans ce texte, il vaut mieux comprendre ces questions en elles-mêmes, et la réponse que Descartes y a faite. Pour cela il est important de se souvenir que, à la différence de la plupart des autres objections, les *Sixièmes Objections* sont le travail de plusieurs mains, et qu'il est bien possible qu'elles ne soient pas l'expression d'un seul point de vue. Derrière les objections avancées par les auteurs des *Sixièmes Objections,* on peut trouver au moins deux sortes différentes d'alternatives au dualisme de Descartes.

1. Voir J.-B. Morin, *Réfutation des thèses erronées...,* Paris, 1624, et *Le Mercure francois,* t. X (1625), p. 503-512. Il est intéressant de noter que Mersenne était un critique bien en vue de ce groupe; voir Mersenne, *La vérité des sciences,* Paris, 1625, p. 78-84, 96-113.

Dans la deuxième section des *Sixièmes Objections,* les objecteurs notent :

> « Lorsque vous dites : *je pense, donc je suis,* ne pourrait-on pas dire que vous vous trompez, *que vous ne pensez point,* mais que vous êtes seulement remué, et que ce que vous attribuez à la pensée n'est rien autre chose qu'un mouvement corporel ? personne n'ayant encore pu comprendre votre raisonnement, par lequel vous prétendez avoir démontré qu'il n'y a point de mouvement corporel qui puisse légitimement être appelé du nom de pensée (...) [Pouvez-vous nous] persuader (...) qu'il y a de la répugnance que nos pensées soient réduites *[refundi]* à ces mouvements corporels ? » (AT VII, 413)[1].

Dans la troisième section des *Objections,* les objecteurs notent que quelques Pères de l'Eglise croient que, quoique les anges et l'esprit rationnel soient corporels, ils pensent, « ce qui nous fait croire que leur opinion [*i.e.,* l'opinion de ces Pères de l'Eglise] était que la pensée se pouvait faire par des mouvements corporels, ou que les anges n'étaient eux-mêmes que des mouvements corporels, dont ils ne distinguaient point la pensée » (AT VII, 413-414). Les objecteurs notent qu'ils croient, comme Descartes, que les animaux sont tout à fait corporels, mais ils croient qu'il est nécessaire de se servir de la notion de sentiment, une sorte de pensée, pour expliquer leurs comportements. Cela suggère, encore, que la pensée est une sorte de mouvement (AT VII, 414)[2].

L'alternative à la position de Descartes que ces objecteurs présentent dans ces textes semblent être une sorte de matéria-

1. Je suis le texte latin pour la dernière phrase. La version française est un peu différente : « que nos pensées soient répandues dans ces mouvements corporels ». Une remarque semblable se trouve dans les *Secondes Objections,* cf. AT VII, 122-123.

2. Descartes a construit cette section des *Sixièmes Objections* en utilisant (au moins) deux objections différentes que Mersenne lui a envoyées ; cf. *Lettre à Mersenne,* 22 juillet 1641 (AT III, 415). Il est bien possible que la question de la pensée des animaux ait été à l'origine une question tout à fait différente de la question de la pensée et du mouvement chez les Pères de l'Eglise, et que ce soit Descartes lui-même qui les ait liées. Mais il est aussi possible que ce soit Mersenne qui ait lié ces deux questions, et que la question que Descartes a ajoutée ici soit une troisième question qui se trouve dans cette section, la remarque qu' « il s'en trouvera plusieurs qui diront que toutes les actions de l'homme sont aussi semblables à celles des machines, et qui ne voudront plus admettre en lui de sens ni d'entendement » (AT VII, 414).

lisme[1], d'après lequel une pensée s'identifie avec un certain mouvement dans le corps ou, plus généralement, avec un certain état purement physique du corps. Evidemment, Descartes comprend ces textes de cette manière. Il cite ensuite la demande faite par ses objecteurs qu'il démontre l'impossibilité « que nos pensées soient réduites *[refundi]* à ces mouvements corporels », et il note qu'on ne peut comprendre cette phrase que comme l'affirmation que *« cogitationes & motus corporeos esse unum & idem »,* que « nos pensées soient une même chose avec des mouvements corporels » (AT VII, 424-425)[2].

Mais il se peut qu'il y ait une autre sorte d'alternative dans le texte des *Sixièmes Objections.* Dans l'addition des *Sixièmes Objections,* l'objecteur demande : « Comment nous pouvons être assurés qu'elle [l'âme] n'a rien en soi de ce qui appartient au corps » (AT VII, 420). Dans la lettre qui suit, et clôt les *Sixièmes Objections,* les objecteurs notent que « nous n'osons pas... assurer que la pensée ne puisse en aucune façon convenir au corps agité par quelques mouvements » (AT VII, 420)[3]. Ils demandent à Descartes : « D'où pouvez-vous avoir appris que

1. Il est, peut-être, anachronique d'utiliser le terme 'matérialisme' ici ; cf. Olivier Bloch, *Le matérialisme,* Paris, 1985, pour une histoire du terme. Mais je ne crois pas que cet usage déforme les questions que nous discutons.

2. Il semble y avoir deux sortes distinctes de matérialisme dans ces textes. Dans le premier texte, l'identification de la pensée avec un mouvement semble entraîner que « vous ne pensez point », à proprement parler. On présume que les objecteurs veulent dire que, si la pensée et le mouvement sont la même chose, alors il n'y a pas de pensée, à proprement parler. (Cette position suggère une sorte de matérialisme qui s'appelle le matérialisme éliminatoire ou le matérialisme réductionniste *[eliminative materialism]* dans la philosophie analytique.) Mais il semble que le rejet de ce matérialisme éliminatoire soit le point principal d'un texte des *Sixièmes Objections,* dont on a parlé plus haut, en lequel les objecteurs disent que, quoique les animaux soient purement corporels, il faut recourir à la pensée pour expliquer leurs comportements. Le point semble ici être que, quoique la pensée soit une sorte de mouvement, il est toujours correct d'attribuer la pensée, comprise de cette façon, à des animaux. (Cette position suggère une sorte de matérialisme qui s'appelle la théorie d'identité *[identity theory]* dans la philosophie analytique.) Puisque les *Sixièmes Objections* sont un recueil d'objections de mains différentes, il n'est pas surprenant d'y trouver quelques contradictions, comme celle-ci.

3. Ici je suis le texte latin. La version française propose la phrase suivante : « Corps agité par de secrets mouvements ».

Dieu n'ait point mis cette vertu et propriété dans quelques corps, que de penser, de douter, etc. ? » (AT VII, 421).

La manière de lire ces textes n'est pas tout à fait évidente. Mais il est bien possible que ces objecteurs veuillent dire tout autre chose que l'espèce de matérialisme radical des autres objecteurs. D'après la position scolastique, le corps se compose de matière et de forme, à proprement parler; la matière n'est qu'un constituant du corps, comme la forme[1]. Et donc, on doit dire que c'est le corps qui pense, qui raisonne, qui veut, qui doute, etc., et non l'esprit ou l'âme seulement. Il est bien possible que dans ces dernières objections les objecteurs aient l'intention de présenter cette sorte d'alternative scolastique au dualisme radical de Descartes.

Il me semble que la réponse de Descartes à la fin des *Sixièmes Réponses* est une réponse non seulement aux passages spécifiques qui ont provoqué la réponse, à savoir l'addition et la lettre supplémentaire aux *Sixièmes Objections,* mais aussi à toutes les difficultés que les sixièmes objecteurs ont d'être convaincus par des arguments en faveur de la distinction entre l'esprit et le corps. Que Descartes ait ou non reconnu des distinctions entre différentes sortes d'objections dans les *Sixièmes Objections,* il présente une réponse globale à ceux qui prétendent qu'ils ne sont pas convaincus par ces arguments.

Descartes avoue que, lorsqu'il a reconnu pour la première fois que l'esprit et le corps sont tout à fait distincts, il n'a pas été convaincu non plus, comme ses objecteurs. Il était comme les astronomes, « qui, après avoir été convaincus par de puissantes raisons que le soleil est plusieurs fois plus grand que toute la terre, ne sauraient pourtant s'empêcher de juger qu'il est plus petit, lorsqu'ils jettent les yeux sur

1. Pour un usage intéressant de cette conception du corps, cf. J.-B. Morin, *Réfutation des thèses erronées...,* Paris, 1624. Morin se sert de la conception du corps comme matière et forme pour en tirer un argument contre quelques adversaires d'Aristote, qui ont nié qu'il y ait des formes. Morin prétend que puisque le corps est composé de la matière et de la forme, si on nie l'existence des formes, il faut qu'on nie aussi l'existence des corps. Mais cela est en opposition avec la Bible, puisque, à la Sainte-Cène, Jésus a levé le pain, et dit : « Ceci est mon corps », ce qui serait faux, s'il n'y avait pas de corps (Morin, p. 36-49).

lui » (AT VII, 440). Mais, après y avoir réfléchi un peu, il a compris que sa résistance aux arguments ne venait pas de leurs faiblesses, mais de ses propres préjugés. Descartes note que quand il était jeune, « d'autant que mon esprit ne se servait pas bien en ce bas âge des organes du corps, et qu'y étant trop attaché il ne pensait rien sans eux, aussi n'apercevait-il que confusément toutes choses » (AT VII, 441). Descartes continue : « Et bien qu'il eût connaissance de sa propre nature, (...) néanmoins, par ce qu'il ne concevait rien de purement intellectuel, qu'il n'imaginât aussi en même temps quelque chose de corporel, il prenait l'un et l'autre pour une même chose, et rapportait au corps toutes les notions qu'il avait des choses intellectuelles. Et d'autant que je ne m'étais jamais depuis délivré de ces préjugés, il n'y avait rien que je connusse assez distinctement et que je ne supposasse être corporel... » (AT VII, 441). Mais, raconte Descartes, comme un fait de son histoire personnelle, « après que j'eus suffisamment considéré toutes ces choses, et que j'eus soigneusement distingué l'idée de l'esprit humain des idées du corps et du mouvement corporel..., je n'eus pas beaucoup de peine à me défaire de tous les doutes qui sont ici proposés » (AT VII, 442-443). Dès qu'il a compris la raison pour laquelle il avait résisté aux arguments en faveur de la distinction entre l'esprit et le corps, les doutes qu'il avait sont tombés[1]. Et, sans doute, il suppose que ses lecteurs auront la même expérience que lui. Comme dans le *Discours de la méthode,* le récit à la première personne, l'histoire ou la fable (AT VI, 4), est une sorte d'argument pour persuader ses lecteurs, un exemple à suivre afin de les amener à l'éclaircissement que Descartes, lui-même, a trouvé.

Descartes croit que la résistance de ses lecteurs aux arguments en faveur de son dualisme dérive d'une confusion caractéristique des choses corporelles avec les choses spirituelles ; dans la petite autobiographie qu'il donne dans les *Sixièmes Réponses* il s'efforce de montrer leurs erreurs à ses lecteurs non par des arguments directs (qu'il donne ailleurs), mais par une sorte de persuasion. Ce projet, comme l'analyse psychologique sur laquelle il repose, n'est guère nouveau ici. La même

1. La comparaison avec la thérapie freudienne est évidente.

analyse se trouve dans la réponse aux auteurs des *Secondes Objections,* qui soulèvent la même question (AT VII, 130-131), et on peut la trouver dès le *Discours de la méthode* de 1637, quatre années plus tôt (AT VII, 37) ; il y a beaucoup d'autres textes aussi. Cependant, il y a quelque chose de nouveau ici, quelque chose qui mérite notre attention. Pour la première fois, à ma connaissance, Descartes lie la question de la distinction entre l'esprit et le corps avec celle des formes et des qualités. Et pour la première fois, Descartes discute en public cette question très délicate.

Formes et qualités dans les « Sixièmes Réponses » : l'argument

La confusion entre l'esprit et le corps qui date de notre jeunesse entraîne des difficultés à accepter la force des arguments cartésiens en faveur de leur distinction. Mais, d'après Descartes dans les *Sixièmes Réponses,* la même confusion nous amène aux formes et aux qualités des écoles. Considérez la paraphrase suivante de l'argument présenté à la fin des *Sixièmes Réponses,* que Descartes a probablement envoyé à l'abbé de Launay le même jour où il a envoyé ce texte à Mersenne : « Les premiers jugements que nous avons faits dès notre enfance, et depuis aussi la philosophie vulgaire, nous ont accoutumés à attribuer au corps plusieurs choses qui n'appartiennent qu'à l'âme, et d'attribuer à l'âme plusieurs choses qui n'appartiennent qu'au corps ; et (...) ils mêlent ordinairement ces deux idées du corps et de l'âme, en la composition des idées, (...) ils forment des qualités réelles et des formes substantielles, que je crois devoir être entièrement rejetées. » (*Lettre à de Launay* (?), 22 juillet 1641 (?), AT III, 420). Dans ce passage, et dans le passage des *Sixièmes Réponses* qu'il résume, Descartes propose un argument implicite contre les formes et les qualités des écoles, un argument bien différent des arguments qu'il (ou d'autres philosophes) a présentés ailleurs. Mais l'argument est complexe, et il faut l'analyser avec soin.

Tel que je le comprends, l'argument opère à trois niveaux : 1 / Descartes commence par une interprétation des notions de forme et de qualité dans les termes de sa propre ontologie de l'esprit et du corps. En bref, dans les *Sixièmes Réponses* Descartes cartésianise l'ontologie scolastique. 2 / Quand on la comprend en ses termes, Descartes peut expliquer comment nous en venons à adopter l'ontologie scolastique de la forme et de la matière par une sorte d'explication psychologique de notre croyance en la doctrine scolastique. D'après Descartes, la doctrine scolastique est une erreur de jeunesse ; exactement comme nous projetons des couleurs et des douleurs sur le monde, nous projetons d'autres qualités et des tendances, et de cette façon nous en venons à croire aux formes et aux qualités des scolastiques. Et 3 / cette analyse entraîne un nouveau type d'argument à utiliser contre les scolastiques, ou du moins une sorte de thérapie. Quand nous aurons compris les erreurs qui nous ont menés à la doctrine scolastique, nous serons guéris de toute tentation de croire aux formes ou aux qualités. J'explique plus en détail.

Premièrement, au sujet de la forme et de la qualité. Dans les *Sixièmes Réponses* Descartes présente une discussion de la manière dont il pensait à la notion de pesanteur *(gravitas)* comme exemple de la manière dont nous confondions les choses corporelles et les choses spirituelles dans notre enfance. Descartes a choisi l'exemple avec soin. Il est important de se souvenir ici que la pesanteur est une des qualités fondamentales qui distinguent les éléments aristotéliciens les uns des autres ; la terre et l'eau sont de nature les éléments pesants, et l'air et le feu sont légers. Descartes écrit :

> « Par exemple, lorsque je concevais la pesanteur comme une qualité réelle, inhérente et attachée aux corps massifs et grossiers, encore que je la nommasse une *qualité,* en tant que je la rapportais aux corps dans lesquels elle résidait, néanmoins, parce que j'ajoutais ce mot de *réelle,* je pensais en effet que c'était une substance (...). Et bien que je conçusse que la pesanteur est répandue par tout le corps qui est pesant, je ne lui attribuais pas néanmoins la même sorte d'étendue qui constitue la nature du corps, car cette étendue est telle qu'elle exclut toute pénétrabilité des parties ; et je pensais qu'il y avait autant de pesanteur dans une masse d'or ou de quelque autre métal de la longueur d'un pied qu'il y en avait dans une pièce de bois longue de dix pieds ; voire même j'estimais que toute cette pesanteur pouvait être contenue sous un point mathématique. Et même

lorsque cette pesanteur était ainsi également étendue par tout le corps, je voyais qu'elle pouvait exercer toute sa force en chacune de ses parties parce que, de quelque façon que ce corps fût suspendu à une corde, il la tirait de toute sa pesanteur, comme si toute cette pesanteur eût été renfermée dans la partie qui touchait la corde. Et certes je ne conçois point encore aujourd'hui que l'esprit soit autrement étendu dans le corps, lorsque je le conçois être tout entier dans le tout, et tout entier dans chaque partie. Mais ce qui fait mieux paraître que cette idée de la pesanteur avait été tirée en partie de celle que j'avais de mon esprit est que je pensais que la pesanteur portait les corps vers le centre de la terre, comme si elle eût eu en soi quelque connaissance de ce centre : car certainement il n'est pas possible que cela se fasse sans connaissance, et partout où il y a connaissance, il faut qu'il y ait de l'esprit » (AT IX-1, 240-241).

La pesanteur, telle qu'elle est conçue par les scolastiques, est donc liée à l'esprit à bien des égards. On l'imagine étendue dans tout le corps, mais capable d'agir comme si elle était présente en un point mathématique, exactement comme l'esprit cartésien, répandu dans tout le corps, mais en même temps attaché à la glande pinéale[1]. Comme l'esprit humain, la pesanteur est étendue non comme les corps, mais en vertu de son pouvoir d'agir sur les corps, ce que Descartes appelle l'étendue du pouvoir *(extensio potentiae)* dans une lettre à Henry More, par opposition à l'étendue de la substance *(extensio substantiae)*[2]. Et enfin la notion de pesanteur est liée à l'esprit dans la mesure où elle semble attribuer au corps pesant une volonté ou une intention, l'intention de mouvoir le corps vers un lieu particulier, le centre du monde, ce qui ne peut se produire que si la qualité réelle de pesanteur a quelque connaissance de ce centre. Cette dernière observation, que Descartes lui-même souligne, est de la plus haute importance pour lui. Si les formes substantielles et les qualités réelles qui en dérivent expliquent les comportements caractéristiques des corps de nature différente, alors il faut que nous les concevions comme des êtres intentionnels, des agents rudimentaires, des choses capables d'avoir des intentions et d'exercer des volontés, de petits esprits qui

1. Cf., *e.g., Passions de l'âme,* § 30-31.

2. *Lettre à More,* 15 avril 1649 (AT V, 342) ; cf. *Lettre à Elisabeth,* 28 juin 1643 (AT III, 694).

sont joints à la matière. En effet, d'après Descartes, le corps des scolastiques, forme et qualité qui sont jointes à la matière, est la vraie image de l'être humain, esprit immatériel uni à un corps étendu, projetée sur le monde matériel[1].

Quand nous comprenons les formes et les qualités en ces termes, nous comprenons clairement comment nous en venons à adopter l'ontologie scolastique de la forme et la matière ; c'est une sorte de psychologie de l'aristotélisme ; c'est là le deuxième niveau de l'argument. Comme nous l'avons rappelé plus haut, d'après Descartes, quand nous étions jeunes, nous attribuions aux corps des propriétés qui appartiennent à l'esprit, et à l'esprit, des propriétés qui appartiennent aux corps. En particulier, nous attribuions la rougeur aux pommes, la douleur aux doigts. Et nous attribuions la tendance à être froide à l'eau, et la tendance à être sèche à la terre, la tendance à tomber aux pierres, et la tendance à s'élever au feu. Quand nous attribuons ces qualités mentales à des corps, nous créons des formes et des qualités. Une fois que les formes et les qualités sont assimilées à la substance pensante, on peut voir que la doctrine scolastique en reste à la même erreur que celle qui consiste à attribuer la rougeur aux pommes ou la douleur aux doigts.

Et là, nous arrivons au troisième niveau de l'argument, le rejet des formes et des qualités. La discussion implique que quand nous parviendrons à l'âge adulte (la conception cartésienne de l'âge

1. C'est là un thème qu'on trouve fréquemment dans les écrits des années 1640. Quand il est pressé d'expliquer comment l'esprit humain et le corps sont joints l'un à l'autre, et comment ils peuvent avoir une action réciproque, Descartes compare souvent sa doctrine avec la doctrine scolastique de la forme, des qualités et de la matière. Cf., *e.g., Lettre à Hyperaspistes,* août 1641 (AT III, 424) ; *Lettre à Elisabeth,* 21 mai 1643, (AT III, 667-668) ; *Lettre à Arnauld,* 29 juillet 1648 (AT V, 222-223) ; *Lettre à Clerselier,* 12 janvier 1646 (AT IX-1, 213). On ne voit pas clairement si cette conception de la forme, des qualités et de la matière corresponde à la doctrine de quelque philosophe scolastique en particulier. Mais ce n'est pas la question correcte à poser. On doit considérer sa présentation de la philosophie scolastique comme une sorte de polémique, plutôt que comme explication, une sorte de reconstruction (et probablement quelque chose qui tient de la caricature) qui prépare la voie à un argument pour le rejet des fondements de la métaphysique scolastique.

adulte, du moins), nous verrons nos erreurs, et nous rejetterons les formes et les qualités que nous avons attribuées par erreur aux corps, comme nous rejetterons l'attribution de la couleur et de la douleur à des corps.

Cela est l'argument que Descartes propose à la fin des *Sixièmes Réponses*. Mais est-ce que c'est là un argument convaincant pour rejeter les formes et les qualités ?

L'argument peut démontrer que, s'il y a des formes et des qualités, il faut que nous les regardions comme des substances d'une certaine sorte, des substances pensantes. Il est possible que les scolastiques aient pu tomber d'accord avec cela. Mais est-ce qu'il suffit à démontrer que la doctrine scolastique est fausse ? Je pense que non. Le problème soulevé par cet argument devient manifeste quand nous réfléchissons à ce qu'il implique pour des êtres humains et leurs corps. Si l'étendue est la nature des corps, et si toutes les propriétés des corps doivent être des modes de l'étendue, il suit que des *corps* humains ne peuvent pas à proprement parler penser, comme Descartes y insiste. Mais Descartes ne conclut pas de cela que des êtres humains ne pensent pas, ou que l'on peut expliquer toutes choses dans le corps humain en termes purement mécaniques. Il conclut plutôt que les êtres humains ont un esprit, chose immatérielle tout à fait distincte du corps, chose qui pense et peut guider le comportement du corps, qui, lui, ne pense pas. Mais, peut-on se demander, pourquoi le scolastique ne peut-il pas formuler un argument parallèle en faveur de sa propre position ? L'argument de Descartes nous démontre que la pensée n'est pas dans le corps, mais dans l'esprit. Cela montre qu'un corps, un être étendu, ne peut pas contenir à proprement parler la connaissance du centre de la terre, ni ne peut vouloir se mouvoir dans sa direction. Mais pourquoi ne pourrions-nous pas en déduire que des corps pesants doivent avoir des petits esprits, esprits distincts des corps, avec lesquels ceux-ci peuvent penser au lieu où ils préfèrent être, et avec lesquels ils peuvent faire un effort de volonté pour y aller ? Et donc un philosophe scolastique pourrait répondre à Descartes que la prétention que l'essence de corps est l'étendue n'établit pas que la chute d'une pierre est explicable par des raisons purement mécaniques ni davantage qu'elle établit que le comportement de l'être humain qui la laisse tomber est explicable par des raisons purement mécaniques.

En d'autres termes, du point de vue du philosophe scolastique, il est possible que Descartes puisse démontrer que si la doctrine scolastique est vraie, il est nécessaire d'attribuer de petits esprits immatériels aux corps étendus. Mais, si l'argument prétend *réfuter* la doctrine scolastique, il faut que Descartes démontre pourquoi il n'y a pas ou il ne peut y avoir de tels petits esprits dans la nature, et pourquoi les corps humains sont si différents de leurs cousins inanimés, pourquoi en dehors des êtres humains, il n'y a pas de pensée, soit dans le corps soit dans l'esprit. Il se peut qu'il y ait une réponse cartésienne à cette question ; c'est essentiellement le même problème que Descartes affronte quand il s'efforce d'établir qu'il n'y a pas d'âmes ni d'esprits chez les animaux. Mais c'est là une question que je ne veux pas discuter maintenant. Cependant, il est important de voir ici que pour réfuter la doctrine scolastique de la forme et de la matière, il faut faire une distinction réelle non seulement entre l'esprit et le corps, mais aussi entre les corps humains qui ont des esprits, et les autres corps dans la nature, qui n'ont pas d'esprits, d'après Descartes. Et c'est un point qui va bien au-delà de la discussion de cette question dans les *Sixièmes Réponses*.

Formes et qualités dans les « Sixièmes Réponses » : considérations supplémentaires

Dans les *Sixièmes Réponses* Descartes présente sa première attaque publique contre l'ontologie scolastique de la forme et de la matière, et pour la première fois il la présente dans les termes de sa propre ontologie de l'esprit et du corps. Pourquoi en ce lieu ? Pourquoi Descartes a-t-il répondu à une question qui n'a pas été posée, et introduit la question sujette à controverse (et un peu dangereuse) des formes et des qualités ?

Une partie de la réponse peut être que la doctrine scolastique est impliquée dans les questions qui ont été posées à Descartes, en un sens. Comme je l'ai signalé plus haut, d'après une lecture plausible d'une des objections qui provoque la réponse de Descartes, il s'agit d'une référence implicite à la doctrine scolastique du corps. Si mon interprétation est correcte, la doctrine opposée selon laquelle le corps est, par définition, la matière *et* la forme est une objection à la doctrine cartésienne de l'esprit et du corps. Par conséquent, quand le corps dont il s'agit est un corps humain vivant, et la forme son âme ou son esprit, alors le corps peut penser. D'après cette lecture, le défi de démontrer qu'un corps ne peut pas penser est précisément le défi de démontrer que cette analyse scolastique du corps n'est pas correcte. Si telle est la question, la réponse de Descartes est que l'âme est une substance distincte du corps, et que, quand nous considérons l'esprit ou l'âme comme une partie constituante du corps, une partie de ce qui fait de mon corps le corps qu'il est, alors nous confondons les choses spirituelles avec des choses matérielles. Si Descartes comprend la question de cette façon, l'introduction des notions de forme et de qualité dans sa réponse est tout à fait compréhensible, rendant explicite ce qui est déjà implicite dans la question. Interprété de cette façon, ce n'est pas Descartes qui introduit les formes et les qualités dans la discussion, mais ses objecteurs.

Mais il n'est pas tout à fait certain que Descartes a compris ces objections de cette façon. Et même s'il les a comprises ainsi, sans aucun doute il pensait aussi aux objections plus matérialistes d'autres passages des *Sixièmes Objections* quand il écrivait sa réponse. Ces autres objecteurs suggèrent un point de vue plus matérialiste, d'après lequel la pensée est une sorte de mouvement. C'est là également une confusion des choses spirituelles avec des choses matérielles dans la mesure où on ne peut en aucune façon identifier la pensée, qui appartient à l'esprit seulement, avec le mouvement, qui appartient au corps seulement. Comprise de cette façon, il se peut que l'introduction par Descartes dans la discussion de la question des formes et des qualités ait une sorte de fonction rhétorique ou polémique. Entendue de cette manière, Descartes affirme que l'identification matérialiste de la pensée avec le mouvement repose exactement sur la même confusion qui donne naissance à la doctrine scolastique de l'être humain, une doctrine généralement considérée comme diamétralement opposée à la sienne. Il est possible de lire la mention des formes et des qualités ici comme la thèse selon laquelle ces deux doctrines de l'être humain, si différentes en surface, sont au fond deux exemples de la même confusion. (Ici on peut aussi lire la réponse de Descartes comme une attaque contre le matérialisme de Pierre Gassendi, une tentative de montrer que, malgré ses prétentions anti-aristotéliciennes, la doctrine de Gassendi n'est pas meilleure que celle des scolastiques.)[1]

Il y a du vrai dans ces deux explications. Mais je voudrais indiquer d'autres facteurs, cachés derrière les *Sixièmes Réponses,* et présenter une explication plus historique de l'intérêt de Descartes envers les formes et les qualités à cette époque.

Il est important de se rappeler qu'en même temps que Descartes écrit les réponses aux objections aux *Méditations,* il commençait également à travailler aux *Principes de la philosophie,* qu'il a achevés quelques années plus tard, en 1644. Descartes commence à recevoir les objections aux *Méditations* en décembre 1640, et il continue à les recevoir durant les premiers mois de 1641. Mais le projet des *Principes* est conçu en automne 1640 aussi. En septembre 1640, il écrit à Mersenne, et lui demande quelques textes scolastiques à lire, vraisemblablement pour se préparer aux objections qu'il s'attend à recevoir de la part des théologiens scolastiques. Avant le 11 novembre, il reçoit les suggestions de Mersenne, et il raconte qu'il a acheté la *Summa philosophica* du P. Eustachius à Saint Paul, qu'il estime être « le meilleur livre qui ait jamais été fait en cette matière » (AT III, 232). Dans la même lettre, il annonce le projet nouveau, la publication de tout son système :

> « Je répondrai très volontiers à ce que vous demandez touchant la flamme d'une chandelle, et choses semblables ; mais je vois bien que je ne vous pourrai jamais bien satisfaire touchant cela, jusques à ce que vous ayez vu tous les principes de ma Philosophie, et je vous dirai que je me suis résolu de les écrire avant que de partir de ce pays, et de les publier

1. Il est possible d'inclure ici Hobbes aussi. Mais, en 1641, le matérialisme de Hobbes était bien moins connu de Descartes que l'épicurisme de Gassendi. A cette époque, Gassendi, un ami de Mersenne et un philosophe renommé, avait été pour Descartes l'adversaire matérialiste privilégié.

> peut-être avant qu'il soit un an. Et mon dessein est d'écrire par ordre tout un cours de ma Philosophie en forme de thèses, où, sans aucune superfluité de discours, je mettrai seulement toutes mes conclusions, avec les vraies raisons d'où je les tire, ce que je crois pouvoir faire en fort peu de mots ; et au même livre, de faire imprimer un cours de la Philosophie ordinaire, tel que peut être celui du F. Eustache, avec mes notes à la fin de chaque question, où j'ajouterai les diverses opinions des autres, et ce qu'on doit croire de toutes, et peut-être à la fin je ferai une comparaison de ces deux philosophies » (AT III, 232-233).

Ce texte est très remarquable. Après des années de prudence, Descartes annonce qu'il discutera, explicitement et en public, ses différences avec la philosophie scolastique.

Bientôt Descartes abandonne le projet d'écrire un commentaire sur Eustache ; Eustache meurt le mois suivant, en décembre 1640, et Descartes pense qu'il est inopportun de l'attaquer après sa mort. Mais, avant la fin de décembre 1640, Descartes travaille à la première partie de son nouveau livre, en même temps qu'il répond aux objections aux *Méditations*. Et même s'il a abandonné l'idée d'une réponse directe à Eustache, il y a tout lieu de croire que Descartes continue à considérer jusqu'à la fin de l'année 1641 ses *Principes* comme une réponse à la philosophie des écoles[1]. C'est dans ce cadre que Descartes en est venu pour la première fois à l'opinion que la doctrine scolastique repose sur une confusion entre le corps et l'esprit, et sur la projection de l'esprit, tel que Descartes le conçoit, sur toute la nature. Et donc, quand au début de 1641 Mersenne et ses amis ont posé des questions au sujet de la distinction entre l'esprit et le corps, il n'y a rien d'étonnant à ce que les pensées de Descartes se tournent vers les formes substantielles et qualités réelles ; même si elles n'étaient pas l'objet de la question posée par Mersenne, formes et qualités ont bel et bien préoccupé Descartes à ce moment-là.

En fin de compte, comme il en avait déjà l'habitude dans le *Discours* et les *Essais,* Descartes semble avoir décidé de ne pas attaquer ses

1. Il n'y a pas avant décembre 1641 d'indication que Descartes ait abandonné l'idée d'une attaque explicite contre la philosophie scolastique. Cf. *Lettre à Mersenne,* 22 décembre 1641 (AT III, 470).

adversaires scolastiques aussi directement. Peut-être sa prudence instinctive est-elle revenue, ou peut-être ses difficultés fameuses avec Voëtius lui ont-elles rappelé qu'il peut être très dangereux d'attaquer la philosophie vulgaire, comme il l'appelle parfois. Quoique la première partie des *Principes,* telle qu'elle est publiée, contienne nombre d'éléments de la psychologie de l'aristotélisme que nous avons trouvés dans les *Sixièmes Réponses* (cf. *Principes,* I, § 74 sq.), elle ne contient rien de la discussion des formes et des qualités que nous avons lue dans les *Sixièmes Réponses*; en réalité, nulle part dans le livre que Descartes a publié en 1644 on ne trouve l'attaque directe concernant les formes et qualités que Descartes a eue dans l'esprit quand il a commencé les *Principes* en décembre 1640. Mais dans les *Sixièmes Réponses* nous avons, peut-être, le premier brouillon de cette doctrine, dirigé directement et explicitement contre les formes et les qualités défendues par l'Ecole[1].

1. Je voudrai remercier Antonia Soulez, Michel Fichant et Jean-Marie Beyssade pour leur aide avec la version française.

Réponse à Daniel Garber sur les « Sixièmes Réponses »

MICHEL FICHANT

La communication de Daniel Garber porte sur le développement final des *Sixièmes Réponses,* appelé par le n° 10. Il faut signaler que D. Garber a déjà exposé et discuté la critique cartésienne des formes substantielles dans son livre *Descartes' Metaphysical Physics*[1], où d'ailleurs il ne s'arrête pas aussi longuement sur le document qui nous occupe. Je me bornerai à trois remarques, s'ouvrant sur quelques interrogations :

1 / La première porte sur la manière dont ce n° 10 s'articule au déroulement des *Objections* elles-mêmes. D. Garber a rappelé que les *Sixièmes Objections* se présentent comme un ensemble composite : au développement relativement ordonné des neuf scrupules font suite une Addition et une Lettre présentée comme émanant « des philosophes et des géomètres », cette dernière offrant d'ailleurs un niveau d'argumentation assez faible ou, plus exactement, refusant d'entrer dans l'argumentation au nom de l'invocation du fait[2]. Quand ses *Réponses* en arrivent à leur n° 10, Descartes a satisfait dans les pages précédentes aux neuf scrupules, examinés un à un et dans l'ordre d'exposition des objecteurs. Le n° 10 répond à tout ce qui suit, c'est-à-dire

1. D. Garber, *Descartes' Metaphysical Physics,* Chicago University Press, 1992. Voir le chapitre 4 : « Descartes against his teachers : The refutation of hylomorphism », p. 94 sq.

2. « Nous avons lu plus de sept fois vos *Méditations* avec une attention d'esprit presque semblable à celle des anges, et néanmoins nous ne sommes pas encore persuadés » (AT IX-1, 224 ; VII, 421).

à l'*Addition* et à la *Lettre,* mais aussi au dernier alinéa qui vient immédiatement après l'exposé du neuvième scrupule et conclut la première partie des *Sixièmes Objections.* La communauté de thème qui permet à Descartes de répondre en bloc à ces trois composantes se résume par le refus d'admettre la distinction réelle de l'âme et du corps, en tant qu'elle se conclut de la distinction de leurs idées. Telles qu'elles sont assemblées, les pièces du texte des *Sixièmes Objections* procèdent bien de la même intention, en affirmant que la distinction est impensable en fait, et quel que soit l'appareil logique qui est censé la fonder. A quoi Descartes répond en opposant à un fait un autre fait, à savoir l'enchaînement de ses propres pensées, par lequel il en est venu à surmonter cette impossibilité et à se convaincre de la réalité de la distinction. Puisque la force des démonstrations est récusée par les objecteurs, tout comme ils écartent ce qu'ils appellent l' « analyse »[1], il reste à les contredire par une histoire dont le témoin ne peut qu'être irréprochable, puisque c'est Descartes rapportant l'expérience de Descartes.

Or il se trouve que le récit de cette expérience répond en même temps à une remarque incidente des objecteurs qui a pu piquer au vif Descartes. Dans l'énoncé du 7e scrupule, à propos de la doctrine des accidents réels liée à la fois à l'explication de la sensation et à la justification métaphysique de l'Eucharistie, ils ont évoqué avec quelque ironie « cette physique que vous nous promettez » (AT IX-1, 222; VII, 417). En répondant pour ce qui concerne la manière dont s'opère la sensation, Descartes reconnaît imperturbablement qu'il se promet en effet — « quand j'écrirai de la physique » — d'expliquer comment les objets affectent nos sens, mais cette promesse est alors étayée sur la garantie de réalisation qu'apporte une œuvre déjà publiée, la *Dioptrique* en l'occurrence (AT IX-1, 235; VII, 435). Le n° 10 de ses *Réponses* prolonge et amplifie la référence à la physique promise : elle existe déjà, et c'est précisément parce qu'elle existe que l'acquiescement contraint à la thèse de la distinction a pu de fait être transmué en persuasion. Ce dispositif amène à poser deux questions : quel lien y a-t-il entre l'emploi des

1. *Ibid.* Les « philosophes et géomètres » se prévalent en outre de trente ans de pratique des choses métaphysiques!

formes substantielles en physique et le refus de reconnaître la distinction des deux sortes de substance ? Comment faut-il recevoir le récit que Descartes offre de sa propre expérience intellectuelle ?

2/Je ne suis pas aussi certain que Garber qu'on puisse distinguer dans l'ensemble de ces *Objections* deux versions différentes du refus de la distinction réelle de l'âme et du corps, l'une qu'on dirait matérialiste (la pensée est un certain état de mouvement du corps), l'autre qui serait scolastique (ce qui pense c'est le corps même de l'homme, et le cas échéant de l'animal, en tant que ce corps résulte d'une matière et d'une forme). Ce qui est vrai cependant, c'est qu'il est bien arrivé à Descartes de reconnaître explicitement une parenté entre l'usage illimité des formes substantielles en physique et ce matérialisme. Quand Voëtius soutiendra en effet que la négation des formes substantielles dans les choses purement matérielles induit le doute qu'il y ait une forme substantielle dans l'homme, et accrédite le recours à une Ame du Monde, la réponse de Descartes, dans le modèle de texte qu'il transmet à Regius en janvier 1642, sera qu'au contraire c'est « de l'opinion qui affirme les formes substantielles [sous-entendu : dans l'ensemble des choses purement matérielles], qu'on a très facilement glissé à l'opinion de ceux qui disent que l'âme humaine est corporelle et mortelle » (AT III, 503)[1]. L'exclusion des formes substantielles hors du champ de la physique préserve seule la spiritualité irréductible de la chose qui pense. C'est ce que les adversaires de Descartes au nom de thèmes scolastiques plus ou moins fidèlement préservés ne peuvent prendre en compte, pas plus du reste que ne le pourront ceux qui croiront hériter de Descartes en interprétant son mécanisme en matérialisme.

La polémique avec Voëtius comporte aussi, me semble-t-il, un élément de réponse à la critique que D. Garber instruit à l'encontre de la pertinence de l'argument cartésien. Cette critique ressemble à une inversion de celle de Voëtius : s'il y a forme substantielle dans le cas

1. « ... addi potest, econtra ex opinione affirmante formas substantiales, facillimum esse prolapsum in opinionem eorum qui dicunt Animam humanam esse Corpoream & Mortalem » (*Lettre à Regius,* janvier 1642) (AT III, 503).

de l'union en l'homme d'un esprit et d'un corps, pourquoi ne pourrait-on à bon droit concevoir à l'égard des autres corps une union analogue ? Descartes aurait ainsi rendu plus explicites les conditions d'usage des formes substantielles, sans parvenir à donner une raison décisive de proscrire cet usage. Il faudrait toutefois, pour que le contre-argument de D. Garber fût pleinement convaincant, que la portée explicative de la physique de Descartes — elle seule pouvant être ici en question — fût incomplète et qu'elle laissât une place en dehors d'elle à des comportements dont le seul mécanisme ne saurait rendre compte. Or Descartes est fermement convaincu du contraire, et c'est bien parce qu'il possède, par exemple, une explication de la pesanteur, et parce que ce type d'explication est en droit applicable à tous les phénomènes de la nature, qu'il sait que l'introduction des formes substantielles est ruineuse pour la physique. Les notions des seules mathématiques, non de la mathématique pure, mais de « cette autre Géométrie qui se propose pour question l'explication des phénomènes de la nature »[1], constituent le corps de concepts et de propositions de base nécessaire et suffisant, complet et saturé, requis par l'édification de la physique. L'histoire ultérieure du problème nous apporte la vérification étayée par une sorte d'expérience de pensée : on peut dire en effet que c'est en établissant à l'inverse que les notions géométriques et mécaniques seules ne suffisent pas à rendre pleinement intelligible tout ce qui se passe dans les corps, à l'égard même des lois de leurs mouvements, que Leibniz pourra réhabiliter les formes substantielles, analogues à ce que l'on appelle moi[2]. Mais il y a

1. *Lettre à Mersenne,* 27 juillet 1638 (AT II, 268). On ne remarque pas assez que la célèbre déclaration « toute ma physique n'est autre chose que géométrie » se réfère à l'abandon de la « géométrie abstraite ».

2. « Il fallut donc rappeler et comme réhabiliter les formes substantielles si décriées aujourd'hui, mais d'une manière qui les rendît intelligibles (...) Je trouvais donc que leur nature consiste dans la force et que de cela s'ensuit quelque chose d'analogique au sentiment et à l'appétit, et qu'ainsi il fallait les concevoir à l'imitation de la notion que nous avons des âmes (...) Par le moyen de l'âme ou forme, il y a une véritable unité qui répond à ce qu'on appelle moi en nous » (Système nouveau de la nature et de la communication des substances, dans *Die philosophischen Schriften,* éd. Gerhardt, IV, p. 478-479 et p. 482).

plus : il y a aussi une raison déterminante à refuser la possibilité d'un transfert à autre chose de la forme substantielle, reconnue dans l'union de l'âme et du corps humains, raison clairement énoncée dans les quelques lignes de la *Lettre à Regius* qui complètent le court passage qui vient d'être cité. Le caractère d'exception qu'a la forme substantielle dans le cas unique du composé humain interdit le naturalisme et sa dérive matérialiste : « Mais reconnaître qu'elle [l'âme humaine] est la seule forme substantielle, alors que les autres consistent en la configuration et le mouvement des parties, cette prérogative suprême de l'âme humaine sur les autres montre qu'elle en diffère en nature et cette différence de nature ouvre une voie très facile pour démontrer son immatérialité et son immortalité, comme on le peut voir dans les *Méditations* de Philosophie première qui viennent d'être publiées. »[1] La forme substantielle doit donc servir à réserver l'irréductibilité de l'homme au reste de la nature, bien loin de l'y immerger dans un ensemble, fût-il graduellement hiérarchisé, de formes incarnées. Or les *Méditations* auxquelles il est fait expressément référence ont établi que la connaissance de l'union de l'âme et du corps, qui justifie à son tour l'emploi légitime et exceptionnel de la forme substantielle, vient elle-même *après* l'établissement préalable de leur réelle distinction[2]. Là encore on pourra faire remarquer que Leibniz devra s'en souvenir pour revenir aux formes substantielles ; il lui faudra en effet commencer par récuser la dualité cartésienne des substances, en désubstantialisant l'étendue, pour pouvoir réserver les droits du mécanisme dans l'explication particulière des phénomènes et chercher plus haut, dans la forme substantielle rendue intelligible par la force, les raisons primitives du mécanisme lui-même. Pour Descartes, la prérogative de la

1. Suite du morceau cité dans la note 1, p. 473 : « quae cum agnoscitur sola esse forma substantialis, alias autem ex partium configuratione & motu constare, maxima haec eius supra alias praerogatiua ostendit ipsam ab ijs naturâ differre, & naturae differentia viam aperit facillimam ad eius Immaterialitatem Immortalitatemque demonstrandam, vt in Meditationibus de primâ Philosophiâ nuper editis videri potest. »

2. Sur ce point, il me semble que l'on peut suivre Martial Gueroult dans sa critique de l'interprétation d'Etienne Gilson, *Descartes selon l'ordre des raisons,* t. 2, Paris, Aubier, 1953, p. 67-74.

forme substantielle en l'homme n'est pensable que sur le fond de la distinction préalable de ce que cette forme aide à penser comme uni. En ce sens, le caractère d'exception de la forme substantielle de l'homme dans le monde cartésien est strictement corrélatif du caractère d'exception de l'emploi idiomatique que Descartes fait de cette notion dans l'histoire du vocabulaire philosophique.

3 / La troisième remarque porte sur l'historicité du récit de Descartes. D. Garber le qualifie de biographie intellectuelle, d'histoire ou fable, et aussi de petite autobiographie. Celle-ci fournit une analyse psychologique des origines de l'erreur par confusion qui rend premièrement impensable la distinction. La compréhension de l'origine de cette erreur vaut, c'est encore le mot de D. Garber, comme thérapie de l'erreur.

Il n'est pas possible de ne pas rappeler ici les pages qu'Etienne Gilson a consacrées aux *Sixièmes Réponses* dans le chapitre premier de la deuxième partie de ses *Etudes sur le rôle de la pensée médiévale dans la formation du système cartésien*[1]. D. Garber nous invite à cette confrontation en soulignant, dans une note de son livre, que c'est là le meilleur commentaire qui ait reconnu jusqu'à présent une portée aussi significative à ce morceau cartésien[2]. Gilson voyait dans ces *Réponses* la clé de l'intelligence des rapports entre physique et métaphysique cartésiennes, intelligence elle-même assurée par l'étude de la genèse de l'œuvre. Il considérait que dans ce texte Descartes offre de nouveau l' « histoire de son esprit »[3], un fragment au moins de cette histoire. Et puisque, revenu de l'erreur, il reste à expliquer comment l'erreur a été commise, l'exposé s'accomplit dans une « psychologie génétique des formes substan-

1. E. Gilson, *Etudes sur le rôle de la pensée médiévale dans la formation du système cartésien,* Paris, Vrin, 1930.

2. *Op. cit.,* p. 334, n. 18.

3. Gilson transpose à ce texte l'expression utilisée par Balzac, *Lettre* du 30 mars 1628 (AT I, 570) et que l'habitude a été prise d'appliquer au *Discours de la méthode,* que Descartes ne propose en effet que comme une histoire, ou, si vous l'aimez mieux, comme une fable (AT VI, 4). Sur fable, voir le *Commentaire* de Gilson, Paris, Vrin, 2e éd., 1926, p. 98-100.

tielles », qui est par là même une « psychologie de la physique aristotélicienne » (p. 169). Seulement dès lors que cette psychologie de l'erreur est le résultat d'une réflexion après coup de Descartes sur l'histoire de son propre esprit, elle vaut aussi comme psychologie de la vérité cartésienne, en tant que celle-ci procède d'une réforme intellectuelle. C'est ce qu'indiquait clairement Gilson en écrivant : « Nous voulons expliquer la réforme cartésienne comme si elle avait pu être effective dans la pensée de Descartes avant d'y avoir été réalisée. Nous ne pouvons plus imaginer que le destructeur des formes substantielles ait dû les détruire d'abord en lui-même avant de les présenter aux autres comme réellement détruites. C'est là, néanmoins, ce qui est arrivé et c'est précisément ce que Descartes veut faire entendre à ses contradicteurs en se confessant » (p. 167). Toute la question est alors de savoir quelle est la véracité historiographique ou autobiographique de cette confession. Gilson semblait l'admettre sans réserve. D. Garber me paraît plus réservé, et, pour la raison que je dirai, indifférent.

Structurellement, la thèse de Gilson est parfaitement claire et assurément valide : Descartes s'est passé en fait des formes substantielles dans son œuvre de physicien avant l'élaboration de sa métaphysique, mais la critique directe et explicite des formes substantielles ne pouvait qu'être postérieure à cette élaboration puisqu'elle en est la conséquence (p. 150). Le point qui reste discutable est l'application de cette thèse à la chronologie des textes. C'est sur ce point que le désaccord de D. Garber mériterait élucidation.

En effet, de toute évidence, Gilson tient que la métaphysique cartésienne, au sens même où elle est requise pour établir la distinction des deux substances et corrélativement entraîner le rejet des entités qui reposent sur leur confusion, s'est constituée d'octobre 1628 à juillet 1629 (p. 165) ; c'est donc à cette période que renverrait dans les *Sixièmes Réponses* l'énoncé : « Lorsque j'eus la première fois conclu, en suite des raisons qui sont contenues dans mes *Méditations*, que l'esprit humain est réellement distingué du corps... » (AT, 238 ; VII, 440). Et pareillement Gilson assure que « la condamnation motivée de la doctrine des formes substantielles, comme s'il s'agissait là de l'erreur liminaire qui nous interdit de franchir le seuil de la vraie physique » figure dès le début du *Monde* (p. 152). L'exposé donné dans les *Sixièmes Réponses* de la manière dont l'élaboration de la physique a apporté la vérification après coup d'une thèse métaphysique qui, inversement, fondait cette physique correspondrait donc à un développement de pensée que la correspondance avec Mersenne permet de suivre de la fin de 1628 à avril 1632 (p. 174).

Je ne m'aventurerai pas à me prononcer sur ce qu'étaient le contenu et la portée de la métaphysique dont Descartes a fait un traité durant les mois d'hiver 1628-1629, sujet trop vaste pour cette réponse et qui dépasse mes compétences. Mais j'ai du mal à reconnaître dans les premières pages du *Monde* une « condamnation motivée » des formes substantielles, au sens où elle sera formulée dans les *Sixièmes Réponses,* c'est-à-dire en relation avec une psychologie génétique de leur notion, montrant comment elle résulte d'une confusion du mental et du physique, inévitable dans l'enfance et transposée en doctrine par la philosophie d'Ecole. Je crois donc être sur ce point d'accord avec D. Garber. En outre, dans son livre, D. Garber assure : « Il n'y a aucune évidence directe que Descartes se soit intéressé à une caractérisation précise ou à une réfutation systématique des formes substantielles avant le début des années 1640. »[1] Pour lui, si je le comprends bien, le « Lorsque j'eus la première fois conclu... » renvoie à la période d'élaboration et d'écriture des *Méditations* elles-mêmes, et la mise à l'épreuve dans la constitution de la physique du rejet de principe des formes substantielles concernerait les intentions de Descartes lorsqu'il commence à penser à un cours complet de Philosophie, qui deviendra les *Principes.* Cette explication aboutit à une inversion de la perspective temporelle dans laquelle le texte s'inscrit : là où Gilson reconnaissait une récapitulation ayant valeur de vérification, D. Garber trouve les premiers jalons d'un projet annoncé. Le n° 10 des *Sixièmes Réponses* témoignerait d'une intention polémique de confrontation directe avec la physique scolastique et ses fondements métaphysiques, intention née des *Méditations,* et finalement écartée de la rédaction définitive des *Principes.*

1. *Op. cit.,* p. 97.

Mais si l'on écarte la considération de la longue durée de la formation du système cartésien, à laquelle s'attachait scrupuleusement Gilson, cela a-t-il encore un sens de considérer le récit final des *Sixièmes Réponses* du point de vue de sa validité historiographique ? D'ailleurs, D. Garber le qualifie aussi de fable. Là où Gilson parlait de psychologie génétique des formes substantielles, D. Garber parle de reconstruction rationnelle, opérée à partir des schèmes conceptuels de l'ontologie cartésienne de la substance étendue et de la substance pensante. Dans un langage qui n'était pas celui, et pour cause, de l'épistémologie anglo-saxonne contemporaine, Gilson notait déjà que la critique que Descartes oppose aux formes substantielles suppose que celles-ci soient préalablement repensées selon les exigences de sa propre noétique (p. 162). On peut alors se demander s'il s'est jamais trouvé personne pour avoir réellement dans l'esprit, et pour en faire usage effectif dans l'explication des choses, cette notion dont il va s'agir de reconstituer la genèse. Mais à ce moment-là c'est tout le récit qui devient une reconstruction rationnelle : Descartes n'a pas vraiment vécu comme cela l'histoire qu'il raconte, et il ne s'agit ni de confession, ni de psychologie individuelle. Le parcours que Descartes rapporte fictivement en première personne trace la trajectoire que pourrait suivre un sujet quelconque d'un point de départ dont on sait qu'il est le même pour tout le monde — l'attachement au corps et la confusion de la perception enfantine[1] —, jusqu'à un point d'arrivée — la vraie physique —, qui doit aussi pouvoir être admis par tout le monde. En cela le choix du récit en première personne relèverait d'une rhétorique produisant les conditions de la persuasion, cette rhétorique dont Descartes a dénoncé les prestiges, et dont il fut pourtant l'un des maîtres souverains.

1. De même les art. 71 et 72 de la première partie des *Principes de la philosophie* exposent une genèse de l'erreur à partir des préjugés d'enfance et de la difficulté de s'en débarrasser qui n'est pas plus l'histoire de l'esprit de Descartes que l'histoire de tout un chacun.

Table des matières

VII – LES FIGURES DE LA LIBERTÉ

VIII – L'UNION SUBSTANTIELLE

Imprimé en France
Imprimerie des Presses Universitaires de France
73, avenue Ronsard, 41100 Vendôme
Juin 1994 — N° 40 373